NFT y metaverso.
La economía intangible
en 100 preguntas

NFT y metaverso. La economía intangible en 100 preguntas

Ismael Santiago Moreno

AMERICAN BOOK GROUP

Conoce toda la colección en:
Books.AmericanBookGroup.com

NFT Y METAVERSO.
LA ECONOMÍA INTANGIBLE EN 100 PREGUNTAS

Fecha de publicación: Mayo 2023

Autor: © Ismael Santiago Moreno

Elaboración de textos: Santos Rodríguez

Copyright del editor de la presente edición:
© 2023 American Book Group

Copyright del editor original:
© 2023 Ediciones Nowtilus, S.L.

Fotografía de cubierta: © Denisismagilov / Dreamstime.com

ISBN ABG: 978-1-681656-54-0

Impreso en los Estados Unidos de América

AMERICAN
BOOK GROUP
AmericanBookGroup.com

A mi mujer, Isabel, persona de enorme coraje, bondad y humanidad, que me ayudó a recuperarme en los peores momentos de mi vida y me dio confianza para resurgir, como el ave fénix.

Índice

CONTENTS

I

EL VALOR DE LO INTANGIBLE EN LA ECONOMÍA ACTUAL

1

¿CONOCIMIENTO COMO BASE DE LA ECONOMÍA INTANGIBLE?

En el contexto actual, en el que la tecnología lo invade todo, los datos se han convertido en el petróleo del siglo XXI, donde el gran potencial de las empresas radicará precisamente en la cantidad de datos que sean capaces de generar. Y para que eso pueda llevarse a cabo, las compañías deben estar preparadas para adaptarse al ámbito digital, un proceso que ya es imparable pero que necesita el establecimiento de nuevas reglas para que pueda estar al alcance de todos.

Hemos pasado de una economía agraria a una economía industrial, de esta a una economía de servicios y actualmente estamos inmersos en la denominada «economía del conocimiento», la cual ha sido posible gracias a la globalización, al desarrollo creciente de las TIC y a los procesos de internacionalización. En la actualidad, el conocimiento se ha consolidado como la principal fuente de creación de riqueza en la sociedad de nuestro tiempo.

Esta evolución nos ha llevado a una época que también ha sido denominada «era de los intangibles», es decir, un tiempo en que los recursos más valiosos y críticos son los que se basan en conocimiento, que presentan una naturaleza intangible, derivada de la puesta en acción de la inteligencia humana.

Según Nonaka en su obra *The Knowledgecreating Company* (1995), en estos últimos años estamos viviendo una intensa espiral de conocimientos, en una economía donde la única certeza es la incertidumbre y donde la única fuente de ventaja competitiva duradera es el conocimiento.

La sociedad del conocimiento se caracteriza por la aparición continua de saberes nuevos, por el desarrollo permanente de las facultades intelectuales, todo ello concretado en una aceleración inusitada de la caducidad de los paradigmas dominantes en los años precedentes.

Es una realidad constatada que el ritmo de producción de conocimientos se ha acelerado de forma exponencial desde finales del siglo XIX hasta nuestro tiempo. En este sentido, también hay que señalar que la velocidad u obsolescencia de los conocimientos técnicos y la formación necesaria para el desempeño profesional se han acelerado sobremanera. En un sentido contrario, el tiempo que se precisa para transformar un conocimiento básico en un desarrollo tecnológico concreto o en una innovación productiva se ha ido reduciendo cada vez más. Para corroborar lo dicho fijémonos en los siguientes ejemplos: el teléfono necesitó cincuenta y seis años desde su invención hasta su puesta en práctica (1820-1876); la radio, solo treinta y cinco años (1867-1902); el radar, quince años (1925-1940); la televisión, doce años (1922-1934); el transistor, cinco años (1947-1952), y el circuito integrado, dos años (1957-1959).

Los dispositivos tecnológicos se han adueñado de esta nueva era. Así, en veintidós segundos se venden más de mil smartphones en el mundo, y estos teléfonos inteligentes tienen más capacidad de procesamiento que la NASA cuando el hombre llegó a la Luna.

Según Ericsson, el tráfico de datos móviles se ha multiplicado casi por trescientos en diez años, con un crecimiento del 5G, que se espera que sea la tecnología predominante en 2027. Además, para Frost & Sullivan, el número de dispositivos conectados a IoT seguirá aumentando en los próximos años hasta alcanzar los 66 000 millones de unidades en el año 2026.

Hay que matar la complejidad de los negocios antiguos. La simplificación y la digitalización van de la mano. Las empresas, pues, deben estar dispuestas a transformar completamente su ADN. Fuente: imagen de Pexels en Pixabay.

La economía del conocimiento se fundamenta en la incorporación del conocimiento, como recurso crítico, en los procesos económicos de las diferentes organizaciones, a través del cual estas logran crear la mayor parte del valor reconocido por el mercado, a la vez que con una gestión adecuada alcanzan sus competencias esenciales y, con ellas, la posibilidad de hacer más sostenibles sus ventajas competitivas.

El proceso de creación en la sociedad del conocimiento se inicia con el tránsito de los datos hacia la información y de esta al conocimiento, proceso que acaba en la generación de una determinada «competencia básica distintiva», que consiste básicamente en la «capacidad de competir» o de «saber hacer» mejor que los demás. En otras palabras, se puede afirmar que la «sociedad del conocimiento» depende de la capacidad de aprendizaje, de cómo se incorpora el saber y el talento innovador tanto en las personas como en las organizaciones que la componen. En consecuencia, las organizaciones, independientemente de su naturaleza y dimensión, se ven abocadas a tener que aceptar como reto fundamental el aprender cómo se crea, se desarrolla, se mide y, en suma, se gestiona el conocimiento que existe y reside en ellas.

Ante esto, podemos definir la gestión del conocimiento como el proceso de administrar continuamente el conocimiento de todo tipo para satisfacer necesidades presentes y futuras, para identificar y explotar recursos de conocimiento tanto existentes como adquiridos y para desarrollar nuevas oportunidades. Parece claro que el desarrollo de conocimiento se hace con el objetivo de emplearlo en la consecución de ventajas competitivas sostenibles, no simplemente acumulando conocimiento sin aplicarlo al mercado. También podemos encontrar otra definición de la gestión del conocimiento como el conjunto de procesos y sistemas que permiten que los intangibles (conocimiento con capacidad de generar beneficios empresariales) de una organización aumenten de forma significativa y con el propósito final de generar ventajas competitivas sostenibles en el tiempo. En definitiva, gestionar el conocimiento viene a ser la gestión de todos los activos intangibles que aportan valor a la organización a la hora de conseguir capacidades o competencias distintivas. Es, por lo tanto, un concepto dinámico, es decir, «de flujo».

2

¿DE LA WEB1 A LA WEB3?

Internet es la piedra angular del mundo digital. Desde que se creó internet, todo cambió y nada volvió a ser igual. La historia de internet suele dividirse en la siguientes tres etapas, que ahora nos sirven para entender hacia dónde se encamina internet. La web de los comienzos, llamada Web1, era descentralizada, giraba en torno a los hiperenlaces y se basaba en protocolos abiertos (como el *email*). Se evolucionó hasta la Web2, que lo centralizó todo en plataformas y servicios como Meta, TikTok o Twitter, entre otras. La tercera etapa la está protagonizando actualmente la denominada Web3, la cual descentralizará todo, gracias a *blockchain*, pero manteniendo las ventajas que ofrece la todavía actual Web2. A continuación, analizaremos con más detalle cada una de estas tres etapas.

Como decíamos, la primera etapa es la denominada Web 1. Es la primera red que se creó en el mundo digital, que va desde 1991 hasta 2004. Este era un sistema unidireccional donde no había interacción; para ser precisos era una red de entrega de contenido (CDN) donde los datos y la información solo se podían agregar a la página y no al revés, es decir, que la estructura web ya estaba construida y no se podía modificar ni agregar. Era una web de solo lectura y que solo mostraba datos en crudo, donde no existían las opciones de comentar o sugerir. En esta Web1, la mayoría de los usuarios eran consumidores de contenido, donde se podían enviar correos electrónicos, pero solo con texto, sin poder cargar fotos ni imágenes.

En la Web1, los protocolos eran abiertos, descentralizados y bajo la gobernanza de la comunidad, donde el desarrollo de las páginas se realizaba con la ayuda del lenguaje de programación HTML.

Actualmente, el internet que conocemos es la Web2, basado en un sistema bidireccional donde las personas pueden interactuar con la web. En esta etapa, la interacción con el usuario es el enfoque principal. Es aquí donde se produce una evolución desde las páginas estáticas de la Web1 hasta una web que ofrece la posibilidad de compartir archivos y contenido generado por los usuarios, como son los blogs, sitios web personalizados, pódcast, transmisiones de vídeo y seminarios por internet, entre otros. Esta etapa marcó el surgimiento de los blogs, los juegos *online* y, por supuesto, las redes sociales. Es la era de compañías como Facebook, Google, Apple, Amazon, entre otras, que crean plataformas centralizadas para sus usuarios.

Otro aspecto importante de la Web2 es la propiedad frente al acceso. Tenemos la libertad de utilizar casi cualquier sitio web en internet, de crear una cuenta y consumir cualquier contenido que nos ofrezcan. No obstante, la cuenta y todo lo demás que haya asociado con ella, incluido aquello que hayamos pagado, no nos pertenece. Cuando empleamos una aplicación *online* o un juego, independientemente de que hayamos comprado una licencia para usarlo, no es nuestro, ya que solo estamos pagando por el acceso. Todo pertenece a la corporación que está detrás de la plataforma que nos presta tales servicios.

Web1: Links, Web2: Likes y Web3: Tokens. Los tokens son a la Web3 lo que los sitios de internet fueron para la Web1. Y dado que los sitios de internet funcionan de distinta forma y ofrecen distintas cosas, también existen distintos tipos de token en función de para qué sirven, qué tecnología incorporan y qué representan. El token es el átomo del universo Web3. Fuente: imagen de Gerd Altmann en Pixabay.

Aquí surge la paradoja de que los usuarios crean, pero son las multinacionales tecnológicas las que monetizan. El ciclo de vida de estas empresas, protagonistas de la Web2, comienza con una fase en la que hacen lo que sea para atraer usuarios y colaboradores externos, lo que genera el respectivo efecto de red. Cuando la adopción de uso de estas plataformas llega a un tope, para seguir creciendo necesitan extraer todos los datos posibles de los usuarios, por lo que se convierten en verdaderos monopolios.

Después de la Web2, donde las principales plataformas tecnológicas necesitan cobrarnos en datos privados los servicios que nos prestan, hace acto de presencia la Web3 o Web 3.9, con la curiosa promesa de una web donde el usuario vuelve a estar en el centro como creador, pero sobre todo como propietario; donde los usuarios crean, los programadores crean y son estos los que monetizan, de manera que promete descentralizar el intercambio de valor en la red gracias a la tecnología de cadena de bloques, además de devolver a los usuarios la soberanía de sus datos.

Decimos que la Web3 está descentralizada (eliminando la participación de intermediarios) porque la información reside en *blockchain*, de manera que se distribuye entre múltiples servidores, organizaciones y personas en lugar de hacerlo en un servidor central controlado por empresas. Además, tal información es inmutable porque lo que se escribe en la cadena de bloques no puede ser cambiado o eliminado, a diferencia de lo que ocurre con las bases de datos que se emplean en las aplicaciones y los servicios de internet actuales. Lo mejor de la Web3 es que allana el camino para el desarrollo y la creación de inventos tan impresionantes como los contratos inteligentes, los criptoactivos, las DeFi (finanzas descentralizadas), los videojuegos *play to earn* y los NFT, entre otros.

La Web3, además de descentralizar protocolos y servicios, es un nuevo modelo de web que dispone de muchos servicios basados en la economía del token, de manera que la propiedad y el control de estos servicios estarían repartidos entre los propietarios de tales tokens, que son también usuarios del sistema. Los tokens, como sabemos, tienen valor de intercambio, por lo que esto implica que los usuarios pueden cobrar su dinero cuando quieran.

3

¿Nuestros datos valen millones?

Todo lo que se sube a internet, de alguna forma u otra, se convierte en algo permanente que queda grabado en la web expuesto en un escaparate mundial. Los datos personales son el oro del siglo XXI; la publicidad digital se ha sofisticado con el análisis del perfil de los usuarios y permite teledirigir la publicidad a un público específico de forma que esta se hace más efectiva. Esto quiere decir que, gracias a los datos que los usuarios han proporcionado a las distintas plataformas o aplicaciones, la propia inteligencia digital muestra un determinado tipo de publicidad al gusto del usuario.

Cuando analizamos la adquisición de WhatsApp por parte de Facebook por cerca de 22 mil millones de dólares, o la compra de YouTube por parte Google por casi 2 mil millones de dólares, ni Facebook ni Google desembolsaron esas cantidades por la estructura tecnológica de estas plataformas, ya que lo que realmente tenía valor era el número de usuarios que había detrás tanto de WhatsApp como de YouTube. Las corporaciones son conscientes de que la captación, el manejo y la segmentación de nuestros datos constituyen una importante fuente de información que, bien organizada, proporciona una data estratégica de patrones de consumo, tales como viajes, ropa, comida, salud, aficiones o deportes.

Por otra parte, los datos personales que introducimos en plataformas y redes sociales tienen un valor cuantificable en el mercado negro de la *dark web*, donde se compra y vende ilegalmente multitud de datos personales de particulares. Aunque no existan unas cifras oficiales que den a conocer el valor exacto de todos los datos personales que circulan por internet, sí hay investigaciones que han sacado a la luz que los perfiles que incluyen los datos financieros, con sus accesos a PayPal y Amazon, así como los propios datos de sus perfiles en las diferentes redes sociales, se venden en el mercado negro por 870 euros.

A partir de marzo de 2018, se empezó a aplicar la nueva ley de protección de datos de la Unión Europea. En aquel momento, el 71% de los europeos compartía sus datos personales en internet, mientras que solo un 15% sentía que tenía el control sobre esa información, según datos proporcionados por la Comisión Europea. En la práctica cuesta ejercer el control absoluto de los datos, especialmente en las plataformas gratuitas.

Lo que es cierto es que nuestros datos están ahí fuera y alguien se está lucrando con ellos. Empresas de *marketing* utilizan bases de datos con información personal de miles de personas, donde se encuentran nombres y apellidos, números de teléfono, correos electrónicos y direcciones físicas. Incluso se puede clasificar a las personas dependiendo de sus gustos. En muchos casos, los usuarios presentes en estas bases de datos desconocen que están ahí y que se está mercadeando con su información. Tampoco saben que han cedido información libremente.

Estos datos salen de que muchas empresas crean sistemas de captación y retención con el fin de mantener a sus clientes activos. Regalos, ofertas especiales o rebajas logran captar la atención de personas que deben rellenar un formulario con su información personal. Los datos son necesarios para mantener una comunicación activa con los clientes. Muchas veces, los clientes no son conscientes de que están dando el consentimiento para ceder su información a terceros y que puede acabar en manos de otras empresas. Las leyes españolas y europeas sobre protección de datos impiden que las empresas compren bases de datos propias a otras empresas. En cambio, sí que es legal comprarlas si

Vivimos en un ecosistema digital que nos lleva a estar cada vez más conectados a nuestros dispositivos electrónicos, redes sociales y cámaras. Cada uno de nosotros es una máquina de generar datos. Fuente: imagen de Photo Mix en Pixabay.

los datos se recogen mediante servidores que buscan en internet nombres, direcciones de correo electrónico o números de teléfono siempre que estén publicados, de forma similar a como funciona un buscador de internet. Es más común que se vendan datos de corregistros. Estos se nutren de la información que los usuarios ceden durante promociones o campañas de fidelización.

Telemarketing, envíos de publicidad postal, mensajes SMS, correos electrónicos. Hay una gran industria denominada *lead generation* que se dedica a recopilar, limpiar, organizar y empaquetar estos datos para su uso publicitario mediante la creación de fichas con datos personales reales y contrastados. El precio de un *lead* (persona con datos verificados) varía dependiendo de la cantidad de información, entre los dos y diez euros, hasta quince euros los considerados como *lead premium*. Los contactos lead premium tienen más información personal. La forma en la que se consiguen estos datos es mediante la creación de páginas de aterrizaje *(landing pages)* con las especificaciones del cliente. De esta forma, gracias a promociones se consiguen datos reales y específicos para más tarde emplearlos en otras campañas publicitarias.

Este es un negocio muy controlado en Europa. Las empresas españolas tienen la obligación de cumplir las leyes de protección de datos en el caso de que los usuarios quieran acceder a ellos, modificarlos o eliminarlos. Se complica mucho más cuando se trata de una empresa extranjera, incluso aunque tenga una delegación en el país. La mala utilización puede derivar en cuantiosas multas, según la gravedad de cada caso. Si se declaran infracciones graves, según los artículos 45.2, 4 y 5 de la LOPD, las multas varían entre 60 101,21 y 300 506,05 euros. Las empresas son responsables de mantener la información personal segura y registrarla en la Agencia Española de Protección de Datos (AEPD). Estas infracciones son más habituales de lo que parece. Muchas empresas tecnológicas hacen empleo de los datos sin tener en cuenta las leyes locales de sus usuarios, por lo que es muy habitual que se incumplan las leyes de privacidad.

4

¿LA TRANSFORMACIÓN DIGITAL ES INEVITABLE?

La pandemia de la COVID19 fue un catalizador para muchas organizaciones en sus transformaciones digitales, lo que llevó a las empresas a acelerar sus iniciativas tecnológicas, diseñar cambios drásticos en sus procesos, reexaminar la cultura corporativa y el papel que esta desempeña en el nuevo mundo comercial actual. Este tipo de transformación supone que los usos digitales permiten inherentemente nuevos tipos de innovación y creatividad, más que mejorar únicamente los métodos tradicionales. Podemos también hablar de la transformación digital como un avance a la mejora continua de un proceso en particular mediante el uso de la tecnología.

Las fuerzas digitales están reconfigurando cinco dominios clave de la estrategia de cualquier organización: los clientes, la competencia, los datos, la innovación y el valor. Estos cinco dominios describen el panorama de la transformación digital para los negocios actuales. En tales dominios, las tecnologías digitales están cambiando las reglas con las que las empresas tienen que operar para conseguir el éxito. Lo cierto es que se han eliminado muchas de las viejas limitaciones y ahora hay nuevas probabilidades.

Empezaremos por conocer con mayor profundidad el concepto de valor, que son los beneficios que una organización ofrece a sus clientes mediante su propuesta de valor. Ante un entorno de negocios cambiante, el camino más seguro es el de la adaptación, de manera que analizamos cada tecnología como una forma de ampliar y mejorar nuestra propuesta de valor para nuestros clientes, aprovechamos las oportunidades emergentes, nos despojamos de las fuentes de ventaja competitiva en declive y seguimos a la vanguardia de la curva del cambio.

Respecto a los datos, en los negocios tradicionales, estos eran caros de conseguir, complicados de almacenar y se empleaban en los silos de la empresa. Actualmente, los datos se están generando a un ritmo sin precedentes, no solo en las compañías, sino en todo el mundo. Además, los sistemas de almacenamiento de datos basados en la nube son cada vez más baratos, están disponibles y son fáciles de usar. El mayor desafío de hoy es convertir la enorme cantidad de datos que tenemos en información de valor.

La verdad es que las tecnologías digitales han cambiado nuestro mundo, y el aspecto más significativo es la forma en que pensamos sobre los datos, ya que es importante saber que estos son un activo cada vez más importante para todas las empresas actuales y que descuidarlos puede ser un error fatal. Es por ello por lo que estos deberían ser tratados como un intangible de cualquier organización. Pues bien, una de las formas más comunes en que las organizaciones pueden construir un activo a partir de los datos es a través de programas de fidelización, con el matiz de que hoy en día gran parte del valor de tales programas reside en los datos acumulados de los clientes. Para conseguirlo, las compañías intentan crear la experiencia adecuada para que los clientes intercambien voluntariamente todos sus datos y así poder obtener a cambio un servicio de valor añadido.

Para dominar la competencia en la era digital, las empresas deben comprender la creciente importancia de las estrategias para construir plataformas, no solo productos. Fuente: imagen de Pete Linforth en Pixabay.

Respecto a los clientes, en esta era digital nos estamos moviendo hacia un mundo que se define mejor no por los mercados de masas, sino por las redes de clientes. En este paradigma, los clientes están dinámicamente conectados e interactúan tanto entre ellos como con las distintas empresas y organizaciones. Es una realidad que, hoy en día, los clientes están constantemente conectados, se influyen entre sí y, de esa forma, determinan la reputación de las empresas y de las marcas.

Las tecnologías digitales están cambiando la manera en que nos conectamos y creamos valor añadido a nuestra clientela y nos obligan a pensar de forma diferente sobre cómo creamos valor para el cliente, ya que lo que estos valoran puede cambiar muy rápido, cuando nuestros competidores están constantemente descubriendo nuevas oportunidades que nuestros clientes pueden valorar.

Las tecnologías digitales también están transformando las maneras en que las organizaciones innovan. La innovación es el proceso por medio del cual las empresas desarrollan, testean y llevan al mercado las nuevas ideas. Tradicionalmente, la innovación era cara, requería mucha inversión y estaba aislada, por lo que probar nuevas ideas era difícil y costoso. Actualmente, las tecnologías digitales permiten pruebas y experimentación continuas, procesos que eran inviables en el pasado. El aprendizaje constante y la rápida iteración de los productos, antes y después de la fecha de vencimiento, se están convirtiendo en la norma, donde las *startups* nos están demostrando que las tecnologías digitales pueden permitir un enfoque de la innovación basado en el aprendizaje continuo mediante la experimentación rápida; y es que las actuales tecnologías digitales permiten que sea más fácil y rápido que nunca probar ideas. Una de estas metodologías ampliamente utilizadas es *lean startup*, que permite el desarrollo de negocios y productos acortando los ciclos de desarrollo de productos, adoptando una combinación de experimentación impulsada por hipótesis para medir el progreso, lanzamientos de productos iterativos para ganar valiosa retroalimentación de los clientes y aprendizaje validado para medir cuánto se ha aprendido. Esta metodología fue desarrollada por Eric Ries, con influencia de la metodología de desarrollo de clientes de Steve Blank, la cual parte de la idea de que los nuevos negocios tienen una serie de hipótesis sin confirmar sobre su modelo de negocio. Pues bien, la forma de comprobar tales hipótesis se asemeja al método científico, donde se crea la citada hipótesis sobre el modelo de negocio, se diseña un experimento para confirmarla, se sale a la calle (al mercado) para comprobarla y se pone a prueba. Hay que reunir datos para llegar a unas mínimas conclusiones que permitan confirmar tal hipótesis, o bien invalidarla o modificarla.

Relativo a la competencia, tradicionalmente, las empresas competían con empresas rivales que se parecían mucho a ellas y cooperaban con socios de la cadena de suministro que distribuían sus bienes o proporcionaban los insumos necesarios para su producción. La desintermediación digital está cambiando de manera drástica las cooperaciones y cadenas de suministro, donde nuestro socio comercial de toda la vida puede convertirse en nuestro mayor competidor si este empieza a brindar a nuestros clientes servicios directamente.

Ante esta realidad competitiva, las tecnologías digitales están potenciando el poder de los modelos de negocio de plataforma, de manera que permiten a una empresa crear y capturar un enorme valor al facilitar las interacciones entre otras empresas, organizaciones o clientes.

5

¿AVANZAMOS HACIA LA EXPONENCIALIDAD?

Todo va a cambiar en la era del crecimiento exponencial. Son tiempos de cambios veloces que producen vértigo. El problema es que pensamos que el cambio es lineal cuando en realidad el cambio es exponencial, con forma de palo de *hockey*. Si nuestra competencia hace una mejora en su oferta, nosotros nos vemos obligados a realizar el mismo grado de mejora o más para simplemente mantenernos en la carrera competitiva. Según el célebre capitalista de riesgo Marc Andreesen: «El *software* se está comiendo el mundo»; esto significa que actualmente todas las empresas son empresas de tecnología, donde los empresarios se ven obligados a transformar digitalmente sus negocios para no quedarse parados y seguir compitiendo.

En relación con las empresas tecnológicas, estas han creado una nueva manera de escalar un negocio gracias a la existencia de un nuevo tipo de capital, donde las ideas y el conocimiento generadores de valor son una nueva riqueza; nos referimos a los intangibles.

En el mundo de los negocios, la diferencia es radical entre el número uno y el número dos; por ejemplo, YouTube genera cien veces más facturación que Vimeo, Google tiene el 92,04% de las búsquedas en internet en comparación con su rival Bing, que solo ostenta el 2,6%. Estamos ante un cambio dramático en la economía actual donde el ganador se lo lleva todo, como el título de la canción del célebre grupo de pop sueco ABBA: *The winner takes it all*. Hablamos de una economía donde los mejores jugadores obtienen una parte desproporcionadamente grande de las recompensas, mientras que el resto se queda con muy poco y muy lejos de los muy pocos ganadores, cuyas ganancias no son lineales sino exponenciales. Este fenómeno no solo pasa en las grandes empresas tecnológicas, sino que ya sucede en cualquier sector. Por ejemplo, el restaurante local que termina teniendo más reseñas positivas en Tripadvisor acaba dominando a nivel local, o el empresario que es el mejor en *marketing* en su mercado acaba quedándose con la mayor proporción de clientela. En este último caso, por ejemplo, el que ejecuta la mejor estrategia de *marketing* digital en su nicho de mercado acaba dominándolo para convertirse en «el ganador que se lo lleva todo».

Para entender mejor el fenómeno de la exponencialidad es fundamental conocer los siguientes conceptos: la ley de Moore, la ley de Metcalfe, la ley de los rendimientos crecientes y el efecto red.

La ley de Moore indica que aproximadamente cada dos años se duplica el número de transistores en un microprocesador. Se trata de una ley empírica formulada el 19 de abril de 1965 por el cofundador de Intel, Gordon E. Moore, cuyo cumplimiento se ha podido constatar hasta hoy. Esta progresión de crecimiento exponencial, que duplica la capacidad de los circuitos integrados cada dos años, es lo que se denomina ley de Moore. En relación con esto, David House, ejecutivo de Intel, predijo que el desempeño del chip se duplicaría cada dieciocho meses, que es una combinación del efecto de incorporar más transistores y de que estos son más rápidos.

La ley de Metcalfe dice que el valor de una red de telecomunicaciones aumenta proporcionalmente al cuadrado del número de usuarios del sistema (n^2). A medida que el número de nodos de una red aumenta aritméticamente, el valor de la red aumenta exponencialmente. Dicho claramente, cada vez que un usuario se une a una aplicación con una red detrás, el valor de la aplicación aumenta a n^2. Eso significa que, si una red tiene cien nodos y luego se duplica a doscientos, su valor se duplica con creces, se cuadriplica.

La incorporación de unos cuantos miembros puede incrementar drásticamente el valor para todos los miembros. Metcalfe advirtió que las redes tenían que alcanzar a un determinado número de personas para resultar útiles.

En realidad, n^2 subestima el valor total del crecimiento de la red, ya que la observación de Metcalfe se basaba en la idea de una red telefónica. Por ejemplo, las redes *online*, al igual que las redes personales de la vida real, ofrecen oportunidades para las conexiones complicadas a tres bandas, cuatro bandas o múltiples bandas. De este modo, cuando aumentamos el número de posibles conexiones en una red, tenemos que incorporar no solo toda la combinación en la que los miembros pueden formar parejas, sino también todos los grupos posibles. Estas combinaciones adicionales hacen que el valor total de la red crezca exponencialmente.

Una vez conocidas con más detalle estas dos leyes, podemos entender con mayor profundidad la ley de rendimientos crecientes, cuyo máximo exponente es Brian Arthur, que viene a decirnos principalmente que el valor de una red se dispara a medida que aumenta el número de sus miembros, y después la explosión de valor absorbe todavía a más miembros, lo que incrementa el resultado; es decir, las redes contribuyen a que los que tienen éxito tengan todavía más éxito. Los rendimientos crecientes son una tendencia a que lo que va por delante vaya todavía más por delante; y que lo que se queda atrás se vaya quedando cada vez más atrás. El ejemplo lo encontramos en las

Un efecto de red describe lo que sucede cuando los productos/servicios se vuelven más valiosos a medida que más personas los emplean. La forma de la curva recuerda a un palo de *hockey*. También es más probable encontrar el efecto red en negocios basados en compartir información o conectar usuarios entre sí que en negocios que lidian con bienes físicos. Fuente: imagen de LuckyLife11 en Pixabay.

redes, donde podemos encontrar círculos autorreforzadores virtuales, donde cada miembro adicional incrementa el valor de la red, que a su vez atrae más miembros, de manera que inicia una espiral de beneficios. Como Silicon Valley, donde cada una de las nuevas empresas que triunfa atrae otras nuevas empresas, que a su vez atraen más capital y talento y de nuevo más empresas.

En resumen, en la economía industrial, el éxito era autolimitador; obedecía a la ley de los rendimientos decrecientes (mayor es la producción si mayor es la eficiencia del proceso). En la economía interconectada, el éxito es autorreforzador; obedece a la ley de los rendimientos crecientes.

Por último, vamos a analizar el concepto de efecto red. Curiosamente, los negocios que se benefician del efecto red son muy similares; es decir, el valor de su producto o servicio se incrementa con el número de usuarios. Por ejemplo, lo que confiere a American Express una ventaja competitiva sobre cualquier otra empresa financiera es su enorme red de comercios. Cuantos más sitios haya en los que podamos utilizar la tarjeta Amex, más valiosa se vuelve la tarjeta para nosotros, lo cual en gran medida explica el reciente interés de Amex en lograr que su tarjeta sea aceptada en pequeños comercios como tiendas de conveniencia y gasolineras.

El efecto red es mucho más común entre los negocios basados en información o transmisión de conocimiento que entre los negocios basados en bienes físicos. Además, los negocios basados en redes tienden a crear monopolios naturales y oligopolios. Si el valor de un bien o servicio aumenta con el número de usuarios que lo utilicen, entonces los productos más valiosos basados en redes serán los que atraigan a más personas, de manera que crea un círculo virtuoso que expulsa a redes más pequeñas y aumenta el tamaño de las redes dominantes. Y a medida que las redes dominantes se van haciendo más grandes también se hacen más fuertes. Esto supone una notable ventaja competitiva.

6

¿NOS DOMINA LA ECONOMÍA DE PLATAFORMAS?

Hablar de «economía digital» es referirse a aquellos negocios cuyos modelos de negocio dependen cada vez más de la tecnología de la información, de internet y de los datos. La economía digital se ha vuelto esencial para la economía general, y atraviesa sectores tradicionales como el manufacturero, los servicios, el transporte, la minería e incluso las telecomunicaciones. Además, la economía digital genera innovación constante y dirige el crecimiento económico hacia delante, de manera que se vuelve un modelo hegemónico, donde las ciudades tienen que ser inteligentes; los negocios, disruptivos; los trabajadores, flexibles, y los Gobiernos, austeros y capaces.

La verdad es que el capitalismo tiende a ser reestructurado cuando una crisis le golpea. Nuevos descubrimientos, nuevas tecnologías, nuevas formas organizacionales, nuevos modos de explotación, nuevos tipos de trabajo y nuevos mercados emergen para crear una nueva manera de acumular capital, como vimos con la automatización digital desde la crisis de 2008, que se convirtió en el relato dominante en el seno de los países capitalistas avanzados, con las proclamas acerca de tecnologías convergentes para la cuarta revolución industrial, como son la inteligencia artificial, el *big data*, el internet de las cosas y la *blockchain*, esta última como eje central de la Web3 y el metaverso.

El crecimiento de internet ha provocado que las empresas se volvieran dependientes de las comunicaciones digitales para muchos aspectos de sus negocios, donde los datos se volvieron cada vez más importantes, sirviendo a varias funciones capitalistas clave como: enseñar y dar ventaja competitiva a los algoritmos, optimizar y flexibilizar los procesos productivos, posibilitar la transformación de productos de bajo margen en servicios de alto margen, entre otros. Estos análisis son en sí mismos generadores de datos, de manera que se crea así un circuito virtuoso. Dadas las ventajas significativas de grabar y usar datos y las presiones competitivas del capitalismo, era quizá inevitable que esta materia prima llegase a representar un enorme nuevo recurso. El problema para las empresas capitalistas, que continúa actualmente, es que los viejos modelos de negocio no estaban particularmente bien diseñados para extraer y usar datos. Su modelo operativo consistía en producir un producto en una fábrica y después venderlo, y nunca aprender nada acerca del cliente o cómo este utilizaba el producto. Ante esta situación era necesario un modelo de negocio diferente si las firmas capitalistas pretendían sacar el máximo provecho de los decrecientes precios del registro de datos. El nuevo modelo de negocio que emergió era un nuevo y poderoso tipo de compañía: la plataforma, que explicaremos más adelante.

El capitalismo avanzado del siglo XXI se centra en la extracción y el uso de un tipo particular de materia prima: los datos. Pero primero debemos distinguir entre datos (información de que algo sucedió) y conocimiento (información acerca de por qué algo sucedió). Los datos pueden implicar conocimiento, pero no es una condición necesaria. Los datos también implican ser grabados, lo que requiere sensores para ser capturados e importantes sistemas de almacenamiento para su mantenimiento. Además, deberíamos ser cautelosos con pensar que la recopilación y el análisis de datos no tienen complicaciones o son procesos automatizados, ya que la mayor parte de los datos deben ser tratados y organizados en formatos estandarizados para que sean utilizables. De la misma manera, desarrollar los algoritmos adecuados puede implicar ingresar manualmente secuencias de aprendizaje en un sistema. También es importante indicar que, en el actual siglo XXI, la tecnología necesaria para convertir actividades simples en datos grabados se volvió cada vez más barata.

En definitiva, actualmente, la recopilación de datos depende de una enorme infraestructura para detectar, grabar y analizar. Dicho de forma sencilla, los datos son la materia prima que debe ser extraída y las actividades de los usuarios, la fuente natural de esta materia prima. Al igual que el petróleo, los datos son un material que se extrae, se refina y se emplea de distintas formas. Mientras de más datos uno dispone, más usos les podemos dar.

Lo cierto es que la prolongada caída de la rentabilidad del sector manufacturero provocó que el capitalismo se volcara hacia los datos como un modo de mantener el crecimiento económico y la vitalidad de cara al inerte sector de la producción. En el siglo XXI, sobre la base de cambios en las tecnologías digitales, los datos se han vuelto cada vez más fundamentales para las empresas y para las relaciones mantenidas con trabajadores, clientes y otros capitalistas. Ante esta situación surge la plataforma como un nuevo modelo de negocio, capaz de extraer y controlar una inmensa cantidad de datos, que ha provocado el ascenso de grandes corporaciones monopolísticas como Alphabet, Meta, Microsoft, Amazon y Apple, entre otras.

El motor de búsqueda de Google proporciona una plataforma para los anunciantes y para los proveedores de contenido para dirigirse a la gente que busca información; y la aplicación de conductores de Uber permite a estos y a los pasajeros intercambiar viajes por dinero. En vez de tener que construir un mercado desde cero, una plataforma proporciona la infraestructura básica para mediar entre diferentes grupos. Esta es la clave de su ventaja sobre los modelos de negocio tradicionales en lo que se refiere a datos, ya que en una plataforma se reúnen dos o

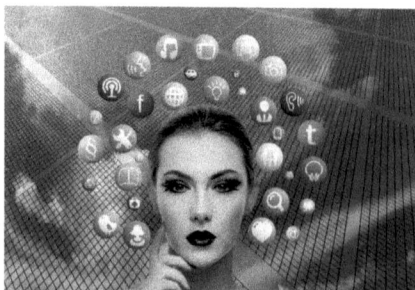

Las plataformas proliferaron con la expansión de la tecnología de la información. El valor de una plataforma para un grupo de usuarios determinado depende en gran medida del número de usuarios que haya en los otros lados de la plataforma. Fuente: imagen de Gerd Altmann en Pixabay.

más grupos de clientes distintos pero interdependientes, y esta como intermediaria entre estos grupos para crear valor, lo que le confiere a la plataforma un acceso privilegiado para registrar datos. La plataforma crea valor al permitir la interacción entre los diferentes grupos que son usuarios de la plataforma. A medida que más y más industrias mudan sus interacciones al mundo *online*, más y más negocios estarán sujetos al desarrollo del modelo de plataforma.

Otra característica fundamental es que el valor de las plataformas multilaterales aumenta a medida que crece el número de usuarios, fenómeno que se conoce como «efecto de red», ya que cuanto más numerosos sean los usuarios que hacen uso de una plataforma, más valiosa se vuelve esta para los demás. Por ejemplo, cuantos más sean los usuarios que buscan en Google, mejores se vuelven sus algoritmos de búsqueda y más útil se vuelve Google para sus usuarios. Pero esto genera un ciclo mediante el cual más usuarios generan más usuarios, lo que lleva a que las plataformas tengan una tendencia natural a crear monopolios. También proporciona a las plataformas una dinámica de acceso cada vez mayor a más actividades, y por lo tanto a más datos.

La importancia de los efectos de red implica que las plataformas tengan que desplegar una gama de tácticas para asegurarse de que se sumen cada vez más usuarios; para ello, las plataformas suelen utilizar subvenciones cruzadas, que consiste en que una rama de la compañía reduce el precio de un servicio o producto (incluso lo proporciona gratis), pero otra rama sube los precios para cubrir estas pérdidas. La estructura de precios de la plataforma es muy importante para definir cuántos usuarios se involucran y con qué recurrencia emplean la plataforma. Google, por ejemplo, proporciona servicios como el *email* gratis para captar usuarios, pero lo compensa generando ingresos con su rama de publicidad.

7

¿PADECEMOS UNA ECONOMÍA DE LA VIGILANCIA?

En el mundo feliz de Aldous Huxley (1932), las personas viven drogadas (es el soma la droga que consumen los personajes de esta novela) y felices, manipuladas por un plan superior en el que la ciencia más puntera solo sirve a una estructura de dominación. En la actualidad, este «soma» equivale a la multitud de aplicaciones y servicios gratis diseñados específicamente para convertirnos en felices adictos.

Bienvenidos al capitalismo de vigilancia, donde tu *smart TV* te observa, pero también lo hacen: tu *smartphone*, tu reloj, tu coche, tu robot de limpieza y hasta tu asistente de Google.

Cuando le dices a tu mujer que hoy te apetece cenar jamón serrano y poco después, casi instantáneamente, aparecen en su *smartphone* diversas marcas. O cuando quieres comer comida asiática y es entonces cuando en el teléfono móvil aparecen diversos mensajes de restaurantes chinos cercanos a su ubicación. Este es el resultado del capitalismo de la vigilancia.

El origen del concepto de capitalismo de vigilancia se remonta a hace dos décadas, con la burbuja de las puntocom, y hace referencia a cómo las grandes empresas tecnológicas utilizan las experiencias humanas y los datos personales de sus usuarios para predecir el comportamiento de la sociedad. La socióloga estadounidense Shoshana Zuboff, profesora emérita de la Harvard Business School, fue la que popularizó el término con su libro *La era del capitalismo de la vigilancia* (2018).

Este capitalismo de vigilancia plantea un reto para la privacidad individual, pues los usuarios no conocen o no son conscientes de la compraventa de sus datos que protagonizan gigantes de Silicon Valley como Google, Amazon, Facebook, Apple o Microsoft. Estas compañías, conocidas como las *big tech*, mejoran sus productos y servicios

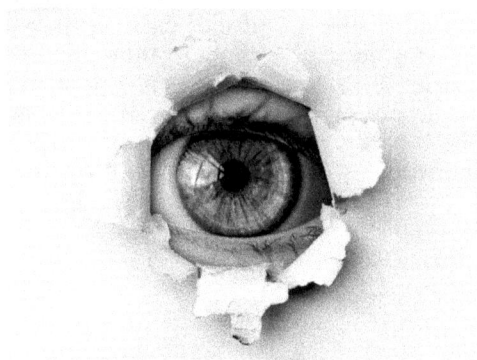

Google inventó y perfeccionó el capitalismo de la vigilancia en un sentido muy similar a como General Motors inventó y perfeccionó el capitalismo gerencial hace un siglo. Google fue la pionera tanto intelectual como práctica del capitalismo de la vigilancia, fue quien sufragó su investigación y su desarrollo y la que abrió camino con su experimentación e implementación.

con estos datos, pero también los venden a empresas publicitarias en lo que Zuboff denomina el «mercado de futuros conductuales». Esa información trabajada con inteligencia artificial les permite predecir comportamientos sociales y así diseñar una publicidad mucho más precisa.

Se puede decir que el capitalismo de la vigilancia es la reivindicación unilateral, por parte de un selecto grupo de empresas provenientes de Silicon Valley principalmente (pero también chinas), de la experiencia humana privada como materia prima para su traducción en datos. Estos datos son computados y empaquetados como productos de predicción y vendidos en los «mercados de futuros de los comportamientos de la gente». Los servicios *online* gratuitos, las *apps*, son solo un cebo que incluso son reinventados para que no pierdan atractivo y consigan enganchar a más personas. Un ejemplo son las actualizaciones constantes de Instagram que fidelizan a los usuarios de esta plataforma, los cuales dan pistas sobre sus gustos por medio de sus búsquedas o las fotos que publican. Entonces, Meta (antigua Facebook), la compañía matriz, recopila y vende esta información a las compañías interesadas. Lo que explica que en este tipo de aplicaciones se anuncien prendas de ropa, cosméticos, música, productos de electrónica o demás productos en sintonía con el historial de navegación.

Por su parte, encontramos notables diferencias entre el capitalismo industrial y el de vigilancia. En el primero, los propietarios de los medios de producción son los emprendedores que, a través de una inversión, adquieren las materias primas y la inversión fija necesaria para la producción de bienes y servicios, y contratan para ello mano de obra con este fin productivo. El objetivo último es colocar estos productos en el mercado.

Por lo que respecta al capitalismo de la vigilancia, hablamos de un sistema diferente al industrial, ya que solo funciona con internet y en donde la mano de obra son los propios usuarios de sus plataformas, que de forma gratuita ponen sus vidas privadas al servicio de estas. Los datos personales son la mercancía que se acumulan en dichas plataformas para producir el bien que se pondrá a la venta en el mercado: «predicciones sobre nosotros mismos». Los propietarios de los medios de producción no son otros que los que ejercen el monopolio del negocio digital, los ya mencionados Google, Meta, Apple y Amazon, principalmente. El capitalismo industrial era un capitalismo para las personas, pero, en el de vigilancia, las personas apenas somos ya clientes y empleados, somos por encima de todo fuentes de información. Hablamos entonces de un capitalismo no para nosotros, sino por encima de nosotros. Además, este sistema amenaza la privacidad de los usuarios porque los términos de uso de tales plataformas son engorrosos y no siempre dejan claro lo que implican. Además, las aplicaciones están basadas en un inteligentísimo sistema de adicción y gamificación.

Diseñan esto para hacernos adictos, por lo que la mayoría consiente los términos de manera condicionada.

Google inauguró este capitalismo entre 1997 y el año 2000, cuando tuvo que recurrir a la publicidad como base para su modelo de negocio, hasta que descubrió cómo hacer predicciones sobre las personas y monetizarlas. Pensando en hacer la publicidad rentable y eficiente, vio la oportunidad de usar las búsquedas de internet para predecir lo que deseaban ver los usuarios y así atinar con los anuncios de los publicistas. Este hallazgo le valió que, entre 2001 y 2004, los ingresos del motor de búsqueda más importante crecieran casi un 3600%. Con los años, también se han subido al carro otras grandes tecnológicas estadounidenses y chinas, como el caso de ByteDance, la propietaria de la aplicación TikTok.

En palabras de Zuboff, este sistema amenaza la democracia en tanto en cuanto las grandes tecnológicas buscan maximizar sus beneficios reduciendo a los ciudadanos a meros usuarios y presionando contra las leyes que limitan sus actuaciones. La Unión Europea fue la primera en mostrar su preocupación por proteger los datos personales de los ciudadanos, y para ello aprobó en 2016 la Regulación General de Protección de Datos. El estado de California en Estados Unidos le siguió con la Ley de Privacidad del Consumidor en 2018, pero el comercio de datos no se detiene. Los historiales de navegación y los perfiles en redes sociales son el petróleo del siglo XXI.

8

¿Nos deben a todos más de 18 000 euros?

Los datos y la economía derivada de ellos son el motor de la cuarta revolución industrial. Pero en este sistema hay un importante protagonista que no recibe nada de los enormes beneficios que genera la actividad: las personas que proporcionan esos datos, que a cambio reciben una pequeña compensación en especie: servicios *online* gratuitos.

¿Por qué nos permite Google planificar nuestros desplazamientos en Google Maps? Porque así aprende patrones de tráfico que luego puede convertir en paquetes de servicios que termina vendiendo a plataformas de viajes compartidos y de transporte público. ¿Y por qué Instagram y YouTube ofrecen formas tan sencillas de compartir contenidos multimedia? Porque las imágenes y los vídeos que albergan son insumos para sus sistemas de aprendizaje automático o *machine learning* (ML), de los que se nutren sus servicios de inteligencia artificial (IA) que venden a sus clientes: desde el reconocimiento facial hasta los programas automáticos de edición de vídeo.

Para Jaron Lanier, considerado como el inventor de la realidad virtual, corporaciones como Meta, Alphabet, Apple, Amazon y Microsoft son los motores de la economía digital actual al explotar la falta de comprensión por parte de las personas de lo que son el *machine learning* (ML) y la inteligencia artificial (IA) para recabar gratuitamente la estela de datos que todos dejamos tras nuestras interacciones en internet. Esta es la fuente de los beneficios sin precedentes que las convierten en las empresas más valiosas del mundo. Por ejemplo, lo que Meta paga a sus programadores anualmente supone tan solo un 1% del valor de la empresa porque el resto del trabajo se lo proporcionamos los usuarios de sus plataformas gratuitamente. En cambio, para Walmart, el coste de pagar salarios supone un 40% de su valor. Además, las personas estamos sufriendo y experimentando un falso miedo a que la inteligencia artificial provoque un desempleo masivo cuando en realidad los humanos son más necesarios que nunca en esta economía del dato. Está claro que nuestro trabajo como prosumidores de datos no está valorado como es debido, pero consideramos que será una forma de trabajo cada vez más importante.

Más allá de sus efectos negativos sobre la privacidad, el actual modelo económico en torno a los datos ha llevado al desarrollo de monopolios y oligopolios de datos, e incluso pueden convertirse en una amenaza para el empleo en el futuro debido a la pérdida de puestos de trabajo por la automatización basada en dichos datos. Pagar a las personas por sus datos podría ser una alternativa a la compensación basada en mano de obra en el futuro, en el que la mayoría del trabajo lo realizarán las máquinas y la inteligencia artificial.

El descubrimiento de que los datos sobre los usuarios eran los activos fundamentales con que contaban los gigantes tecnológicos se hizo cada vez más patente con la explosión del interés en los *big data* o macrodatos, el *machine learning* (ML) o aprendizaje automático y la inteligencia artificial (IA). El ejemplo más famoso de un algoritmo ML es la red neuronal. Las redes neuronales imitan la estructura del cerebro humano en vez de realizar simplemente un análisis estadístico. Ahora bien, los datos por sí solos no son suficientes para entrenar una red neuronal, ya que tenemos que almacenar y procesar datos y el proceso de entrenar tal red neuronal requiere un enorme volumen de operaciones de computación. Sin unos grandes ordenadores capaces de realizar todos estos cálculos, las redes neuronales nunca encuentran la respuesta correcta a los datos proporcionados, por muchos datos que haya. Los avances verdaderamente sobrecogedores en la capacidad de computación y almacenamiento en la nube de finales de la década de los dosmil fueron cruciales para conseguir que se pudieran entrenar adecuadamente las redes neuronales. Cuanto más profunda y complicada es una red, más computación y almacenamiento hacen falta para entrenarla. Las grandes plataformas tecnológicas están ahora inmersas en el proceso de convertirse en recabadoras de datos ofreciendo servicios que convencen a los usuarios para que proporcionen información con la que entrenar la IA utilizando ML. Y es que los datos generan un rendimiento creciente a medida que, al tener más datos, se puedan ir resolviendo problemas más complejos y de más valor.

En la economía digital actual, la gente desvela grandes cantidades de datos sobre ellos mismos a cambio de los servicios que proporciona internet: búsquedas, mapas, asistencia digital, etc. ¿Por qué es importante que se le pague a la gente con dinero y no en especie con servicios valiosos?

Tal vez este tipo de acuerdo en el que los usuarios aprovechan los servicios y la empresa se queda con los beneficios derivados de los datos que estos generan suene novedoso, pero el hecho es que es muy antiguo. Antes del auge del capitalismo incluso, los acuerdos de trabajo en el mundo feudal funcionaban así. Los señores protegían a sus siervos de la incertidumbre de los mercados y les garantizaban su seguridad. A cambio, los señores se quedaban con los ingresos obtenidos en el mercado por la venta de la producción de los siervos. De manera parecida, en la actualidad, las grandes plataformas proporcionan servicios informativos útiles y entretenidos y a cambio se quedan con el valor de mercado de los datos que producimos los usuarios. Así pues, nos referimos a este nuevo sistema contemporáneo como «tecnofeudalismo», el cual impide el desarrollo personal, del mismo modo que el feudalismo impidió la educación de los siervos o la inversión para mejorar las tierras, pues los «tecnosiervos» saben que cualquier inversión que hagan será objeto de expropiación por parte de las plataformas.

Para que los datos se conviertan en un trabajo, previamente se necesitaría tener una cierta idea de lo que valen los datos en términos cuantitativos. Lo que no se mide no tiene precio y, a menudo, cuando algo se mide con exactitud, empieza a tener precio de manera natural. Los sistemas para medir la huella de carbono de las personas, las empresas, los automóviles, etc., se han desarrollado en la última década y son un ejemplo de ello.

Lo cierto es que para que los datos se conviertan en un trabajo dependerá principalmente del desarrollo de la inteligencia artificial. Se estima que esta automatizará gran parte de la economía. Si esto fuera así, el trabajo de datos representaría una fuente mucho mayor de ingresos y riqueza en años venideros y, de hecho, gran parte de la capitalización actual de las grandes plataformas digitales se basa en esta posibilidad. Si esto se cumple, el trabajo de datos podría crecer hasta convertirse en una porción significativa de los ingresos de las personas. Según las últimas investigaciones desarrolladas en su libro *Radical Markets*, Eric A. Posner y E. Glen Weyl estimaron que, si se implementaran algoritmos de remuneración justa atendiendo al desarrollo de la inteligencia artificial en la economía, una familia de cuatro miembros podría ganar hasta

20000 dólares por año a partir de sus datos. Esta cifra puede parecer pequeña para ser una alternativa completa a la compensación basada en el trabajo, pero solo puede aumentar a medida que más y más sectores sean catalizados por la automatización económica que aporta la mencionada inteligencia artificial. El argumento fundamental detrás de esta posición es simple: los modelos de negocio y los algoritmos de aprendizaje automático tienen valor cero sin los datos y, por lo tanto, pagar por esos datos no es caridad sino economía neoclásica.

Además, este nuevo sistema tendría grandes beneficios para la protección de la privacidad, ya que la recolección de datos es en la actualidad gratuita; las compañías recogen todos los que están a su alcance sin discriminación y sin saber si les serán útiles o no. Si tuvieran que pagar por ellos, sí existiría discriminación, ya que solo recopilarían aquellos que fueran a ser aprovechados. La obligación de remuneración a cambio de los datos provocaría la desaparición de las compañías «parásitas» que en la actualidad recopilan listas de cualquier cosa (desde presuntos alcohólicos hasta personas drogadictas) y provocan enormes riesgos para la privacidad. En resumen, pagar por los datos permitirá a las plataformas adquirir datos de mayor calidad que harían aumentar sus ingresos porque podrían ofrecer una mayor utilidad a sus usuarios. La idea de pagar por los datos ya ha captado el interés de algunos de los líderes de este sector, como Elon Musk, Mark Zuckerberg y Bill Gates.

9

¿La economía de la compensación es sostenible?

Un importante estudio científico estima que el capital natural, el aire, el agua, los bosques y la biodiversidad del mundo, valdría más de trescientos billones de dólares. Actualmente, no tenemos ningún mecanismo para fijar el precio de este capital natural, tampoco tenemos forma de contabilizar los impactos ecológicos ni de invertir en su sostenibilidad. Ante esto, la única forma de fijar el precio del capital natural se presenta en forma de «créditos de carbono».

Un crédito de carbono es un certificado negociable que representa la evitación o eliminación de una tonelada de emisiones de dióxido de carbono resultantes de una actividad específica del proyecto. Un crédito de carbono equivale a una tonelada de CO_2 que se reduce o elimina de la atmósfera. Para adquirir créditos de carbono, una organización invierte en un proyecto alineado con sus valores. Ese proyecto genera un certificado de carbono que, a su vez, puede ayudar a la organización a volverse climáticamente neutral o alcanzar el cero neto. Las emisiones actuales de CO_2 se estiman en cincuenta y cinco mil millones de toneladas anuales. Incluso si reducimos esto a cero en la próxima década, las estimaciones sitúan el impacto del calentamiento a largo plazo en 1,52 °C. La mayor parte de la economía genera emisiones, incluida la fabricación (31%), la producción de energía (27%), la agricultura y el uso de la tierra (19%) y el transporte (16%). Nuestro modo de producción y consumo energético está generando una alteración climática global que provocará, a su vez, serios impactos tanto en la Tierra como en los sistemas socioeconómicos. La solución más efectiva para este grave problema la encontramos en los mercados mundiales de carbono tanto voluntarios (VCM) como los de obligado cumplimiento u obligatorios (en Europa, RCDE UE o *European Union Emissions Trading System*, por sus siglas en inglés).

McKinsey & Company estima que alcanzar las emisiones netas cero en 2050 costará al mundo inversiones por valor de 9200 millones de dólares al año. En total, 275 000 millones de dólares. El 7,5% de la riqueza del planeta.

Según Morgan Stanley, estamos ante una «economía de la compensación», con lo que se refiere a las compensaciones de carbono como la reducción o eliminación de las emisiones de gases de efecto invernadero (GEI) para compensar las emisiones que ocurren en otros lugares. Hay que aclarar que la compensación de emisiones de carbono es el proceso de adquisición de créditos de carbono por parte de proyectos de absorción de CO_2 (que pueden incluir energías renovables, reforestación, gestión de residuos, etc.) con el fin de compensar las emisiones de una empresa o una persona. Ante esta situación, los Gobiernos están tratando de reducir sus emisiones mediante el comercio de carbono a través de un sistema basado en el mercado que brinda incentivos económicos para que los países y las empresas reduzcan su huella ambiental. Sin embargo, casi todas las actividades, desde los viajes hasta la agricultura, generan emisiones de dióxido de carbono, lo que contribuye al efecto invernadero del cambio climático. Como decíamos anteriormente, en el mundo existen dos tipos de mercados de carbono: los mercados voluntarios de emisiones de carbono, que se rigen por instituciones de estándares que establecen criterios de certificación, así como por organizaciones que publican regularmente las mejores prácticas y monitorean el mercado, y, principalmente, los mercados obligatorios (o de cumplimiento), que se rigen por las políticas públicas de cada país, aunque hay ejemplos en los que varios países se unen para crear un mercado homogéneo obligatorio, como en Europa, el cual es denominado Régimen de Comercio de Derechos de Emisión de la Unión Europea (RCDE UE). En estos mercados de cumplimiento se otorgan permisos de emisiones para las compañías involucradas (normalmente grandes contaminadores) y que se pueden comerciar para compensar mutuamente sus emisiones.

Para Morgan Stanley, si el 85% de las emisiones globales de 51 000 millones de toneladas se reduce mediante estrategias de descarbonización, será necesario compensar más de 7000 millones de toneladas de CO_2. Asumiendo un coste de cien dólares por tonelada para secuestrar emisiones, «hablaríamos de un mercado de 765 mil millones de dólares. Esto supondría ser un sector mayor que el actual mercado del *software*».

La carrera hacia el *Net Zero* (o cero neto) ha llevado a la expansión del mercado global de créditos de carbono tanto en su vertiente regulada (con el impuesto al carbono o los derechos de emisión) como en la voluntaria. Según el informe sobre el estado de los mercados voluntarios de carbono realizado por Ecosystem Marketplace, auditora en información de inversiones medioambientales, se estima que fue de 320 millones de dólares en 2019 (últimos datos disponibles), que en 2021 estos mercados voluntarios de carbono crecieron en valor hasta 2 mil millones y que podrían alcanzar los 180 000 millones de dólares para 2030.

Lo cierto es que el mercado mundial de créditos de carbono ha languidecido durante la última década debido a la falta de confianza, el bajo rendimiento, la falta de estándares transjurisdiccionales y la actividad fraudulenta. *Blockchain*, como tecnología de contabilidad distribuida (DLT) que es, puede proporcionar una solución para estos problemas.

Para Morgan Stanley, la tecnología *blockchain* tiene la oportunidad de desempeñar un papel importante en la descarbonización de la economía global. La cadena de bloques tiene capacidades únicas que pueden habilitar un mercado interoperable para las compensaciones voluntarias de carbono, tales como:

- Adicionalidad: la existencia de una actividad reductora de emisiones en ausencia del incentivo creado por la financiación del carbono.

- Trazabilidad: *blockchain* evita que los datos se manipulen o dupliquen, lo que garantiza la integridad de las transacciones de compensación de carbono y facilita el cumplimiento de los requisitos ESG de las empresas.

- Transparencia: mediante el empleo de una tecnología de registro veraz, inmutable e incorruptible para los registros. Nos referimos a la tecnología de la cadena de bloques.

Otro de los beneficios que aporta la tecnología *blockchain* para un mercado eficiente de compensación de créditos de carbono es el empleo de los tokens no fungibles o NFT; hablamos de activos digitales que tienen características únicas y que veremos en esta obra con profundidad.

Con el empleo de NFT no hay posibilidad de duplicación, ya que cada NFT representa un activo único, es decir, un crédito de carbono. Además, abordan efectivamente la trazabilidad. Cuando una empresa compra un crédito de carbono hoy, tiene que confiar en que la tonelada secuestrada se vendió una sola vez y no se contabilizó dos veces. En ciertos casos, también se debe confiar en que la empresa que compró la compensación retirará el crédito y no lo revenderá. Dado que los NFT son programables, se pueden codificar para retirarlos o «quemarlos» después del consumo. También hay que decir que los tokens no fungibles son resistentes a la manipulación, ya que las sólidas redes de cadena de bloques los protegen, y hacen su falsificación difícil, ya que todos los propietarios de estos serán alertados inmediatamente por la *blockchain*.

Lo cierto es que las políticas ambientales han calado y despegado en el mundo empresarial, pero el reto ahora es descarbonizar toda la cadena de suministro. El 68,8 % de las grandes compañías actúa para reducir emisiones de CO_2 frente al 32,8 % de pymes, según datos del Pacto Mundial de la ONU en España. Solo cuatro de cada diez empresas españolas tienen un verdadero compromiso para emitir menos CO_2. Para McKinsey & Company, España debería destinar 85 000 millones anuales a tecnologías verdes para alcanzar en 2045 el hito de las cero emisiones netas y poder llegar a las negativas en 2050.

Según Climate Policy Initiative, las necesidades de financiación climática a nivel global se sitúan en los 4,5 billones de dólares anuales, la mayor parte en economías en desarrollo. Ante esta situación, los países de América Latina abogan por reestructurar sus deudas mediante canjes de deuda por proyectos climáticos. Los canjes de deuda por clima son una forma de redirigir servicios de deuda (intereses y capital) hacia determinados proyectos de mitigación o adaptación climática, lo que ayuda a aliviar el endeudamiento y a liberar recursos con el objetivo de acelerar proyectos verdes.

10

¿Una economía del valor digital distribuido?

El capital en el siglo XXI, de Thomas Piketty, encontró que, a largo plazo, el retorno promedio sobre el capital supera la tasa de crecimiento de la economía, lo cual implica que los propietarios del capital se enriquecen cada vez más rápido que el resto de la población. El resultado es la concentración de la riqueza y su desigual distribución, que causa inestabilidad social y económica. La solución de Piketty es proponer un sistema global de impuestos progresivos a la riqueza para ayudar a reducir la desigualdad y evitar que la gran parte de la riqueza quede bajo control de una pequeña minoría. Consideramos que esta solución es antigua y propia de siglos atrás, ya que a problemas nuevos se requieren soluciones nuevas, de ahí que encontremos en la «destrucción creativa» del célebre economista Schumpeter una posible solución a la que hemos denominado «economía del valor digital distribuido». Es un hecho que estamos pasando de una economía digital *online*, dominada por intermediarios que llevaban las cuentas (el más claro ejemplo es el sector bancario) de las transacciones que hacemos a otra muy distinta y descentralizada, donde no hay tales intermediarios y que gracias a la suma de dos tecnologías, la criptografía y la tecnología P2P, podemos gestionar entre nosotros nuestras cuentas y transacciones, lo que permite vigilarnos, los unos a los otros, para no pagar dos veces con el mismo dinero. Nos estamos refiriendo a la tecnología de cadena de bloques. Ante este nuevo escenario proponemos un nuevo modelo económico que permite una mejor gobernanza de la economía digital en la que estamos inmersos, que incluso nos permitirá un mayor empoderamiento de nuestra energía, de nuestra relación con el medio ambiente y de nuestros datos, aspectos que trataremos a continuación.

Los datos y la economía derivada de ellos son el motor de la cuarta revolución industrial. Pero en este sistema hay un importante protagonista que no recibe nada de los enormes beneficios que genera la actividad: las personas que proporcionan esos datos, que a cambio reciben una pequeña compensación en especie: servicios *online* gratuitos. Existen serios estudios, como los realizados por Nikolaos Laoutaris y por Eric A. Posner y E. Glen Weyl, que nos indican que los datos que generan las personas se podrían convertir en un trabajo, lo que dependería principalmente del desarrollo de la inteligencia artificial, ya que esta automatizará gran parte de la economía. Si esto se cumpliera, el trabajo de datos podría crecer hasta convertirse en una porción significativa de los ingresos de las personas; en concreto, una familia de cuatro miembros podría llegar a ganar hasta 20 000 dólares por año a partir de sus datos. Pues bien, en la Web3, el usuario vuelve a estar en el centro como creador, pero sobre todo como propietario, donde los usuarios crean, los programadores crean y son estos los que monetizan, lo que promete descentralizar el intercambio de valor en la red gracias a la tecnología *blockchain*, además de devolver a los usuarios la soberanía de sus datos. Este nuevo internet, además de descentralizar protocolos y servicios, es un nuevo modelo de web que dispone de muchos servicios basados en la economía del token, de manera que la propiedad y el control de estos servicios estarían repartidos entre los propietarios de tales criptoactivos, que son también usuarios del sistema. Estamos evolucionando de un internet como red de transmisión de información a *blockchain* como red de transmisión del valor (en términos de riqueza) gracias a la descentralización que permiten las matemáticas criptográficas. Esto nos lleva a pensar que la cadena de bloques supone para el capital lo que internet supuso para la información, en donde todas las entidades podrán ser: su propio banco (DeFi), su propia organización (DAO) y su propia propiedad e identidad digital (NFT). En nuestro modelo propuesto, el valor está representado digitalmente por nuestros tokens fungibles y no fungibles; el control de estos nos lo proporcionan nuestras claves criptográficas y el registro de esta propiedad radica en *blockchain*, lo que proporciona una transparencia y veracidad desconocidas hoy en día. La forma en que internet está diseñado actualmente (Web2) permite a un puñado de empresas capturar todo el valor, de manera que se hacen propietarias de los datos y la privacidad de sus usuarios, y los monetizan gracias al esquema actual de internet como red de transmisión de copias de información, en donde la copia original es ostentada en propiedad en los servidores centrales del oligopolio mundial de plataformas que dominan la economía de vigilancia actual; nos referimos a Meta (antigua Facebook), Google, Microsoft, Netflix, Twitter, Tesla, Amazon y Apple, entre otras. Ante este contexto, los usuarios prosumidores (productores y consumidores a la vez) de datos no capturan casi ningún valor de estos y, además, se van progresivamente empobreciendo, ya que su principal fuente de renta, el factor trabajo, cada vez genera menos renta, en contraposición con el capital, como ya nos indicaba Piketty.

La idea principal de nuestro modelo, denominado «economía del valor digital distribuido», descansa sobre la redistribución del valor que posibilita la *blockchain* en forma de capital digital tokenizado, emitido por las plataformas descentralizadas (Bitcoin, Ethereum, Polygon, Polkadot, Cardano y Solana, entre otras) y distribuido entre los usuarios de dichos protocolos informáticos. Consideramos evidente que los humanos y los programas informáticos tienen una concepción muy distinta de lo que es la riqueza, su acumulación y su distribución. Por ejemplo, los protocolos *blockchain* entienden la riqueza según el efecto red que pueden generar, es decir, redes cada vez más grandes, seguras, influyentes y útiles para sus prosumidores; y con este fin distribuyen este capital generado entre sus usuarios vía tokens, cuyas rentabilidades son numerosas gracias a los diversos servicios financieros descentralizados que proporciona DeFi. Como el ejemplo que nos proporciona el navegador Brave (que brinda a los usuarios una participación del 70% de los ingresos publicitarios mediante el pago del criptoactivo Basic

Attention Token) o los modelos de metaverso *play to earn* (videojuegos que cuentan con una economía del token y que ofrecen a los jugadores ganar dinero a la vez que juegan), con Axie Infinity a la cabeza, que permitió en 2021 sacar de la pobreza a un pueblo de Filipinas consiguiendo entre trescientos y cuatrocientos dólares a la semana. Lo cierto es que el éxito de la implantación, si es que se produce algún día, de nuestro modelo propuesto de «economía del valor digital distribuido» dependerá del éxito que se consiga con el efecto red de las numerosas plataformas descentralizadas a nuestro alcance, y si se produce una generalización en el empleo de estas en contraposición a las actuales plataformas centrales oligopolistas antes mencionadas y que gobiernan la actual economía digital. Todo dependerá de las decisiones que adoptemos las personas y del desarrollo futuro que tendrá el metaverso, donde la tecnología de cadena de bloques multiplicará las posibilidades de estos particulares mundos virtuales, que permiten conectar el mundo real con el virtual. En estos se desarrollará una economía paralela a la real basada en el valor digital distribuido por las plataformas y donde tecnologías como los NFT y las DAO desempeñarán un papel crítico.

En relación con el efecto red, es mucho más común entre los negocios basados en información o transmisión de conocimiento que entre los negocios basados en bienes físicos. Si el valor de un bien o servicio aumenta con el número de usuarios que lo utilicen, entonces los productos más valiosos basados en redes serán los que atraigan a más personas, de manera que crea un círculo virtuoso que expulsa a redes más pequeñas y aumenta el tamaño de las redes dominantes. Y a medida que las redes dominantes se van haciendo más grandes, también se hacen más fuertes. Este tipo de fenómeno lo estamos viendo en sistemas descentralizados como Bitcoin y Ethereum. La extensión generalizada y global de este proceso es en lo que derivaría el internet del valor, que es lo que le da ese sentido disruptivo a la Web3.

Por otra parte, respecto al empoderamiento energético de nuestro modelo, la consultoría PwC subraya el potencial de la tecnología de cadena de bloques para cambiar radicalmente el sector de la energía tal y como lo conocemos. Esto nos lleva a plantear un nuevo concepto denominado «energía descentralizada» o DeEn. Al igual que el sistema financiero, el intercambio de energía también ha sido durante mucho tiempo un sistema centralizado y opaco sobre el que los consumidores tienen poco o ningún control. Para lograr una verdadera visión descentralizada, la DeEn debe convertirse en un componente central del nuevo sistema DeFi que se está construyendo. La idea descansa sobre la reflexión de que si podemos construir un mundo con soluciones financieras descentralizadas que estén disponibles para todos, también deberíamos construir la misma infraestructura para la energía. Otro ejemplo lo encontramos en la automoción, donde la compañía canadiense Daymak confirmó que el Daymak Spiritus, su coche eléctrico, tiene la capacidad de minar criptomonedas mientras está aparcado en un garaje. Llegará al mercado en 2023.

Finalmente, respecto a nuestra relación con el medio ambiente, Morgan Stanley considera que estamos ante una «economía de la compensación», refiriéndose a las compensaciones de carbono como la reducción o eliminación de las emisiones de gases. Se estima un futuro mercado de compensaciones de carbono valorado en 765 mil millones de dólares, lo que supondría un sector mayor que el actual mercado del *software*. Nuestro modelo también contempla tokenizar los créditos de carbono y aprovechar los beneficios de la tecnología de cadena de bloques, como reducir y simplificar los procesos, aumentar la automatización y la seguridad y ser más líquidos, transparentes, ágiles y flexibles. Recordemos que la tokenización es el proceso de representar digitalmente un activo, tangible o intangible, en un libro contable digital (DLT). Por lo tanto, los tokens emitidos en la tokenización de activos existen en la cadena y llevan los derechos de los activos que representan actuando como depósito de valor.

II

LA ECONOMÍA INTANGIBLE: AUGE Y CONSECUENCIAS

11

¿DESTRUCCIÓN CREATIVA PARA EL CRECIMIENTO ECONÓMICO?

Como indica Philippe Aghion, coordinador de la obra *El poder de la destrucción creativa* (2021), la destrucción creativa es un proceso mediante el cual surgen continuamente nuevas innovaciones y convierte en obsoletas las tecnologías existentes. De manera continua, nuevas empresas se incorporan en el mercado compitiendo con las anteriores, y nuevas tareas y actividades aparecen y reemplazan a las ya existentes. La destrucción creativa es la fuerza conductora del capitalismo, que asegura su renovación y reproducción permanente, pero al mismo tiempo genera riesgos y turbulencias que deben ser gestionados y regulados.

La medida preferida de la riqueza de una nación es el producto interno bruto per cápita (PIB per cápita), ya que el bienestar material de miles de millones de seres humanos está muy asociado con el PIB per cápita del país en que viven. Por ejemplo, el despegue industrial al comienzo del siglo XIX se correspondió con el despegue del PIB per cápita después de un largo periodo de estancamiento. El crecimiento del PIB per cápita permitió a una gran parte de la población de los países desarrollados conseguir un nivel de vida que al comienzo del siglo XIX solo ostentaban las personas privilegiadas. Por el contrario, un inadecuado crecimiento del PIB per cápita en los países pobres ha significado que cientos de millones de personas todavía vivan en condiciones precarias y con dificultades extremas. La verdad es que la digitalización lo ha cambiado todo y quizá sería necesario un nuevo paradigma para explicar la riqueza de las naciones.

El modelo de crecimiento basado en la destrucción creativa es también conocido como «paradigma schumpeteriano» porque estuvo inspirado en tres ideas enunciadas por el economista austriaco Joseph Schumpeter, que destacó por sus investigaciones en el ciclo económico y por sus teorías sobre la importancia vital del empresario, y subrayaba su papel en la innovación, que determina el aumento y la disminución de la prosperidad. Popularizó el concepto de «destrucción creativa» como forma de describir el proceso de transformación que acompaña a las innovaciones. Sobre estas tres ideas, que nunca fueron modeladas o probadas, podemos decir lo siguiente.

La primera idea es que la innovación y la difusión del conocimiento están en el núcleo del proceso de crecimiento. El crecimiento a largo plazo nace de la acumulación de innovaciones. Esta idea se hace eco de la conclusión de Solow de que el progreso tecnológico es un prerrequisito para tener un crecimiento sostenido a largo plazo. Solo mediante la difusión y la sistematización del conocimiento la innovación puede ser acumulada, sin lo cual tendríamos que reinventar continuamente la rueda.

La segunda idea es que la innovación depende de los incentivos y de la protección de los derechos de autor. Las innovaciones aparecen de la decisión de invertir, en especial en investigación y desarrollo (I+D), por parte de los empresarios motivados por los retornos potenciales de la innovación. Cualquier disposición que asegure dichas rentas, en particular al proteger los derechos de propiedad intelectual, incentivará a los empresarios a invertir más en innovaciones. Por el contrario, cualquier circunstancia que ponga en peligro estas rentas, como la ausencia de protección contra la imitación o impuestos confiscatorios de los ingresos por la innovación, va a desincentivar la inversión en innovación. Generalizando, la innovación responde a los incentivos positivos o negativos de las instituciones y políticas públicas.

La tercera idea es la destrucción creativa, con la que las nuevas innovaciones hacen obsoletas las innovaciones previas. En otras palabras, el crecimiento por destrucción creativa pone en escena un conflicto permanente entre lo antiguo y lo moderno. Es por ello por lo que todas las empresas ya establecidas y todos los conglomerados existentes intentan bloquear o demorar la entrada de nuevos competidores en sus sectores. Por tanto, la destrucción creativa crea un dilema o contradicción en el núcleo mismo del proceso de crecimiento. Por un lado, se necesitan rentas para recompensar la innovación y, por tanto, motivar a los innovadores; y, por el otro, los innovadores de ayer no deberían emplear estas rentas para bloquear nuevas innovaciones. Como mencionamos anteriormente, la respuesta de Schumpeter a este dilema fue que el capitalismo estaba condenado a morir de éxito precisamente porque era imposible evitar que las firmas asentadas en el mercado obstruyeran las nuevas innovaciones.

La destrucción creativa es una realidad tangible y medible, como la llegada de nuevos productos y tecnologías al mercado medidos por el número de patentes registradas cada año en un país. Por ejemplo, la tasa promedio de crecimiento anual del PIB per cápita en Estados Unidos varía comparada con el promedio anual del número de patentes registradas en el periodo 1900-2000, y se observa una clara correlación positiva entre la intensidad de innovación y el crecimiento de la productividad, con la conclusión de que los Estados que más innovan crecen con mayor rapidez. También encontramos otras maneras de medir la destrucción creativa, como mediante el ciclo de vida de las nuevas empresas: entrada, crecimiento y salida del mercado, clasificadas estas organizaciones por antigüedad y tamaño.

12

¿Es diferente la inversión en intangibles?

Las economías mundiales están experimentando una fuerte transformación donde se avanza desde las industrias tangibles del pasado hacia las economías impulsadas por activos intangibles del presente y el futuro, entre los que destacan: el *software*, las nuevas ideas tecnológicas, el diseño, las patentes, los procesos de negocio o las marcas, entre otras. A diferencia de los activos tangibles, los intangibles no tienen naturaleza material. Además, estos se comportan de forma distinta a los activos tangibles porque en sí mismos son distintos. Los activos intangibles son diferentes de los tangibles en varios aspectos importantes. Una empresa que depende de intangibles se comportará de forma distinta a una empresa cuyos activos principales son tangibles. Incluso los gerentes y los empleados de estos dos tipos de empresas se enfrentarán a diferentes incentivos y recompensas.

Por ejemplo, **los activos tangibles son mayoritariamente bienes no rivales**; es decir, un vaso de leche es un bien rival porque cuando me lo bebo desaparece para siempre y nadie más lo puede tomar. En cambio, **los activos intangibles son bienes no rivales**, que se pueden utilizar una y otra vez por un número ilimitado de personas. Una *app* es un activo intangible que se puede descargar en un número infinito de móviles. En cambio, cuando se trata de un coche de una marca determinada, cuando lanza un nuevo modelo, el primero cuesta un poco más de fabricar porque la compañía debe invertir dinero en diseño y pruebas. A partir de este primero, cada siguiente requiere cierta cantidad de materiales y mano de obra. Por eso, el vigésimo automóvil costará lo mismo que la unidad número cinco mil. Lo mismo sucede con muchos de los productos que han dominado la economía mundial durante la mayor parte del siglo pasado. El *software*, en cambio, funciona distinto. Microsoft puede gastarse mucho dinero para desarrollar la primera unidad de un nuevo programa informático, pero después la producción de cada nueva unidad sale prácticamente gratis. A diferencia de los bienes que han impulsado la economía en el pasado, el *software* es un activo intangible.

Por otra parte, las características que tienen las inversiones intangibles se podrían resumir en cuatro: sinergias, escalabilidad, costes hundidos y derramas de conocimiento. Es decir, los activos intangibles son más escalables, sus costes son más propensos a estar hundidos, están más inclinados a crear derrames y son más propensos a producir sinergias.

Como decíamos anteriormente del *software* desarrollado por Microsoft o de una *app* de éxito, encontramos en estos intangibles una capacidad de utilizarse repetidamente a gran escala y con unos costes muy bajos; a esto lo denominaremos «escalabilidad». Dicha escalabilidad se manifiesta de tres formas únicas en la economía. En primer lugar, el carácter escalable permite que algunas empresas crezcan hasta dimensiones enormes. La capitalización de mercado de corporaciones tecnológicas como Microsoft, Google o Meta tienen valoraciones astronómicas y su cuota de mercado las hace prácticamente monopolios. En segundo lugar, en los mercados donde las intervenciones escalables son habituales, se producen altos niveles de concentración industrial. En efecto, a causa de la escalabilidad, si una compañía triunfa, las perspectivas de rentabilidad son muy elevadas. Esto incrementa la competencia y, eventualmente, se crea un sector en el que solo pueden competir unas pocas empresas dominantes. En tercer lugar, la escalabilidad promueve el paradigma del «ganador se lo lleva todo». Como las empresas pueden escalar de forma fácil y rápida, el espacio para un segundo competidor es prácticamente inexistente.

Otra de las características de los intangibles es la sinergia, concepto que nos viene a decir que, cuando se combinan dos o más ideas, productos o empresas, el conjunto es más grande y mejor que la suma de las partes. Las sinergias no son exclusivas de los activos intangibles, pero en los casos de la tecnología o las ideas se hacen más evidentes. Un hecho bastante interesante de las sinergias, especialmente las que tienen relación con los intangibles, es que no son fáciles de predecir. Un ejemplo lo tenemos en el caso del microondas, que fue una idea generada por una asociación entre un contratista de defensa y un gran fabricante de electrodomésticos. Esta imprevisibilidad de la colaboración hace que sea aún más importante que las compañías estén bien conectadas e interactúen dentro de un entorno empresarial amplio. Las sinergias juegan un papel importante porque proporcionan un contrapeso a la amenaza de las derramas, que hace que muchas empresas sean cautelosas y protectoras de sus activos intangibles, mientras que los posibles beneficios de las sinergias empujan a las empresas a ser más colaborativas y abiertas a compartir. Las empresas, en lugar de jugar a un juego de suma cero intentando proteger toda la información o apropiándosela, intentan colaborar con el fin de maximizar los beneficios de las sinergias y minimizar los riesgos de las derramas del conocimiento, las cuales procedemos a explicar con detalle como otra característica que tienen las inversiones en intangibles.

Uno de los motivos de este libro es que la solución a la no existencia de un mercado secundario de intangibles está en la tokenización gracias a las posibilidades que abre una tecnología como la cadena de bloques o *blockchain* y su instrumentación en los denominados «tokens no fungibles» o NFT, conceptos que se verán en profundidad en esta obra. Fuente: imagen de Joseph Mucira en Pixabay.

Las derramas de conocimiento consisten en el hecho de que, cuando una organización desarrolla un nuevo activo intangible, es relativamente sencillo que otras empresas lo aprovechen. Es sencillo de entender este concepto cuando se piensa en términos de I+D+i. Una empresa desarrolla un nuevo producto o diseño, empieza a venderlo y en poco tiempo ya tiene los competidores desplegando productos muy similares. Aunque las derramas son evidentes en el ámbito de la I+D, también se pueden extender a otros activos intangibles, pese a que en principio puedan parecer más difíciles de imitar, como son los procesos de negocio u otros «saber hacer». Por ejemplo, antiguamente, el sector de la consultoría de negocios estaba dominado por veteranos de la industria que, en un momento dado de su carrera profesional, ofrecían sus conocimientos y experiencia como consultores, como es el caso de McKinsey, que revolucionó el campo de la consultoría de gestión al ser la primera empresa en alejarse de la contratación de veteranos de la industria para pasar a contratar graduados universitarios y ponerlos en equipos de alto rendimiento. Aunque McKinsey fue el pionero en dar el paso, la práctica se extendió y hoy en día es la norma en todo el sector de la consultoría global.

Los costes hundidos los definimos como aquellos costes en los que la empresa ya ha incurrido y los cuales no se podrán recuperar en el futuro. Incluyen el tiempo, el dinero u otros recursos que se gastaron en un proyecto como inversión u otra actividad y que no se podrán recuperar. Este concepto está relacionado con el coste de oportunidad, porque los costes hundidos son los costes que hemos asumido al escoger una alternativa. Respecto a los citados costes hundidos, para prácticamente todos los activos tangibles hay un mercado secundario donde se pueden vender los activos en caso de que el proyecto no tenga éxito, lo que minimiza el riesgo asociado a un proyecto y hace más probable invertir en él. Pero ¿qué sucede con activos intangibles como las patentes, las marcas o el *know how*? Probablemente tengan algún valor muy incierto cuando la empresa desee liquidarlos. Por tanto, como existe una baja probabilidad de que se recupere cualquier valor en caso de que el proyecto no tenga éxito, el desarrollo de activos intangibles se considera como un coste hundido. Este hundimiento impacta en el mercado global de diversas formas y muchas de ellas son negativas. Por ejemplo, se hace difícil financiar inversiones intangibles mediante apalancamiento, ya que las empresas que buscan financiación tienen muy poco que ofrecer como garantía y, además, hay pocas oportunidades para que se dé un mercado secundario de activos intangibles. La falta de un mercado secundario contribuye también a elevar el nivel de incerteza del valor de los activos intangibles. Sin que haya mercados que ofrezcan valores concretos para los activos intangibles, se hace difícil consensuar el valor real de un determinado intangible.

13

¿La ecología matemática es un pilar de la economía intangible?

El efecto red es uno de los fenómenos digitales más preciados en la economía intangible. Los efectos de red describen lo que sucede cuando los productos se vuelven más valiosos a medida que más personas los utilizan. Además, un producto en red sin tal red es algo inútil: un teléfono sin nadie a quien llamar, una aplicación de citas sin personas o una red de habitaciones para alquilar sin inquilinos.

Destacamos la figura de Andrew Chen (socio general de la firma de capital de riesgo Andreessen Horowitz) y su libro *The Cold Start Problem: How to Start and Scale Network Effects*, donde trata de responder a la pregunta de cómo utilizar los efectos de red para escalar un producto basado principalmente en la ecología matemática. Actualmente es más difícil que nunca lanzar un producto al mercado ya que la batalla por la atención es durísima y «el ganador se lo queda todo».

Antes debemos precisar en qué consisten dos de las principales leyes que explican el efecto red. La primera es la ley de Metcalfe, la cual tuvo mucha repercusión durante el auge y la caída de las empresas puntocom. Esta ley establece que el valor de una red es proporcional

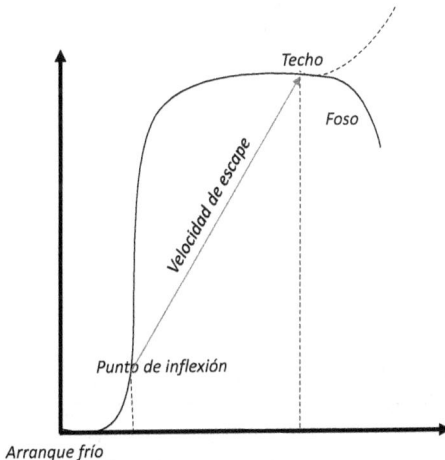

Esquema gráfico de la ley de Meerkat. Fuente: Chen, A. (2022).
The Cold Start Problem: How to Start and Scale Network Effects y propio.

al cuadrado de sus participantes. Esta ley predice frecuentemente si un producto o estándar tenderá a dominar el mercado. Esto tiene implicaciones por las cuales una solución innovadora puede introducirse en un mercado que requiere otras interfaces.

Andrew Chen propone una alternativa: la ley de Meerkat. Las suricatas, al igual que otros animales hipersociales, se benefician de vivir juntas por seguridad y recolección de recursos. Como decíamos, las suricatas se mantienen juntas para poder vigilar a los depredadores. Si no toman su turno en la «vigilancia de la manada», entonces es probable que un leopardo o una pitón se les acerque sigilosamente y las atrape. Como puedes imaginar, el hecho de que se mantengan unidas o no tiene un gran impacto en el número de su población. Si en una manada de suricatas no son suficientes en número para una efectiva protección, entonces será mucho más fácil que los individuos sean devorados. Muy pronto, a medida que los depredadores se lleven suricata tras suricata, la población colapsará hasta que no quede ninguna. Alternativamente, si hay una manada grande y saludable de suricatas, podrán seguir creciendo y ramificarse en múltiples grupos. En este punto alcanzarán lo que se llama «umbral de Allee» o «punto de inflexión» y comenzará a aumentar exponencialmente la población. Sin embargo, si se vuelven demasiado numerosas, la población de suricatas se quedará sin alimentos. En este punto, los números comenzarán a estabilizarse y disminuirán ligeramente. Todo este proceso fue descrito en detalle en la década de 1930 por Warder Clyde Allee, profesor de la Universidad de Chicago y considerado pionero de la ecología estadounidense.

La dinámica de Meerkat nos da mucha información sobre el efecto red en las empresas tecnológicas. Si nos centramos en la antigua red social MySpace, similar a una población saludable de suricatas, alcanzó el umbral de Allee o punto de inflexión a mediados de la década de los dosmil y creció rápidamente. Posteriormente, un poderoso competidor, Facebook, entró en escena. Pronto, Facebook robó gran parte de la red de MySpace y, como una población de suricatas agotada, MySpace colapsó rápidamente.

Con base en la ecología matemática descrita, Chen pudo desarrollar su teoría del arranque en frío, en la que se estructuran las cinco etapas de crecimiento de una red:

Etapa 1: el problema del arranque en frío

Este es el primer obstáculo que las empresas deben superar. Para tener una idea de lo que es un problema de arranque en frío, imaginemos que estamos intentando arrancar nuestro coche en una mañana helada en la que nos resulta imposible hacer funcionar el motor de este; al final nos terminamos rindiendo y acabamos llamando a un mecánico. Puede ser difícil que una idea de negocio se ponga en marcha, y es este el problema del arranque en frío. La esencia del problema del arranque en frío es «conseguir las personas y el contenido correctos en una plataforma al mismo tiempo». Eso se consigue con una «red atómica» que sea pequeña, segura y que pueda crecer y valerse por sí sola. Además, necesita tener suficiente densidad de conexión y estabilidad para superar los primeros efectos antired.

Etapa 2: punto de inflexión

No es suficiente construir una sola red atómica, se tiene que escalar de una a dos y a muchas más. Cada red es una red de redes más pequeñas. A medida que cada nueva red se conecta y crece, se vuelve cada vez más fácil construir y escalar la siguiente. Una vez que se escala, los efectos más amplios de la red (crecimiento viral, mayor adherencia y fuerte monetización) comienzan a activarse y, cuando esto se vuelve repetitivo, la red alcanzará el «punto de inflexión»; es decir, cuando un producto puede crecer tan rápidamente que puede hacerse cargo de todo el mercado.

Etapa 3: velocidad de escape

En esta etapa se trata de trabajar competitivamente para fortalecer los efectos de la red y sostener el crecimiento en el mercado. Además, Chen argumenta que las teorías clásicas sobre los efectos de red están equivocadas: no es un efecto singular en el que, una vez que tienes una red y está creciendo, estás listo para despegar, sino que se requieren tres fuerzas distintas:

a. Efecto de adquisición: permite que los productos accedan a la red para impulsar la adquisición de usuarios de bajo coste y altamente eficiente a través del crecimiento viral. Este efecto está impulsado por el crecimiento viral y por una experiencia de usuario temprana positiva que obliga a un grupo de usuarios a invitar a otros a la red.

b. Efecto de compromiso: aumenta el compromiso promedio de los participantes de la red a medida que la red crece. Esto se consigue presentando a las personas nuevos casos de uso a través de incentivos, *marketing*/comunicaciones y nuevas funciones de los productos.

c. Efecto económico: mejora los niveles de monetización y las tasas de conversión a medida que crece la red. Afecta directamente al modelo comercial de un producto que se puede mejorar con el tiempo, lo que aumenta las conversiones en los flujos de monetización clave y los ingresos por usuario a medida que crece la red.

Al comprender cómo funcionan estas tres fuerzas se pueden acelerar los sistemas que las alimentan.

Etapa 4: tocar techo

Cuando la red toca techo, el crecimiento se detiene; las razones son numerosas: saturación, *spam*, usuarios de baja intención y bajo rendimiento de clics. En el mundo real, los productos tienden a crecer rápidamente, luego tocan techo y, a medida que el equipo aborda los problemas y los soluciona, surge otro crecimiento acelerado, al que le sigue otro techo, a cuya solución a nuevos problemas le sigue otro crecimiento acelerado y así sucesivamente. En estos ciclos de techo y aceleración, los primeros generan unos problemas que son cada vez más complejos de abordar y solucionar con el paso del tiempo. En resumen, las redes alcanzan muchos techos que se resuelven provocando rachas de crecimiento hasta el siguiente techo.

Etapa 5: el foso

Esta etapa final se centra en el uso de efectos de red para defenderse de la competencia, que suele ser el enfoque empleado a medida que la red y el producto maduran. Si bien no es el único foso (la marca, la tecnología, las asociaciones, el *engagement*, etc.), es uno de los más importantes en el sector de la tecnología. Sin embargo, todos los competidores pueden, en teoría, crear sus propias redes para competir; esto es lo que se denomina una «competencia basada en redes».

Los fosos de productos tradicionales son generalmente la marca o un modelo de negocio único. Los productos en red tienen un foso diferente: cuánto tiempo, esfuerzo y capital se necesitan para replicar las funciones y la red del producto. La replicación de características es un problema tratable, la replicación de red a menudo no lo es.

14

¿EXISTE UNA BRECHA EXPONENCIAL?

Lo único constante es el cambio y su ritmo se está acelerando. El mundo que nos rodea cambia a más velocidad que nunca. Energía, computación, comunicaciones, manufactura, biotecnología. Un ritmo que va en aumento como resultado de la superposición de amplificadores como el crecimiento exponencial de la potencia de cálculo

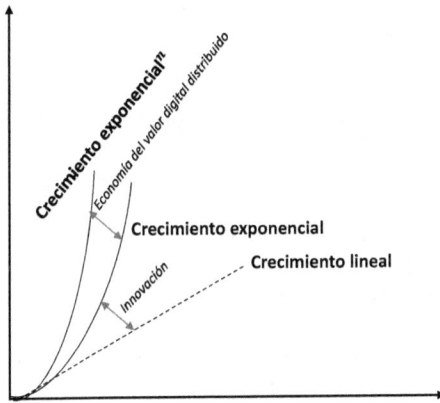

Crecimiento exponencial

Crecimiento lineal

Rendimientos lineales, exponenciales y
exponenciales[n]. Estos últimos generados por
nuestra propuesta de «economía del valor
digital distribuido», descrita con más detalle
en la pregunta 10 de este mismo libro.
Fuente: propio.

de los ordenadores y de las tecnologías digitales que se aprovechan
de dicho crecimiento. Y las tecnologías que se encuentran en plena
aceleración y que convergen con otras tecnologías que también están
en proceso de aceleración, lo que genera oleadas de cambio que ame-
nazan con cambiarlo todo; es lo que ocurrirá cuando la inteligencia
artificial y los robots converjan y cientos de millones de puestos de
trabajo desaparezcan.

Sin embargo, nuestras instituciones medievales y nuestras emocio-
nes paleolíticas son incapaces de seguir el ritmo que marca la tecnología con su digitalización. De todas formas, el cambio seguirá su curso,
implacable. Como siempre ha ocurrido. Como debe ser.

La tecnología, entendida como el conjunto de herramientas que
desarrollamos para facilitarnos la vida, redefine el mundo que nos
rodea y altera la forma en la que vivimos, trabajamos, nos movemos,
relacionamos, organizamos o defendemos. Lo complicado de la sociedad humana es que es casi imposible predecir cuándo un cambio en
alguno de sus componentes puede provocar un cambio de fase que
altere al sistema en su conjunto. La electricidad, el teléfono y el automóvil, tecnologías que se desarrollaron entre 1890 y 1920, cambiaron
para siempre la vida del siglo XX, y dieron lugar a cambios en todas
las esferas económicas, políticas y sociales. Lo cierto es que estos avances producen rendimientos lineales, pero los que propicia la sociedad

digital los genera a un ritmo exponencial. Esto provoca que se esté abriendo una brecha en nuestra sociedad: la brecha exponencial.

La sociedad de comienzos del siglo XXI se está viendo sacudida por el desarrollo de tecnologías de propósito general que avanzan a un ritmo más acelerado que nunca: computación e inteligencia artificial, energía renovable y almacenamiento, ciertas técnicas de manufactura, biotecnología y *blockchain*. Las empresas y las leyes que surgieron como respuesta a los cambios propiciados por las tecnologías anteriores aún no han cambiado o lo han hecho a una velocidad insuficiente para poder seguirle el paso al cambio tecnológico, lo que provoca la aparición de una brecha que se abre a un ritmo exponencial.

Cuando hablamos de tecnologías exponenciales, hablamos de tecnologías que, por el mismo coste, mejoran su rendimiento a una tasa anual compuesta de al menos el 10% durante varias décadas. Según los números, podemos comprobar que una tecnología exponencial es 2,5x más potente cada diez años por el mismo precio. También podemos ver cómo, para un mismo rendimiento, su coste se reduce más de $^3/_5$ cada diez años. La otra parte importante de la definición es que este ritmo de mejora debe ser sostenible durante décadas. Una tecnología que mejora a tasas del 10% durante unos pocos años y luego se detiene es mucho menos transformacional que una que no se detiene. Por ejemplo, el motor diésel mejoró muy deprisa en sus primeros años de vida, pero luego se detuvo. Sin embargo, los microchips de los ordenadores han estado mejorando su rendimiento a tasas del 50% en los últimos cincuenta años. Si cambiamos de coche cada diez años, veremos que la eficiencia del motor en consumo de gasoil ha mejorado quizá un 10%. Si cambiamos de ordenador cada diez años, veremos que su potencia de cálculo se ha multiplicado por sesenta.

La exponencialidad se ha expandido a cuatro dominios de la tecnología que, en conjunto, conforman la base de la economía global: computación, energía, biología y manufactura. Los costes de todas estas tecnologías están cayendo dramáticamente, por el equivalente a un factor de 6x por década o más. Veamos algunos ejemplos de qué está sucediendo.

Energía

Entre 1975 y 2019, el coste de la energía solar fotovoltaica ha caído 500x. La mayor parte de esa caída se ha producido en la última década. En 2010, el coste de producir electricidad con paneles solares era aún 10x más caro que con energías fósiles. En octubre de 2020, el coste de generar energía solar en plantas de gran escala ya era menor que el coste de producirla en plantas de gas de ciclo combinado, las más eficientes de las que usan combustibles fósiles. Por su parte, el coste de las baterías de ion de litio ha caído un 19% al año durante toda la década de los 2010 y previsiblemente seguirá haciéndolo.

Computación

En 1958, Fairchild Semiconductor vendió cien transistores a IBM por ciento cincuenta dólares la pieza. En 2014, el precio de un transistor había caído a una mil millonésima parte de dólar.

En 1945 había un único ordenador en el mundo: el que usó Alan Turing en Bletchley Park. Sesenta años después había más de cinco mil millones, incluyendo nuestros *smartphones*.

Biología

La primera secuenciación completa del ADN humano se completó en junio de 2000. El coste fue de unos 500 millones de dólares. En agosto de 2019, el precio cayó a 942 dólares, 100 000x menos. En marzo de 2020, la empresa china BGI anunció que podía secuenciar el genoma humano por 100 dólares, lo que supondría una caída de 1 000 000x del coste en dos décadas.

La biología sintética es otra de las áreas donde mayores avances se están produciendo en esta revolución biotecnológica. Actualmente podemos secuenciar y manipular microorganismos para convertirlos en pequeñas fábricas de los compuestos químicos y materiales que necesitamos. Según algunas estimaciones, en 2040, el 60% de las materias primas que requiere la economía global podrían ser producidas biológicamente.

Manufactura

Desde la época del *Homo sapiens*, nuestros procesos de manufactura han sido principalmente sustractivos: comenzamos con un bloque de material y quitamos lo que sobra hasta que le damos la forma deseada. Además de la sustracción, también empleamos otras técnicas basadas en moldes para dar forma a metales o plásticos, con la ventaja de no desperdiciar material.

La impresión 3D es una tecnología exponencial que ofrece el detalle de la manufactura sustractiva sin el desperdicio. Desde su invención en la década de los ochenta, la impresión 3D ha mejorado tanto en precisión como en velocidad y materiales, que hoy en día van desde plásticos hasta proteínas pasando por cerámicas y metales.

Las tecnologías exponenciales están impulsadas por la confluencia de tres factores que se retroalimentan: el poder del aprender haciendo, la creciente interacción y combinación de nuevas tecnologías y la aparición de nuevas redes de información y comercio.

Aprender haciendo

Wright fue un ingeniero aeronáutico que intentó entender cuánto costaría fabricar una aeronave y por qué. La ley que lleva su nombre dice que, cuando se dobla el número de unidades producidas, el coste cae en un porcentaje fijo. En qué porcentaje exactamente cae depende del problema de ingeniería en cuestión. En el caso de la aeronáutica, Wright observó que el coste de fabricar la aeronave caía un 15 % cada vez que la producción se doblaba. Ese 15 % se denominó «tasa de aprendizaje». La razón de la caída del coste era que a medida que los ingenieros y los técnicos construyen un producto van aprendiendo a hacerlo mejor. Esta caída del coste induce un aumento de la demanda que, a su vez, provoca una nueva caída del coste y así sucesivamente. La ley de Wright nos dice que un incremento en la demanda nos da más oportunidades para seguir aprendiendo y que, a medida que ponemos en práctica lo aprendido, los costes van cayendo.

Combinación de nuevas tecnologías

La creación de estándares permite que productos simples sean combinados de innumerables formas para crear productos compuestos en diferentes industrias. El *software* es un claro ejemplo en el que tareas altamente complejas ahora son fácilmente accesibles vía API o directamente reutilizables como código abierto. Gracias a este último se desarrolló la tecnología *blockchain*.

Proliferación de redes de información y comercio

Las redes han cambiado la naturaleza del comercio, de la ciencia, de la innovación, de las finanzas, de las relaciones, entre otras muchas cosas. Mientras que las redes de información ayudan a difundir el *know how* y las ideas a escala mundial, las logísticas ayudan a distribuir productos físicos también a escala mundial.

15

¿HAY CONEXIÓN ENTRE LA PRODUCTIVIDAD DEL I+D+I Y EL CRECIMIENTO ECONÓMICO?

Las personas sentimos que estamos viviendo en una era de progreso tecnológico con modelos de negocio que desafían a las corporaciones establecidas y aceleran nuestro ritmo de vida, pero lo cierto es que, de mediados a finales del siglo XX, el aumento de la productividad en Estados Unidos cayó de un 3% a un 2%. Y tras la crisis financiera mundial, se ha reducido hasta menos de un 1% año tras año. Encontramos un panorama similar en otros países desarrollados. Entonces, si los avances tecnológicos deberían haber provocado enormes mejoras en la eficiencia, deberíamos preguntarnos a qué se debe ese desajuste. Principalmente, porque le damos más peso a los recuerdos de acontecimientos recientes que a los del pasado. Los cambios producidos en nuestras vidas por plataformas como Meta o los *smartphones* son percibidos como mucho más importantes para la humanidad que los provocados por la mejora de la telefonía o la fontanería. Con un ejemplo lo entenderemos mejor: si pedimos a los habitantes de países desarrollados que elijan entre un sistema de canalización de agua e Instagram, todos intuimos cuál sería la respuesta más probable. Robert Gordon, autor del libro *Auge y caída del crecimiento de América*, sugiere que la mayoría de los avances en la productividad del siglo XX viene de cinco grandes inventos de finales del siglo XIX: la electricidad, el motor de combustión interna, la sanidad pública y las industrias química, farmacéutica y de telecomunicaciones. Al contrario, las modernas tecnologías de la información no han supuesto los mismos cambios drásticos en la calidad de vida y en el progreso económico, y por ello el crecimiento de la productividad se ha desacelerado.

Otro motivo que explica el desajuste lo encontramos en la definición y medición del concepto de productividad, explicado como una medida de valor económico generado por hora trabajada; no es una medida de cantidad, calidad o de cuánta utilidad se deriva para los consumidores. Como resultado, estas dimensiones no se reflejan en el crecimiento real del PIB. En la revolución industrial, los avances se centraron en la creación de métodos de producción más eficientes y desarrollos logísticos que permitiesen la entrega de más productos a los consumidores. Se hablaba de invención, producción, promoción y comercialización, distribución y venta al por menor. Pues bien, con los avances de las nuevas tecnologías, la atención se ha centrado en interrumpir esta cadena de suministro para suprimir pasos entre la invención/creación y el consumo. Así, mientras que el antiguo modelo se medía con la definición clásica de la productividad, este progreso reciente no puede medirse igual. Las tecnologías disruptivas logran economías más eficientes, pero no necesariamente más productivas. Al eliminar pasos en la cadena de suministro, parte de la actividad económica desaparece, y hace que los consumidores sean capaces de acceder a los productos con más rapidez y a precios más bajos, pero el número de personas empleadas en esta cadena se reduce drásticamente. En la teoría económica, esto es positivo si estas personas dejan de hacer unas tareas para ocuparse de otras. Por desgracia, en realidad,

Como demuestran Nicholas Bloom, Charles I. Jones, John Van Reenen y Michael Webb en sus investigaciones sobre la productividad en las actividades de I+D+i, no se puede parar el ritmo de recursos destinados a la investigación, sino que se tienen que incrementar para mantener nuestro crecimiento, lo que supone apostar por la educación para formar a más generadores de ideas. Una verdadera sociedad del aprendizaje para abordar los nuevos retos del crecimiento económico. Fuente: imagen de PublicDomainPictures en Pixabay.

este ajuste no ocurre rápidamente y muchas personas quedan atrapadas en las industrias existentes con salarios más bajos o pierden su trabajo. Además, estamos viendo que las empresas disruptivas que sustituyen a las tradicionales requieren muchos menos trabajadores y los beneficios económicos resultantes se concentran en un número muy reducido de personas. Asimismo, la parte de la economía que no es disruptiva es cada vez menos productiva y recibe una compensación económica menor. Como resultado, la desigualdad de ingresos se eleva y el crecimiento del PIB agregado se ralentiza a medida que disminuye la masa de trabajadores. Henry Ford reconoció en su día que tenía que distribuir los ingresos generados por su negocio para convertir a sus empleados en clientes. Sin embargo, en algunos aspectos estamos revirtiendo esto al crear una economía estancada incapaz de generar un incremento real de los ingresos de la mayoría de sus participantes. El resultado es que hay menos consumidores capaces de aumentar su consumo y estimular el crecimiento económico, lo que crea un bucle negativo en el que la disminución de la productividad y la contracción económica se retroalimentan.

Por otra parte, las investigaciones llevadas a cabo por Nicholas Bloom, Charles I. Jones, John Van Reenen y Michael Webb sobre la productividad en las actividades de I+D+i también son reveladoras. Para estos investigadores, el crecimiento económico surge de las personas que crean ideas, para ello podemos descomponer la tasa de crecimiento a largo plazo en el producto de dos términos: el número efectivo de investigadores y su productividad de investigación («idea TFP»). Y donde el crecimiento de las ideas = Idea TPF x Número de investigadores. Además, encontraron una evidencia empírica que mostraba que en muchos contextos el esfuerzo de investigación estaba aumentando sustancialmente, mientras que la productividad de tal investigación estaba declinando bruscamente, en contraposición con un crecimiento constante, que cuando ocurre se compensan estas dos tendencias. Ante esto cabría preguntarse la forma en que se mide el crecimiento y cuál sería la unidad de una idea. La respuesta de Nicholas Bloom, Charles I. Jones, John Van Reenen y Michael Webb está en equiparar ese crecimiento de las ideas con el crecimiento de la productividad de la economía. Así, recabando datos sobre investigación y la evolución de la productividad calculan la productividad específica de las ideas (ideas TPF) en varios sectores y contextos. Y empiezan con la economía en general, donde la productividad de las ideas (ideas TPF) cayó a un ritmo del −5,1 % al año desde 1930, mientras que el número de investigadores crecía una media del 4,3 % anual (se ha multiplicado por veintitrés). Hoy en día hay veinticinco veces más investigadores que en los años treinta, pero la productividad de la economía no está creciendo. Conclusión: las buenas ideas cada vez cuestan más. También analizaron esta misma evolución en tres sectores: agricultura, medicina y semiconductores.

En agricultura, cultivos como el maíz, la soja y el trigo, cuya producción crece año tras año, la productividad de la investigación en estos cae entre un 3 % y un 9 % anualmente.

En medicina observaron que, si en 1985 un ensayo clínico salvaba dieciséis vidas por cada cien mil personas, en 2006 ya solo era una vida por cada cien mil personas.

En semiconductores, cuyo sector sigue de manera casi milagrosa la conocida como ley de Moore, el número de transistores que cabe en un chip se duplica cada dieciocho meses, lo que supone crecer un 35 % al año. La industria ha conseguido mantener este ritmo anual gracias a multiplicar por setenta y ocho el número efectivo de investigadores respecto al nivel de 1970, lo que supone un 78 % más difícil conseguirlo hoy que en 1970. La productividad de ese gasto de investigación ha caído un 25 % entre 1971 y 2014.

Lo que se demuestra con estos tres sectores es que las ideas son cada vez más difíciles de encontrar, lo que desmonta la hipótesis de que un número constante de investigadores puede generar un crecimiento exponencial constante. Y se deja también de asumir que la productividad de las ideas (ideas TPF) es también constante. También se concluye que, en los inicios de las investigaciones, estas tuvieron más impacto con menos recursos, de ahí que se diga que recoger la fruta de las ramas más bajas siempre es más fácil que en las más altas.

16

¿HAN IMPACTADO LOS INTANGIBLES EN LAS ECONOMÍAS AVANZADAS?

La incorporación del capital al sistema productivo es lo que ha marcado el desarrollo y la evolución del capitalismo, desde la incorporación del capital material como medio productivo (maquinaria), el capital humano como factor trabajo y el capital tecnológico como conocimiento aplicado a la producción hasta llegar al actual capital intangible.

Cuando una innovación crea un nuevo mercado y arrasa con el existente, empleamos el concepto «innovación disruptiva» para describirla. Cuando los chips de silicio sustituyeron a las válvulas termoiónicas al principio de la era digital, aquello era una innovación disruptiva que tenía como base el citado capital. Pues bien, gracias a este existe una serie de tecnologías que se aceleran de modo exponencial. Esto quiere decir que, mientras van duplicando sus capacidades y prestaciones, también van bajando de precio de manera regular. Un ejemplo clásico y muy recurrente en este libro es la ley de Moore, desarrollada en 1965 por Gordon Moore, fundador de Intel. Este se dio cuenta de que cada año y medio los ordenadores eran el doble de potentes, aunque su precio seguía siendo el mismo. La ley de Moore es la razón por la cual nuestros móviles son mil veces más pequeños y baratos, además de un millón de veces más potentes que un superordenador de la década de 1970.

En la década de 1990, Ray Kurzweil, director de ingeniería de Google y socio fundador de la Singularity University, descubrió que, cuando una tecnología se vuelve digital, comienza su aceleración exponencial gracias a la citada ley de Moore. Es decir, empleamos nuestros nuevos ordenadores para diseñar otros todavía más rápidos, lo que genera una retroalimentación positiva que todavía impulsa más la aceleración; es lo que Kurzweil denomina la «ley del rendimiento acelerado». Las tecnologías que se están acelerando a esta velocidad son: *blockchain*, ordenadores cuánticos, inteligencia artificial, robótica, nanotecnología, biotecnología, ciencia de los materiales, redes de datos, sensores, impresión en 3D, realidad aumentada, realidad virtual, etc. Vivimos en un mundo global y exponencial. Global en el sentido de que, si ocurre algo en la otra punta del mundo, recibimos la noticia unos segundos después (y nuestros ordenadores se enteran en escasos milisegundos). Exponencial, por su parte, se refiere a la altísima velocidad actual de la innovación. Durante los últimos cuarenta años, el progreso científico está avanzando a ritmos exponenciales propiciados por dos revoluciones tecnológicas: la informática, de la segunda mitad del siglo xx, y los cambios disruptivos ligados al desarrollo de la inteligencia artificial y otras tecnologías convergentes. El avance tecnológico potenciado por ambas revoluciones debería haber actuado como palanca del crecimiento de la productividad. Sin embargo, hasta el momento, estas mejoras todavía no aparecen en las estadísticas. La razón estriba en que los cambios están siendo tan intensos, y tan rápidos, que lleva tiempo digerirlos. La extracción de toda la capacidad de mejora que contienen los grandes avances tecnológicos solo se consigue si, además, se acompaña de inversiones complementarias en otros activos. Estas inversiones adicionales deben dirigirse a aumentar las inversiones en *software*, bases de datos, I+D, y la mejora en la imagen de marca. Requiere también formar a los trabajadores en el nuevo entorno impuesto por la tecnología, y a las empresas adaptar sus organizaciones a las nuevas reglas de la economía digital. Es decir, se requiere invertir en activos intangibles, y conseguir resultados lleva tiempo. Se ha mostrado empíricamente que los activos tangibles e intangibles son complementarios. Es decir, que la inversión en tangibles, como maquinaria y bienes de equipo, genera un mayor crecimiento de la productividad cuando va aparejada al correspondiente incremento de la inversión en intangibles.

Respecto al valor de mercado de las compañías, está formado por activos de naturaleza no tangible, que no se pueden ver y tocar. Cuestiones como la innovación, la I+D, la propiedad intelectual, la reputación o la estructura organizativa son elementos que definen a las compañías con más éxito. De hecho, en los últimos años ha tenido lugar un giro radical: el 80% del valor de las compañías corresponde a sus activos intangibles, el mismo porcentaje que en los años setenta correspondía a los activos tangibles, físicos y financieros.

Por otra parte, el estudio de valor de mercado de los activos intangibles realizado por la entidad Ocean Tomo examina específicamente el papel de los activos intangibles en una variedad de índices bursátiles globales. Para ello, se obtiene la métrica valor de mercado de los activos intangibles (IAMV) restando el valor del activo tangible neto a la capitalización de mercado de los índices en cuestión.

Componentes del valor de mercado del S&P 500

Activo tangible · Activo intangible

Componentes del valor de mercado del S&P Europe 350

Activo tangible · Activo intangible

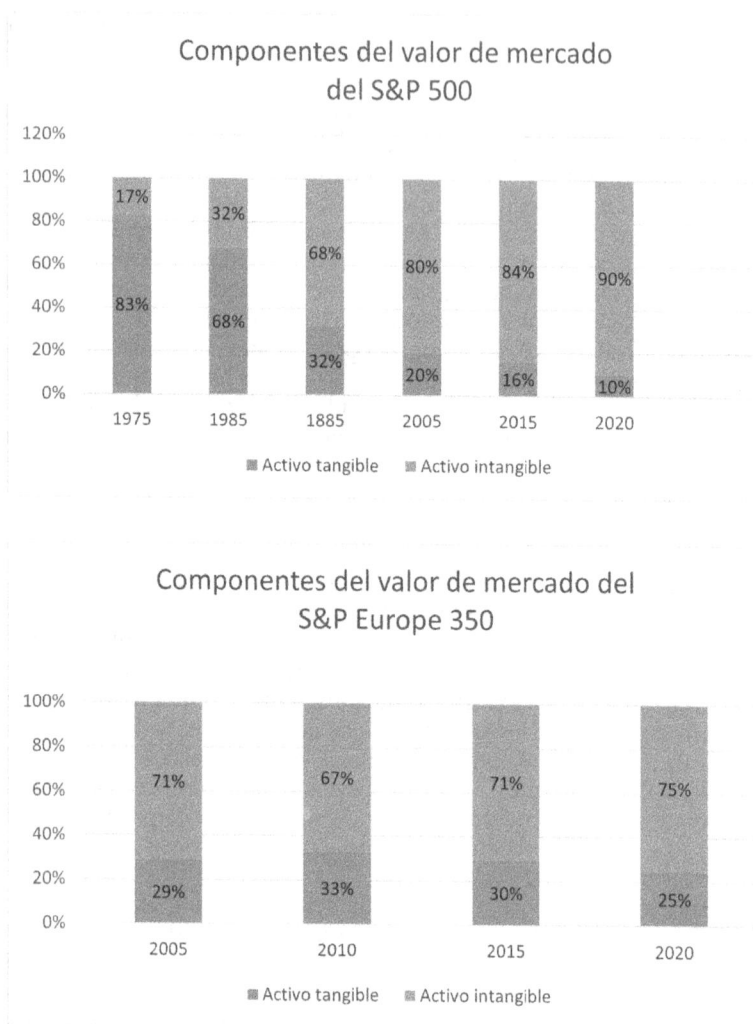

Pues bien, lo que nos indica la métrica IAMV aplicada al índice S&P 500 es que en 1975 los activos intangibles suponían un 17%, cuando en 2020 aumentaron a un 90%. Y en el caso del índice S&P Europe 350, que comprende trescientas cincuenta empresas líderes de primer nivel de dieciséis mercados europeos desarrollados, encontramos que en 2005 los activos intangibles suponían un 71%, cuando en 2020 aumentaron a un 75%. También observamos una caída de la métrica IAMV en 2008, que puede deberse a la crisis financiera mundial que comenzó a finales de 2007.

En resumen, según este estudio, Europa sigue siendo la segunda después de Estados Unidos en la contribución relativa de los activos intangibles a la capitalización de mercado según lo medido por este estudio de Ocean Tomo y todavía está muy por delante de los principales mercados asiáticos.

Por otra parte, uno de los fenómenos que está reclamando más atención en los países desarrollados es la desaceleración en el crecimiento de la productividad desde comienzos de siglo. Es un fenómeno que afecta a prácticamente todas las economías maduras como la Unión Europea, Estados Unidos y Japón. La desaceleración preocupa no solo por las consecuencias que tiene sobre el funcionamiento de las economías y el bienestar presente y sobre todo futuro de sus ciudadanos; preocupa especialmente porque se está produciendo en un contexto de fortísimos ritmos de avance del progreso tecnológico ligado a los desarrollos de la inteligencia artificial (IA) y sus derivados.

A continuación, presentamos las principales conclusiones del estudio «La economía intangible en Italia, Portugal y España», elaborado por la Fundación Cotec (2021), donde se analiza la evolución de los activos intangibles en estos tres países respecto al contexto europeo desde 1995 hasta 2018.

La inversión en activos intangibles, propios de la economía del conocimiento, es particularmente débil en los tres países analizados en los apartados de I+D+i y formación de los trabajadores. Por el contrario, se sitúan en buenas posiciones en imagen de marca (publicidad y estudios de mercado). En concreto, Italia y Portugal destacan en diseño y España, en activos ligados a la propiedad intelectual. De los tres países, España se muestra con el comportamiento más dinámico en intangibles entre 1995 y 2018, con una mayor contribución de estos activos al crecimiento de la productividad.

Por intensidad de inversión en intangibles, entre las quince principales economías de Europa, Portugal ocupa la décima posición; Italia, la undécima, y España, la decimotercera. El *ranking* de inversión de estos activos sobre el PIB que muestra este informe sitúa a la cabeza a Irlanda (16,4%) y Suecia (14,6%), y en ambos, esta inversión ya superaba a la tangible en 2018. La media europea en intensidad intangible es del 8,3% sobre el PIB ampliado. Sin embargo, España (5,5%), Italia (6,7%) y Portugal (6,8%) ocupan las últimas posiciones del *ranking* junto con Grecia (4,2%).

En resumen, Italia, España y Portugal comparten una baja inversión en activos intangibles, lo que les sitúa en la parte inferior del *ranking* de intensidad intangible de los países de la UE15 (excluida Bélgica e incluido el Reino Unido).

17

¿Se invierte en activos intangibles en España?

Para responder a esta pregunta hemos acudido a una de las fuentes más fiables en nuestro país en materia de innovación; nos referimos a la Fundación Cotec, que en noviembre de 2019 elaboró un informe al respecto denominado «La economía intangible en España», en el que se definen distintos tipos de intangibles: *software* y bases de datos, I+D, prospección minera y originales de obras recreativas, literarias o artísticas, diseño y otros nuevos productos, publicidad, estudios de mercado, capital humano específico de la empresa (formación a cargo del empleador) y estructura organizativa.

Si nos ceñimos al informe mencionado, respecto al peso que tiene la inversión intangible en el PIB y la inversión total no residencial en la economía española desde 1995 a 2016, vemos que en 1995 la inversión en activos intangibles representaba el 4,6% del PIB y el 24,6% de la inversión. Veintiún años más tarde, en 2016, estos porcentajes aumentaron hasta el 6,4%, y el 35,2%, 1,8 puntos porcentuales el primero y 10,6 puntos porcentuales la segunda.

El perfil de la evolución del PIB y la inversión en activos tangibles e intangibles a lo largo del periodo 1995-2016 muestra una trayectoria bien distinta entre estas tres variables. Durante los años de expansión, 1995-2008, las tres variables comparten el mismo patrón de crecimiento continuado, aunque con distintas intensidades. Los activos intangibles son los que presentaban mayores tasas de acumulación, seguidos por los activos tangibles y el PIB en último lugar. Cuando impactó la primera de las dos recesiones económicas, se invirtió la tendencia alcista del PIB, y colapsó la inversión en activos tangibles y se detuvo el crecimiento de la inversión en activos intangibles. La segunda recesión, en 2012, anuló la ligera recuperación de 2011 en el PIB, por lo que se desplomó de nuevo la inversión en activos tangibles y se redujo ligeramente la inversión en activos intangibles. A partir de la recuperación de 2013 se produjo un efecto rebote en los activos tangibles que superó, durante los dos primeros años, al correspondiente a los activos intangibles. No obstante, durante 2016, la inversión en intangibles volvió a crecer a un ritmo superior al de los tangibles, como hicieran de media a lo largo del conjunto del periodo. Se podría anticipar que esta será probablemente la pauta de los próximos años, pero habrá que esperar hasta que se disponga de la información para su confirmación. Además, hasta la llegada de la crisis, la proporción de activos tangibles fue dominante, próxima al 75%, y estable durante la etapa de expansión fruto de la fuerte inversión en capital tangible de la economía española. Sin embargo, a partir del comienzo de la primera de las dos recesiones, el peso del capital tangible descendió no tanto porque la inversión en intangibles aumentara, sino porque la inversión en tangibles se desplomó.

Los datos de la recuperación indican que, aunque la inversión tangible rebotó del fondo de la recesión, no lo hizo de modo que regresara a los valores del 75% del total, valores anteriores a la crisis, sino que quedaron en el 65%, y mostraron en el año 2016 una tendencia decreciente. Según esta evidencia, los intangibles han llegado para quedarse porque las empresas obtienen retornos de su utilización creciente.

Respecto a las tasas medias de crecimiento para los distintos tipos de activos intangibles para el conjunto del periodo 1995-2016, apreciamos que el *software* y las bases de datos son el componente que más creció, con una tasa próxima al 6% que reflejaba la rápida digitalización de la economía española. A una tasa similar creció el denominado «resto de activos intangibles», que incluye los activos de la propiedad intelectual. A cierta distancia, en torno al 4%, se encontraban la I+D, el diseño y otros nuevos productos y el capital humano específico de la empresa, que mejoran significativamente sus niveles, aunque no consiguió cerrar las diferencias con los países del entorno. Por último, la estructura organizativa, la publicidad y los estudios de mercado avanzaron a tasas bastante inferiores durante el conjunto del periodo.

En relación con el impacto de la crisis fue bien distinto por tipos de intangibles. Mientras que el *software*, el capital humano específico y la I+D redujeron su tasa de crecimiento, aunque se mantuvieron con valores positivos, la publicidad, los estudios de mercado, el diseño y otros productos nuevos se desplomaron con tasas en torno al −5% y −7%. La etapa de recuperación fue bien distinta. Todos los intangibles, con la excepción de los estudios de mercado, regresaron rápidamente a tasas positivas dando muestra de que el nuevo ciclo creciente se basaba cada vez más en el capital intangible que acumula la economía, una característica de largo plazo, de carácter estructural y no simplemente coyuntural.

Respecto a la especialización de la inversión española por tipos de intangibles a lo largo del periodo 1995-2016, se modificaron los pesos relativos de estos de manera notable. Se observa que hubo un avance importante del proceso de digitalización de España en forma de *software* y bases de datos, cuyo peso sobre la inversión total no residencial creció en 4,6 puntos porcentuales. También es importante el avance, en 2,5 puntos porcentuales, de la I+D, aunque estos valores se encontraron influidos por el descenso de la inversión tangible experimentada durante la crisis. La mejora del capital humano específico de la empresa fue de 1,25 puntos porcentuales, señal de que recibió una importancia creciente en el seno de las empresas, mientras que los activos intangibles que decrecieron ligeramente su peso durante el periodo completo fueron los gastos de publicidad en marcas y los estudios de mercado.

En relación con el impacto del periodo de la crisis y del inicio de la recuperación posterior, en la proporción tangibles/intangibles, se encontró muy influida por el desplome que sufrió la inversión tangible, que afectó al total de la inversión no residencial. Así, el peso del *software*, la I+D, la estructura organizativa y el capital humano específico avanzaron mucho en tiempos de crisis, pero se debió sobre todo a la pérdida de peso de la inversión en activos tangibles. La prueba es que, cuando rebotó esta inversión en la recuperación, los intangibles perdieron peso hasta el año 2016, cuando empezaron a recuperarse. En el caso del capital humano específico, el crecimiento pudo deberse al descenso de los trabajadores temporales, como consecuencia de los expedientes de regulación de empleo, trabajadores en quienes las empresas invirtieron muy poco en formación. El crecimiento del porcentaje de fijos en las plantillas como consecuencia de este fenómeno, junto con las nuevas estrategias empresariales de internacionalización, externalización, reinvención de productos y procesos, pudieron haber obligado a las empresas supervivientes de la crisis a invertir más en formación.

En el periodo completo (1995-2016), España se digitalizó con vigor y su inversión en *software* y bases de datos llegó a representar el 1,4% del PIB. La I+D también creció con fuerza, ya que se partía de niveles muy bajos: el 1,2% en 2016. El avance es significativo, pero lamentablemente no llegó a los niveles que se propusieron en la Estrategia de Lisboa de la Unión Europea para 2010. El objetivo estratégico para 2010 recogía la ambición de «convertirse en la economía basada en el conocimiento más competitiva y dinámica del mundo, capaz de crecer económicamente de manera sostenible con más y mejores empleos y con mayor cohesión social». Los dos activos intangibles en los que se apreció un crecimiento significativo, aunque menor que los anteriores, de aproximadamente 0,2 puntos porcentuales del PIB, son el diseño, otros nuevos productos y el capital humano específico de la empresa. Con la llegada de la crisis, la publicidad y el diseño y otros nuevos productos se desplomaron con respecto al PIB y eso que este también descendió hasta 9,2%. El *software*, la I+D y el capital humano específico avanzaron durante la crisis por las razones explicadas más arriba.

En cuanto al periodo de recuperación, 2013-2016, los activos que volvieron a ganar peso frente a un PIB creciente en ese momento fueron el *software*, el diseño, la publicidad y el capital humano específico, lo que dio señales de que irían ganando peso en el PIB en los años siguientes. Preocupante fue el descenso de la I+D, que no mantenía su proporción con el PIB y que perdía décimas de punto, lo que representaba una interrupción del largo periodo de convergencia con los países de su entorno en esta materia tan importante para el PIB y el empleo del futuro.

Para concluir, España ha mejorado durante los últimos veinte años, pero la mejora le ha acercado poco al nivel de los países de su entorno. Aun así, el peso de los intangibles avanza tanto en la inversión no residencial como en porcentaje del PIB y ocupa una parcela creciente de la actividad económica de los sectores público y privado. Las mejoras se aprecian más en digitalización, I+D y capital humano específico, mientras que persisten debilidades en la propia I+D y en la estructura organizativa.

España mostró el mayor dinamismo en inversión en intangibles de los nueve países analizados, con una tasa anual media de crecimiento del 3,8% para el conjunto del periodo. Se encontraba por delante de Estados Unidos (3,4%) y muy alejada de Italia (1,4%), el país con la menor tasa de crecimiento. El mayor crecimiento no significó que había conseguido cerrar la brecha existente en 1995, en el inicio del periodo, dada la posición de atraso que presentaba en esas fechas.

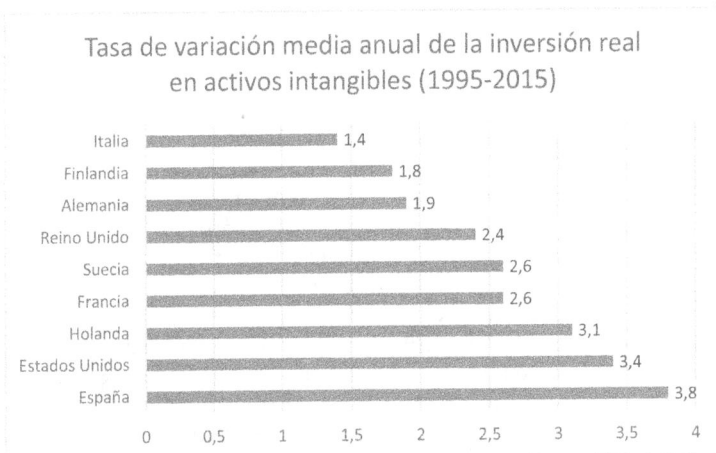

Tasa de variación media anual de la inversión real en activos intangibles (1995-2015)

País	Valor
Italia	1,4
Finlandia	1,8
Alemania	1,9
Reino Unido	2,4
Suecia	2,6
Francia	2,6
Holanda	3,1
Estados Unidos	3,4
España	3,8

Fuente: La economía intangible en España (2019), de la Fundación Cotec.

18

¿INTANGIBLES EN LOS SECTORES PRODUCTIVOS ESPAÑOLES?

Para responder a esta pregunta hemos acudido a una de las fuentes más fiables en nuestro país en materia de innovación; nos referimos a la Fundación Cotec, que en noviembre de 2019 elaboró el informe «La economía intangible en España», en el cual se definen los tipos de intangibles: *software* y bases de datos, I+D, prospección minera y originales de obras recreativas, literarias o artísticas, diseño y otros nuevos productos, publicidad, estudios de mercado, capital humano específico de la empresa (formación a cargo del empleador) y estructura organizativa.

La inversión en activos intangibles está llamada a ser un motor clave del crecimiento económico. Cuando analizamos la composición de la inversión en activos tangibles e intangibles por sectores en la totalidad de la economía de España en 2016, vemos que el informe de la Fundación Cotec citado propone agrupar veintisiete sectores en seis grandes agregados: sector primario, energía, manufacturas, construcción y servicios, y distingue en este último entre servicios privados y públicos.

Respecto a la composición de la inversión en activos tangibles e intangibles por sectores (referido a los grandes agregados: sector primario, energía, manufacturas, construcción y servicios privados y públicos) en la totalidad de la economía española en 2016, nos indica que existen notables diferencias en la composición de la inversión total entre activos intangibles y activos tangibles. Además, en el año 2016 no existían diferencias dignas de mención entre las manufacturas y los servicios privados en lo que a la composición de la inversión se refiere: el peso de la inversión intangible en el agregado de las manufacturas (40,1%) era solo tres décimas mayor que en los servicios privados (39,8%). Los dos agregados se situaban por encima de la media nacional (35,2%). En el sector de la construcción, el peso de los intangibles también es relativamente elevado (34,9%), superior al de los servicios públicos (21,5%) y la energía (19,3%). El peso de los intangibles en el sector primario es muy reducido, tan solo el 4,6% de la inversión total. En el sector manufacturero destaca claramente el sector de fabricación de material de transporte, en el que el peso de la inversión en intangibles (85,7%) era, en 2016, seis veces mayor que en tangibles (14,3%). Le siguen dos sectores, fabricación de productos informáticos, electrónicos y ópticos (67,5%) y fabricación de maquinaria y equipo (66,1%), también con porcentajes elevados, y muy superiores a la media de las manufacturas. Respecto al sector de servicios privados, destacan actividades financieras y seguros (75,3%), que ocupan la primera posición, seguidas de actividades profesionales (68,2%), educación privada (59,9%) e información y comunicaciones (57,8%). En relación con los servicios públicos, tienen, en promedio, una menor presencia de intangibles que los privados. Sin embargo, uno de sus subgrupos, educación pública (65,2%), tiene un peso mayor que la gran mayoría de los sectores considerados en este estudio.

A continuación, analizaremos los cambios que han experimentado en los veinte años considerados, de 1995 a 2016, el peso de la inversión en activos intangibles sobre la inversión total por sectores en la economía española, refiriéndonos desde el año inicial, 1995, hasta el final, 2016, así como las variaciones experimentadas entre estos años, los de crisis y los de posterior recuperación. Cinco de los grandes sectores han visto aumentar el peso de los intangibles en su inversión total entre el inicio y el final del periodo; la excepción es el sector primario, que lo ha mantenido prácticamente constante. En segundo lugar, el sector de la construcción ha sido el que mayor peso ganó entre los dos años extremos, 15,6%, seguido de los dos sectores de servicios, privado y público, ambos con aumentos del 10% cada uno. Y las manufacturas, 5,7%, algo menos de la mitad que los servicios. En la crisis, el sector de la construcción experimentó un aumento espectacular debido al desplome de la inversión tangible y, por tanto, también de la inversión total. En la recuperación, la ratio cayó por la razón contraria: la recuperación de la inversión tangible. Tanto las manufacturas como los servicios aumentaron la ratio en la crisis, mientras que en la recuperación las manufacturas experimentaron una caída, aunque en todos los casos las variaciones fueron modestas. En la gran mayoría de los sectores manufactureros, los intangibles ganaron peso sobre la inversión total entre 1995 y 2016. En los años de crisis, la ratio inversión intangible/inversión total aumentó en prácticamente todos los sectores, de nuevo como consecuencia de una caída todavía mayor de la inversión en tangibles. En la recuperación ocurrió lo contrario como consecuencia de su crecimiento. En resumen, las informaciones proporcionadas del peso de la inversión en activos intangibles sobre la inversión total por sectores en la economía española desde 1995 a 2016 pusieron de manifiesto la muy superior volatilidad de los activos tangibles, que empujaba al alza la ratio en los periodos de crisis, y la reducía en la recuperación. Las razones anteriores recomiendan analizar por separado el dinamismo seguido por la inversión en intangibles, que lo aísla de la mayor volatilidad de los tangibles.

Por lo que respecta a las tasas de crecimiento de la inversión en intangibles, referido a los grandes agregados, confirma que la inversión en intangibles aumentó en todos ellos entre los años 1995 y 2016, aunque la intensidad fue muy desigual. Por ejemplo, el sector de la energía, con una tasa de crecimiento medio anual del 6,6%, los servicios privados, con un 4,5%, y la construcción, con un 3,5%, fueron los más dinámicos, y los servicios públicos los que menos crecieron, con 1,3%. Por su parte, encontramos variaciones negativas en la crisis, y positivas en la recuperación. Las excepciones son la energía, que experimentó crecimientos importantes durante la crisis (7,7%), el doble que en la recuperación (3,5%). Incluso los dos agregados que experimentaron los mayores retrocesos en la crisis fueron, como era de esperar, la construcción y los servicios públicos.

Sobre las tasas anuales de variación de la inversión en intangibles en los sectores de servicios privados y públicos entre 1995 y 2016, dos subsectores crecieron a tasas anuales muy elevadas, próximas al 9%:

educación privada (9%) y actividades sanitarias y servicios sociales privados (8,9%). Lo interesante es constatar que estos crecimientos tan notables se produjeron al tiempo que la educación pública retrocedía a una tasa anual del −0,6%, la administración pública y defensa crecían a un modesto 1,5% y en actividades sanitarias y servicios sociales públicos el crecimiento de la inversión (4,2%) era menos de la mitad del privado. Estos resultados comenzaron en los años de crisis: mientras que la inversión realizada por la educación y los servicios sociales privados crecía a tasas anuales ligeramente superiores al 5%, las equivalentes públicas caían: un −8,5% la educación y el −3,1% la sanidad y servicios sociales. La inversión en intangibles realizada por la administración pública y defensa también cayó (−6,6%) entre 2007 y 2013. Por su parte, la educación pública (−4,5%) siguió cayendo también en los años de recuperación.

Respecto a la inversión en activos intangibles sobre la inversión por grandes agregados (estructura organizativa, capital humano específico de la empresa, estudios de mercado, publicidad, diseño, resto de activos inmateriales, I+D y *software*) en la economía española en 2016, observamos que la inversión en *software* tenía un peso más elevado, en torno al 10%, en los servicios privados y la energía; la mitad en las manufacturas, la cuarta parte en los servicios públicos, y es prácticamente irrelevante en construcción y el sector primario. La inversión en I+D tenía un peso muy importante, próximo al 13% de la inversión total; en las manufacturas, prácticamente el doble de los servicios privados (6,5%), y en los servicios públicos (4,5%) el peso era algo menor. Los tres agregados en los que menos pesaba el I+D eran energía (2,6%), sector primario (1,4%) y construcción (0,5%). El resto de los activos inmateriales, entre los que se encontraban los originales de obras recreativas, literarias o artísticas, tenía muy poco peso en la inversión. Solo en los servicios privados superaba el 1% en el año 2016. La inversión en diseño tenía un peso muy notable (22,9%) en el sector de la construcción. La razón era que los proyectos realizados por arquitectos e ingenieros estaban ya incluidos en la definición de este activo. El peso era tan elevado que justificaba por sí solo que el sector construcción presentara una ratio de inversión en intangibles relativamente elevada. La inversión en publicidad tiene un peso relativamente importante, en torno al 5,5%, en manufacturas y servicios privados; en servicios públicos es menos de la mitad. También es muy bajo el peso de la inversión en estudios de mercado y solo en servicios privados alcanza el 1%. En relación con el peso de la inversión realizada por las empresas en la formación de sus trabajadores, era relativamente más elevada en los sectores de servicios tanto públicos (5,8%) como privados (5,1%). En manufacturas (4%) y construcción (3,7%) era algo menor; energía (2,1%) y sector primario (1,6%) eran los que presentaban un peso menor. Por su parte, el agregado de servicios privados (6,3%) era el

El ganador se lo lleva todo: el mejor atleta de un deporte se lleva, además de los premios ganados, la mayor parte de los patrocinios. El ejecutivo corporativo más exitoso recibe una retribución muy superior a los siguientes en logros y reputación, el presentador de televisión número uno es recompensado muy por encima del resto y la mejor universidad capta a los mejores alumnos y profesores.
Fuente: imagen de OpenClipartVectors en Pixabay.

que presentaba un porcentaje más elevado de la inversión en estructura organizativa, seguido de la construcción (5,1%), las manufacturas (4,9%), y los servicios públicos (3,7%). En energía y sector primario, su presencia fue testimonial.

A modo de resumen, el sector de servicios privados era el que presentaba una penetración mayor del *software*, resto de activos inmateriales, estudios de mercado y estructura organizativa. Las manufacturas destacaban del resto de agregados por el mayor peso de la inversión en I+D y publicidad. La construcción era por el diseño, y los servicios públicos por la formación de sus trabajadores en el puesto de trabajo.

Para finalizar, este informe propone agrupar los veintisiete sectores de actividad en cuatro cuadrantes:

En el cuadrante I aparecen los sectores que partían de una situación más favorable en 1995, que tenían en el año inicial un peso de la inversión en activos intangibles sobre el PIB superior a la media nacional y que han presentado un crecimiento en activos intangibles también superior a la media nacional. A los sectores situados en este cuadrante se les denomina «sectores con liderazgo reforzado», como información y comunicaciones, actividades profesionales, fabricación de maquinaria y equipo n.c.o.p. y educación privada.

Los sectores que aparecen en el cuadrante II tenían también una posición de partida más favorable, pero, al ser su crecimiento inferior a la media española, han ido perdiendo paulatinamente peso. Por esta razón, a los sectores de este cuadrante se les denomina «de liderazgo estancado», como alimentación, bebidas y tabaco, textil y confección, madera y corcho, coquerías e industria química, caucho y plástico, metalurgia y fabricación de productos metálicos, productos informáticos, electrónicos y ópticos, fabricación de material de transporte, industrias manufacturas diversas y actividades financieras y de seguros.

En el cuadrante III se sitúan los sectores que partían de una posición más desfavorable en el año inicial y que, además, han crecido menos que la media nacional. La conjunción de estas dos características desfavorables les otorga la calificación de «sectores divergentes», como agricultura, construcción, comercio y reparación, actividades inmobiliarias, administración pública y defensa y educación pública.

Finalmente, los sectores situados en el cuadrante IV partían también en 1995 de una situación más desfavorable que la media española, pero, al mostrar un comportamiento más dinámico en los veinte años siguientes, han podido aproximarse a ella. Se trata pues de «sectores convergentes», como las industrias extractivas, energía eléctrica, gas y agua, transporte, hostelería, actividades sanitarias y servicios sociales privados y públicos y otros servicios.

19

¿SE RELACIONAN LOS INTANGIBLES CON EL AUMENTO DE LA DESIGUALDAD?

Vivimos en tiempos de cambio veloces. Las personas pensamos que el cambio es lineal cuando en realidad es exponencial. Además, todas las empresas están obligadas a la transformación digital, lo que hace de los datos el nuevo oro en el actual siglo. Las empresas de tecnología dominantes han creado una nueva manera de escalar un negocio, y nos han empujado a un futuro que ya está aquí pero desigualmente distribuido.

Existe una relación entre la creciente importancia de la inversión intangible y el aumento ampliamente documentado de los muchos tipos de desigualdad observados en las últimas décadas en muchos países desarrollados. Argumentamos que se podría esperar que el auge de los intangibles aumente la desigualdad tanto de riqueza como de ingresos. Las empresas cada vez más intensivas en intangibles necesitarán mejor personal para crear sinergias con sus otros activos intangibles. Las empresas los examinarán más a fondo y les pagarán más generosamente. En cuanto a la desigualdad de la riqueza, los efectos indirectos de los intangibles hacen que vivir en las ciudades sea aún más atractivo, lo que hace subir los precios de la vivienda y la riqueza de quienes tienen la suerte de poseerla. Incluso una economía intangible puede ayudar a explicar las tensiones socioeconómicas que subyacen en las políticas populistas de muchos países desarrollados.

Uno de los temas económicos más debatidos de la década de 2010 es el de la igualdad. Según el minucioso trabajo de Thomas Piketty, las personas acaudaladas (en términos de ingresos y riqueza) se han vuelto más ricas en las últimas décadas y las pobres cada vez más pobres. Y otras dimensiones de la desigualdad se han vuelto más destacadas: las desigualdades entre generaciones, entre diferentes lugares y entre las élites y aquellos que se sienten alienados y despreciados por la sociedad moderna. Tal vez este elemento multidimensional de la desigualdad sea la razón por la que tiene una resonancia pública tan grande. Las noticias brindan un flujo constante de historias sobre multimillonarios que compran apartamentos por valor de 150 millones de dólares y libras en Manhattan y Londres, combinadas con informes de personas que caen presas de la adicción a los opiáceos o que abrazan posiciones políticas extremas. Lo cierto es que se está produciendo un cambio profundo y de largo plazo en la naturaleza de las economías desarrolladas debido al aumento de los intangibles.

Respecto a la desigualdad de ingresos en el Reino Unido y Estados Unidos, esta ha sido muy obvia, y ha habido un gran aumento en la desigualdad de ingresos en las décadas de 1980 y 1990; tal desigualdad se ha mantenido en este nivel más alto desde entonces. También, los países desarrollados han visto un aumento en la brecha de ingresos entre trabajadores formados y trabajadores con bajo nivel formativo desde la década de 1980. En 1979, en Estados Unidos, las personas con educación universitaria ganaban alrededor de 17 000 dólares más que los que solo tenían educación secundaria; en 2012, esa brecha era ya de casi 35 000 dólares (ajustada por inflación).

Otra dimensión es la creciente desigualdad de lugar, incluso dentro de los países desarrollados. No hay nada nuevo en el hecho de que el declive industrial empobrezca lugares que alguna vez fueron ricos, y menos en Gran Bretaña, donde fue un problema durante la mayor parte del siglo XX. Tampoco hay nada nuevo en que determinados lugares sean focos de actividad económica. Las divisiones reveladas por el referéndum del Brexit en el Reino Unido y la elección de Donald Trump también apuntan a una forma diferente de desigualdad denominada «de estima», al igual que lo es el surgimiento de movimientos políticos populistas como Podemos en España y el Movimiento Cinco Estrellas en Italia.

Ante esta situación encontramos tres explicaciones principales para el aumento de la desigualdad: la tendencia básica a la acumulación de riqueza, el auge de la tecnología moderna y la globalización.

La desigualdad es el resultado de mejoras en la tecnología ya que las nuevas tecnologías reemplazan a los trabajadores, lo que significa que los salarios caen y las ganancias de las empresas aumentan. Por ejemplo, los ordenadores son particularmente buenos para reemplazar tareas rutinarias, como las tareas repetitivas en líneas de producción o las administrativas en una oficina, entre otras. Además, en los últimos años, la tecnología informática se ha vuelto todavía más inteligente. A medida que esta se vuelva cada vez más barata, cada vez valdrá más la pena que las empresas reemplacen a sus trabajadores poco cualificados por la tecnología. La demanda de esos trabajadores ha caído entre las compañías y, por lo tanto, también sus salarios. Es una historia tan antigua como la propia revolución industrial, y en aquel entonces dio origen a figuras míticas como Ned Ludd (un joven que supuestamente rompió dos telares en 1779, y cuyo nombre pasó a ser emblemático para los destructores de máquinas). El ludismo fue un movimiento encabezado por artesanos ingleses en el siglo XIX, que protestaron entre los años 1811 y 1816 contra las nuevas máquinas que destruían el empleo. Los telares industriales y la máquina de hilar industrial introducidos durante la Revolución Industrial amenazaban con reemplazar a los artesanos por trabajadores menos cualificados y que cobraban salarios más bajos, lo que los dejaba sin trabajo.

La segunda explicación de la desigualdad moderna se centra en la globalización de la actividad comercial. En la década de 1980, antes del colapso del comunismo soviético y antes de que China y la India pasaran a las reformas de mercado, la economía de comercio mundial consistía en alrededor de 1460 millones de trabajadores en los países desarrollados y en algunas partes de América Latina, Asia y África. La globalización es un proceso económico, tecnológico, político, social y cultural a escala mundial que consiste en la creciente comunicación e interdependencia entre los distintos países del mundo, gracias a la revolución informática, que une sus mercados sociales a través de una serie de transformaciones sociales y políticas que les brindan un carácter global. En la década de 1990, China, la India y el ex bloque soviético se unieron a la economía global, lo que aumentó el tamaño de la mano de obra mundial a alrededor de 2930 millones de trabajadores, casi exactamente duplicándolo. Cuando la oferta de algo aumenta, en igualdad de condiciones, los economistas esperan que el precio baje. Y así sucedió: estos nuevos participantes en el mercado laboral mundial estaban empleados en la producción de bienes que requieren relativamente poca habilidad (textiles y acero a granel, por ejemplo, en lugar de motores de aviones y semiconductores). Esto ejerció presión sobre los trabajadores menos calificados que fabrican el mismo tipo de bienes en los países desarrollados, y muchos perdieron sus trabajos o vieron estancarse sus salarios. Este es un resultado asombrosamente bueno para las personas en los países más pobres, pero en las últimas dos décadas se ha visto un aumento enorme y largamente esperado en la prosperidad del mundo en desarrollo, donde las clases trabajadoras del mundo desarrollado han soportado la mayor parte de los costes. La inmigración puede desempeñar un papel similar, de manera que aumenta la competencia en los trabajos poco cualificados.

La tercera explicación de la desigualdad actual, centrada en la desigualdad de la riqueza, es más básica: es la idea de que el capital tiende a acumularse a menos que lo impida alguna fuerza compensatoria. La obra *El capital en el siglo XXI*, de Thomas Piketty (2014), definió el capital como «todas las formas de riqueza que los individuos pueden poseer». Esta obra se nutre de datos económicos que se remontan doscientos cincuenta años para demostrar que se produce una concentración constante del aumento de la riqueza que no se autocorrige y que aumenta la desigualdad económica, problema que requiere para su solución una redistribución de la riqueza. Piketty es un especialista en la economía de la desigualdad de ingreso desde una aproximación estadística e histórica. En sus estudios analiza cómo la tasa de acumulación de capital en relación con el crecimiento económico aumentó desde el siglo xix hasta la actualidad. Los registros sobre impuestos le han permitido reunir datos sobre las élites económicas, que tradicionalmente han sido poco estudiados, y que le permiten establecer las tasas de acumulación de la riqueza y su comparación con la situación económica del resto de la sociedad. La ahora famosa desigualdad $r > g$ del citado economista implica que, si el retorno del capital *(r)* supera el crecimiento de la economía en su conjunto *(g)*, entonces la porción del pastel económico propiedad de los ricos generalmente crecerá. Piketty argumenta que la caída del crecimiento económico ha llevado a las economías a donde r ahora excede de g *(r > g)* y continuará haciéndolo, lo que provocará que los propietarios del capital obtendrán una porción cada vez mayor del pastel económico, con el respectivo aumento de la desigualdad.

Al hilo de lo que apunta Piketty, vivimos en una sociedad donde «el ganador se lo lleva todo». Este fenómeno está entrando en todas las facetas de la economía global y es una de las explicaciones de las claves del éxito de las grandes corporaciones tecnológicas como Amazon, Meta, Alphabet, entre otras.

20

¿ÍNDICE DE CAPITAL HUMANO PARA MEDIR EL FUTURO DESARROLLO ECONÓMICO?

Cuando hablamos del índice de capital humano, encontramos el desarrollado por el Banco Mundial y el elaborado por el Foro Económico Mundial.

La definición genérica que encontramos de capital humano es la siguiente: «Una medida del valor económico de las habilidades profesionales de una persona». También hace referencia al factor de producción del trabajo, que son las horas que dedican las personas a la producción de bienes o servicios. Si consideramos este término en el ámbito de los índices de capital humano a los que hacíamos referencia al principio, consideramos el capital humano como el nivel educativo, las habilidades, las aptitudes y la calificación de un grupo de personas. En el largo plazo de un país, el capital humano de su población, y en concreto de las personas que intervienen en el proceso productivo, determina en gran parte su prosperidad económica. Entonces, una manera de la que disponen los Gobiernos de estimular el crecimiento económico de un país es invertir en incrementar la formación y educación de su fuerza de trabajo actual y futura, así como la de su población en general.

A continuación, vamos a analizar ambos índices de capital humano: empezaremos por el del Banco Mundial y continuaremos con el del Foro Económico Mundial.

Este índice del Banco Mundial mide el nivel de capital humano que un niño puede alcanzar al cabo de 18 años tras su nacimiento. La salud y la buena educación son los factores fundamentales de la lógica de este indicador. Por consiguiente, está integrado por los siguientes componentes:

- Supervivencia: se mide a través de la tasa de mortalidad, por lo que se debe recoger el efecto de mortalidad infantil antes de iniciar el proceso de acumulación de capital humano.

- Escuela: los indicadores son los años de escolarización y las pruebas de rendimiento estudiantil internacionales. Estos indicadores pretenden representar la calidad y la cantidad de educación que un joven recibe hasta los 18 años.

- Salud: las variables son la tasa de supervivencia de adultos y el crecimiento saludable de niños menores de cinco años.

Este indicador oscila entre el 0 y el 1: el 0 es la ausencia total de capital humano y 1, el máximo potencial a alcanzar. De este modo, supongamos que el indicador para un determinado país es de 0,5. Esto quiere decir que un niño nacido hoy será solo la mitad de productivo que si hubiese disfrutado de educación y salud plena. Y esto en caso de que persistan las condiciones del momento para el futuro.

Respecto al índice de capital humano del Foro Económico Mundial, pretende medir el capital humano a través de capturar la complejidad de la educación y la dinámica de la fuerza laboral, pues los pilares fundamentales de este indicador son la educación y el empleo, separados en diferentes rangos de edad. Este índice de capital humano mide precisamente cómo este es desarrollado en cada país y su evolución con el tiempo, por lo que proporciona información sobre los niveles de educación de los empleados, los desempleados y los miembros inactivos de la población.

El Foro Económico Mundial elabora el índice de capital humano de 124 países con el propósito de analizar el resultado de las inversiones pasadas y presentes que estos realizan en capital humano y cuál será la base de talento en el futuro. El informe busca servir a los Gobiernos e instituciones de los países para comparar la situación de su capital humano con el de otros países, pero sobre todo para ver su evolución en el tiempo y así poder detectar áreas clave en las que centrar esfuerzos e inversión.

Este índice de capital humano permite observar un panorama amplio de los desafíos en indicadores como calidad de la educación y el empleo. A continuación, vamos a describir estas dos principales magnitudes consideradas en este índice:

- Aprendizaje: se calcula mediante la matrícula escolar, la tasa de alfabetización, la tasa de jóvenes que han terminado su educación, etc. En este caso se busca recoger tanto el número de personas que asisten a la escuela como la calidad de la educación.

- Empleo: medido con las siguientes variables principales: tasa de participación en la fuerza laboral, tasa de empleo y subempleo.

La metodología del índice de capital humano del Foro Económico Mundial pretende mostrar la situación real de la educación, el empleo, las tendencias demográficas y las reservas de talento sin explotar de cada nación. El propósito fundamental es entender si los países están

España ha obtenido 65,6 puntos en el índice de capital humano publicado por el Foro Económico Mundial (FEM). Con esa puntuación, España está en la zona central del *ranking* de 130 países que realiza el FEM y eso significa que su inversión en su capital humano se encuentra cerca de la media. Además, España ha empeorado su puntuación respecto al informe de 2016, en el que se situó en el puesto número 45. Fuente: imagen de Jagrit Parajuli en Pixabay.

79

aprovechando o no su potencial humano. Además, mide la distancia respecto al ideal o el desaprovechamiento mediante la desagregación de datos a través de cinco grupos de edad para captar el perfil demográfico completo de cada país: menores de 15 años, entre 15-24 años, entre 25-55 años, entre 55-64 años y 65 años y más.

III

MÉTODOS DE MEDICIÓN DE INTANGIBLES

21

¿INTANGIBLES Y CAPITAL INTELECTUAL ES LO MISMO?

Un gran número de definiciones dadas por la literatura técnica y científica sobre el capital intelectual (Edvinsson y Malone, 1999; Bontis, 1998; Sveiby, 2000; Brooking, 1998; Stewart, 1998; Sullivan, 2001) considera sinónimos los términos «intangibles» y «capital intelectual». Se podría decir que en los últimos años se han utilizado indistintamente los dos términos para hacer referencia a un mismo concepto.

A continuación, recogemos las diferentes definiciones que dan los principales autores, reconocidos internacionalmente en esta materia de capital intelectual o intangibles.

Para Stewart (1998), el capital intelectual está formado por el material intelectual (experiencia, conocimientos, propiedad intelectual, etc.) que se puede utilizar en la empresa para crear riqueza.

Según Sullivan (2000), el capital intelectual es el conocimiento que puede convertirse en beneficios y genera riqueza en la empresa.

Cañibano et al. (2000) definen intangibles, desde una perspectiva contable, como «fuentes no monetarias de beneficios económicos futuros, sin sustancia física, controlados, o al menos influidos por la empresa, como resultado de acontecimientos y transacciones pasadas (producidos por la empresa, comprados o adquiridos de cualquier otra manera) y que pueden o no ser vendidos separadamente de otros activos de la compañía».

Edvinsson y Malone (1999) presentan el concepto de capital intelectual o intangibles mediante la utilización de la siguiente metáfora: «Una compañía es como un árbol. Hay una parte que es visible (las frutas) y una parte que está oculta (las raíces). Si solamente te preocupas por las frutas, el árbol puede morir. Para que el árbol crezca y continúe dando frutos, será necesario que las raíces estén sanas y nutridas. Esto es válido para las empresas: si sólo nos concentramos en los frutos (los resultados financieros) e ignoramos los valores escondidos (el capital intelectual), la compañía no subsistirá en el largo plazo».

Para Roos *et al.* (2001), el capital intelectual es un medio de creación de valor que explica el desajuste entre el valor de mercado de las empresas y su valor contable.

Valor de mercado de la empresa = valor contable empresarial + capital intelectual (o intangibles)

Ante estas definiciones es importante diferenciar entre «activos» y «recursos» intangibles. La demarcación entre recurso y activo está en la expectativa de generación de beneficios futuros y en su control. Una vez aclarado esto, también es importante conocer las posibles diferencias entre los términos «capital intelectual» y «activos intangibles». Podríamos resumirlas diciendo que, mientras que los activos intangibles son recursos inmateriales propiedad de la empresa, separables y con capacidad de generar beneficios, el capital intelectual (o intangibles) es un concepto más amplio que abarca no solo a tales activos intangibles, sino también a todos aquellos recursos que, pese a no estar reflejados en los estados contables tradicionales, generan valor o tienen potencial de generarlo en el futuro (personal motivado y altamente cualificado, marca, reputación, liderazgo, *know how* del personal de la compañía, alianzas y sinergias, relación con clientes, proveedores y otros grupos de interés, etc.).

Una vez aclarados los principales conceptos, nos disponemos a definir las tres dimensiones o componentes principales del capital intelectual o intangibles:

- Capital humano.
- Capital estructural.
- Capital clientes.

El capital humano lo forman los conocimientos tácitos y explícitos que poseen las personas que forman una organización y que no son propiedad de esta. Este tipo de capital se traduce en conocimientos, habilidades, actitudes y competencias útiles para la empresa y que influirán en sus rendimientos.

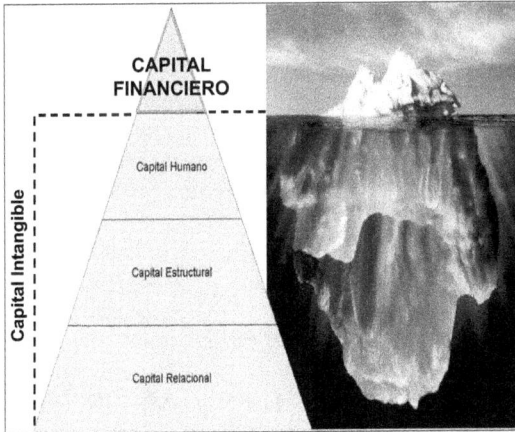

El valor oculto del capital intelectual es su capacidad
para ser la fuente de riqueza del presente y futuro
de cualquier empresa.
Fuente: Santiago (2015).

Para entendernos, el capital humano no es propiedad de la empresa y está formado por el conocimiento que se lleva a casa el empleado cuando termina su jornada laboral (su capacidad creativa, habilidad para resolver problemas, actitud, experiencia, saber hacer, conocimientos, capacidad para trabajar en equipo, flexibilidad, motivación, capacidad de negociación, actitud resolutiva, etc.).

Contar con personal valioso en la empresa no representa en sí mismo una ventaja competitiva, pues las personas necesitan contar con los medios adecuados (procesos, sistemas de información, bases de datos, etc.) para ser eficientes y eficaces en su trabajo y así poner en valor su creatividad y conocimientos.

El capital estructural lo componen los conocimientos tácitos y explícitos propiedad de la empresa (*softwares*, patentes, modelos de utilidad, diseños, bases de datos, I+D, métodos y procedimientos de trabajo, sistemas de información, modelos de dirección y gestión, cultura corporativa, etc.), que son el soporte que una organización facilita a su capital humano para poder obtener rendimientos superiores y que permiten a una compañía cumplir con las necesidades que demanda el mercado.

Finalmente, el capital relacional es el conjunto de conocimientos ligados a las relaciones externas con proveedores, clientes y otros grupos de interés, que permiten a la organización crear una oferta de valor superior (productos o servicios) y que responde a las necesidades y expectativas de su mercado. Estos se pueden resumir en los siguientes: marcas, fidelidad de clientes, reputación, redes de aprovisionamiento y comercialización, franquicias, alianzas, etc.

Medir el capital intelectual es medir (o intentar predecir) el futuro de una organización. Los modelos que vamos a presentar a continuación tienen por objetivo servir como herramientas para identificar, gestionar y medir los denominados «intangibles». Recuerda: «No se puede gestionar lo que no se puede medir».

22

¿Gestión del conocimiento según Nonaka y Takeuchi?

En pleno siglo XXI se requieren organizaciones innovadoras, flexibles y capaces de aprender de forma continua. Por ello, es cada vez más importante saber cómo transformar nuestras organizaciones en empresas orientadas al aprendizaje, capaces de generar un conocimiento que sea aprovechado para crecer, adaptarse e innovar con rapidez.

Para Nonaka y Takeuchi (1995), es fundamental comprender cómo se crea el conocimiento organizacional mediante un proceso de espiral de conocimiento; para ello debemos distinguir entre dos tipos de conocimiento: tácito y explícito.

El conocimiento tácito es aquel que se utiliza de forma intuitiva e inconsciente por una persona, y que se adquiere mediante la propia experiencia, caracterizándose este por ser personal y contextual. Son las creencias y experiencias personales de cada cual, su sistema de valores y lo que uno sabe que es verdad. Términos como «intuición» y «saber cómo» se han empleado para describirlo. Es un conocimiento difícil de gestionar ya que no lo podemos almacenar, estructurar ni distribuir.

El conocimiento explícito es fácil de articular y de expresar formalmente. Incluimos dentro de esta tipología todo conocimiento que puede ser estructurado, almacenado y distribuido, como son: expresiones matemáticas, procedimientos, manuales, información en bases de datos, etc. Dicho conocimiento puede ser transmitido fácilmente de una persona a otra.

Así pues, el conocimiento explícito puede ser fácilmente procesado por equipos informáticos, distribuido electrónicamente (mediante email, por ejemplo) o almacenado en una base de datos; sin embargo, la naturaleza del conocimiento tácito dificulta enormemente su procesamiento y distribución. Es por ello por lo que es necesario transformarlo en conceptos que las demás personas podamos entender; es decir, convertirlo en conocimiento explícito.

El modelo SECI se basa en la distinción entre este conocimiento tácito y explícito, proporcionándonos la forma en cómo se crea el conocimiento organizacional y cómo se debe de llevar a cabo una gestión del conocimiento eficaz en una empresa. Fuente: Nonaka y Takeuchi (1995) y propio.

Estos autores (Nonaka y Takeuchi, 1995) proponen el modelo SECI como proceso dinámico y eficaz de creación de conocimiento, en donde la interacción entre el conocimiento tácito y explícito se llama «conversión de conocimiento». Este proceso se cristaliza en una espiral de generación de conocimientos que pasa por las siguientes fases:

- Socialización (de tácito a tácito) es el proceso de adquirir conocimiento tácito a través de compartir experiencias por medio de exposiciones orales, documentos, manuales y tradiciones y que añade el conocimiento novedoso a la base colectiva que posee la organización. La mayor parte del conocimiento tácito se encuentra en los cerebros de las personas (que acumulan saber cómo, experiencias valiosas y habilidades personales), por lo que el propósito de una organización orientada al conocimiento es encontrar formas de recoger este conocimiento tácito y ponerlo en valor.

- Exteriorización (de tácito a explícito) es el proceso de convertir conocimiento tácito en conceptos explícitos mediante el uso de conceptos, modelos, hipótesis, metáforas o analogías. El conocimiento es, de por sí, difícil de comunicar, integrándolo en la cultura de la organización. Es una actividad esencial en la creación del conocimiento, ya que supone que las personas son capaces de articular sus conocimientos y su saber cómo (*know how*).

- Combinación (de explícito a explícito) es el proceso de crear conocimiento explícito al reunir conocimiento explícito proveniente de cierto número de fuentes, como el intercambio de conversaciones telefónicas, reuniones, correos, etc. Además, este se puede categorizar, confrontar y clasificar para formar bases de datos y así producir conocimiento explícito.

- Interiorización (de explícito a tácito) es un proceso de incorporación de conocimiento explícito en conocimiento tácito, que analiza las experiencias adquiridas en la puesta en práctica de los nuevos conocimientos y que se incorpora en las bases de conocimiento tácito de los miembros de la organización en la forma de modelos mentales compartidos o prácticas de trabajo. Esta parte del proceso está fuertemente ligada al «aprender haciendo». Una vez interiorizado, el nuevo conocimiento es posteriormente empleado por el personal de la empresa, que lo amplían, reconducen y replantean con su propio conocimiento tácito.

Es importante recalcar que esta interacción del conocimiento tácito y explícito se lleva a cabo por las personas, no por la propia organización. Son las personas las que crean el conocimiento en las organizaciones. Es por ello por lo que, si el conocimiento no se comparte con otras personas de alguna manera en la empresa, no se puede crear conocimiento organizacional.

Para Drucker (1990), la esencia del *management* es cómo se puede aplicar, de la mejor manera, un conocimiento existente para poder crear otro conocimiento nuevo o reciclado. Este mismo autor afirma que nos encontramos en lo que él denomina la «sociedad del conocimiento», donde ni el capital ni los recursos naturales ni el factor trabajo se presentan como recurso clave, sino que este parece estar constituido por el conocimiento, donde los datos son el nuevo oro.

Los gestores de empresas son conscientes de que el futuro les pertenece a los trabajadores del conocimiento. El aprendizaje y la formación continua de estos trabajadores son las principales ventajas competitivas de cualquier organización.

Por último, para Nonaka y Takeuchi (1995), la única fuente duradera de ventaja competitiva es el conocimiento. Las compañías que se desenvuelvan exitosamente en este entorno serán aquellas que sepan crear constantemente nuevo conocimiento, extenderlo por toda la organización e incluirlo en sus nuevas tecnologías y productos.

23

¿MEDIR INTANGIBLES SEGÚN EL CANADIAN IMPERIAL BANK OF COMMERCE?

El modelo empleado en el Canadian Imperial Bank of Commerce fue desarrollado por SaintOnge (1996) y estudia la relación entre el capital intelectual y el aprendizaje organizacional.

Según SaintOnge (1996), en el capital intelectual se incluyen los tres elementos que constituyen y representan los recursos intangibles de la organización Canadian Imperial Bank of Commerce: capital humano, capital cliente y capital estructural. Para este autor, esta organización crea valor cuando estos tres capitales interactúan entre ellos tanto en el ámbito del conocimiento tácito como en el explícito.

Para SaintOnge, el conocimiento explícito es el conocimiento articulado (en los libros que leemos, en los datos que compilamos, en las palabras que empleamos al hablar, en los informes que escribimos, etc.). Por otra parte, el conocimiento tácito toma una forma diferente en cada dimensión del capital intelectual:

- En el capital humano: prejuicios, valores y creencias de cada una de las personas que forman parte de una organización.

- En el capital cliente: percepciones de valor de los clientes, que se originan individual y colectivamente, proporcionadas por los productos o los servicios.

- En el capital estructural: la percepción colectiva en una organización sobre la cultura corporativa y sus valores.

Mediante el diálogo, los equipos de trabajo aprenden el funcionamiento de los recursos y a transferir lo aprendido a otros grupos en la organización, lo que posibilita que la empresa desarrolle la capacidad de crear nuevas oportunidades del mercado al obtener más conocimiento sobre los deseos y las necesidades de los clientes.

Según SaintOnge (1996), las ventajas competitivas derivadas de las nuevas estrategias y los cambios organizativos no se realizarán si estas no se alinean adecuadamente con la cultura organizacional.

Las definiciones que da SaintOnge (1996) de las dimensiones de este método son las siguientes:

- Capital humano: capacidades requeridas por las personas de la organización para proporcionar valor y soluciones a los clientes.

- Capital estructural: capacidades de la organización para satisfacer las necesidades del mercado y crear valor a los clientes. Este está formado por la estrategia (las metas de una organización y la forma de alcanzarlas), los sistemas (la forma en que la empresa desarrolla sus procedimientos y sus productos/servicios), la cultura (los valores, las normas y la suma de opiniones, individuales y colectivas, que se producen en el seno de una organización) y la estructura organizativa (la disposición de las responsabilidades y obligaciones que define la posición de relación entre los miembros de una organización).

- Capital cliente: profundidad (penetración), anchura (fondo), fidelidad y rentabilidad de los clientes.

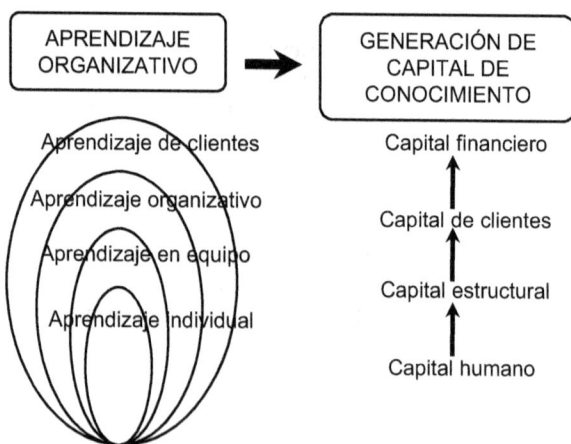

En el método Canadian Imperial Bank of Commerce, el aprendizaje colectivo se centra en la alineación de las mentalidades de los miembros de una organización y la transferencia de conocimientos y habilidades entre estos.
Fuente: SaintOnge (1996) y propio.

En este contexto, los gestores han de facilitar, promover y dinamizar el flujo libre de conocimiento en el seno de sus organizaciones para que estas puedan crear valor. Por tanto, el aprendizaje individual tiene lugar en las organizaciones que respaldan y propician un aprendizaje continuo.

A continuación, el modelo expuesto propone los siguientes indicadores para llevar a cabo la medición de intangibles o capital intelectual:

- Capacidad para desarrollar y mantener relaciones tanto internas como con los clientes y otros grupos de interés.

- Porcentaje de nuevas ideas que están actualmente implantadas.

- Ingresos por empleado.

- Número de nuevos productos cada año.

- Ratio de mejora de procesos.

- Tiempo ciclo y mejora de costes de los principales procesos de negocio.

- Reducción del tiempo de resolución de quejas.

- Porcentaje de penetración y cobertura.

- Rentabilidad del cliente.

- Disponibilidad de plataforma tecnológica para la colaboración y el aprendizaje.

- Número de medios disponibles para el aprendizaje organizativo.

- Número de medidas para la adaptación de la cultura al cambio del entorno competitivo.

- Número de medios TIC para alinear la cultura, la estructura organizativa y la estrategia corporativa.

24

¿EL CAPITAL INTELECTUAL EN EL MODELO INTELLECTUAL ASSETS MONITOR?

Esta metodología fue desarrollada por Sveiby (1997) y expresa que, al ser el capital intelectual la principal fuente de riqueza y de creación de valor de las empresas, este no está presente en los informes financieros de las compañías. Por este motivo, este autor afirma que sería lógico esperar que los directivos de las empresas dedicaran una atención especial a la gestión eficaz de los intangibles.

Según Sveiby (1997), la medición de activos intangibles presenta una doble orientación:

- Hacia el interior, dirigida al equipo directivo para conocer la marcha de la empresa.

- Hacia el exterior, para informar a clientes, accionistas y proveedores.

El balance de activos intangibles de Sveiby (1997) clasifica estos activos en tres categorías:

- Estructura interna: es el conocimiento estructurado de la organización y equivaldría al capital estructural que conocemos. Estos activos son creados por los empleados, pero de propiedad de la empresa y algunos de ellos pueden protegerse legalmente. Estaría formado por los siguientes activos: la estructura organizativa formal e informal, los métodos y procedimientos de trabajo, el *software*, las bases de datos, los sistemas de investigación y desarrollo, los sistemas de dirección y gestión, la cultura corporativa, entre otros.

- Estructura externa: equivaldría al capital relacional y comprendería las relaciones con clientes, proveedores y otros grupos de interés. Estaría formado, entre otros, por los siguientes activos:

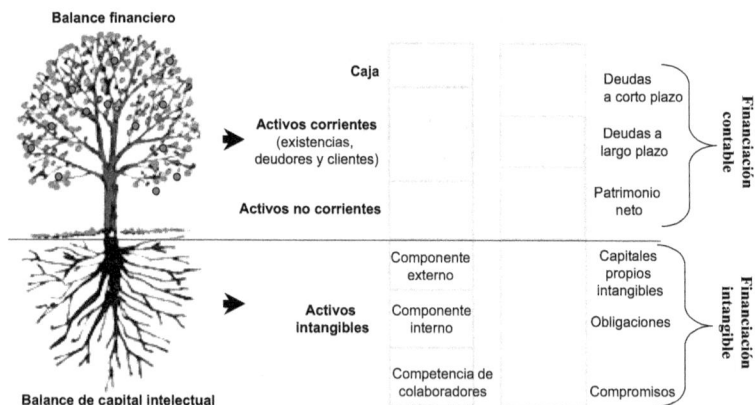

Para Sveiby (1997), el conocimiento y su gestión marcan el hecho diferencial entre organizaciones, lo que permite a algunas adaptarse de manera más eficiente y rápida a los cambios. Fuente: Sveiby (1997) y propio.

las relaciones con los clientes y los proveedores, acuerdos de cooperación, alianzas estratégicas, alianzas tecnológicas, de producción y de comercialización, marcas, etc. Algunos de estos podrían protegerse legalmente.

- Competencias de las personas: esta categoría, que equivaldría al capital humano que conocemos, mide la capacidad para actuar y crear activos tangibles e intangibles. Este capital no es propiedad de la empresa y en él destacan: la competencia individual y grupal, planificar, producir, el conocimiento individual y grupal, la educación, la experiencia, el *know how*, las habilidades, los valores y las actitudes de las personas que constituyen la organización.

El modelo propone tres tipos de indicadores dentro de cada uno de los tres bloques:

- Indicadores de crecimiento e innovación: recogen el potencial futuro de la empresa. Destacamos los siguientes:

  o Inversión en formación.

  o Rotación del personal.

  o Inversión en sistemas TIC.

  o Inversiones en I+D+i.

  o Rentabilidad por cliente.

  o Porcentaje de aumento del crecimiento orgánico.

- Indicadores de eficiencia: nos informan de hasta qué punto los intangibles son productivos. Destacamos los siguientes:

  o Porcentaje de expertos en la empresa respecto al total de la plantilla.

  o Valor añadido por experto y empleado.

  o Beneficio por experto y empleado.

  o Ventas por cliente.

  o Índice de satisfacción de los clientes.

  o Índice de ganancias/pérdidas de contratos de la empresa.

- Indicadores de estabilidad: indican el grado de permanencia de estos activos en la empresa. Destacamos los siguientes:

  o Edad media de la plantilla de la empresa.

o Rotación de expertos.

o Ratio de nuevos empleados.

o Edad de la organización.

o Porcentaje que suponen los grandes clientes respecto al total.

o Pirámide de edad de los clientes.

o Ratio de clientes fidelizados.

o Frecuencia de repetición de pedidos sucesivos de clientes.

25

¿EL MÉTODO SKANDIA NAVIGATOR PARA MEDIR INTANGIBLES?

La principal línea de argumentación de Edvinsson y Malone (1999) es la diferencia entre los valores de la empresa en libros (contabilidad) y los de mercado. Esta diferencia se debe a un conjunto de activos intangibles que no quedan reflejados en la contabilidad tradicional, pero que el mercado reconoce como futuros flujos de caja. Para poder gestionar estos valores es necesario hacerlos visibles.

Edvinsson y Malone (1999) formulan el método denominado Navigator para poder conocer y medir la gestión del capital intelectual de la empresa Skandia. Para estos autores, este modelo era una herramienta para la gestión de las empresas y en donde se deja claro que la gestión del capital intelectual es más que el simple manejo de propiedad intelectual. El valor del capital intelectual es el grado en que los activos intangibles se puedan convertir en rendimientos financieros para la compañía. Es, en definitiva, la multiplicación del poder del capital humano y el capital estructural combinados.

El enfoque del modelo Navigator parte de que el valor de mercado de la empresa está integrado por dos capitales: el financiero (el pasado de la empresa) y el intelectual (el presente y el futuro de la empresa).

Valor de mercado = Capital financiero + Capital intelectual
Capital intelectual = Capital humano + Capital estructural

A su vez, considera como elementos del capital intelectual los siguientes:

- Capital humano: todas las capacidades individuales, las actitudes constructivas, las destrezas, los conocimientos y la experiencia de los empleados y directivos, además de las capacidades innovadoras y creativas de los miembros de una organización.

- Capital estructural: la infraestructura que incorpora, forma y sostiene al capital humano. Además, es la capacidad organizacional que incluye los sistemas físicos usados para almacenar y transmitir el material intelectual. Lo podríamos resumir como los conocimientos explicitados por la organización. El capital estructural está formado por el capital clientes y el capital organización, y este último está constituido a su vez por el capital procesos y el capital innovación. A continuación, vemos cómo se compone y define cada uno de los elementos:

  o Capital organización: la inversión en sistemas, herramientas y filosofía operativa que acelera la corriente de conocimientos a través de la organización y hacia los canales de abastecimiento y distribución de la empresa.

    – Capital procesos: los procesos de trabajo, las técnicas (como certificaciones de calidad) y los programas para empleados que aumentan y fortalecen la prestación de servicios y la eficiencia en la producción de la empresa.

    – Capital innovación: capacidad de renovación y resultados de la innovación en forma de patentes, derechos comerciales protegidos, propiedad intelectual y otros activos intangibles empleados para crear y llevar rápidamente al mercado nuevos productos y servicios.

  o Capital clientes: relaciones que establece la empresa con su cartera de clientes, donde se hace hincapié en los programas de fidelización y los servicios de atención a la clientela.

Para Edvinsson y Malone (1999), los diferentes componentes del modelo Navigator son los siguientes:

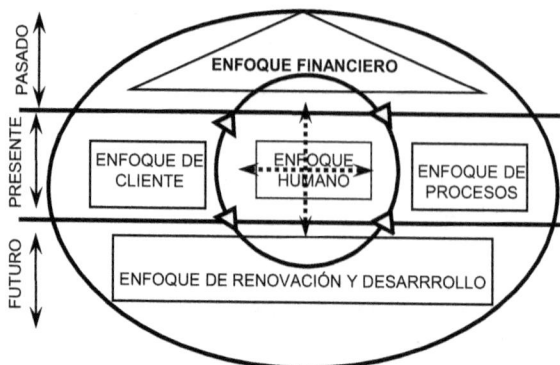

En el método Navigator de Skandia, el capital intelectual es la posesión de conocimientos, experiencia aplicada, tecnología organizacional, relación con clientes y destrezas profesionales que da a las empresas una ventaja competitiva en el mercado. Fuente: Edvinsson y Malone (1999) y propio.

Enfoque financiero representado en el triángulo superior: información contenida en las cuentas anuales y en los informes de gestión de las empresas.

Enfoque de cliente: trata de encontrar aquellas medidas que mejor capten las relaciones con los clientes y los procesos de negocio.

Enfoque de procesos: corresponde con la tecnología como herramienta para sostener la empresa y crear valor.

Enfoque de renovación y desarrollo: trata de captar la capacidad de innovación y adaptación para garantizar el futuro.

Enfoque humano: factor dinamizador de los demás factores en el proceso de creación de valor.

Edvinsson y Malone (1999) también proponen una ecuación para calcular el capital intelectual de la empresa, donde C es el valor del capital intelectual (en unidades monetarias), i es el coeficiente de eficiencia con el que la organización está utilizando dicho capital, n es igual a la suma de los valores decimales de los nueve índices de eficiencia propuestos por estos autores y x es el número de esos índices.

Eficiencia o nivel de aprovechamiento del capital intelectual $= I * C; I$ $= (n / x)$

Estos autores sugieren el uso de un número de índices con capacidad para combinarse en un solo porcentaje, que mida la eficiencia actual de la empresa respecto a su utilización de capital intelectual y otros indicadores (normalmente 21) como medida absoluta del capital intelectual.

Esta metodología y el empleo de indicadores quedan explicados en el siguiente ejemplo práctico:

INDICADORES DE EFICIENCIA	ÍNDICE	VALORES	TOTAL	COEF. PONDER.	COEF.EFIC. /ENFOQUE
Enfoque financiero					
Ingresos/activos totales	%	0,39			
Ingresos de nuevos clientes/ingresos totale:	%	0,00			
Rendimiento sobre activos netos	%	0,01	0,40	0,08	*0,03*
Enfoque de cliente					
Participación de mercado	%	0,09			
Calificación de cliente	%	0,78			
Visita de cliente a la compañía	%	0,73			
Satisfacción de clientes	%	0,73			
Apoyo al cliente	%	0,72			
Recomendaciones favorables	%	0,78	3,83	0,33	*1,26*
Enfoque de procesos					
Equipamiento informático/empleado	%	1,27			
Personal profesional/personal total	%	0,55			
Meta de la calidad corporativa	%	0,84			
Características estructurales	%	0,80	3,46	0,17	*0,59*
Enfoque de renovación y desarrollo					
Gasto en I+D /gasto administrativo	%	0,05			
Empleados satisfechos	%	0,80			
Proporción de empleados menores de 40 años	%	0,56	1,41	0,17	*0,24*
Enfoque humano					
Índice de motivación	%	0,81			
Rotación de empleados	%	0,07			
Personal capacitado en el año	%	0,89			
Satisfacción con la formación	%	0,81			
Autoeficacia	%	0,79	3,37	0,25	*0,84*
				Total n:	**2,97**
				X:	**21**
				i = (n / x):	**0,14**

INDICADORES	ÍNDICE	VALORES	Total enfoque
Enfoque dinanciero			
Activos totales/empleado	€	1154200,00	
Ingresos/empleado	€	450000,00	
Utilidades/empleado	€	21000,00	1625200,00
Enfoque de cliente			
Ventas anuales/clientes	€	633,00	633,00
Enfoque de procesos			
Gasto administrativo/empleado	€	11002,00	
Gasto en tecnología informática por empleado	€	2800,00	13802,00
Enfoque de renovación y desarrollo			
Gasto en desarrollo de competencias/empleado	€	300,00	
Gasto en entrenamiento/gasto administrativo	€	223	523,00
		C (€):	**1.640.158,00**

Capital intelectual "C" :	1.640.158,00
i:	0,14
Eficiencia y aprovechamiento del capital intelectual:	231.676,22
Capital financiero:	2.200.000,00
Valor de mercado:	3.840.158,00

26

¿INTANGIBLES EN EL MODELO DE MEDICIÓN INTELECT?

El modelo Intelect (Euroforum Escorial, 1998) informa sobre la capacidad que tiene una organización para generar resultados sostenibles, de cómo hacer mejoras constantes y así obtener crecimiento a largo plazo. Además, pretende acercar el valor de la empresa a su valor de mercado, de manera que enlaza el capital intelectual con la estrategia de la empresa.

Hablamos de un método abierto y flexible que relaciona el capital intelectual con la estrategia de la compañía. Su finalidad es proporcionar información relevante a los gerentes para la toma de decisiones y, además, facilitar información a terceros sobre el valor de la empresa.

La estructura del modelo Intelect está formada por bloques, elementos e indicadores. Los bloques del capital intelectual son: capital humano, capital estructural y capital cliente. Los elementos son los recursos o activos intangibles que integran cada componente del capital intelectual. Finalmente, los indicadores representan la forma de evaluar cada uno de los elementos anteriores.

Si profundizamos en las definiciones que encontramos en los tres bloques del modelo Intelect, podemos decir lo siguiente:

- Capital humano: es el conocimiento explícito y tácito con utilidad para la empresa y que poseen las personas y los equipos de la organización.

- Capital estructural: es el conocimiento que la compañía consigue explicitar, sistematizar e internalizar y que en un principio puede estar latente en las personas y los equipos de la empresa. Quedan incluidos los conocimientos estructurados, de los que depende la eficacia y eficiencia internas de la organización.

- Capital relacional: se refiere al valor que tiene para una empresa el conjunto de relaciones que mantiene con el exterior (clientes, proveedores y otros grupos de interés, principalmente).

El modelo Intelect busca la estructuración y la medición de los activos intangibles en el momento presente y, además, pretende revelar el futuro previsible de la empresa de acuerdo con la potencialidad de su capital intelectual y los esfuerzos que, desde la organización, se están realizando para su desarrollo.

Este modelo de medición de capital intelectual presenta las siguientes dimensiones:

- Presente/futuro: estructuración y medición de los activos intangibles en el momento actual y futuro previsible de la compañía en función de la potencialidad de su capital intelectual y de los esfuerzos que se aplican en su desarrollo.

- Interno/externo: se deben identificar intangibles que generan valor desde la consideración de la organización como un sistema abierto. Se consideran tanto los activos internos (creatividad de las personas, sistemas de gestión de la información, etc.) como los externos (imagen de marca, alianzas, lealtad, etc.).

- Flujo/*stock*: el modelo tiene un carácter dinámico, ya que no solo pretende contemplar el *stock* de capital intelectual en un momento concreto, sino también aproximarse a los procesos de conversión entre los diferentes bloques de capital intelectual.

- Explícito/tácito: no solo se consideran los conocimientos explícitos (transmisibles), sino también los más personales, subjetivos y difíciles de compartir (tácitos). El adecuado y constante transvase entre conocimientos tácitos y explícitos es vital para la innovación y el desarrollo de la empresa.

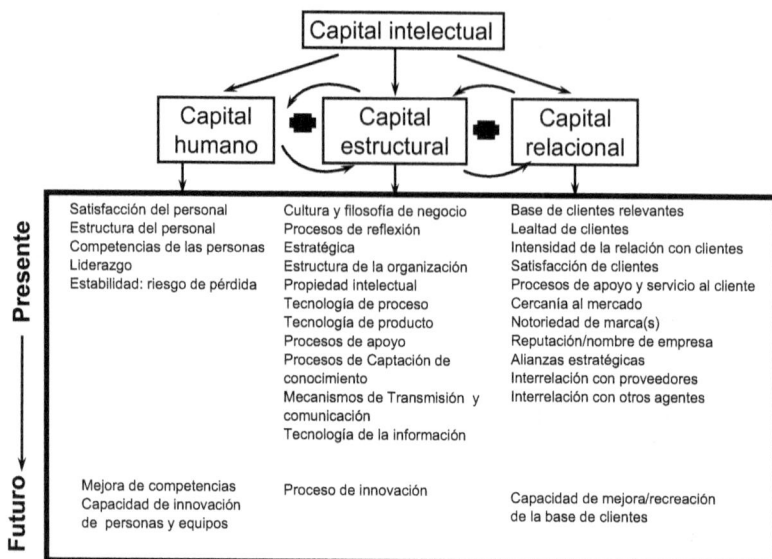

	Capital intelectual	
Capital humano	**Capital estructural**	**Capital relacional**

	Capital humano	Capital estructural	Capital relacional
Presente	Satisfacción del personal Estructura del personal Competencias de las personas Liderazgo Estabilidad: riesgo de pérdida	Cultura y filosofía de negocio Procesos de reflexión Estratégica Estructura de la organización Propiedad intelectual Tecnología de proceso Tecnología de producto Procesos de apoyo Procesos de Captación de conocimiento Mecanismos de Transmisión y comunicación Tecnología de la información	Base de clientes relevantes Lealtad de clientes Intensidad de la relación con clientes Satisfacción de clientes Procesos de apoyo y servicio al cliente Cercanía al mercado Notoriedad de marca(s) Reputación/nombre de empresa Alianzas estratégicas Interrelación con proveedores Interrelación con otros agentes
Futuro	Mejora de competencias Capacidad de innovación de personas y equipos	Proceso de innovación	Capacidad de mejora/recreación de la base de clientes

Bloques y elementos del modelo Intelect para la medición del capital intelectual en las organizaciones. Fuente: Euroforum Escorial (1998) y propio.

Entre los diversos indicadores que podemos encontrar en el modelo Intelect, haremos mención a los siguientes:

- Número de patentes de la empresa/número de patentes de la competencia.

- Inversión anual en protección legal.

- Ventas de productos patentados.

- Incremento de beneficios originados por la protección legal/ inversión en protección legal.

- Porcentaje de patentes que responden a los objetivos estratégicos.

- Volumen de ventas por cliente.

- Número de líneas de producto/cliente.

- Número de clientes que concentran el 50% de la facturación.

- Número de países (áreas geográficas) en los que opera la empresa.

- Número de países (áreas geográficas) que concentran el 50% de la facturación.

- Rentabilidad por cliente.
- Número de clientes cuya rentabilidad supera un determinado porcentaje.
- Rentabilidad media de los clientes/rentabilidad media de la competencia.

27

¿Midiendo el capital intelectual con Knowledge Capital Earnings?

Lev (2004) afirma que los intangibles son muy susceptibles a su rápida amortización. Por ejemplo, las patentes que no se defiendan constantemente de las violaciones rápidamente perderán valor debido a invenciones parecidas. Los empleados altamente cualificados se irán a la competencia si no tienen unos sistemas de retribución adecuados y unas condiciones de trabajo atractivas. Y la alta cualificación científica de los investigadores de una empresa tecnológica difícilmente generarán productos buenos sin procesos innovadores de investigación.

Para este autor (Lev, 2003), la innovación es fundamental para el éxito y la supervivencia de las organizaciones. Para ello es fundamental que las empresas contemplen la cadena de valor de la innovación, la cual está formada por tres fases:

- Descubrimiento/aprendizaje: en esta fase se desarrollan nuevos procesos, servicios y productos. Los aprendizajes interno y externo juegan un papel principal en la innovación.

- Implantación: se alcanza la viabilidad tecnológica de los productos y servicios.

- Comercialización: lanzamiento de nuevos productos y servicios al mercado para obtener beneficios por encima del coste del capital.

Según Lev (2003, 2004), los activos intangibles se pueden agrupar en cuatro categorías:

- Activos asociados a la innovación de producto, tal y como se haría en una empresa de investigación y desarrollo (I+D).

- Activos asociados a la marca empresarial, los que les permite vender a la empresa sus productos o servicios a precios más altos que los de sus competidores.

- Activos estructurales para hacer negocios que pueden permitir a una empresa superar a la competencia.

- Los monopolios o compañías que gozan de una franquicia o de costes especialmente bajos que hacen que un competidor no los pueda emular o que tenga capacidad de evitar la entrada de otros y usar esa ventaja en su provecho. Hablamos de «ventajas competitivas sostenibles».

Por otra parte, el modelo Knowledge Capital Earnings fue desarrollado por Lev (1999) y permite medir el capital intelectual de las organizaciones. Para ello hay que comenzar determinando los «beneficios normalizados», que son obtenidos como la media de los beneficios históricos de los últimos tres años y del consenso de los analistas para los beneficios de la empresa para los próximos tres años. De esta forma se podrán determinar cuáles son los activos que están generando dichos resultados.

Para hacer esto último (Juergen, 2001), Lev tuvo en consideración las rentabilidades medias para los activos físicos, financieros e intangibles, determinadas para un periodo de 25 años y que resultaron ser las siguientes, según muestra el siguiente cuadro:

Rentabilidades medias por activos		
Tipo de activo	Medida	Rentabilidad media
Activos financieros	Media de la rentabilidad de los bonos del tesoro de EE. UU.	4,50%
Activos físicos	ROE medio de las firmas con activos e inventarios físicos	7%
Activos intangibles	Media de la rentabilidad esperada de las acciones de las empresas de las industrias de biotecnología y software	10,50%

Al emplear datos históricos y perspectivas de futuro, los «beneficios del conocimiento» reflejan tanto el comportamiento pasado como el potencial de crecimiento de la empresa. Para entender mejor este método vamos a desarrollar un ejemplo partiendo del resultado normalizado de la empresa y de las rentabilidades medias de los activos físicos y financieros de esta; para ello se deberá dar los siguientes pasos:

1. Partimos de los datos de una empresa, cuyo resultado normalizado asciende a 800 millones de euros y en el balance de tal empresa encontramos un volumen de activos físicos por importe de 2200 millones de euros y de activos financieros, cuyo montante asciende a 1200 millones de euros.

2. Si la media, después de impuestos, de rentabilidad de los activos financieros es del 4,5% y la de los activos físicos es del 7% y aplicamos estos porcentajes a los volúmenes correspondientes

de activos de cada tipo citado anteriormente, obtendríamos el beneficio imputable a cada uno de ellos: 154 millones de euros para los activos físicos y 54 millones de euros para los financieros.

3. El resultado atribuible directamente a los activos intangibles sería la diferencia del resultado normalizado de la compañía y de ambas rentabilidades (sobre activos físicos y financieros) calculadas arriba. El cálculo sería el siguiente: con la diferencia 800 − 154 − 54 (en millones de euros) obtenemos 592 millones de euros atribuibles a los beneficios del conocimiento.

4. Para determinar el valor de tales intangibles se dividen esos beneficios atribuibles al capital intelectual (592 millones de dólares) por la ratio de rentabilidad media de los activos intangibles (10,5%). Esto implica que la empresa necesitaría intangibles por valor de 5 638 095 238 euros (592 millones/0,105) para alcanzar tales beneficios. De esta forma se obtiene una valoración del capital intelectual de la empresa.

Lev aplicó esta metodología a las empresas líderes en 22 sectores no financieros para analizar y clasificar su capital intelectual mediante el método denominado Knowledge Capital Scorecard. Para ello también se fijó en la ratio M/B de todas estas compañías (capitalización de mercado/patrimonio neto), en donde B terminó siendo ajustado de la siguiente manera:

B = Tangibles (patrimonio neto) + Intangibles o capital intelectual calculados (en nuestro ejemplo serían 5 638 095 238 euros)

Para Lev, una vez llevados a cabo los ajustes indicados anteriormente, aquellas empresas con un valor superior a 1 pueden considerarse sobrevaloradas, mientras que las que presentan un valor inferior a 1 estarían infravaloradas.

28

¿METODOLOGÍA DOW CHEMICAL PARA EVALUAR INTANGIBLES?

Dow Chemical es una multinacional que desarrolló una metodología para la clasificación, la valoración y la gestión de su cartera de patentes.

Tal método fue explicado de manera detallada por Petrash (1996). Posteriormente a la cartera de patentes de la compañía, la medición se extendió a otros activos intangibles de la empresa, con alto impacto en los resultados financieros.

Para Petrash (1996) existe una correlación directa entre el éxito financiero de una organización y cómo se han gestionado sus activos intelectuales. Para ello, el primer paso para gestionar algo es visualizarlo, por eso el capital intelectual del modelo de Dow Chemical está formado por la suma de los siguientes bloques: el capital humano, el capital organizacional y el capital clientes.

Para Petrash (1996):

- Capital humano: conocimiento que cada persona genera y posee dentro de una organización (habilidades de los empleados para crear y buscar soluciones de valor para los clientes).

- Capital organizacional: conocimiento que ha sido captado e institucionalizado dentro de la cultura, la estructura y los procesos de una organización.

- Capital clientes: la percepción del valor obtenida por un cliente al mantener negocios con un proveedor de bienes y servicios (conocimiento, servicio y atención al cliente, programas de fidelización, gestión de licencias y franquicias, etc.).

El modelo Dow Chemical se orienta a la generación de valor de la compañía mediante la intersección de los distintos flujos de conocimiento que suponen los distintos tipos formas de intangibles. Fuente: Petrash (1996) y propio.

En Dow Chemical, la función de gestión de los activos intelectuales ha sido responsable de integrar los activos intelectuales en el pensamiento estratégico de negocio de la compañía, con una visión que permita rentabilizar al máximo el valor de negocio de los activos intelectuales con el desarrollo de un proceso de gestión que potencie la creación de nuevos activos intelectuales valiosos.

En esta multinacional se definen los activos intelectuales como los instrumentos legales del conocimiento que tienen valor o potencial valor, y por tanto estas piezas son clave para la creación de riqueza dentro de la compañía. Entre los bienes que forman el activo intelectual encontramos: las patentes, las marcas, los derechos de autor o el *know how*.

Dow Chemical desarrolló un proceso de gestión del activo intelectual compuesto por seis pasos:

1. Estrategia de negocio: hay que implantar una estrategia viendo cuál es el papel que juega el conocimiento dentro de cada parte del negocio y cómo puede ser este usado para desarrollar nuevas tecnologías y productos.

2. Valoración de los competidores: se valorarán las estrategias, los bienes intangibles y las capacidades de los principales competidores para ver cómo pueden impactar en la compañía.

3. Estrategia y clasificación de las ventajas propias: se hará un análisis exhaustivo de los activos intangibles de la empresa para posteriormente integrarlos en la estrategia de negocio de la compañía con el fin de rentabilizar plenamente sus propiedades y funcionalidades.

4. Valoración y evaluación competitiva: determinación del valor de esos bienes intelectuales, su coste de mantenimiento y los pasos necesarios para maximizar su valor.

5. Inversión: decidir futuras inversiones en activos intangibles con la identificación de qué conocimiento será necesario en el futuro y la estrategia a seguir para su adquisición.

6. Gestión de cartera: el último paso es reunir en una cartera de activos intelectuales cada activo de conocimiento individual para la posterior gestión de tal cartera de intangibles.

Se trata de un proceso que permite saber qué lugar ocupan en el mercado tanto Dow Chemical como sus competidores. Este proceso se valida mediante patentes, *know how* y acuerdos de tecnología. El proceso también asegura el alineamiento entre la gestión del activo intelectual con los objetivos estratégicos que tiene la empresa. Existe una lista de elementos clave que permiten que sea posible esta alineación, la cual procedemos a exponer:

- Entender la estructura organizacional, los papeles y las responsabilidades.
- Conciencia de las estrategias y del pensamiento corporativo.
- Entendimiento del activo intangible dentro del contexto del negocio.
- Criterio a la hora de registrar la propiedad intelectual.

Para Petrash (1996), la necesidad de medición de los intangibles y el alineamiento continuo se han convertido en norma en Dow Chemical. Por último, entre los indicadores más destacables de este método destacamos los siguientes:

- Porcentaje de ventas protegidas por activos intelectuales.
- Porcentaje de nuevas iniciativas de negocio protegidas por activos intelectuales.
- Tiempo de análisis de inventos.
- Costes previstos en la cartera de activos intelectuales hasta el vencimiento.
- Número de patentes clave como porcentaje de los costes previstos.
- Porcentaje de la cartera de activos intelectuales que utiliza la empresa.
- Número de aplicaciones legales de patentes.
- Número de desarrollo de productos.
- Tiempo de procesamiento de inventos.

29

¿EL MODELO TECHNOLOGY BROKER PARA ANALIZAR EL CAPITAL INTELECTUAL?

Actualmente, las compañías líderes de todo el mundo son conscientes de que sus activos más valiosos son inmateriales y están basados en el conocimiento.

El modelo Technology Broker fue desarrollado por Brooking (1996), el cual permite analizar y auditar la información relacionada

con el capital intelectual de una organización. Este método no llega a la definición de indicadores cuantitativos, sino que se basa en la revisión de diversos cuestionarios de auditoría que hacen referencia a los intangibles.
Este método también parte del mismo concepto que el modelo de Skandia, donde:

Valor de mercado de la empresa = Valor contable de la compañía + Capital intelectual

Según Brooking (1998), las empresas viven o mueren como consecuencia de la existencia o inexistencia de disponer de ventajas competitivas. Por eso, muchas compañías potencian su I+D+i como una forma de perfeccionar nuevas tecnologías, siempre que estén convencidas de que estas pueden proporcionarles una ventaja competitiva. En resumen, los activos intangibles proporcionan a la empresa ventajas competitivas en el mercado.
En este modelo (Brooking, 1998), el capital intelectual se clasifica en cuatro categorías:

• Activos de mercado: proporcionan una ventaja competitiva en el mercado. Ejemplos de estos serían: marcas, clientes, nombre de la empresa, cartera de pedidos, distribución y capacidad de colaboración, entre otros.

• Activos de propiedad intelectual: valor adicional que supone la explotación en exclusiva de un activo intangible. Ejemplos de estos serían: patentes, *copyright*, derechos de diseño, secretos comerciales, entre otros.

• Activos humanos: se enfatiza la importancia que tienen las personas en las organizaciones por su capacidad de aprender y utilizar el conocimiento.
Brooking (1996) afirma que el trabajador del tercer milenio será un trabajador del conocimiento, al que se le exigirá participación en el proyecto de empresa y una capacidad para aprender continuamente. Ejemplos de estos activos serían: educación, formación profesional, conocimientos específicos del trabajo y habilidades generales como liderazgo, trabajo en equipo, resolución de problemas, etc.

• Activos de infraestructuras: se trata de las tecnologías, los métodos y los procesos que crean relaciones estrechas y coherentes entre los individuos y sus procesos, lo que permite a su vez que la organización funcione. Ejemplos de estos activos serían: cultura de la organización, sistemas de información, filosofías de gestión y las bases de datos existentes en la empresa.

```
        CAPITAL INTELECTUAL

ACTIVOS DE   ACTIVOS    ACTIVOS DE    ACTIVOS DE
MERCADO      HUMANOS    PROPIEDAD     INFRAES-
                        INTELECTUAL   TRUCTURA
```

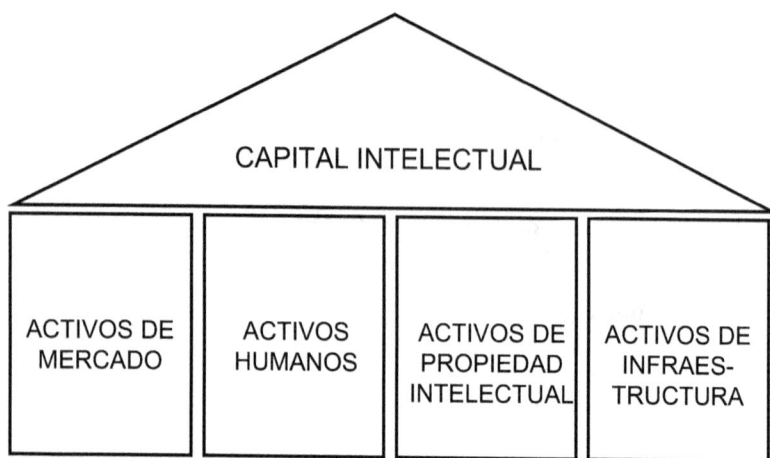

Según el modelo Technology Broker, en las empresas del tercer milenio se hará énfasis en el hecho de compartir, fomentando la implicación y la asunción de responsabilidades, donde se apreciarán las contribuciones de los empleados a la organización. Fuente: Brooking (1998) y propio.

Una aproximación de posibles indicadores para este método según sus cuestionarios sobre capital intelectual serían los siguientes:

- Número de patentes.
- Número de derechos de diseño.
- Número de secretos de fabricación.
- Número de modelos de utilidad.
- Número de marcas.
- Número de colaboraciones empresariales.
- Número de alianzas.
- Número de bases de datos de la empresa.
- Número de infraestructuras TIC de la empresa.
- Número de equipos multidisciplinares de mejora en la empresa.
- Ingresos por licencias.
- Índice de fidelidad del cliente.
- Número de contratos de franquicia.

30

¿CUADRO DE MANDO INTEGRAL PARA MEDIR INTANGIBLES?

Kaplan y Norton (1997) comienzan su labor investigadora en 1990 con la profunda convicción de que los modelos de gestión empresarial, basados en indicadores financieros, se encuentran completamente obsoletos. Esto los llevó a desarrollar el modelo denominado Balanced Scorecard o Cuadro de Mando Integral (en adelante CMI), que consiste en un sistema de indicadores financieros y no financieros que tienen como objetivo medir los resultados obtenidos por la organización. Estos autores (Kaplan y Norton, 1997) establecen que el valor de las empresas lo determinan principalmente sus intangibles más que sus activos tangibles, y que para ello será necesario cumplir con la hipótesis de que «solo se puede gestionar lo que se puede medir».

Con el propósito de medir los resultados obtenidos por la organización, el modelo integra los indicadores financieros y no financieros de una empresa en un esquema coherente con su visión y estrategia, que además permite entender las interdependencias de sus elementos.

El modelo presenta cuatro perspectivas, y dentro de cada perspectiva se distinguen dos clases de indicadores: indicadores *drivers* (factores condicionantes de otros) e indicadores *output* (indicadores de resultado). Las cuatro perspectivas del método son las siguientes:

* Perspectiva financiera: el modelo contempla los indicadores financieros (principalmente, rentabilidad y productividad) como el objetivo final; considera que estos indicadores deben ser complementados con otros que reflejan la realidad empresarial.

* Perspectiva de cliente: el objetivo de esta perspectiva es identificar los valores relacionados con los clientes, que aumentan la capacidad competitiva de la empresa. Para ello, previamente hay que segmentar el mercado objetivo de la compañía.
En este bloque, los indicadores *drivers* son el conjunto de valores del producto/servicio que se ofrecen a los clientes, indicadores como imagen y reputación empresarial, calidad en la relación con el cliente, atributos de los servicios/productos, etc. Por otra parte, los indicadores *output* se refieren a las consecuencias derivadas del grado de adecuación de la oferta a las expectativas del cliente.

* Perspectiva de procesos internos de negocio: para conseguir los objetivos de los clientes y los accionistas, la empresa debe identificar sus principales procesos empresariales. Esta perspectiva está formada por

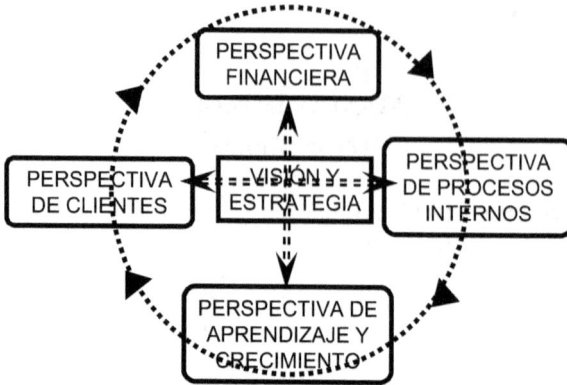

Esquema de funcionamiento del método Cuadro de
Mando Integral, donde se interrelacionan las cuatro
perspectivas que forman el modelo de medición con
la visión y la estrategia empresariales. Fuente: Kaplan y
Norton (1997) y propio.

los procesos de dirección de operaciones (producción y distribución,
principalmente), administración de clientes (selección, adquisición,
distribución y crecimiento), gestión de innovaciones (cartera de
I+D+i, diseño/desarrollo y lanzamiento de nuevos productos y servicios) y procesos regulatorios y sociales (medio ambiente, seguridad
y otros grupos de interés, principalmente).

• Perspectiva del aprendizaje y el crecimiento: en esta perspectiva
se describen los activos intangibles de una empresa y su papel
en la estrategia. Este conjunto de activos dota a la organización
de la habilidad para mejorar y aprender.
Los objetivos de esta perspectiva proporcionan la infraestructura
para conseguir resultados excelentes en las otras tres perspectivas
del CMI. Las organizaciones son conscientes de la necesidad de
invertir en personal, sistemas y procedimientos para poder alcanzar unos objetivos de crecimiento financiero a largo plazo.

Para Kaplan y Norton (2002), el CMI debe contar la historia de la estrategia comenzando por los objetivos financieros a largo plazo para luego
vincularlos con los procesos empresariales. Recordemos que la estrategia
se basa en una proposición de valor diferenciada para el cliente. De ahí
que el valor de estos activos intangibles de una organización salga de su
capacidad para ayudar a la empresa a poner en práctica su estrategia.
AECA (2012) desarrolló un documento de trabajo (el número 22)
que trataba sobre el capital intelectual en las organizaciones. En este

mismo documento se aportaba una interesante propuesta del Cuadro de Mando Integral para gestionar el capital intelectual, el cual resumimos y exponemos en el siguiente cuadro:

CAPITAL HUMANO	
Variables	Indicadores
Orientación al cliente	% de personas involucradas en la relación con clientes
Creación de valor	% de personas dedicadas a actividades de I+D+i
Conocimiento del negocio	Antigüedad media de experiencia en el sector
Motivación	% de absentismo laboral
Trabajo en equipo	N.º de personas en dos o más equipos de mejora de trabajo
CAPITAL ORGANIZATIVO	
Variables	Indicadores
Creación y desarrollo de conocimiento	N.º de grupos de mejora
CAPITAL TECNOLÓGICO	
Variables	Indicadores
Gastos en I+D+i	Gastos I+D+i/ingresos de explotación
	Gastos de diseño, lanzamiento y comunicación de productos/ingresos de explotación
	Gastos de formación de nuevos productos y procesos/ingresos de
Personal de I+D+i	N.º de personas en procesos de I+D+i/total plantilla
	Duración media de proyectos de I+D+i (time to market)
Proyectos de I+D+i	N.º de proyectos de I+D en desarrollo
CAPITAL DE NEGOCIO	
Variables	Indicadores
	N.º de procesos documentados de atención al cliente
	N.º de procesos documentados de seguimiento a clientes
Grado de conocimiento del cliente	N.º de procesos documentados de segmentación clientes
Procesos de relación de clientes	N.º de canales de comunicación empleados para la relación con clientes
	N.º total de clientes activos/total clientes
Base de clientes relevantes	N.º de clientes cuya rentabilidad supera un determinado %
Fidelidad de clientes	N.º de ventas repetitivas
	Aumento anual de productos y servicios por cliente
Satisfacción del cliente	Tasa de mejora del índice de satisfacción por cliente
CAPITAL SOCIAL	
Variables	Indicadores
Notoriedad de marca	Gastos de creación de marca/ingresos generados por productos con
	N.º de certificaciones oficiales de protección del medio ambiente
Códigos y certificaciones medioambientales	N.º de procedimientos dirigidos a la protección del medio ambiente

IV

VALORACIÓN Y TITULIZACIÓN FINANCIERA DE INTANGIBLES

31

¿SABES CALCULAR EL COSTE DE CAPITAL?

Cuando valoramos la actividad económica que desarrolla una empresa, la tasa de descuento que empleamos para actualizar la renta futura debe incorporar el coste que genera el capital empleado por la compañía en sus recursos propios (capital social y reservas) y ajenos (pasivos o deudas); lo que es lo mismo, el riesgo que está asumiendo la empresa. Una forma correcta de aproximarse a tal situación sería el empleo del denominado «coste medio ponderado del capital». Además, el empleo de esta tasa (o interés) incorpora el riesgo que puede afectar a la compañía como consecuencia de su actividad económica y del tipo de financiación que ha llevado a cabo, según el empleo que haga de recursos propios y ajenos.

Respecto a la forma de cálculo del coste medio ponderado del capital, sería la siguiente:

$$\mathsf{K_{cmpc}} = Ka * \frac{RA}{RT} + kp * \frac{RP}{RT}$$

Donde:

$\mathsf{K_{cmpc}}$: coste medio ponderado del capital.

Ka: coste de los recursos ajenos.
Kp: coste de los recursos propios.
RA: valor de los recursos ajenos.
RP: valor de los recursos propios.
RT: valor de los recursos totales (RA + RP).

Lo entenderemos mejor con un ejemplo práctico: imaginemos que en el balance de una empresa tenemos un pasivo o deudas por valor de 75 y unos capitales propios (capital social + reservas) por importe de 25; además, sabemos que el coste de tales capitales propios es del 10% y del 5% los recursos ajenos o pasivos; tales costes del capital los expresaremos en la fórmula en tanto por uno. En este ejemplo no se considerará el efecto impositivo. Con estos datos, calcularemos el coste medio ponderado de capital de la siguiente manera:

$$K_{cmpc} = \left(0,05 * \frac{75}{100} + 0,1 * \frac{25}{100}\right) * 100 = (0,0375 + 0,025) * 100 = 6,25\,\%$$

Por otra parte, sería conveniente que el coste de capital o tasa de descuento incorporara el riesgo al que pueden estar sometidos la inversión y el coste de oportunidad que sufre el inversor como consecuencia de su operación. Esto implica que, si nuestro objetivo de valoración fuera solo valorar la actividad de la empresa, podríamos utilizar el coste medio ponderado del capital visto anteriormente, ya que este descuenta el riesgo inherente de la empresa. Por el contrario, si nuestra tasa de actualización, desde el punto de vista del accionista, debe asumir tanto el riesgo del mercado como el coste de oportunidad de la operación para el inversor, debemos utilizar la metodología denominada CAPM, que permite que la tasa de actualización a emplear en un proceso de valoración mantenga cierta coherencia con la renta utilizada; en nuestro caso sería la liquidez potencial esperada por el accionista o *cash flow* libre (CFL).

CAPM (*Capital Asset Pricing Model*) es un modelo de valoración de activos financieros desarrollado por William Sharpe que permite estimar la rentabilidad esperada en función del riesgo de mercado. Además, este modelo asume la existencia de una relación directa entre la rentabilidad del activo y el riesgo asumido, donde a mayor riesgo mayor rentabilidad y a menor riesgo menor rentabilidad esperada. De esta manera, la metodología desarrollada por el CAPM se adecua convenientemente a las necesidades que demanda el inversor.

$$K_t = R_f + (R_m - R_f) * b_t$$

K_t: rentabilidad exigida por el inversionista.

R_f: rentabilidad de los activos libres de riesgo a largo plazo. Por ejemplo, el bono a diez años.

R_m: rentabilidad esperada del mercado en que cotiza el activo. Por ejemplo, del IBEX 35.

b_t: coeficiente de volatilidad o coeficiente beta del título t.

$R_m - R_f$: prima por riesgo que exige el inversor del mercado por aceptar el riesgo que tiene tal mercado.

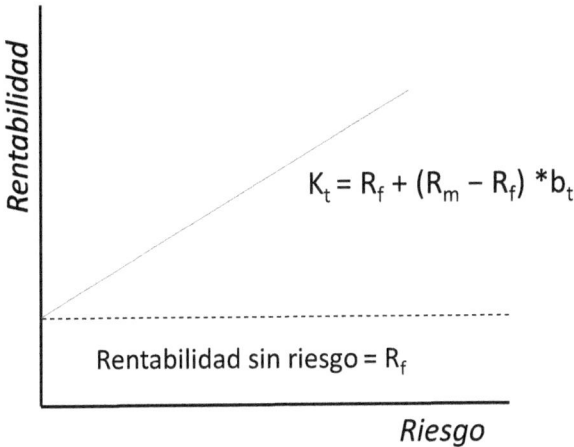

$$K_t = R_f + (R_m - R_f) *b_t$$

Rentabilidad (eje Y) — Riesgo (eje X)

Rentabilidad sin riesgo = R_f

Representación gráfica del modelo CAPM. Fuente: propio.

En relación con el coeficiente beta, este mide la relación entre las variaciones de la rentabilidad del título y del mercado (por ejemplo, Telefónica y el índice IBEX 35); es decir, que mide el riesgo de nuestra inversión en el mercado. Este coeficiente de volatilidad se calcula buscando una relación de carácter lineal entre la rentabilidad del título y del mercado, pero no vamos a entrar en tanta complejidad matemática.

Según el coeficiente de volatilidad, podemos clasificar los títulos en:

• Corrientes: tienen una beta igual a uno y evolucionan en la misma proporción que el mercado.

• Defensivos: poseen una beta inferior a uno. Estos títulos se caracterizan por que evolucionan por debajo del mercado, ya que, cuando este sube, el título lo hace en menor medida y, cuando el mercado cae, también lo hace el título en menor medida.

- Agresivos: títulos con una beta superior a uno y que evolucionan en mayor proporción que el mercado tanto en las subidas como en las bajadas.

Para entender mejor la mecánica de funcionamiento de la tasa de descuento CAPM, mejor lo explicamos con un ejercicio práctico al igual que hemos hecho con el método CMPC anterior. Imaginemos que una vez realizados los cálculos pertinentes obtenemos una beta igual a 1,2; la rentabilidad del bono a diez años español el del 3% y la rentabilidad esperada del mercado (por ejemplo, el IBEX 35) es del 13%; con estos datos procedemos a calcular la rentabilidad exigida por el inversionista siguiendo la metodología CAPM:

$$K_t = R_f + (R_m - R_f) \star b_t$$
$$K_t = 3 + (13 - 3) \star 1,2 = 15\%$$

32

¿Cómo se valora una empresa?

El método de los flujos descontados de *cash flow* libre para el accionista es el método que comúnmente utilizan los analistas financieros para la valoración de empresas debido a su carácter dinámico (si fuera estático, solo se basaría en los balances de las empresas), y además permite estimar el valor de un negocio en función de sus expectativas futuras de generación de renta (o beneficio), mediante la proyección respectiva de los flujos de caja estimados, en un horizonte temporal determinado y descontando estos a una tasa (o coste de capital) adecuada. Para ello, la variable renta que emplearemos para los cálculos debe ser aquella que mejor represente la liquidez potencial a generar por una compañía y a obtener por los accionistas, sin cargas de subjetividad. Nos referimos al *cash flow* libre o *free cash flow*, que es la variable que mejor representa la liquidez que potencialmente puede alcanzar el inversor.

El *cash flow* libre para el accionista es el conjunto de fondos generados por un negocio que son susceptibles de ser extraídos de esta sin que se altere su estructura óptima de capitales. Hablamos del conjunto de recursos disponibles y generados por una compañía y administrados por el empresario, que pasado un tiempo pueden llegar potencialmente al accionista. Para este propósito, la renta generada por la empresa tenemos que minorarla en función de sus necesidades de inversión e incrementarla por su capacidad de endeudamiento. Tales necesidades de inversión surgen tanto del activo fijo como del circulante, y deben estar estos financiados con recursos a largo plazo, ya sean ajenos o propios. De esta manera, para llegar a la liquidez potencial deseada tenemos que añadir la parte que va a ser financiada por recursos ajenos, que denominaremos «capacidad de endeudamiento» o «fondos obtenidos procedentes de la deuda», y que se obtiene restándole a la financiación nueva la devolución de la deuda.

Sintetizamos todo lo explicado en el siguiente cuadro de cálculo del *cash flow* libre para el accionista:

+ Beneficio neto	O	+ Autofinanciación (= Reservas + Amortización)
+ Amortizaciones + Provisiones + Compensaciones de pérdidas – Aplicación subvenciones	O	+ Dividendos
= CASH FLOW		
- Inversiones en activo fijo - Inversiones en activo circulante (= Necesidades netas capital corriente) + Capacidad de endeudamiento		
= CASH FLOW LIBRE PARA EL ACCIONISTA		

En este proceso de valoración comprendemos un horizonte temporal que lo dividiremos en dos tipos, previsible y no previsible. El cuadro mostrado arriba hace referencia al cálculo que hay que desarrollar en el horizonte previsible, el no previsible lo veremos al final y lo denominaremos «valor de continuidad».

El valor que toma la empresa en el horizonte previsible lo encontramos en el cálculo de la renta futura generada por el negocio, en el desarrollo de las cuentas de resultados previsionales. Para poder llegar a estimar el flujo de caja libre para el accionista es necesario que la empresa disponga de un proceso de planificación financiera articulado mediante los siguientes cuadros presupuestarios: cuadro de *cash flow*, cuadro de circulante, presupuesto de capital y balance previsional, y que representamos a continuación:

Cuadro de *cash flow*:

	AÑO 1	AÑO 2	AÑO 3	AÑO 4	AÑO 5
Ingresos de explotación					
Importe neto cifra de ventas					
Otros ingresos explot.					
TRPPI					
Consumo de mercaderías y de materias					
Gasto de personal					
Otros gastos de explotación					
Gastos de explotación					
EBITDA					
Cuota de amortización inmovilizado					
BAIT					
Ingresos financieros					
Gastos financieros					
Resultado financiero					
Resultado extraordinario					
Resultado antes de impuestos					
Impuestos sobre sociedades					
Resultado neto					
Dividendos					
Reservas					
Autofinanciación					

Cuadro de circulante:

	AÑO 1	AÑO 2	AÑO 3	AÑO 4	AÑO 5
Existencias					
Variación					
Deudores					
Variación					
Otros activos líquidos					
Variación					
Activo corriente					
Variación					
Deudas financieras					
Variación					

	AÑO 1	AÑO 2	AÑO 3	AÑO 4	AÑO 5
Acreedores comerciales					
Variación					
Otros pasivos líquidos					
Variación					
Pasivo corriente					
Variación					
CC					
NNCC					

Presupuesto de capital:

	AÑO 1	AÑO 2	AÑO 3	AÑO 4	AÑO 5
Gastos inversión inmovilizado intangible					
Gastos inversión inmovilizado material					
INVERSIÓN INMOVILIZADO					
AUM./DISM. F. MANIOBRA (NNFR)					
Inversiones financieras					
Cuota amortización financiera					
APLICACIONES					
AUTOFINANCIACIÓN					
FINANCIACIÓN EXTERNA					
RECURSOS					
SUPERÁVIT (+) / DÉFICIT (-)					
SUPERÁVIT (+) / DÉFICIT (-) ACUM.					

117

Balance previsional:

	AÑO 1	AÑO 2	AÑO 3	AÑO 4	AÑO 5
Activo no corriente (neto)					
Inmovilizado inmaterial					
Inmovilizado material					
Otros activos fijos					
Fondo amortización técnica					
Activo corriente					
Existencias					
Deudores					
Tesorería y otros activos líquidos					
TOTAL ACTIVO					
Fondos propios					
Capital suscrito					
Otros fondos propios (reservas)					
Pasivo no corriente					
Pasivo corriente					
Deudas financieras					
Acreedores comerciales					
Otros pasivos líquidos					
TOTAL PASIVO Y CAPITALES PROPIOS					

Por otra parte, el valor que tiene el negocio en el horizonte no previsible se denomina «valor de continuidad» (VCn). Una de las formas que hay de calcular tal valor de continuidad sería la siguiente:

$$VCn = PER \ APLICABLE \star Bn$$

Bn es el beneficio neto estimado en el último año del horizonte previsible. Para ver esta cantidad debemos consultar nuestro cuadro de *cash flow* perteneciente a nuestra planificación financiera, situado este más arriba.

El PER es el indicador que relaciona el precio cotizado de una empresa en la bolsa y los beneficios netos por acción (= beneficios netos / número acciones emitidas por la compañía). Hace referencia a las veces que se pagan beneficios. Este PER lo ajustamos a la realidad concreta de la empresa y lo transformamos en el denominado PER aplicable.

Si un inversor buscara el control o la adquisición total de la empresa, el PER de la acción debería incrementarse con una prima de control y, si hubiera iliquidez en los títulos de la empresa, debería restarse la respectiva prima. Esto hace que el PER aplicable se calcule de la siguiente manera:

PER APLICABLE = PER * (1 + Prima de control − Prima de iliquidez)

Una vez que tenemos la valoración de la empresa en el horizonte previsional y el valor de continuidad en el horizonte no previsional, ambos se suman para dar un valor total del negocio. Resumiendo, la expresión general del modelo para la valoración de una empresa sería la siguiente:

$$V = \sum_{t=1}^{n} \frac{FCL_{accionista_t}}{(1+K)^t} + \frac{PER_{APLICABLE} * B_n}{(1+K)^n}$$

33

¿OPCIONES REALES PARA VALORAR NEGOCIOS?

Valorar una empresa mediante descuento de flujos de caja libre para el accionista es una de las metodologías más completas dentro del denominado «análisis fundamental», además de ser la comúnmente utilizada por los analistas profesionales de inversiones. No obstante, aunque la verdadera fuente de valor se esconde en el proceso de planificación financiera, comprobamos que el principal inconveniente que tiene este modelo de valoración es la rigidez que presenta el plan financiero, rigidez que hace que empresas o sectores con alto potencial de renta o de crecimiento queden claramente penalizadas al ser valoradas por este método. Ante esta situación, sería conveniente ofrecer a la empresa objeto de valoración flexibilidad a su plan financiero. Tal flexibilidad se puede conseguir aplicando la teoría de las opciones reales. De esta manera, las opciones matizan el valor de la compañía en función de la elección entre distintas alternativas ofrecidas: crecer, demorar, ampliar, abandonar, etc., para solucionar el problema de la infravaloración. Es decir, que bajo este enfoque el valor de la empresa será igual al valor tras aplicar el método de los flujos de caja libre para el accionista descontados más el valor de las opciones que pueda presentar. De esta forma, las opciones reales incorporan la flexibilidad y las oportunidades de crecimiento como fuentes de valor. Por tanto, la metodología basada en las opciones reales permite reconocer la flexibilidad de las decisiones de la empresa cuando los proyectos de inversión encierran opciones futuras. La capacidad de actuación de la gerencia de la empresa para alterar el curso de los proyectos de inversión, en respuesta a la recepción de nueva información o al cambio de las condiciones del entorno, tiene su origen en la flexibilidad de las inversiones. Y esta se concreta en una serie derechos de inversión y gestión de los resultados. Tales derechos reconocen que es prácticamente imposible pensar en un proyecto de inversión que no incorpore la posibilidad de ampliar o reducir su tamaño en una fecha posterior a la de su aceptación y que, además, de su ejecución no se derive algún resultado, recurso o capacidad que faculte o mejore el acceso de la empresa para la explotación de nuevas oportunidades. Los citados derechos de decisión en los que se materializa la flexibilidad de las inversiones, así como las oportunidades de crecimiento que nacen de compromisos empresariales previos, constituyen el objeto de análisis del enfoque de las opciones reales. Para entender estos derechos es fundamental conocer la definición del término opción, que supone el derecho, pero no la obligación, de realizar una actividad en el futuro.

Desde un punto de vista financiero, la opción es un contrato que proporciona a su poseedor (el comprador) el derecho (pero no la obligación) a comprar (opción de compra) o a vender (opción de venta) un bien (activo real o financiero) a un precio (precio de ejercicio) en una fecha o dentro de un plazo señalados previamente en un contrato. Entonces, el comprador, propietario o poseedor del contrato hace uso de la opción tan solo si le conviene. Ese derecho tiene una prima (precio), y el comprador debe abonar la prima de la opción. Si nos centramos en las opciones reales, hablamos de derechos que poseen las compañías sobre determinados activos y que les ofrecen diferentes caminos o alternativas a seguir, lo que les proporciona la ventaja de poder adaptarse al entorno con mayor flexibilidad. Entendemos entonces que las opciones reales son el intento de aplicar la metodología de las opciones financieras a la gestión de activos reales, esto es, a la valoración de inversiones productivas o empresariales.

Todo esto nos conduce a una nueva valoración total de la empresa que se compone de dos elementos básicos: el de las inversiones ejecutadas y en funcionamiento (que recogen el valor de los activos tangibles e intangibles que actualmente tiene y emplea la compañía) y el de sus oportunidades futuras de inversión (opciones reales).

Valor total de la empresa = Valoración de la empresa por descuento de flujos de caja libre para el accionista + Valor opciones

Cabe decir que las distintas estrategias establecidas por los directivos o gerentes de una organización a menudo suponen distintas opciones, que por supuesto tienen un valor. Es por ello fundamental identificar estas opciones que deberían ser valoradas, y ejercidas si son adecuadas.

Como decíamos, los tipos de opciones reales no son más que las diferentes oportunidades que se puedan presentar en la empresa, que se enmarcarían en cuatro grandes grupos: opciones de crecimiento, opciones de diferir, opciones de reducción y opciones de abandono. Analicemos en detalle cada una de ellas:

- Opciones de crecimiento: si los precios u otras condiciones del mercado resultan ser mucho más favorables de lo inicialmente esperado, el gestor podría establecer una estrategia de crecimiento. La estrategia de crecimiento se puede materializar mediante tres vías alternativas: aumentar, modernizar e integración horizontal o vertical.

- Opciones de diferir: si el plan financiero resulta inviable, en algunas ocasiones el aplazamiento de la inversión puede convertirlo en viable. Por tanto, la opción sería poder retrasar la inversión hasta tener más información o capacidad para acometerla.

- Opciones de reducción: si el plan resulta inviable, el gestor intentará resolver la situación mediante una reducción de la actividad. La reducción se puede desarrollar mediante varios caminos: reducir un proyecto si a medio plazo aparecen cambios que afectan negativamente al sistema de pagos en la empresa y limitar la actividad al área o áreas que sigan siendo rentables dentro de la empresa.

- Opciones de abandono: si el plan resulta inviable o la situación es favorable para la venta, el gestor puede optar por abandonar.

Representación gráfica de una opción real. Fuente:
Valoración de empresas y análisis bursátil, de Jiménez y De la Torre (2017).

El valor de la empresa obtenido a partir del modelo de descuento de flujos de caja libre para el accionista según el plan financiero de la empresa (plan básico) será el punto de partida para el análisis de las opciones reales, ya que necesitamos un valor actual (sin flexibilidad) de un proyecto como punto de arranque para el análisis posterior. Una vez puesto en marcha el plan, podrían ocurrir determinadas circunstancias que hicieran que el plan no se cumpliera, y se debe entonces abandonar el plan básico y sustituirlo por otra u otras alternativas (opciones reales) consideradas viables en las nuevas circunstancias. Entre los diversos modelos de valoración de opciones reales existentes, nos decantamos en este libro por el modelo binomial, el cual describe los posibles movimientos del valor de la empresa, que puede tomar dos valores (favorable *u* y desfavorable *d*) con unas probabilidades asociadas, de p y 1 − p, respectivamente. Este modelo supone que el precio de la acción hoy solo puede asumir una de dos posibilidades: *u*S con probabilidad p en el caso favorable, o *d*S con una probabilidad 1 − p en el caso desfavorable. Para entender mejor la aplicación de este modelo de opción real haremos un ejercicio práctico en la pregunta 34 de esta obra.

34

¿HACEMOS UN CASO PRÁCTICO DE OPCIONES REALES?

Como ya indicábamos en la pregunta 33, el modelo elegido en este libro para explicar de forma práctica las opciones reales es el denominado «binomial», el cual describe los posibles movimientos del valor de la empresa, que puede tomar dos valores (favorable *u* y desfavorable *d*) con unas probabilidades asociadas, de p y 1 − p, respectivamente. Este modelo supone que el precio de la acción hoy solo puede asumir una de dos posibilidades: *u*S con probabilidad p en el caso favorable, o *d*S con una probabilidad (1 − p) = q en el caso desfavorable.

A continuación, vamos a valorar la opción de diferir la decisión empresarial. Una empresa biofarmacéutica estudia la posibilidad de lanzar al mercado un nuevo fármaco en régimen de exclusividad y bajo la licencia de una multinacional suiza que es la titular de la patente. Después de los estudios de viabilidad pertinentes, el valor actualizado de los flujos netos de caja, a un tipo de descuento ajustado a las condiciones de riesgo de la inversión del 10%, es de 1000 millones de euros, y el desembolso inicial de 1500 millones de euros. El tipo de interés libre de riesgo es del 5%. El VAN de la inversión es, pues: VAN = −1500 + 1000 = −500.

El VAN nos indica las ganancias totales netas de un proyecto de inversión a valor de hoy, que es el momento cuando se produce la inversión; es por ello por lo que a la suma actualizada de los flujos de fondos del proyecto se le resta la inversión, que en nuestro caso son 1000 millones de euros, y se obtiene un valor negativo de 500 millones de euros. Pues bien, la empresa propietaria de la patente le concede a la empresa cliente un plazo de un año para que se decida a adquirirla o no, y retrasar en consecuencia la ejecución del proyecto de inversión por un plazo máximo de un año (simplificando el problema). La volatilidad de la inversión viene determinada por la volatilidad de sus flujos netos de caja. Su valor del 80% viene dado por la desviación típica o estándar de los rendimientos de los flujos. Se pide calcular el valor de la opción y, en consecuencia, el VAN total = VAN normal + Valor de la opción. Los datos que emplear para el cálculo del valor de la opción son:

S = Valor actual de los flujos de caja = 1000 millones de euros; s = Coeficiente de volatilidad anual = 0,80; u = e0,8 = 2,225540; d = e0,8 = 0,449328; p = 34%; q = 66%; r = tipo de interés libre de riesgo = 5%.

El valor actual de la inversión dentro de un año puede aumentar hasta tomar el valor VA+ = 1000 * 2,225540 = 2225,54 millones de euros o, por el contrario, descender hasta VA = 1000 * 0,449328 = 449,328 millones de euros.

La decisión de realizar o no el proyecto al término del año 1 puede tomar dos posibles valores:

$E_1+ = $ Máx. $[(2225,54 - 1500), 0] = 725,54$ millones de euros.
$E_1 = $ Máx. $[(449,328 - 1500), 0] = 0$ millones de euros.

En la segunda opción no es de interés para la empresa llevar a cabo el proyecto, por lo que se ahorraría una importante pérdida.

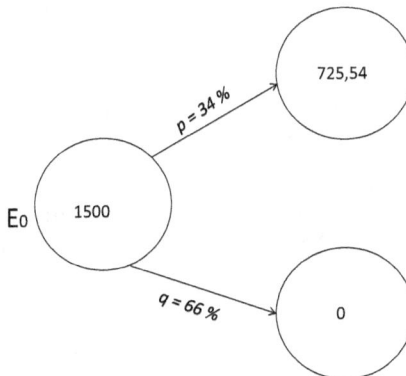

El valor del VAN al término del año 1 es: VAN_1 total = 725,54 $\star$ 0,34 + 0 $\star$ 0,66 = 246,6836 millones de euros.
El valor del VAN en el momento cero es:

VAN_0 total = 246,6836 / 1,05 = 234936761,9 euros.
Valor de la opción de diferir un año:

VAN0 total = el valor de la opción + VAN normal;
234936761,9 = valor de la opción -500000000; **valor de la opción = 734936761,9 euros.**

Atendiendo a los números obtenidos, se ve claramente que, pese a su VAN negativo inicial, la inversión del proyecto conviene llevarla a cabo gracias al importante positivo del valor de la opción de diferir.

35

¿VALORAMOS UNA EMPRESA BIOTECNOLÓGICA?

Vamos a realizar un caso práctico de valoración de una empresa biotecnológica. A continuación, vamos a indicar los pasos a seguir:

- Hemos considerado una muestra representativa de empresas biotecnológicas que tienen magnitudes similares a nuestra empresa objeto de valoración. Para ello hemos considerado sus balances y sus cuentas de resultados, cuya media sectorial nos servirá de referencia para poder hacer las proyecciones de nuestra biotecnológica.

- Hemos seleccionado el método de descuento de flujos de caja libre para el accionista por ser el más utilizado por los analistas profesionales.

- Para la aplicación de esta metodología dinámica hemos dividido el horizonte temporal en dos: previsional y no previsional:

  o Desde el año 1 hasta el año 5 hemos considerado el horizonte previsional, donde procederemos a proyectar las estimaciones futuras oportunas, que detallaremos más adelante.

  o Desde el sexto año en adelante será el horizonte no previsional, donde hemos considerado que la situación de nuestra empresa y el sector se mantendría constante por término medio.

- Para proyectar los estados financieros futuros hemos considerado un crecimiento del 9% según el consenso de diversos estudios del sector biotecnológico consultados para realizar tal caso.

- La ratio media del inmovilizado inmaterial/activo no corriente (IInmat/ANC) de la muestra representativa del sector *biotech* de nuestra empresa de estudio es del 45%.

Procedemos a estimar los crecimientos de los distintos costes en los que incurrirá nuestra empresa biotecnológica. El consumo de materiales es de un 10% anual y el crecimiento de otros gastos de explotación es de un 5%. Por lo que respecta al salario medio por empleado y año, asciende a 52330 euros, y se considera un crecimiento medio anual previsto de un 3%.

La estrategia de circulante, calculada en función de los datos de las distintas empresas y nuestra empresa evaluada (donde PM se refiere al periodo medio), era la siguiente: $PM_{Existencias}$: 73,88%; PM_{Cobro}: 96,29; PM_{Pago}: 114,01; objetivo tesorería: 2000000 euros.

Por otro lado, la política de financiación se resumía en devolver el préstamo de balance en diez años a un tipo del 8% anual. El cuadro que resumía la devolución del préstamo era este:

	Devolución del pasivo no corriente (miles de €)				
	AÑO 1	AÑO 2	AÑO 3	AÑO 4	AÑO 5
Saldo inicial	1.826,90 €	1.644,21 €	1.461,52 €	1.278,83 €	1.096,14 €
CAF	182,69 €	182,69 €	182,69 €	182,69 €	182,69 €
Saldo final	1.644,21 €	1.461,52 €	1.278,83 €	1.096,14 €	913,45 €
Intereses	146,15 €	131,54 €	116,92 €	102,31 €	87,69 €

Con esta información (crecimiento de los ingresos, de los costes, estrategia de circulante, financiación, etc.) se proyectaron los cuadros presupuestarios para los años considerados en nuestro horizonte previsional, expresados en miles de euros:

Cuadro de *cash flow* (en miles €):

	INICIAL	AÑO 1	AÑO 2	AÑO 3	AÑO 4	AÑO 5
Ingresos de explotación	40.426,95 €	44.065,38 €	48.031,27 €	52.354,08 €	57.065,95 €	62.201,88 €
Importe neto cifra de ventas						
Otros ingresos explot.						
TRPPI						
Consumo de mercaderías y de materias	29.413,04 €	32.354,34 €	35.589,77 €	39.148,75 €	43.063,63 €	47.369,99 €
Gasto de personal	3.916,80 €	4.034,30 €	4.155,33 €	4.279,99 €	4.408,39 €	4.540,64 €
Otros gastos de explotación	4.664,58 €	4.897,81 €	5.142,70 €	5.399,84 €	5.669,83 €	5.953,32 €
Gastos de explotación	37.994,42 €	41.286,45 €	44.887,81 €	48.828,58 €	53.141,84 €	57.863,95 €
EBITDA	2.432,54 €	2.778,93 €	3.143,46 €	3.525,50 €	3.924,10 €	4.337,93 €
Cuota de amortización inmovilizado	645,19 €	645,19 €	645,19 €	645,19 €	645,19 €	645,19 €
BAIT	1.787,35 €	2.133,74 €	2.498,27 €	2.880,31 €	3.278,91 €	3.692,74 €
Ingresos financieros	1.631,28 €	56,86 €	56,86 €	56,86 €	56,86 €	56,86 €
Gastos financieros	674,45 €	493,51 €	478,89 €	464,28 €	449,66 €	435,05 €
Resultado financiero	956,83 €	-436,65 €	-422,03 €	-407,42 €	-392,80 €	-378,19 €
Resultado extraordinario	325,54 €					
Resultado antes de impuestos	3.069,73 €	1.697,10 €	2.076,24 €	2.472,90 €	2.886,11 €	3.314,56 €
Impuestos sobre sociedades	920,92 €	509,13 €	622,87 €	741,87 €	865,83 €	994,37 €
Resultado neto	2.148,81 €	1.187,97 €	1.453,37 €	1.731,03 €	2.020,28 €	2.320,19 €
Dividendos						
Reservas	2.148,81 €	1.187,97 €	1.453,37 €	1.731,03 €	2.020,28 €	2.320,19 €
Autofinanciación	2.794,00 €	1.833,15 €	2.098,56 €	2.376,22 €	2.665,47 €	2.965,38 €

Cuadro de presupuesto de capital (en miles €):

	AÑO 1	AÑO 2	AÑO 3	AÑO 4	AÑO 5
Gastos inversión inmovilizado intangible	- €	- €	- €	- €	- €
Gastos inversión inmovilizado material	- €	- €	- €	- €	- €
INVERSIÓN INMOVILIZADO	0,00 €	0,00 €	0,00 €	0,00 €	0,00 €
AUM./DISM. F. MANIOBRA (NNFR)	-5.107,73 €	613,08 €	668,50 €	729,23 €	795,81 €
Inversiones financieras	- €	- €	- €	- €	- €
Cuota amortizxación financiera	182,69 €	182,69 €	182,69 €	182,69 €	182,69 €
APLICACIONES	-4.925,04 €	795,77 €	851,19 €	911,92 €	978,50 €
DESINVERSIONES	- €	- €	- €	- €	- €
AUTOFINANCIACIÓN	1.833,15 €	2.098,56 €	2.376,22 €	2.665,47 €	2.965,38 €
FINANCIACIÓN EXTERNA	- €	- €	- €	- €	- €
FINANCIACIÓN EXTRAORDINARIA	- €	- €	- €	- €	- €
RECURSOS	1.833,15 €	2.098,56 €	2.376,22 €	2.665,47 €	2.965,38 €
SUPERÁVIT (+) / DÉFICIT (-)	6.758,20 €	1.302,79 €	1.525,03 €	1.753,54 €	1.986,88 €
SUPERÁVIT (+) / DÉFICIT (-) ACUM.	6.758,20 €	8.060,98 €	9.586,01 €	11.339,55 €	13.326,43 €

Balance previsional (en miles €):

	INICIAL	AÑO 1	AÑO 2	AÑO 3	AÑO 4	AÑO 5
Activo no corriente (neto)	**8.840,71 €**	**8.195,52 €**	**7.550,34 €**	**6.905,15 €**	**6.259,96 €**	**5.614,78 €**
Inmovilizado inmaterial	873,90 €	873,90 €	873,90 €	873,90 €	873,90 €	873,90 €
Inmovilizado material	5.123,78 €	5.123,78 €	5.123,78 €	5.123,78 €	5.123,78 €	5.123,78 €
Otros activos fijos	2.843,03 €	2.843,03 €	2.843,03 €	2.843,03 €	2.843,03 €	2.843,03 €
Fondo amortización técnica		-645,19 €	-1.290,37 €	-1.936,56 €	-2.580,75 €	-3.225,93 €
Activo corriente	**20.554,63 €**	**28.740,24 €**	**31.818,25 €**	**35.281,36 €**	**39.151,03 €**	**43.448,66 €**
Existencias	7.070,49 €	8.356,80 €	9.085,75 €	9.883,40 €	10.756,45 €	11.712,25 €
Deudores	8.350,10 €	11.625,24 €	12.671,52 €	13.811,95 €	15.055,03 €	16.409,96 €
Tesorería y otros activos líquidos	5.134,05 €	8.758,20 €	10.060,98 €	11.586,01 €	13.339,55 €	15.326,43 €
TOTAL ACTIVO	**29.395,34 €**	**36.935,76 €**	**39.368,58 €**	**42.186,51 €**	**45.410,99 €**	**49.063,44 €**
Fondos propios	**12.065,35 €**	**13.253,32 €**	**14.706,69 €**	**16.437,72 €**	**18.458,00 €**	**20.778,19 €**
Capital suscrito	1.293,63 €	1.293,63 €	1.293,63 €	1.293,63 €	1.293,63 €	1.293,63 €
Otros fondos propios (reservas)	10.771,72 €	11.959,69 €	13.413,06 €	15.144,09 €	17.164,37 €	19.484,56 €
Pasivo no corriente	**897,67 €**	**1.644,21 €**	**1.461,52 €**	**1.278,83 €**	**1.096,14 €**	**913,45 €**
Pasivo corriente	**15.503,09 €**	**22.038,23 €**	**23.200,37 €**	**24.469,96 €**	**25.856,85 €**	**27.371,79 €**
Deudas financieras	3.473,55 €	3.473,55 €	3.473,55 €	3.473,55 €	3.473,55 €	3.473,55 €
Acreedores comerciales	5.340,06 €	11.366,07 €	12.414,47 €	13.565,06 €	14.827,99 €	16.214,40 €
Otros pasivos líquidos	6.689,48 €	7.198,61 €	7.312,35 €	7.431,35 €	7.555,31 €	7.683,85 €
TOTAL PASIVO Y CAPITALES PROPIOS	**29.395,34 €**	**36.935,75 €**	**39.368,58 €**	**42.186,51 €**	**45.410,99 €**	**49.063,43 €**

De los cuadros presupuestarios se podía deducir que, si la empresa mantenía la situación definida en el escenario, era un proyecto viable, ya que generaba más euros de los que necesitaba para desarrollar el proyecto; en concreto, en esos últimos años se generaba un superávit de más de 13 millones de euros.

Seguidamente se pasó a valorar la empresa, para ello necesitábamos calcular tanto los *cash flow* libres como la tasa de actualización. En primer lugar, calculamos la tasa de actualización siguiendo el modelo CAPM, variable con la que podíamos identificar el riesgo. En segundo lugar, determinamos la renta que podíamos obtener de este proyecto a través del cálculo del cash flow libre para el accionista. Para calcular la tasa de actualización se aplicó el modelo CAPM. Respecto a los cálculos de la tasa de descuento, tomamos como referencia la empresa de referencia mundial del sector, Bayer, que cotizaba en la Bolsa de Fráncfort. La tasa calculada con Bayer la ajustamos a la Bolsa de Madrid, y posteriormente la incrementamos con una prima de control del 65%. En primer lugar, calculamos el coeficiente beta, que medía la relación entre la rentabilidad del mercado (DAX) y del título (Bayer). Para ello hicimos un ajuste lineal de esos últimos diez años. En este caso, el coeficiente beta ascendía a 0,93. A continuación, teníamos que determinar la relación entre el índice DAX y el IBEX para calcular la beta de Bayer ajustada a la Bolsa de Madrid. El coeficiente beta entre el IBEX y el DAX era de 1,42. Por tanto, el coeficiente beta de Bayer ajustado en el mercado español sería el producto de las betas anteriores, cuyo valor ascendía a 1,32.

Seguidamente, para determinar la tasa de Bayer aplicamos la línea de mercado. Para ello se utilizó una tasa de rentabilidad libre de riesgo del 5% y una prima de riesgo del mercado del 7%; la tasa de actualización de Zeltia fue: $K = 5\% + 7\% \star 1,32$; $K = 14,24\%$. Si ajustamos esta tasa con la prima de control apuntada, la tasa de actualización de nuestro proyecto sería: $K' = K \star (1 + \text{Prima de control})$; $K' = 14,24\% \star (1 + 0,65)$; $K' = 23,49\%$.

Una vez desarrolladas estas operaciones, calculamos la renta esperada para nuestra empresa biotecnológica. Esta se calculó mediante el *cash flow* libre, que representaba la renta que potencialmente podía entregar la empresa al propietario sin poner en peligro el equilibrio financiero.

| Horizonte | Previsional | | | | | Perpetuidad del CFL |
Años	Año 1	Año 2	Año 3	Año 4	Año 5	No previsional
Resultado neto (BN)	1.188 €	1.453 €	1.731 €	2.020 €	2.320 €	—
+ Amortización	645 €	645 €	645 €	645 €	645 €	
+ Provisiones						
- TR.PPI						
CASH FLOW GENERADO	1.833 €	2.099 €	2.376 €	2.665 €	2.965 €	
- Inversiones fijo						
- Inversiones circulante	-5.108 €	613 €	668 €	729 €	796 €	
+ Capacidad endeudamiento	-183 €	-183 €	-183 €	-183 €	-183 €	
= FCL accionista	6.758 €	1.303 €	1.525 €	1.754 €	1.987 €	$VC_{n+1=1987/0,2349}$ →8458
Factor actualización 1/(1+k)^n	0,810	0,656	0,531	0,430	0,348	
Valor de empresa 17.041 €					8.583 €	8.458 €

Aplicamos la fórmula del *cash flow* libre para el accionista, como bien se puede ver también en el cuadro de arriba.

$$\text{Valor de la empresa} = \sum_{t=1}^{n} \frac{FCL_{accionista\,t}}{(1+k)^t} + \frac{VC_n}{(1+k)^n}$$

El valor de la empresa asciende a 17041000 euros; si comparábamos este valor con el de su patrimonio neto actual, que es de 12065350 euros, podíamos decir que el potencial de esta empresa, en un escenario normal (ni optimista ni pesimista), sería de 1,4 veces su patrimonio neto inicial. Además, el valor de los intangibles de nuestra biotecnológica lo obtendríamos aplicando el indicador sectorial de nuestra muestra seleccionada (IInmat/ANC) a la valoración obtenida: Valor intangibles empresa biotecnológica = 17041000 * 0,45 (IInmat/ANC)$_{sectorial}$= 7668450 euros.

36

¿ES FACTIBLE VALORAR FINANCIERAMENTE EL CAPITAL INTELECTUAL?

Una de las cuestiones económicas que la sociedad del conocimiento se plantea es el notable cambio que se ha producido en la determinación de las causas del valor de las empresas. Antes eran los activos tangibles los que determinaban de forma relevante y casi exclusiva el valor de una compañía, ahora existe un consenso que señala a los intangibles o capital intelectual como los elementos entre los que se decanta el veredicto del mercado a la hora de fijar el precio de una empresa, bien en el ámbito de las cotizaciones bursátiles o en el momento de las transacciones o adquisiciones. Podemos definir el capital intelectual como el conocimiento que hay en una empresa con capacidad de generar beneficios y que además es su fuente de ventajas competitivas.

Sin embargo, este consenso se quiebra en el instante de intentar concretar, dentro de la realidad empresarial, cuáles son los activos y los recursos intangibles, y la dificultad se incrementa cuando se busca una metodología consensuada para la valoración de cada activo intangible individualmente considerado.

Para los mercados financieros se aporta mayor valor con los activos intangibles basados en conocimientos, habilidades, valores y actitudes de las personas que forman parte de la empresa que con los activos tangibles que se presentan en los informes financieros. En un estudio realizado por el profesor Lev (2000) sobre la lista de Standard & Poor's de las quinientas compañías más grandes de Estados Unidos, se llegó a la conclusión de que el valor en libros reflejaba solo un 15% del valor de mercado de dichas empresas. Cuando se valoran activos intangibles, el primer y mayor problema con el que nos encontramos es definir qué son los intangibles y acotar qué margen, qué volumen de ventas, qué gastos y qué inversiones son atribuibles a estos.

La gran recesión de 2008-2009 puso en entredicho las inversiones en capital intelectual, precisamente por las dificultades de medirlas y sus efectos. Este tema resurgió con fuerza en la OCDE. Muestra de ello fue la alusión hecha por el expresidente de la Reserva Federal de Estados Unidos, Ben S. Bernanke, en la conferencia *New Building Blocks for Jobs and Economic Growth*, celebrada en Washington el 16 de mayo de 2011, sobre la necesidad de realizar un mayor esfuerzo para encontrar mejores vías de medir y valorar el capital intelectual con el objetivo de promover la actividad innovadora, la creación de empleo y el crecimiento económico.

En los últimos años, la importancia del capital intelectual en las organizaciones es prioritaria hasta el punto de que estamos inmersos en la denominada «era de los intangibles», lo que provoca la aparición de modelos y métodos que pretenden conocer el valor económico de los intangibles generadores de valor en las organizaciones. A continuación, vamos a considerar los tres principales enfoques en la valoración financiera del capital intelectual o intangibles:

- Enfoque de coste.
- Enfoque de mercado.
- Enfoque ingresos/beneficios/flujos de caja.

Enfoque de coste

En este enfoque, el intangible (marca, patente, etc.) se valora teniendo en cuenta el coste de su desarrollo: adquisición, creación o mantenimiento del intangible durante cualquier etapa de desarrollo de esta (testeo, I+D, concepto del producto, etc.). Si nos centramos en las patentes, definidas como conjunto de derechos exclusivos concedidos por un Estado al inventor de un nuevo producto o tecnología, susceptibles de ser explotados comercialmente por un periodo limitado de tiempo a cambio de la divulgación de la invención, su valoración, según este enfoque, atiende a una serie de fórmulas que procedemos a exponer:

Mínimo valor del derecho de patente = Coste de desarrollo de la tecnología + Coste de patentar y mantener la patente

Precio del derecho de patente = Coste de desarrollo de la tecnología + Coste de patentar y mantener la patente + Margen de beneficio razonable

Cuando se busca establecer los precios máximos del derecho de la patente, se suele utilizar el método del coste de alternativas razonables, que se expresa con la siguiente fórmula:

Precio máximo que el adquiriente debe pagar por los derechos de patente como intangible generador de ingresos = Coste de obtener una alternativa tecnológica razonable

Esta fórmula asume la existencia de una tecnología de reemplazo perfectamente comparable con la nuestra, cosa que no se suele dar con facilidad. Ante esta situación, la fórmula del método del coste de las alternativas razonables debería ajustarse de la siguiente forma:

Precio máximo que el adquiriente debe pagar por los derechos de patente como intangible generador de ingresos = Coste de obtener una alternativa tecnológica inferior + Valor de la reducción de la productividad o de los atributos del producto provenientes del uso de tal alternativa tecnológica inferior

A continuación, realizaremos un ejercicio práctico (datos expresados en miles) para entender este tipo de valoración de intangibles:

Promedio de gastos de I+D de tecnología competidora: 6 %
Promedio de gastos de I+D de nuestra tecnología: 2 %
Ahorro de gastos en I+D en el desarrollo de la tecnología en relación con tecnología competidora: 4 % (6 %-2 %)

Análisis de variables	
Ingresos netos proyectados de la tecnología	10.000,00
% de ahorros en gastos de I+D	4 %
Beneficios antes de impuestos	400,00
(-) Impuestos sobre beneficios	120,00
Beneficios después de impuestos	280,00
Dividido por tasa de descuento considerada	20 %
Valor de la tecnología	1.400,00

Enfoque de mercado

En este enfoque se tienen en cuenta las transacciones recientes (ventas, adquisiciones, licencias, etc.) en que se han visto involucradas intangibles similares (patentes, marcas) y para las que se dispone del precio de la operación. También se suelen utilizar en este tipo de enfoque de valoración ciertos múltiples comparables. El inconveniente que presenta este enfoque es que cada intangible suele ser único y es difícil llevar a cabo la comparación con exactitud. Para conocer el funcionamiento de este tipo de valoración de capital intelectual haremos un ejercicio práctico.

Supongamos la valoración de una empresa biotecnológica mediante el empleo de un múltiple comparable, como son las veces (x) que se pagan beneficios. Para ello se cuenta con un conjunto de empresas comparables de similares características, como modelos de negocio parecidos, segmentos de mercado comunes, niveles medios de activos e ingresos netos, número de trabajadores promedio, etc. De estas empresas comparables se disponen de los datos de las transacciones de adquisición llevadas a cabo por empresas de capital riesgo y grandes biofarmacéuticas atendiendo al múltiplo que nos ocupa: números de veces pagados beneficios, como muestra el siguiente cuadro:

Empresas competidoras	A	B	C	D	E	F	G
Múltiplo de veces (x) beneficios pagados	7,4 X	11,2 X	6,2 X	15 X	11,8 X	10,4 X	9,8 X

El sumario de las transacciones por las empresas competidoras adquiridas mediante el múltiplo número de veces de beneficios pagados por tales adquiridoras es el siguiente:

Rango de transacciones: [6,2 X; 15 X]; Media: 10,3; Mediana: 10,4
Rango de valoración de nuestra empresa biotecnológica: *[10,3 X;10,4 X]*

Enfoque de ingresos

Este se centra en la valoración de la capacidad de generación de beneficios o ingresos del intangible (marca, patente, etc.). Puede medirse estimando el valor presente de los beneficios o ingresos que se recibirán durante la vida del intangible. Por ello, requiere identificar los ingresos, beneficios o flujos de caja futuros o pasados atribuibles al intangible y actualizarlos o capitalizarlos a valor presente según la tasa de descuento considerada. De los ingresos, se sustraen los beneficios o flujos de caja netos que corresponden a otras categorías de activos. Este tipo de enfoque de valoración requiere una base de datos para obtener una perspectiva futura fiable. Hace falta también saber qué parte de los ingresos provienen de la utilización del intangible. Un ejemplo práctico (datos expresados en miles) mediante este tipo de valoración sería el siguiente:

Análisis de variables		
Ingresos netos proyectados de la tecnología	10.000,00	
Gastos operativos (50% de los ingresos)	5.000,00	
Gastos generales (35% de los ingresos)	3.500,00	
Cash flow de explotación	1.500,00	
(-) Impuestos sobre beneficios	450,00	
Ganancias despues de impuestos	1.050,00	
(-) Carga de capital	400,00	
Ganancias económicas proyectadas	650,00	
Reparto % de ganancias entre licenciante y licenciatario	Licenciante	Licenciatario
	50%	50%
Ganancias económicas proyectadas después del reparto	325,00	325,00
Dividido por tasa de descuento considerada	20%	
Valor de la tecnología	1.625,00	

37

¿PODEMOS VALORAR PATENTES Y MARCAS?

Se pueden valorar financieramente patentes y marcas sin problemas. Existen múltiples métodos de valoración de intangibles para ello, pero nosotros hemos optado por dos, el denominado «modelo de valoración mediante ventaja en el beneficio bruto de una empresa respecto a su competidor más directo y representativo», y también vamos a analizar en detalle el modelo denominado «ahorro de *royalties*» o *relief from royalty*. Ambos sirven para valorar tanto patentes como marcas. En los ejercicios prácticos vamos a aplicar el método *relief from royalty* a una patente que representa una tecnología determinada y el modelo de ventaja en el beneficio bruto de una empresa respecto a su competidor más directo a una marca de una empresa denominada OLIVACHAIN, con una marca de igual nombre.

Imaginemos la empresa OLIVACHAIN, con una marca de su producto de igual nombre, la cual, gracias a la utilización de las últimas tecnologías productivas en su sector, genera las suficientes economías de escala como para tener una ventaja competitiva en manufacturación respecto a su más directo rival en el mercado, por lo que genera con ello mayores beneficios brutos. El cuadro con las estimaciones económicas de OLIVACHAIN y su más directo rival es el siguiente:

Periodos estimados	Año 1	Año 2	Año 3	Año 4	Año 5	TOTAL
OLIVACHAIN						
Ventas de productos genéricos						
Pronóstico de ventas unitarias de producto	150.000,00	156.000,00	160.000,00	168.000,00	175.000,00	
Ingresos por Ventas	328.500,00	342.000,00	355.000,00	369.500,00	385.000,00	1.780.000,00
Coste productos vendidos	225.000,00	234.000,00	243.360,00	253.094,00	263.218,00	
Beneficio Bruto	103.500,00	108.000,00	111.640,00	116.406,00	121.782,00	561.328,00
Empresa comparable "X"						
Ventas de productos genéricos						
Pronóstico de ventas unitarias de producto	750.000,00	780.000,00	800.000,00	843.000,00	880.000,00	
Ingresos por ventas	1.642.500,00	1.708.200,00	1.776.528,00	1.847.589,00	1.921.493,00	8.896.310,00
Coste productos vendidos	1.238.000,00	1.287.000,00	1.335.000,00	1.340.000,00	1.450.000,00	
Beneficio bruto	404.500,00	421.200,00	441.528,00	507.589,00	471.493,00	2.246.310,00
Ganancia bruta atribuible a la marca	22.600,00	23.760,00	23.334,40	15.249,47	28.019,19	
(-) Impuestos de la renta (30 %)	6.780,00	7.128,00	7.000,32	4.574,84	8.405,76	
Ingresos post impuestos atribuibles a la marca	15.820,00	16.632,00	16.334,08	10.674,63	19.613,43	
Coeficiente de actualización; i = 10 %	0,909090909	0,826446281	0,751314801	0,683013455	0,620921323	
Ganancia bruta atribuible a la marca actualizada	14.381,82	13.745,45	12.272,04	7.290,92	12.178,40	
Valor actualizado total de la marca:	**59.868,62**					

Si nos centramos en el primer año estimado (año 1), vemos que el valor de la ganancia bruta atribuible a la marca OLIVACHAIN, sin actualizar y antes de impuestos, es 22 600 euros. Este dato surge de los siguientes cálculos:

((103 500 beneficio bruto de OLIVACHAIN / 150 000 pronóstico de ventas unitarias OLIVACHAIN) − (404 500 beneficio bruto empresa competidora X/ 750 000 pronóstico de ventas unitarias de X)) ★ 150 000 pronóstico de ventas unitarias OLIVACHAIN). Así lo haríamos con el resto de años (hasta el quinto).

Por otra parte, una de las metodologías de valoración financiera más utilizadas por los analistas especializados en patentes y marcas es el denominado «modelo de ahorro de royalties» (*relief from royalty*). Este modelo supone la comparación de contratos de licencias realizados sobre activos intangibles similares (patentes, marcas, etc.) a fin de obtener un rango de referencia de tasas de *royalties*, las mismas que se aplican luego sobre los ingresos de ventas que necesariamente deben proyectarse. De esta forma, contempla tanto transacciones de mercado como ingresos por ventas. En definitiva, este método trata de determinar la tasa de royalties que una empresa tendría que pagar si no fuera la propietaria de esa marca o patente y quisiera utilizarla. El valor se establece como el valor presente de la corriente de ahorros de *royalties* (el dinero que la empresa ahorra por ser propietaria de la marca o la patente) después de impuestos.

Para la determinación de la tasa de *royalties* en este modelo mixto, que pretende valorar la propiedad intelectual, suele emplearse, entre otros métodos, la regla del 25%, desarrollada hace más de cincuenta años por Robert Goldscheider, el cual elaboró un estudio empírico sobre licencias comerciales a finales de los años cincuenta. En este mismo estudio detectó que los licenciatarios tendían a generar beneficios de alrededor del 20% de las ventas, sobre los cuales pagaban *royalties* del 5%. Así, las tasas de *royalties* representaban un 25% de los beneficios del licenciatario. A pesar de que Goldscheider escribió por primera vez sobre esta regla en 1971, puntualizó que había sido utilizada por expertos en valoración con anterioridad.

A continuación, desarrollaremos un ejemplo práctico (datos expresados en miles) del modelo de ahorro de *royalties* o *relief from royalty* aplicable a valor de una determinada patente (denominado en el cuadro como «tecnología»):

Tasa del royalty:	3%
Tasa de descuento:	10%
Impuestos:	30%
Inversión inicial del licenciatario:	400
Tasa de crecimiento anual:	3%

Año	2014	2015	2016	2017	2018
Ventas	10.000,00	10.300,00	10.609,00	10.927,27	11.255,09
Corriente de royalties de la tecnología	300,00	309,00	318,27	327,82	337,65
Impuestos	90,00	92,70	95,48	98,35	101,30
Cash flow después de impuesto	210,00	216,30	222,79	229,47	236,35
Factor de descuento	0,91	0,83	0,75	0,68	0,62
Flujo de caja descontado	191,10	179,53	167,09	156,04	146,54
Inversión inicial	400,00				
Valor de la tecnología	440,30				

Como podemos ver en el cuadro, el valor de la tecnología o patente se obtiene de restar la inversión inicial a la suma actualizada de los flujos de caja descontados.

38

¿EN QUÉ CONSISTE LA TITULIZACIÓN FINANCIERA?

La titulización es el proceso de transformación de una cartera de activos ilíquidos (como un inmueble) en títulos de renta fija negociables en un mercado organizado, que basan su rentabilidad en los flujos de caja de dichos activos, transmisibles a terceros. A estos títulos se les denomina «bonos de titulización» o *asset backed securities*. Los activos objeto de la titulización pueden ser de muchas clases: principalmente préstamos hipotecarios, alquileres, contratos de suministro de electricidad, gas, etc.

La titulización aparece en Estados Unidos en los años setenta del siglo XX, donde destaca la figura de Lewis S. Ranieri, considerado como el padre de los valores respaldados por hipotecas por su papel pionero en su surgimiento en la década de 1970, durante su paso por Salomon Brothers, donde alcanzó el cargo de vicepresidente. Aunque en 2004 fue nombrado por la revista *Business Week* como «uno de los mayores innovadores de los últimos setenta y cinco años», más tarde fue duramente criticado por su papel en la crisis de las hipotecas *subprime* de 2007. En cuanto a Europa, las primeras emisiones datan de una década posterior, y la primera tuvo lugar en el Reino Unido. En España, la titulización se inicia con la promulgación de la Ley 19/1992, de 7 de julio, solo para préstamos hipotecarios y se amplía para otros activos con el Real Decreto 926/1998, de 14 de mayo, por el que se regulan los fondos de titulización de activos. Las normas contables sobre fondos de titulización se regulan mediante diversas circulares, y la última de todas ellas es la Circular 6/2013, de 25 de septiembre, de la Comisión Nacional del Mercado de Valores.

El proceso de titulización se lleva a cabo mediante una figura legal denominada SPV (*special purpose vehicle*) o vehículo especial que canaliza los flujos de los activos (por ejemplo, los préstamos hipotecarios) hacia los nuevos títulos que se emitirán en el mercado y que serán colocados entre los inversores. Es decir, que se produce una transferencia de activos de la entidad originadora al SPV, y al mismo tiempo una transferencia de fondos por el importe de esos activos del SPV a la entidad originadora. Transferencia de activos y transferencia de fondos son dos características presentes en la titulización tradicional. En España, la citada entidad vehículo se instrumenta jurídicamente a través de un «fondo de titulización», que permite la transformación de los activos ilíquidos en otros susceptibles de negociarse en los mercados organizados. Tal fondo de titulización es gestionado y administrado por una entidad gestora.

Entre los objetivos perseguidos por las entidades que deciden titulizar destacamos los siguientes: captar liquidez, gestionar el balance y disminuir el capital regulatorio (en el caso de las entidades financieras). A pesar de que los activos son transferidos a un vehículo, la posibilidad de que la entidad originadora y cedente de estos activos pueda darlos de baja en el balance depende de una serie de condiciones establecidas por las normas contables vigentes. Una de las condiciones más relevantes es que exista una transferencia significativa del riesgo.

En relación con las entidades intervinientes en el proceso de titulización, destacamos las siguientes:

- Entidad originaria/administradora: entidad propietaria de los activos que los terminará vendiendo al fondo de titulización, y que se reserva generalmente su administración.

- Inversores finales: compradores de los títulos negociables.

- Entidad vehículo: encargada de llevar a cabo la agrupación de los activos y su posterior transformación para dotarles de características financieras que hagan posible su negociación en los mercados secundarios. Como decíamos, en España tiene la forma jurídica de fondo de titulización.

- Entidad gestora: desarrolla las funciones de gestión y administración de la entidad vehículo y ostenta su representación legal.

- Otras entidades: encargadas de proporcionar los mecanismos de calidad crediticia.

El proceso de titulización supone el cumplimiento de las siguientes fases:

- Cesión de los activos: es importante la adecuada selección de los activos cedidos. En el caso concreto de la titulización hipotecaria, que no exista selección adversa, que exista diversificación geográfica, sectorial, etc. La cesión será plena e incondicionada y por la totalidad del plazo remanente hasta el vencimiento. El cedente no podrá ofrecer ninguna garantía al cesionario para garantizar el buen fin de la operación. Por esta cesión, la entidad recibirá el valor de mercado de los activos vendidos y, en su caso, las posibles comisiones por servicios prestados, como administración, aseguramiento, etc.

- Estructuración financiera: los activos cedidos por la entidad originaria constituyen el activo del fondo de titulización. Con estos activos se origina un proceso de estructuración financiera donde los flujos de los activos cedidos son capaces de atender los requerimientos de pago de los nuevos activos (negociables) que se emitirán con cargo a ellos.

- Emisión de los nuevos títulos: forman el pasivo del fondo y están para atender los gastos de constitución y emisión de valores, así como para atender las exigencias de estructuración financiera o para reforzar la solvencia de los activos emitidos. También se podrá contar con préstamos concedidos por entidades de crédito o aportaciones de inversores institucionales. Estos instrumentos formarán parte del pasivo del fondo junto con los valores emitidos.

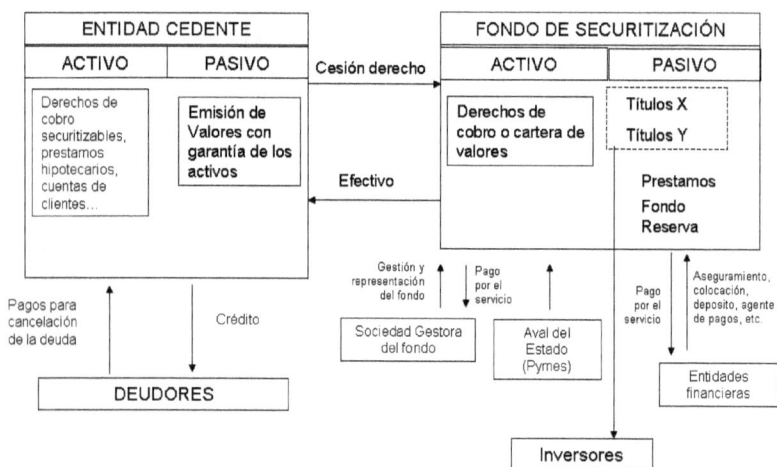

Esquema del proceso de titulización. Fuente: propio.

El proceso de titulización implica la trasmisión íntegra de los riesgos asociados a los activos titulizados hacia el fondo de titulización: riesgo de crédito, interés, etc. Para paliar parte de los riesgos de los nuevos títulos, y para conseguir que resulten atractivos entre los suscriptores, es habitual la utilización de mecanismos de mejora crediticia, que son de dos tipos: internos y externos. Mientras que los internos crean un colchón de seguridad entre los flujos que perciben y los que se revierten a los inversores, los externos suponen garantías que a cambio de un precio (primas de seguro, comisiones, etc.) son proporcionadas por otros agentes externos al proceso (compañías de seguros, entidades crediticias y agencias estatales).

39

¿Titulización financiera de patentes y marcas?

Estamos ante la era de los intangibles, donde el paradigma del valor corporativo ha migrado de los activos tangibles a los intangibles, como lo demuestra la capitalización de las principales plataformas oligopólicas tecnológicas: Alphabet, Meta, Uber, Spotify, Twitter, entre otras. Las corporaciones son cada vez más conscientes del valor de sus intangibles, como lo es la propiedad intelectual: marcas, patentes, *copyrights*, diseños, etc. Ante esta situación, cada vez se demandan más herramientas para su valoración y monetización. Diversos estudios llevados a cabo indican que los activos intangibles representan más del 60% del valor de capitalización de los principales índices bursátiles. Todo parece indicar que esta proporción seguirá aumentando en los próximos años. Si se estudia la evolución de la ratio *price to book* (precio cotización/valor en libros por acción) del índice S&P 500 en los últimos treinta y cinco años, podremos observar que

Guess Inc. titulizó una corriente de royalties de catorce acuerdos de licencia (doce domésticos y dos internacionales) por 75 millones de dólares. El emisor de los títulos fue Guess Royalty Finance LLC, una sociedad instrumental (SPV) creada para el propósito de la titulización. Fuente: imagen de Victoria Model en Pixabay.

ha aumentado de 1,3 en los años ochenta del pasado siglo a 4,6 en julio de 2004 y notablemente por encima de 4,6 en 2021. Lo que significa que los activos tangibles registrados en los balances de estas quinientas compañías representativas de la economía estadounidense, que representaban el 75% de su valor de mercado a principios de los ochenta, ahora suponen el 20%.

Esta migración de valor tangible a intangible ha sido acompañada de una creciente utilización del capital intelectual o intangibles como avales de operaciones crediticias por parte de las empresas. La utilización de propiedad intelectual (patentes y marcas, principalmente) como garantía todavía representa una pequeña proporción del mercado total de ABS (*asset-backed securitizations* o titulización de activos), aunque estimamos que crecerá notablemente en un futuro más de lo que lo está haciendo, aunque nos decantamos más por los procesos de tokenización de activos, como veremos en profundidad en este libro. En el caso de la titulización de la propiedad intelectual, una empresa agrupa y transfiere derechos de cobro futuros sobre la propiedad intelectual (por ejemplo, *royalties*) a una sociedad independiente denominada «sociedad instrumental» o SPV (*special-purpose vehicle*). Esta última emite a su vez títulos para los mercados financieros organizados, de manera que transfiere los fondos recaudados a los dueños de la propiedad intelectual. Este tipo de operaciones se estructuran de forma que los activos transferidos queden excluidos de la quiebra del originador en caso de que se produjera tal situación. Este tipo de operaciones ofrece importantes beneficios para los propietarios ya que mantienen el control sobre los activos de propiedad intelectual a la vez que monetizan su valor, pero consiguiendo mejores condiciones que con un préstamo bancario tanto en términos de montante de la propia operación como en plazos e intereses, sin olvidarnos de los posibles beneficios fiscales, ya que se trata de una operación crediticia.

El origen conocido de la titulización de activos intangibles comenzó con los denominados «bonos Bowie». El célebre y genial artista David Bowie se cuestionó por qué tenía que esperar a obtener regalías por sus álbumes si podía acelerar el proceso mediante la emisión de bonos, por lo que fue pionero en la titulización de intangibles. Asesorado en 1997 por David Pullman, que fue el cerebro financiero de la operación, emitió los citados bonos con vencimiento a diez años, los cuales ofrecían a los inversores un rendimiento del 7,99% anual, y daba como garantía de pago la cesión temporal de regalías (*royalties* o pagos al derecho de autor por la explotación comercial de su obra) de sus veinticinco álbumes grabados hasta 1990. Aquella operación le reportó al artista británico 55 millones de dólares. Lo analizaremos con más detalle en la pregunta 40 de este mismo libro.

Por otra parte, la aceptación de los métodos de valoración de marcas también ha impulsado la titulización en este tipo de activos intangibles con unos importantes volúmenes de mercado. Por ejemplo, en 1993, Calvin Klein Inc. consiguió 58 millones de dólares mediante la titulización de *royalties* que recibiría de Calvin Klein Cosmetic Corp., que tenía el derecho exclusivo del uso de la marca Calvin Klein en sus fragancias. Se esperaba que los perfumes generaran 10 millones de dólares en *royalties* anualmente que Calvin Klein Cosmetic pagaría a Calvin Klein Inc. El importe recibido fue utilizado para comprar bonos emitidos previamente al 14%, mientras que el tipo medio de las emisiones derivadas de la titulización era del 6%.

Una vez mostrados los diversos ejemplos prácticos de éxito tanto en marcas como el caso del pionero en la titulización de intangibles (David Bowie), procedemos a describir las etapas existentes en un proceso de titulización de propiedad intelectual, las cuales son las siguientes:

- Definir el activo y su propiedad: es importante determinar quién es el propietario de la propiedad intelectual, qué otros activos pueden ser necesarios para explotar tales intangibles y qué vinculación existe entre estos y la estrategia empresarial.

- Sistemas periódicos de medición y control de la propiedad intelectual: para la mejor valoración económica de los activos intangibles con fines crediticios es necesario implementar sistemas de medición y control periódicos que nos permitan detectar la contribución de los activos intangibles a la creación de valor. La falta de estos sistemas puede provocar la pérdida de valiosísimas oportunidades de ahorro o financiaciones ventajosas.

- Modelización y estimación del valor: para poder proyectar los futuros flujos de caja de la propiedad intelectual que se van a titulizar se deben considerar los siguientes factores: flujos de caja históricos asociados a la propiedad intelectual que se tituliza, el conocimiento que se tenga de la propiedad intelectual, el tiempo que lleva establecido en el mercado y la posibilidad de agregar derechos a fin de beneficiarse de la diversificación, entre otros.

- Transferir los activos a una SPV independiente: el objetivo de la transferencia de los activos de propiedad intelectual a una sociedad instrumental (SPV) es preservar el valor de tales activos, para ello es necesario que la transferencia de activos intangibles a la SPV represente una verdadera venta, y, para ello, el originador de la propiedad intelectual como intangible debe desinvertir en este de forma que no tenga el control sobre su uso o distribución. De esta manera se consigue separar efectivamente los flujos de caja atribuibles a tal propiedad intelectual de su originador, y quedan protegidos en caso de que este último quebrara.

- Asegurar la gestión del capital intelectual transferido: la sociedad instrumental (DPV) a la que se transfiere el capital intelectual debe ser responsable de la gestión y explotación de tales intangibles mediante nuevas transacciones de licencias, control de la violación de los derechos por terceras partes no autorizadas, etc. Esta transferencia de funciones que acompaña a la transferencia de propiedad asegura que la propiedad intelectual titulizada continuará generando *royalties*.

40

¿DAVID BOWIE FUE PIONERO EN LA TITULIZACIÓN FINANCIERA?

David Bowie fue un genio de la música, precursor en muchos aspectos de la industria del espectáculo, y también el primero en adentrarse en el mundo de las finanzas al unir su nombre a un tipo de bono muy concreto: los *celebrity bonds*, que consisten en la transformación de derechos de propiedad intelectual en forma de bono. Se trata básicamente de un tipo de titulización de activo (ABS o *asset-backed-security*) respaldado por derechos de propiedad intelectual y emitido por el titular de estos, donde el autor promete a los inversores participar en los futuros beneficios derivados de los royalties que vaya a cobrar, que garantizan el flujo de dinero necesario para devolver el principal más los intereses prometidos. Pues bien, suele señalarse esta emisión llevada a cabo por David Bowie como la primera de esta clase, por lo que se llegaron a denominar «bonos Bowie» (*Bowie Bonds*). Estos fueron lanzados en 1997 dando como garantía de pago la cesión temporal de regalías (*royalties* o pagos al derecho de autor por la explotación comercial de su obra) de sus veinticinco álbumes grabados hasta 1990. Con el apoyo del inversor David Pullman, experto en el mundo de la música y quien fuera el cerebro financiero de esta operación (era asesor en esos momentos de Fahnestock & Co. y terminaría creando su propia empresa en 1998 especializada en este tipo de activos: The Pullman Group), captó 55 millones de dólares en bonos a diez años, con un interés anual del 7,9%, un tipo de interés atractivo entonces

Warner Music Group adquirió el catálogo completo de David Bowie por 220 millones de euros. El acuerdo entre los herederos de Bowie y Warner Music incluye la totalidad de las canciones de los veintiséis álbumes de estudio lanzados durante la vida del genial músico británico, así como el lanzamiento póstumo del álbum de estudio *Toy*, grabado en 2001. Fuente: imagen de Heisan en Pixabay.

frente al 6,37% que rentaban los bonos del tesoro americano de igual vencimiento. El acuerdo también incluía la garantía de la discográfica EMI, por la que acababa de firmar Bowie. Además, la emisión fue adquirida en su totalidad por Prudential Insurance Company. Con parte de esos ingresos, David Bowie compró las canciones que eran propiedad de su anterior *manager*, Tony Defries, del que se había separado en 1975. Los bonos no llegaron al mercado secundario ya que la compañía de seguros se los quedó en cartera, lo que impidió que los fans del artista se hicieran con otro fetiche, no muy diferente a lo que acabaron siendo algunos de los títulos que agrupaban las hipotecas de alto riesgo denominadas *subprime*, que desencadenaron la crisis financiera de 2007.

Este hecho dividió a la prensa: para unos era un innovador y para otros, un vendido a Wall Street. A pesar de las críticas de algunos medios, la idea fue adoptada por otros artistas con garantías también de generación de derechos suficientes por sus creaciones. Por ejemplo, James Brown emitió deuda titulizada por 30 millones de dólares en 1999, Ashford & Simpson consiguieron 25 millones de dólares por 247 canciones, Iron Maiden logró 30 millones de dólares en 1999 y Rod Stewart recibió un préstamo por 15 millones de dólares avalado por los ingresos de su catálogo.

Lo cierto es que los bonos Bowie no tuvieron una vida fácil. El problema es que los desarrollos tecnológicos posteriores en la propia industria discográfica no fortalecieron precisamente la solvencia de los bonos. Las estimaciones de venta fueron demasiado optimistas, incapaces de prever el tsunami que supuso para la industria musical la llegada de internet y el desarrollo de la música *online*. Moody´s, que había otorgado una A3 a la emisión, es decir, una calidad buena, en 2004 bajó el *rating* hasta Baa3, tan solo un escalón por encima de los denominados «bonos basura». Sea como fuere, la emisión generó un gran revuelo, y parecía que era una fórmula que iba a tener recorrido, pero el mundo avanzó demasiado rápido, internet cambió los hábitos de consumo de la música, la venta de discos se hundió y la confusa legislación sobre los derechos de propiedad asestaron un duro golpe a la cotización de dichos bonos, lo que provocó que los *Bowie Bonds* no terminaran siendo tan populares como se presuponía inicialmente. Los bonos Bowie acabaron liquidándose en 2007 sin llegar a hacer *default* y los derechos de las canciones retornaron al artista. En cierta medida, Bowie sufrió las consecuencias de su propia premonición cuando en 2002 declaró a *The New York Times* que la música acabaría convirtiéndose en algo como la electricidad o el agua.

Últimamente, la industria de la música está viviendo una auténtica revolución ya que son muchos grandes artistas los que están vendiendo los derechos de sus canciones a empresas. Hablamos de megaestrellas como Bruce Springsteen, Bob Dylan, Taylor Swift, Shakira, David Guetta y Sting, entre otros, que han cedido los derechos de toda su discografía a grandes sellos discográficos, como Sony o Warner, pero también a fondos de inversión, como Shamrock. Esta tendencia nace del auge de las plataformas de *streaming*, como Spotify, que han revolucionado la industria musical, convirtiendo los conciertos en la principal fuente de ingresos para los músicos. Además, se añade que los artistas deben pagar importantes cantidades de dinero en impuestos por las ganancias generadas por la venta de derechos de sus creaciones artísticas, ya sean en formato álbum, disco de vinilo, CD o por las reproducciones *online*. Sin olvidarnos de los estragos que produjo la pandemia, que obligó a suspender o limitar el aforo de los conciertos.

Ante este panorama, son muchos los artistas que han visto rentable la opción de vender los derechos de su música y con ello una forma de asegurarse notables ingresos.

V

BLOCKCHAIN, CRIPTOACTIVOS Y OTROS CONCEPTOS PARA ENTENDER LOS NFT

41

¿CONOCES EL FUNCIONAMIENTO DE *BLOCKCHAIN*?

En 2009, alguien con el seudónimo de Satoshi Nakamoto desarrolló el bitcoin. A pesar de que el bitcoin es la criptomoneda más popular que existe, *blockchain* es la tecnología subyacente que hizo que fuera posible su utilidad y funcionalidad, de forma eficiente y segura. La innovación de la cadena de bloques de Satoshi Nakamoto consistió en desarrollar un método basado en la criptografía y las matemáticas para que una red de ordenadores anónima pudiera llegar a un consenso único sobre algo similar a una base de datos compartida, que lleva un registro de las transacciones y la propiedad de un activo llamado «bitcoin».

Actualmente, cuando se produce una transacción entre dos personas, necesitamos de la intervención de un tercero para intermediar entre las dos partes; un intermediario cualificado en quien confiarán la autenticidad de las transacciones ambas personas gracias al empleo que este hace de un registro o sello de veracidad, ya sea el Estado, un banco central, una entidad financiera, un notario o un registro de la propiedad. Esto está empezando a cambiar gracias a la tecnología *blockchain* o de cadena de bloques.

Blockchain o cadena de bloques es una tecnología de registro distribuido (DLT) que permite crear una red unificada y descentralizada mediante el desarrollo de un libro de contabilidad distribuido en una red de ordenadores, sin necesidad de contar con un servidor o base de datos central. Para el manejo y la actualización de este libro de contabilidad se requiere el consenso de todas las partes que forman la red y esto lo lleva a cabo un algoritmo. Gracias al algoritmo de consenso elegido por el sistema, los usuarios pueden comunicarse y compartir información o datos sin la necesidad de una autoridad centralizada «que lleve las cuentas de las transacciones» y que haga que toda la red sea confiable. Cabe decir que la información contenida en los bloques de *blockchain* es veraz, transparente y no se puede modificar.

Además, el poder de computación de todos los nodos de la red *blockchain* se utilizan no solo para introducir información, sino también para protegerla frente a modificaciones que no han sido autorizadas, lo que permite a dicha cadena de bloques conseguir elevados niveles de seguridad en comparación con otras tecnologías.

Veamos un ejemplo para entender cómo funciona la blockchain de bitcoin. Cuando un usuario envía un bitcoin a otro, se genera una transacción. Cuando esto sucede, las transacciones deben validarse utilizando el algoritmo de consenso. En este caso, bitcoin utiliza como algoritmo la prueba de trabajo (*Poof of Work*, PoW) para validar la actividad de verificación que desarrollan los mineros a la hora de resolver el acertijo matemático que el sistema les plantea para generar, si aciertan, un número determinado de criptomonedas (de ahí el término *minería*). Este consenso asegura que no se pasan transacciones inválidas a la *blockchain*. Además, en las transacciones se crean marcas de tiempo que permiten garantizar que cada transacción pueda ser rastreada y respaldada por cualquier usuario. Recordemos que la información contenida en la cadena de bloques es veraz, transparente e inmodificable.

Por otra parte, para entender el concepto y las funcionalidades de *blockchain* debemos saber que los bloques son los pilares de construcción de una cadena de bloques, de ahí la necesidad de conocerlos con más detalle.

El término *bloque* está pensado para optimizar el proceso de validación de las transacciones que se llevan a cabo en el seno de la tecnología de cadena de bloques.

Una cadena es un conjunto de eslabones entrelazados, mientras que un bloque se podría decir que es cada uno de los eslabones que forman la cadena, aunque cada uno de ellos tiene sus funciones específicas. Cada bloque está formado por un número variable de transacciones, que son las operaciones que se realizan en la cadena de bloques o *blockchain*.

BLOCK|CHAIN

Una red *blockchain* es un sistema contable
distribuido que permite leer y escribir nuevos
registros, sin que se pueda modificar nada de
lo que exista en ella gracias a la criptografía,
lo que hace imposible incluir algo que no sea
coherente con el resto de registros incluidos.
Fuente: imagen de Launchpresso en Pixabay.

En el caso de la *blockchain* de bitcoin, es el protocolo de consenso
prueba de trabajo o PoW el que marca cuándo se genera cada bloque
cuando los mineros, con sus equipos de computación, intentan resolver
el acertijo matemático complejo planteado de forma automática por la
red, en un proceso denominado «minería».

En bitcoin, validar de manera individual cada una de las transacciones
sería un proceso largo, tedioso y prácticamente inviable, por eso se ideó
la creación de los bloques a través de la minería de bitcoins, ya que permiten referenciar toda la información de un bloque a través de un hash
(huella dactilar digital) y hacerla más eficiente y manejable.

Para entender mejor el concepto de *blockchain*, lo podemos comparar
con un libro contable, donde los bloques serían las hojas de registros
del citado libro. La *blockchain* es una forma de contabilidad distribuida
altamente segura gracias al empleo de criptografía. La cadena de bloques funciona con base en crear un registro vinculado con todos los
registros anteriores formando una cadena. De esta manera se crea un
registro inalterable de información de toda la red, en la que cada cambio
se realiza gracias al consenso de dicha red, como comentábamos antes.
En este punto destacamos que una *blockchain* es tan solo un tipo de libro
contable distribuido que almacena su información en bloques de datos.

Cada usuario que participa en la *blockchain* necesita tener en su ordenador una copia actualizada del libro contable, en el cual se registran
todas las transacciones que se producen dentro de la cadena de bloques.
Cada bloque supone una página del libro, la cual tiene un número de
página asociada a ella; de esta manera, se sigue un orden cronológico.
Además, cada hoja del libro está basada en la anterior; es decir, el contenido de la página tres se basa en lo que se registró en la página dos, por

ejemplo. Si se diera la circunstancia de que se arrancaran ciertas hojas del libro contable, a través del sistema de numeración de las páginas del libro se podría reconstruir en el orden correcto. En el caso de la cadena de bloques, cada bloque también hace referencia al bloque anterior mediante una huella dactilar del bloque, técnicamente llamada *hash*. El libro contable que es la *blockchain* no puede ser escrito por cualquiera; cada nueva página, es decir, cada nuevo bloque, contiene: una huella dactilar digital de la página anterior, la página que agrega y la firma del minero con la prueba de trabajo. De este modo, si alguien malintencionado intenta cambiarlo fraudulentamente, su bloque corrupto no superará la verificación de la huella dactilar (*hash*) y será rechazado por el resto de nodos.

El primer bloque en la cadena de bloques se llama «bloque génesis» y fue creado en 2009. Es el ancestro común de todos los bloques en la cadena de bloques, lo que significa que, si se comienza en cualquier bloque y se sigue la cadena hacia atrás, finalmente se llegará al bloque génesis.

El campo *hash* de bloque anterior está dentro de la cabecera del bloque y, por lo tanto, afecta al *hash* del bloque actual. Si la identidad de los padres cambia, la identidad propia del hijo también cambia. Cuando el *hash* del padre cambia, requiere una modificación en el *hash* de bloque del hijo. Esto a su vez hace que el *hash* del hijo cambie, lo que requiere una modificación en el hash de bloque del nieto, y así sucesivamente. El efecto cascada que se produce asegura que, una vez que un bloque tiene muchas generaciones siguientes, no puede ser cambiado sin forzar un nuevo cálculo de todos los bloques siguientes. Debido a que un nuevo cálculo requeriría una computación enorme, la existencia de una larga cadena de bloques hace que la historia profunda de la cadena de bloques sea inmutable e incorruptible, que es una característica básica de la seguridad de *blockchain*.

Una vez que se ha analizado detalladamente el concepto *blockchain*, procedemos a describir los elementos esenciales que lo forman:

- Protocolo estándar: programa informático para que una red de ordenadores (nodos) pueda comunicarse entre sí. El protocolo de una cadena de bloque proporciona un estándar común para definir la comunicación entre los nodos participantes en la red.

- *Software* de la *blockchain*: permite a los ordenadores crear la red que hará funcionar la cadena de bloques de forma distribuida. Normalmente, este *software* es de carácter abierto y protegido con licencias de *software* libre.

- Nodos: conjunto de ordenadores (o servidores) o, según la complejidad de la red, una megacomputadora. Independientemente de la capacidad de computación de cada nodo, todos han de disponer del mismo protocolo para comunicarse entre ellos. En el caso de bitcoin, sería un conjunto de ordenadores conectados a la red bitcoin que emplean un *software* que almacena y distribuye una copia actualizada en tiempo real de la cadena de bloques. Es decir, cada vez que un bloque se confirma y se añade a la cadena, se comunica a todos los nodos y este se añade a la copia que cada uno almacena.

- Red P2P o «entre iguales» (*Peer-to-Peer*, en inglés): red de nodos conectados directamente en una misma red. Actualmente, el ejemplo más famoso es la red P2P de BitTorrent.

- Criptografía: en la *blockchain*, la criptografía tiene la responsabilidad de proveer un mecanismo infalible para la codificación segura de las reglas del protocolo que rigen el sistema. Entendemos por criptografía un procedimiento que emplea un algoritmo con clave de cifrado que transforma un mensaje, de tal forma que sea incomprensible para toda persona que no disponga de la clave de descifrado del algoritmo empleado.

- Bloques: conjunto de transacciones, confirmadas y validadas por el sistema, que se incluyen en la cadena de bloques.

- Mineros: conjunto de ordenadores cuya potencia computacional se emplea para verificar las transacciones que se llevan a cabo en la *blockchain*.

- DLT (*Distributed Ledger Technology*): sistema contable distribuido donde son compartidos y empleados los registros (o datos), que deben ser accesibles para todos los miembros de una red. El registro distribuido incrementa la transparencia y dificulta cualquier tipo de fraude o manipulación, además de ser un sistema más difícil de hackear. DLT también se refiere a una lista de transacciones compartida en tiempo real entre varios ordenadores, en vez de hacerlo en un servidor central; es decir, no está centralizada o, lo que es lo mismo, no hay una autoridad central que ejerza de árbitro y verificador. En resumen, una DLT es simplemente un sistema contable distribuido que administran varios usuarios del sistema y donde no existe una autoridad central.

- Algoritmo de consenso: el consenso entre los usuarios de la *blockchain* se sustenta en un protocolo común que verifica y confirma las transacciones realizadas, lo que asegura su irreversibilidad. De igual modo, este consenso debe proporcionar a todos los usuarios una copia inalterable y actualizada de las operaciones realizadas en la *blockchain*. Principalmente destacamos dos: *Proof of Work* (que requiere mineros) y *Proof of Stake* (que requiere validadores).

- Sistema descentralizado: a diferencia de un sistema centralizado, donde toda la información está controlada por una única entidad, aquí son todos los nodos conectados los que controlan la red, ya que son iguales entre sí; es decir, no hay una jerarquía entre los nodos, al menos en una *blockchain* pública como Bitcoin o Ethereum.

42

¿SABES DIFERENCIAR LOS DISTINTOS TIPOS DE CRIPTOACTIVOS?

Para poder responder correctamente a esta pregunta y entender los conceptos para tener en cuenta tenemos que considerar la diversa tipología existente; para ello deberíamos saber diferenciar entre dinero fiat y tokens, además de los distintos tipos de criptoactivos existentes, criptomonedas disponibles y tokens criptográficos que se desarrollan.

Inicialmente, diferenciaremos entre el dinero fiat (o fiduciario) y el concepto genérico de token.

El dinero fiat o fiduciario es aquel que está respaldado en la confianza de una sociedad, no basándose ya en el valor de metales preciosos (como el oro y la plata), sino en la creencia general de que tal dinero tiene valor. Una de las principales características del dinero fiat es que está controlado por organismos y entidades autorizadas, como son los bancos centrales de cada país o, en el caso del euro, por el Banco Central Europeo.

Recordemos que las funciones tradicionales del dinero son las siguientes: unidad de cuenta (sistema de registro contable que permite asignar precios), reserva de valor (mantenimiento del poder adquisitivo en el largo plazo) y medio de intercambio o pagos generalizado (permite su intercambio por otros bienes y servicios).

Por otra parte, los tokens suelen ser fichas, vales u objetos que carecen de valor de curso legal y son emitidos por una entidad privada para un determinado uso. Además, tienen cierta similitud con las monedas que encontramos en el dinero fiat, pero su valor, inicialmente se lo da el ecosistema que los utiliza. El problema de tales tokens es que eran fácilmente falsificables y controlados por una entidad que podía emitir tantos como quisiera, lo que resultaba poco transparente y justo. Estos problemas quedan solucionados por la criptografía y la tecnología *blockchain*, donde los tokens ganan valor en términos de una mejor trazabilidad, transparencia, seguridad e imposibilidad de falsificación.

El ejemplo más paradigmático de tokens son las fichas de un casino. Pero también encontramos el caso donde el valor de tales tokens puede ser muy alto dentro de la comunidad que haga empleo de estos, como es el caso de las criptomonedas, donde bitcoin es ampliamente aceptado y representa un alto valor para el denominado «criptomercado». Pero no nos adelantemos a los acontecimientos.

Un criptoactivo es un tipo de activo virtual, de naturaleza digital e intangible, el cual tiene su origen en la criptografía y posee un determinado valor de mercado. Disponer de ellos nos permite generar ingresos al venderlos o al intercambiarlos por bienes o servicios.

Dentro de los criptoactivos encontramos dos tipos: las criptomonedas o criptodivisas y los tokens criptográficos.

Los criptoactivos se construyen sobre redes abiertas entre iguales (o P2P) que facilitan la verificación descentralizada y el registro incorruptible de transacciones y datos mediante el empleo de métodos criptográficos y tecnologías de cadena de bloques o *blockchain*. Esta última consiste en un libro contable descentralizado y distribuido entre sus usuarios (similar a una base de datos), donde se recogen todas las transacciones que se producen en su red y donde la información es almacenada en bloques de forma lineal y sincronizada sin la necesidad de un intermediario «que lleva las cuentas», para entendernos. Una vez que la información es añadida a la cadena de bloques, esta no puede ser borrada ni modificada.

Los primeros tipos de criptoactivos que conocimos fueron las criptomonedas o criptodivisas, de las que bitcoin fue la primera en aparecer, y posteriormente surgieron otras criptomonedas a las que se le denominan «altcoins», gracias al sistema de código abierto facilitado por esta primera criptodivisa. El principal objetivo de bitcoin, nacido como medio de pago descentralizado entre iguales (P2P), es convertirse en una moneda digital que ofrezca las funciones de las monedas convencionales, pero de forma descentralizada; es decir: reserva de valor, medio de intercambio generalizado y unidad de cuenta. Para ello cuenta con la característica de que su oferta monetaria total es limitada en el tiempo: 21 millones de unidades, con una reducción considerable del ritmo de producción cada cuatro años, en un proceso denominado *halving*.

Por otra parte, el término *altcoin* es la unión de dos palabras en inglés, *alternative coin*, es decir, «moneda alternativa». Con esta notación se agrupa a todas las criptomonedas distintas de bitcoin y que, además, cuentan con su propia *blockchain*.

Una vez realizada esta distinción, procedemos a explicar en detalle los tipos de criptoactivos existentes, comenzando por las criptomonedas o criptodivisas y continuando con los tokens criptográficos.

Como decíamos, el concepto de criptomoneda o criptodivisa surge con el nacimiento de bitcoin. Las criptomonedas o criptodivisas son criptoactivos cuyo propósito es cumplir con las funciones tradicionales del dinero, mencionadas anteriormente, pero sin la presencia de entidades centrales que emitan y controlen el dinero (descentralizadas), como sucede con las monedas fiat: el euro, el dólar norteamericano, el yen japonés, entre otras.

Los intercambios con criptomonedas o criptodivisas se llevan a cabo mediante transacciones electrónicas empleando métodos de cifrado con tecnología criptográfica para asegurar el flujo de las transacciones. Estas criptomonedas se caracterizan por que la generación de nuevas unidades de moneda y la verificación de la transferencia de fondos se realizan de forma descentralizada. El uso de técnicas criptográficas dota a sus transacciones de un carácter anónimo, lo que preserva la privacidad, y de una mayor inmediatez en las transacciones.

Las criptomonedas suelen cumplir una serie de características que las definen, las cuales procedemos a describir:

- No son de curso legal: a excepción, actualmente, en El Salvador y la República Centroafricana. En un futuro no muy lejano, muchos más países engrosarán esta lista conforme se debilite el poder actual del dinero fiat.

- Digital: solo existen de forma digital y tienen naturaleza intangible.

- Descentralizadas: no poseen un servidor o un ordenador central que realiza las transacciones. A estas redes que no tienen un servidor central se las denomina «redes descentralizadas».

- Encriptadas: para poder utilizar las criptomonedas, los usuarios disponen de unos códigos especiales que imposibilitan el acceso a otros usuarios. Esto se llama «criptografía» y es muy difícil de hackear.

- Red P2P o entre iguales: las criptomonedas son enviadas y recibidas de persona a persona sin tener que lidiar con intermediarios, como sí ocurre con las entidades bancarias o en plataformas centralizadas como PayPal, Google, Apple, Amazon o Facebook.

La ventaja que encontramos en las criptomonedas o criptodivisas es que es dinero digital sin fronteras, el cual puede ser enviado de forma muy sencilla y casi instantánea, en la cantidad que queramos y a cualquier parte del mundo, sin depender del control de un tercero.

Por otra parte, los tokens criptográficos, como criptoactivos que son, suponen una representación digital de cosas, materiales o intangibles, que tienen valor en el mundo real. Tal representación o ficha digital tiene forma de cadena alfanumérica y supone un registro (o apunte contable) en una cadena de bloques o *blockchain* de un tercero (no es propia).

La diferencia principal que encontramos entre los tokens criptográficos y las criptomonedas es que estas últimas disponen de su propia *blockchain*, mientras que los tokens digitales se basan en la *blockchain* de un tercero.

Actualmente existen muchas cadenas de bloques que permiten crear tokens, siendo Ethereum la plataforma líder por excelencia para este cometido gracias a sus estándares ERC-20 y ERC-721, que permiten desarrollar un contrato inteligente o *smart contract* para crear un token de forma simple y rápida.

Por otra parte, el token criptográfico se beneficia de la infraestructura *blockchain* ya existente, con el ahorro de tiempo y recursos que eso conlleva. Asimismo, la creación de nuevos tokens fortalece el ecosistema de la *blockchain* elegida para trabajar sobre ella, lo que hace que toda esta red se vuelva aún más segura. Y, por último, la ventaja de la interoperabilidad, que consiste en que, si todos los tokens criptográficos creados en la red de una *blockchain* emplean el mismo estándar, esos tokens serán fácilmente intercambiables y podrán trabajar fácilmente con otras aplicaciones descentralizadas del mismo ecosistema.

En función de los usos y las propiedades de los tokens criptográficos, encontramos los siguientes tres tipos:

- *Security token:* son tokens criptográficos de activos financieros. Estos tokens representan capital o deuda de la puesta en marcha de un proyecto empresarial, lo que da a sus propietarios el derecho a reclamar sus intereses de inversión. Puede ser el derecho a participar en una entidad legal para aportar capital, para obtener ganancias o para ser acreedor o prestamista.

- *Utility token:* son tokens de aplicación o tokens de usuario que permiten el acceso futuro a los productos o servicios ofrecidos por una compañía. Por lo tanto, los *utility tokens* no se crean para ser una inversión.

- *Equity token:* los *equity token* son tokens de acciones, los cuales están muy relacionados con los *security tokens*. Estos funcionan como un activo de acciones tradicional. Representan la propiedad de algún activo o empresa de terceros. Además, su valor está asociado al éxito o fracaso de esa propiedad.

43

¿Entiendes el funcionamiento de Ethereum?

Ethereum es un sistema descentralizado, lo que significa que no está controlado por ninguna entidad gobernante, por lo que es totalmente autónomo y no está controlado por nadie en absoluto. No tiene un punto central de falla, ya que se está ejecutando desde los ordenadores de miles de voluntarios en todo el mundo, lo que significa que nunca puede desconectarse. Además, la información personal de los usuarios permanece en sus propios ordenadores, mientras que el contenido, como aplicaciones, vídeos, etc., se mantiene en control total de sus creadores.

Este sistema funciona como un libro de contabilidad donde se lleva la cuenta de todo lo que pasa en la red, de todas las transacciones realizadas. Esa información, una vez verificada por los nodos de la red y apuntada, no puede ser borrada ni modificada. Todos y cada uno de los nodos que forman la red Ethereum tienen total acceso a esa *blockchain* para consultar, revisar y verificar cualquiera de las transacciones registradas. De este modo se garantiza en todo momento la veracidad y la transparencia de la información. Este carácter inmutable hace de Ethereum un sistema fiable que ofrece confianza a sus usuarios. Además, Ethereum emplea un conjunto de reglas basadas en la criptografía. Para realizar transacciones se necesitan unas llaves públicas y privadas que sirven para que los mensajes solo puedan ser descifrados por sus destinatarios, lo que garantiza que las transacciones se den en un ambiente confidencial y de máxima seguridad.

Cabe decir que Ethereum y Bitcoin son dos plataformas completamente diferentes, con objetivos muy distintos. Bitcoin es la primera criptomoneda y un sistema de transferencia de dinero, construido y soportado por una tecnología de contabilidad pública distribuida llamada *blockchain*. Ethereum tomó la tecnología de código abierto que había detrás de Bitcoin e incrementó considerablemente sus capacidades y funcionalidades. Es una red completa, con su propio navegador de internet, lenguaje de codificación y sistema de pago. Lo más importante es que permite a los usuarios crear aplicaciones descentralizadas en la *blockchain* de Ethereum.

Para entendernos, si Bitcoin fuera una hoja de cálculo Excel, entonces Ethereum sería una hoja de cálculo Excel con macros (una macro nos ayuda a automatizar aquellas tareas que hacemos repetidamente en una hoja de cálculo).

Además, el sistema también proporciona a sus usuarios la máquina virtual Ethereum (EVM), que esencialmente sirve como un entorno de

Ethereum es una plataforma de software distribuida pública, de código abierto y basada en *blockchain* que permite a los desarrolladores crear e implementar aplicaciones descentralizadas. Fuente: imagen de Az1975 en Pixabay.

tiempo de ejecución para contratos inteligentes basados en Ethereum. Proporciona a los usuarios la seguridad de ejecutar un código no fiable al tiempo que se asegura de que los programas no interfieran entre sí. La EVM está completamente aislada de la red principal de Ethereum, lo que la convierte en una herramienta perfecta para probar y mejorar los contratos inteligentes.

Por otra parte, la plataforma Ethereum es de código abierto, lo cual significa que cualquier desarrollador puede ver cómo está construida y modificarla o mejorarla, así como crear nuevas aplicaciones encima de ella gracias a la EVM, que es un programa informático o *software* que se ejecuta en la red Ethereum, que permite a cualquier persona ejecutar cualquier programa, independientemente del lenguaje de programación empleado y hace el proceso de creación de aplicaciones en la *blockchain* mucho más fácil y eficiente; es decir, en lugar de tener que construir una cadena de bloques totalmente original para cada nueva aplicación, Ethereum permite el desarrollo de potencialmente miles de aplicaciones diferentes, todo en una sola plataforma.

Un concepto fundamental que considerar cuando se trabaja en Ethereum es el denominado «gas». Este es la unidad para medir el trabajo realizado en Ethereum; es decir, es el coste que tiene realizar una operación o un conjunto de operaciones en la red Ethereum, ya sea realizar una transacción, crear una aplicación descentralizada o ejecutar un contrato inteligente.

El gas no tiene ningún valor económico ni es un token dentro de Ethereum, solo se trata de una unidad de medida para poder establecer el valor de las transacciones. Esto es gracias a que cada unidad de gas tiene un precio en *gwei* (decimales de *ether*). Así que, por una transacción que consuma una determinada cantidad de gas se debe pagar una determinada cantidad de *ether* para que pueda ser procesada.

También es importante mencionar que *ether* es la criptomoneda de Ethereum y es el combustible que hace que este sistema funcione, ya que sirve para compensar a los nodos que mantienen la plataforma gracias a los procesos de minado. También puede ser usado como criptomoneda, al igual que bitcoin. Los pagos realizados en *ether* son validados por los nodos que participan en la red y registrados en su *blockchain*. El *ether* no se emplea solamente para reflejar las transacciones de valor monetario, sino que además permite la aplicación de los llamados «contratos inteligentes» o *smart contracts*. Estos son simplemente programas informáticos que permiten facilitar el intercambio de dinero, contenido, propiedad, acciones o cualquier cosa de valor.

El nacimiento de Ethereum, hace siete años desde el momento en que se está escribiendo este libro, permitió ver que *blockchain* era algo más que un instrumento necesario para desarrollar criptoactivos, sino una verdadera fuente de innovación.

Las aplicaciones descentralizadas y los contratos inteligentes son difícilmente imaginables sin Ethereum. Por supuesto, son dimensiones que ya estaban en Bitcoin, pero hacía falta hacerlas más accesibles y apuntalarlas con determinación. Los desarrolladores de Ethereum partían de Bitcoin, aunque era fundamental la propuesta de integrarlo en un lenguaje Turing completo. A partir de aquí, la *blockchain* de Ethereum entró a formar parte de las bases de la Web 3.0 y de la denominada «cuarta revolución industrial» gracias principalmente a su estándar tecnológico en *smart contracts*. Puede decirse que, si Bitcoin puso su horizonte de acción en la industria del dinero, Ethereum extendió el horizonte de *blockchain* al conjunto del sistema económico.

Entre sus indicadores de éxito, el principal es el elevado número de usuarios y miembros de su comunidad, pues se procesan en su *blockchain* más de un millón de transacciones diarias. Además, la criptomoneda *ether* ostenta el segundo puesto de capitalización en el criptomercado.

Por otra parte, a mediados de 2022, un informe publicado por Bloomberg señalaba que, una vez que se lleve a cabo la esperada actualización denominada The Merge en la red de Ethereum, se mejoraría significativamente la eficiencia energética de la red, lo que significaría el fin para la minería de bloques PoW. En el protocolo de consenso PoS, los bloques serán verificados por validadores en lugar de criptomineros, lo que dejaría a las granjas mineras de *ethers* con millones de dispositivos hardware improductivos en la nueva *blockchain*.

En el momento de la elaboración de esta pregunta, todavía no se había producido el evento The Merge en la red de Ethereum, que plantea principalmente un cambio de sistema de consenso para la red de Ethereum al implementar el sistema *Proof of Stake* (PoS) en lugar del conocido *Proof of Work* (PoW).

El informe de Bloomberg señalaba que el cambio de algoritmo de consenso a *Proof of Stake* (PoS) será el aspecto que marcará la pauta. Con dichas actualizaciones se esperaba que la red fuera verdaderamente escalable y eficiente, lo que haría que la criptomoneda ether tuviera potencial para convertirse en un activo muy demandado entre grandes inversionistas institucionales a nivel internacional.

Según algunas métricas que presentaba Bloomberg en su informe, Ethereum había tenido un rendimiento superior en varios indicadores de adopción clave, los cuales guardan una elevada correlación con el precio, la cantidad de usuarios activos, las direcciones de *wallets* con fondos y el volumen de transacciones, donde llegaban incluso a puntuar mejor que Bitcoin en ciertos casos. Estos indicadores clave fueron:

- En cuanto a las direcciones con saldo en ETH, el informe detallaba en ese momento que estaba en máximos históricos, duplicando lo que se veía en la red de Bitcoin.

- Sobre las transacciones en la red, esta métrica se ha mantenido sólida en lo que va de año, tan solo perdiendo un 7% del volumen de transferencias, esto independientemente de la caída del precio vista en los últimos meses.

- Respecto a las direcciones activas, este indicador crecía un 113% en los últimos tres años. Mientras tanto, en el caso de Bitcoin caía un 30%.

- El volumen comercial de ETH en julio de 2022 alcanzó una paridad del 50% con el de Bitcoin, y era la primera vez que ocurría en lo que iba de año. Para la firma de datos Kaiko se debía a los grandes volúmenes que se veían en los principales mercados (Spot y derivados).

Entre las ventajas de la llegada del evento The Merge en la red de Ethereum destacamos las siguientes:

- Al cambiar el algoritmo de consenso por *Proof of Stake*, la comunidad de Ethereum ya no tendrá más mineros que operen vía *Proof of Work*, los cuales no se verán obligados a vender los *ethers* ganados a la baja para pagar los costes operativos que conllevaba respaldar la red.

- El cambio a *Proof of Stake* también generará un mayor interés por hacer *staking* en la red, lo cual sacará de circulación muchos *ethers* actualmente circulando en *exchanges*.

Estos aspectos y otros tantos pueden convertir a *ether*, la criptomoneda de la plataforma Ethereum, en un activo de inversión cada vez más demandado. Inclusive, algunos analistas se atreven a pronosticar que podría superar a bitcoin en los principales mercados. Sin embargo, aún queda esperar a que llegue la actualización y ver cómo evoluciona el mercado una vez que la red de Ethereum comience a operar bajo estas nuevas condiciones.

Por último, hay que decir que, cuando se produzca la fusión y *ether* pase a PoS, habrá dos cadenas: *Proof of Work* (PoW) y *Proof of Stake* (PoS). Los mineros intentarán conseguir las últimas ganancias antes de vender su *hardware*: mantendrán vivo el Ethereum PoW haciendo una bifurcación de la cadena de bloques (*hard fork*). Todo lo que existía antes de la división de la cadena estará ahora en la nueva cadena PoS, y en la cadena PoW existente en simultáneo: los activos en la cadena se podrían duplicar.

44

¿Son esenciales procesos como la minería y el *staking*?

Los entusiastas de los criptoactivos y principalmente de la denominada «Coca-Cola del criptomercado» o bitcoin pueden haber tenido amplias razones para elogiar la evolución de las criptomonedas desde sus inicios, pero no han podido refutar el enorme coste ambiental de ponerlas en circulación, debido principalmente al algoritmo de consenso empleado: *Proof of Work* (PoW). El llamado a la acción concertada para limitar el impacto climático llevó a las *blockchains* emergentes a idear formas de hacer que la extracción de nuevas monedas y tokens fuera más sostenible.

Echemos un vistazo a cómo ha evolucionado la tecnología de minería de nuevas criptomonedas con la introducción de un proceso llamado *staking* y en qué se diferencia de la minería, el proceso tradicional que siguió la red Bitcoin. Pero antes recordemos el concepto de cadena de bloques.

Blockchain o cadena de bloques es una tecnología descentralizada, lo que significa que ninguna autoridad central controla los datos ni el sistema. Las transacciones de criptomonedas se almacenan en cadenas de bloques, también conocidas como «libro contable distribuido» (DLT). Este libro contable distribuido se almacena en varias computadoras (nodos), de manera que se almacena una copia en cada nodo para proteger los datos de transacción de los usuarios. Los usuarios de estos nodos terminarán validando las transacciones que se almacenarán en bloques y estos en la cadena de bloques, y para ello se requiere previamente un proceso esencial de consenso criptográfico, que puede optar principalmente por la minería o el *staking*. La diferencia básica entre el *staking* y la minería es el algoritmo de consenso utilizado (*Proof of Work* o *Proof of Stake*) para validar transacciones y agregar nuevos bloques a la cadena de bloques.

La minería utiliza el mecanismo de consenso de prueba de trabajo (PoW). En este sistema, los mineros son usuarios del sistema, que cuentan con un potente *hardware* computacional que utilizan para resolver los complejos acertijos computacionales que les pone tal sistema para su correcto funcionamiento. Los mineros validan las transacciones y ofrecen seguridad a los datos transaccionales almacenados en la cadena de bloques. En este proceso, los mineros consumen una alta cantidad de energía, lo cual hace el procedimiento poco sostenible en términos medioambientales.

La minería requiere potentes GPU (unidades de procesamiento de gráficos) que realizan cálculos complejos para resolver los acertijos mencionados. Estas GPU emplean grandes cantidades de energía para realizar cálculos, uno de los problemas más importantes de la minería de criptoactivos. Como decíamos, las grandes cantidades de energía utilizadas por los mineros tienen un impacto negativo en el medio ambiente, lo que genera una importante huella de carbono. El problema de las GPU es que son muy caras y difíciles de mantener.

La contraprestación que reciben los mineros en todo este proceso es que se les otorga una pequeña cantidad de la criptomoneda que extraen cada vez que resuelven los acertijos matemáticos planteados por el sistema y validan las transacciones en la cadena de bloques. La cantidad difiere con cada criptomoneda, pero las recompensas son más altas que el método de participación (*Proof of Stake*, PoS).

Por otra parte, *staking* emplea el mecanismo de consenso de prueba de participación (*Proof of Stake*, PoS), el cual se introdujo como una alternativa a PoW, cuando la gente comenzó a darse cuenta del problema de la sostenibilidad y del coste ambiental que supone la minería. También eliminó la necesidad de costosas GPU para la minería.

El *staking* consiste en adquirir criptoactivos y dejarlos bloqueados en depósito en un monedero electrónico o *wallet* con el propósito de obtener recompensas y derechos de voto sobre un proyecto de criptomonedas. Es un proceso muy similar al HODL, solo que en *stake* los saldos están bloqueados y no se pueden emplear libremente, al mismo tiempo que se contribuye con la operatividad y el funcionamiento de la *blockchain* de esa misma criptomoneda.

El término HODL (del inglés *HOLD*, pero mal escrito) es muy frecuente entre los usuarios e inversores de criptomonedas, principalmente de bitcoin. Esta palabra hace referencia, específicamente, a la firme decisión de adquirir un activo y mantenerlo a lo largo del tiempo; es decir, hablamos de una estrategia de inversión a largo plazo.

El *staking* es una estrategia de más corto plazo, aunque es un proceso muy parecido al HODL; en el *stake*, los saldos están bloqueados y no pueden usarse libremente, a favor de recibir un determinado interés anual por dicha práctica. El *staking* ofrece recompensas que se ajustan a la cantidad de criptomonedas bloqueadas y van sumando más valor con el paso del tiempo. Cabe decir también que las recompensas que se obtienen en este proceso dependen de cuánto tiempo estén bloqueadas las criptomonedas. Las recompensas suelen ser más bajas de lo que obtiene un minero.

Realmente, para entender qué es el *staking*, primero se necesita conocer el funcionamiento del mecanismo de consenso *Proof of Stake* (PoS), el cual permite a las cadenas de bloques PoS operar de forma más eficiente en términos energéticos y sin incurrir en elevados costes computacionales como comentábamos. Es por eso por lo que muchas cadenas de bloques se están moviendo hacia un modelo PoS/*staking* para reducir el impacto ambiental negativo del comercio de criptoactivos.

El objetivo del algoritmo PoS, al igual que en PoW, es crear consenso entre todas las partes que integran la red. Fuente: imagen de WorldSpectrum en Pixabay.

En resumen, *Proof of Stake* (PoS) o prueba de participación es un protocolo de consenso creado para reemplazar al conocido *Proof of Work* mediante el aporte de una mejor seguridad y escalabilidad a las redes que lo implementen.

A los nodos que minan en PoS se les llama «validadores». La decisión sobre qué nodo ha de validar un bloque se hace de forma aleatoria, pero dándoles mayor probabilidad a quienes cumplan una serie de criterios (cantidad de criptomoneda reservada o el tiempo de participación en la red, entre otros). Una vez establecidos estos, comienza el proceso de selección de nodos de forma aleatoria. Una vez terminado el proceso de selección, los nodos elegidos podrán validar transacciones o crear nuevos bloques.

Además, PoS consume menos energía, requiere que los validadores tengan una única conexión a internet y la criptomoneda relevante para apostar (*staking*), y no necesita ninguna habilidad avanzada para resolver acertijos criptográficos para encontrar un nuevo bloque.

Por ejemplo, la red Ethereum ha comenzado a trabajar para cambiar al mecanismo PoS, lo que lo hará más sostenible, escalable, y reducirá además drásticamente los costes de transacción por validación de *smart contracts*.

45

¿EXISTEN DIVERSOS ALGORITMOS DE CONSENSO?

El consenso es el pilar que garantiza la seguridad de la *blockchain*, ya que controla el hecho de que todos los que participen en la red acepten de forma unánime la información que dicha cadena contiene, ya que no es más que la aceptación por todos los miembros de la red *blockchain* de que la información que hay es la misma. Es decir, todos los usuarios de la red aceptan que la información no tiene manipulaciones ni datos duplicados o equivocados.

En una red de tipo *blockchain*, la información se agrupa en bloques y, como en el caso de Bitcoin, estos son validados mediante el proceso de minado. Ante esto, lo primero que debemos considerar es que el consenso es el sistema de sincronización entre todos los nodos de la red. Mediante esta sincronización, todos los ordenadores que forman parte de la red pueden estar seguros de que la información no está manipulada y es correcta.

La duda que puede surgirnos es cómo nos aseguramos de que estamos de acuerdo con la validación del bloque. La forma de responderla es mediante un acuerdo entre los nodos de la red que permite un tipo de auditoría que imposibilita que alguien pueda enviar información manipulada a la cadena de bloques.

A continuación, vamos a analizar los dos principales protocolos de consenso; nos referimos al protocolo de prueba de trabajo o *Proof of Work* y al de prueba de participación o *Proof of Stake*.

El más antiguo y conocido protocolo de consenso es el de prueba de trabajo o *Proof of Work* (PoW), que consiste en que determinados usuarios de una red realizan exitosamente un trabajo computacionalmente complejo y costoso para acceder a los recursos de dicha red y que luego será verificado por la propia red. Con esto se busca impedir la acción de usuarios maliciosos, lo que evita ciertos comportamientos indeseados en dicha red.

Un ejemplo muy simple de entender: hablamos del famoso *captcha* que se pone cuando se quiere hacer un registro en una web. La web pone este reto que el internauta ha de resolver. Si lo resuelve, tendrá acceso a la página web, lo que evita que un atacante pueda crear millones de registros y así colapsar el sitio web.

La principal característica de este protocolo es que la prueba de trabajo lleva mucho tiempo en producirse y es muy costosa energética y computacionalmente de realizar. Pero verificarla es sencillo, pues la prueba diseña patrones que facilitan la verificación.

En el caso de Bitcoin, el empleo que hace del protocolo de *Proof of Work* permite que para cada nuevo bloque creado se deberá resolver un acertijo matemático que solo puede ser resuelto mediante

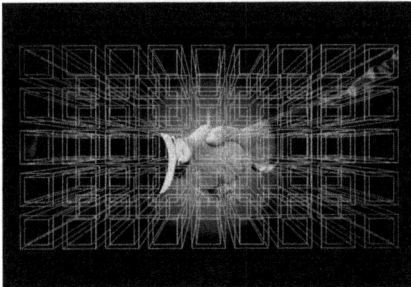

El consenso controla el hecho de que todos los participantes de la red *blockchain* acepten de forma unánime la información que dicha cadena contiene. Fuente: imagen de Gerd Altmann en Pixabay.

163

prueba y error. Estos acertijos son resueltos por los mineros mediante millones de intentos. Resolver el acertijo dará como resultado la creación del bloque, la confirmación de las transacciones involucradas en ese bloque y la generación de nuevos bitcoins que recibirá el minero como recompensa junto con las comisiones implícitas en cada una de las transacciones.

Independientemente de que Satoshi Nakamoto haya empleado PoW en Bitcoin, el uso de este protocolo responde al alto nivel de seguridad que ofrece, ya que sus algoritmos de prueba de trabajo han sido bien probados y tienen menos errores y vulnerabilidades a medida que una red crece y consolida su seguridad.

Describiremos el funcionamiento del protocolo PoW en cuatro etapas:

- Etapa 1: el usuario o nodo establece una conexión con la red y esta le asigna una tarea computacionalmente compleja (un acertijo matemático) que debe ser resuelta si se pretende recibir una contraprestación económica.

- Etapa 2: se inicia la resolución de tal acertijo matemático, lo que requerirá el consumo de mucha potencia computacional y de energía para resolverlo. Este proceso es el que recibe el nombre de «minería».

- Etapa 3: una vez resuelto computacionalmente el acertijo matemático, este usuario lo comparte con la red para que procedan a su verificación. En este punto se verifica de manera rápida que la tarea cumpla con los requisitos exigidos. Si lo hace, se brinda acceso a los recursos de la red. En caso contrario, se rechaza el acceso y la solución presentada del acertijo matemático. Es en este punto donde se realizan las verificaciones de protección contra el doble gasto.

- Etapa 4: con la confirmación de que la tarea ha sido cumplida, el cliente accede a los recursos de la red. Gracias a esto recibe un incentivo por el trabajo computacional realizado; en el caso de Bitcoin obtendría bitcoins y en la plataforma Ethereum actualmente obtendría la criptomoneda *ether*.

El principal problema que encontramos en este protocolo es que el sistema consume una gran cantidad de energía eléctrica. Algunas estimaciones calculan que el consumo asciende a los 24 teravatios de energía al año y que seguirá ascendiendo a medida que se necesite más potencia para realizar este intensivo trabajo.

Otro protocolo de consenso que es más sostenible energéticamente hablando y que cada vez está más demandado es el prueba de participación o *Proof of Stake* (PoS).

Proof of Stake (PoS) o prueba de participación es un protocolo de consenso creado para aportar una mejor seguridad y escalabilidad a las redes que lo implementen.

El protocolo de *Proof of Stake* (PoS) fue creado en el año 2011 por el desarrollador Sunny King, quien en 2012 lo presentó formalmente en el *whitepaper* de PPCoin, donde explicaba el funcionamiento del algoritmo PoS y buscaba dar solución a algunos problemas conocidos del protocolo PoW, como la falta de escalabilidad y velocidad, el alto consumo energético del proceso de minería o la descentralización de la red. Estos problemas citados afectan negativamente a las redes PoW en la actualidad, además de disminuir el interés financiero a los ataques de 51%. Este último problema con un protocolo de participación PoS solo sería posible si el atacante es propietario del 51% de todas las criptomonedas. Si el atacante realiza un ataque de este tipo, el valor de la criptodivisa tiende a caer, lo que conlleva importantísimas pérdidas económicas para el atacante. Esta situación disuade las intenciones del atacante y genera a la vez una importante seguridad en la red.

El sistema de prueba de participación busca incentivar a los participantes para que posean en todo momento una determinada cantidad de criptomonedas que les permite ser elegidos por el proceso de selección aleatoria que se lleva a cabo para designar tareas. En este sistema, los que dispongan de más reservas gozan de mayor peso en la red y de tener mayores oportunidades de ser elegidos. Una vez elegidos pueden validar transacciones y crear nuevos bloques dentro de la red, lo que les permite obtener incentivos por el trabajo realizado.

Destacamos las siguientes características del protocolo de prueba de participación o *Proof of Stake* (PoS):

• La velocidad y la escalabilidad de las redes PoS superan por mucho a las redes PoW.

• Es una tecnología más respetuosa con el medio ambiente al no necesitar potentes máquinas para la minería, lo que reduce significativamente el consumo energético.

• Mejora la descentralización y democratiza el acceso a la red.

• Aumenta la seguridad de la red al dificultar ataques como el de 51%.

• Existe el riesgo de perder los fondos por ataques maliciosos. Los sistemas PoS requieren que la cartera del usuario siempre esté abierta y conectada a internet, lo que genera un problema de seguridad.

• La entrega de recompensas es más proporcional gracias al sistema de selección aleatoria dentro de la red.

46

¿En qué consisten los estándares tecnológicos ERC-20 y ERC-721?

A continuación, vamos a estudiar los estándares tecnológicos ERC-20 y ERC-721 desarrollados en la plataforma Ethereum, los cuales están permitiendo a este sistema ser, actualmente, el incuestionable líder tecnológico entre las distintas plataformas descentralizadas existentes en el criptomercado. Para ello comenzaremos describiendo el estándar ERC-721, el cual está íntimamente ligado con los denominados NFT, objeto principal de este libro.

A finales de 2017, el desarrollador Dieter Shirley presentó la propuesta de creación de un nuevo estándar denominado ERC-721 con el propósito de crear tokens únicos y no fungibles. Es decir, cada token es único en toda su existencia y no puede destruirse o deteriorarse.

El objetivo era desarrollar tokens únicos cuyo valor intrínseco tuviera su origen en su rareza. Para entendernos, un token ERC-721 no es más que un token «coleccionable».

Recordemos que un token ERC-721 es un tipo de token creado para la red Ethereum bajo los estándares de sus *smart contracts*. Gracias a ello podemos definir el valor de un token ERC-721 en función de la rareza y particularidad de sus propiedades. Esto ha permitido construir todo un nuevo ecosistema de tokens sobre la *blockchain* de Ethereum.

La razón de la creación de los tokens ERC-721 es la creación de un token único y con propiedades irrepetibles, donde la escasez y la exclusividad funcionen como un privilegio. Y, por tanto, que el deseo de conseguirlo sea inversamente proporcional a la cantidad de tokens parecidos que existan. La singularidad de las características que hacen único a un token es lo que le otorga ese gran valor.

Respecto a los tokens ERC-721 de la red Ethereum, basan su funcionalidad y razón de existir en la potenciación de la escasez digital, facilitada por *blockchain*, para aprovechar el efecto que crean las ediciones limitadas de productos. A diferencia de los tokens ERC-20, su atractivo radica en su faceta de poder ser considerados como objetos coleccionables. En resumidas cuentas, un token ERC-721 no es más que un token coleccionable.

La propiedad de no fungibilidad de los tokens ERC-721 es muy importante para la característica de singularidad de estos tokens. El hecho de que su programación garantice que los tokens pueden permanecer de forma inalterada y no eliminable en la *blockchain* permite que sus características en todo momento se encuentren presentes y ningún otro token pueda tener características iguales.

Además, podemos conocer, a tiempo real, la cantidad actual de tokens ERC-721 existentes en el siguiente enlace: https://etherscan.io/tokens-nft.

Destacamos las siguientes características en los tokens ERC-721:

- Cada token ERC-721 posee el campo Nombre, que se utiliza para indicar la denominación del token a los contratos y aplicaciones externas.
- Llevan definido el suministro total del token.
- Contienen un campo que indica el balance de tokens dentro de una dirección.
- Tienen definido un símbolo que permite que las *DApps* puedan acceder a un nombre abreviado para dichos tokens.
- Cada token ERC-721 lleva definido un campo de funciones del propietario, usado para definir la propiedad del token y cómo se puede transferir esta.
- Llevan definido un campo llamado Propietario, el cual permite garantizar la no fungibilidad del token e identificarlo criptográficamente.
- Cuenta con un campo llamado Aprobación mediante el cual se otorga permiso a otra entidad para transferir el token en nombre del propietario.
- Debido a la singularidad del token y a que un usuario puede poseer diversos tokens ERC-721, se ha creado el campo Token del propietario por índice, permitiendo hacer el seguimiento de los tokens por medio de un ID único.
- Los tokens ERC-721 cuentan con un campo denominado Metadatos del token, el cual permite su condición de no fungibles. Además, alberga todas esas propiedades que distinguen a un token del resto.

Por ejemplo, el estándar ERC-721 podemos utilizarlo para adjudicar, de forma criptográficamente segura, la propiedad privada de diferentes objetos de valor en la vida real, como casas, terrenos, vehículos e incluso una identidad virtual criptográficamente segura.

En resumen, si se plantea tokenizar algún objeto único y exclusivo por sus características, el estándar ERC-721 está preparado para cumplir con esa tarea, pues permite transformarlo en un token dentro de la cadena de bloques de Ethereum.

Por otra parte, los tokens ERC-20 (ERC significa «solicitud de comentarios de Ethereum») son en la actualidad el estándar más empleado en la industria de los criptoactivos para crear nuevos tokens. Concretamente, los tokens ERC-20 son contratos inteligentes que se ejecutan en la *blockchain* de Ethereum. Podemos conocer, a tiempo real, la cantidad actual de tokens ERC-20 creados en el siguiente enlace: https://etherscan.io/tokens.

El objetivo y la necesidad de los tokens ERC-20 son diseñar un estándar que cree interoperabilidad y compatibilidad entre tokens, lo que fomenta ahorros de tiempo y mejoras en el ecosistema de Ethereum, además de dotar al propio sistema de mayor crecimiento y seguridad.

Entre las principales características de los tokens ERC-20, destacamos las siguientes:

- Tienen un nombre o identificador y un símbolo asociado. Por medio de estos dos valores es posible identificar y diferenciar los tokens unos de otros dentro de la *blockchain* de Ethereum.

- Pueden manejar el sistema de transferencias de forma nativa gracias a que el token tiene funciones para manejar transferencias de fondos.

- Manejan una interfaz para controlar y revisar los balances de las direcciones de sus dueños. Por este medio, el token es capaz de informar del balance total de fondos contenidos en una dirección específica.

- Son capaces de manejar los aspectos económicos básicos de su emisión. Datos como el sistema de precisión decimal y la emisión total son parte fundamental del token en su estructura de datos.

- Además, el token es capaz de manejar autónomamente retiros parciales de fondos desde una dirección.

Una vez conocidas las principales características de los tokens ERC-20, procedemos a describir las ventajas de utilizarlos:

- Los tokens ERC-20 se caracterizan principalmente por sus amplias capacidades de adaptación.

- Un token «estandarizado» emplea un conjunto de funciones que, si son conocidas de antemano por los desarrolladores, pueden integrarlo fácilmente en sus proyectos con menor temor a cometer fallos.

- La creación de nuevos tokens fortalece el ecosistema de Ethereum, pues impulsa el efecto red y la demanda de *ethers* haciendo que la red se vuelva todavía más segura.

- Estos tokens creados mediante el estándar ERC-20 se benefician de la infraestructura existente de Ethereum en lugar de tener que construir una *blockchain* completamente nueva para ellos, con el ahorro de tiempo y recursos que eso conlleva.

- Interoperabilidad. Si todos los tokens creados en la red Ethereum emplean el mismo estándar, esos tokens serán fácilmente intercambiables y podrán trabajar fácilmente con otras *DApps* o aplicaciones descentralizadas del mismo ecosistema.

- El token ERC-20 define una lista común de reglas para todos los tokens creados sobre la plataforma Ethereum, lo cual facilita muchísimo la tarea a los desarrolladores al permitirles predecir con precisión cómo funcionarán esos nuevos tokens dentro del sistema.

Finalmente, y llegados a este punto, procedemos a indicar las diferencias existentes entre los tokens ERC-721 y ERC-20:

- Mientras que los tokens ERC-721 no son divisibles o fraccionables, los tokens ERC-20 sí lo son.

- Los tokens ERC-721 son tokens NFT (*Not Fungible Token*) o no fungibles, lo que significa que los tokens ERC-721 no se deterioran o se destruyen como sí pasa con los tokens ERC-20.

47

¿LOS SMART CONTRACTS SON REALMENTE ÚTILES?

La primera vez que se tuvo constancia de los *smart contracts* fue a través de Nick Szabo, jurista y criptógrafo que mencionó el término en un documento en 1995, que terminó de detallar dos años después (1997) explicando el concepto de los *smart contracts*. En 2009 se haría realidad con la aparición de Bitcoin y su tecnología, la cadena de bloques (*blockchain*).

Recordemos que un contrato no es más que un acuerdo entre dos o más partes, un entorno donde se define lo que se puede hacer, cómo se puede hacer y qué pasa si algo no se hace. Es decir, unas reglas de juego que permiten a todas las partes que lo aceptan entender en qué va a consistir la interacción que van a llevar a cabo.

Un *smart contract* es un tipo especial de instrucciones, almacenadas en una cadena de bloques, que tienen la capacidad de autoejecutar acciones de acuerdo con una serie de parámetros ya programados de forma inmutable, transparente y completamente segura. Los *smart contracts* tienen el principal propósito de eliminar intermediarios para simplificar procesos y, con ello, ahorrar costes al consumidor. La innovación del *smart contract* es que las condiciones son evaluadas y ejecutadas por un código de ordenador sin la necesidad de confiar en un intermediario. Un contrato inteligente es capaz de ejecutarse y hacerse cumplir por sí mismo, de manera autónoma y automática, sin intermediarios ni mediadores. Su característica fundamental es que su ejecución no requiere confianza; no se necesita confiar en una tercera parte para ejecutar sus condiciones. En lugar de confiar en que la otra parte cumplirá su palabra, un *smart contract* ejecuta lo que se supone que debe pasar de manera inmediata y objetiva.

Por otro lado, un contrato inteligente puede ser creado y llamado por personas físicas o jurídicas, pero también por máquinas u otros programas que funcionan de manera autónoma. Un *smart contract* tiene validez sin depender de autoridades. Esto se debe a que su naturaleza es un código visible por todos y que no se puede cambiar al existir sobre la tecnología *blockchain*. Esto le confiere un carácter veraz, incorruptible, transparente y descentralizado.

Definimos entonces un contrato inteligente como un programa informático que ejecuta acuerdos establecidos entre dos o más partes haciendo que ciertas acciones surjan como resultado del cumplimiento de un conjunto de determinadas condiciones. Son contratos que se ejecutan y se hacen cumplir a sí mismos de manera automática y autónoma. Los contratos inteligentes definen las reglas y sanciones en torno a un acuerdo específico de la misma manera que los contratos tradicionales. Sin embargo, la gran diferencia es que los contratos inteligentes automáticamente hacen cumplir tales obligaciones pactadas. Los contratos están codificados para que sean cumplidos en el cumplimiento de los criterios especificados. Es decir, cuando se cumple una condición programada y pactada, el contrato inteligente ejecuta automáticamente la cláusula correspondiente.

Los objetivos principales de los contratos inteligentes son los siguientes: aportar un estado de seguridad superior que los contratos tradicionales, reducir costes y reducir el tiempo asociado a este tipo de interacciones contractuales. En resumen, los contratos inteligentes se proponen mejorar los contratos actuales al ser más económicos y al permitir ahorrar tiempo y evitar fraudes.

Las características principales de los contratos inteligentes son los siguientes:

- Desintermediación: capaz de ejecutarse y hacerse cumplir por sí mismo, de manera autónoma y automática, sin intermediarios.

- Autonomía: tú eres el que hace el acuerdo, sin ningún tipo de intermediario que condicione o manipule el contrato, ya que la ejecución es manejada automáticamente por la red en lugar de por una o más personas.

- Ahorro: los *smart contracts* ahorran dinero al no requerir la presencia y la contraprestación de un intermediario.

- Confianza: los documentos están encriptados en la cadena de bloques, donde habitan.

- *Backup:* con *blockchain*, todos y cada uno de los usuarios que forman parte de la red respaldan los contratos inteligentes, ya que hay una copia en cada uno de los nodos.

- Seguridad: la encriptación da seguridad a los contratos inteligentes.

- Velocidad: los contratos inteligentes ahorran tiempo y trabajo, ya que utilizan código de *software* para automatizar tareas, lo que reduce el tiempo empleado en una gran cantidad de procesos de negocios.

- Exactitud: los contratos automáticos no son solamente rápidos y baratos, sino que, además, evitan los errores en los que se incurre en los tradicionales procesos contractuales manuales.

Los *smart contracts* tienen la capacidad de administrar criptoactivos digitales, sujetos a un determinado valor económico, por lo que en realidad los contratos inteligentes pueden gestionar dinero. Para esto es fundamental hacer hincapié en su correcta programación, ya que los fallos en seguridad o fallos que generasen errores de ejecución o comportamientos inesperados podrían hacer que se perdiera ese dinero digital por completo. Esto no ha ocurrido pocas veces y está a la orden del día. Lamentablemente, esto ocurre con frecuencia, por lo que es realmente importante prestar especial atención en el desarrollo y testeo de estas piezas de *software*.

Por otra parte, podemos decir que, en la actualidad, el sistema líder en el desarrollo de *smart contracts* es Ethereum. Es una plataforma de computación distribuida basada en una *blockchain* pública como Bitcoin y que además permite ejecutar contratos inteligentes P2P (entre iguales, sin servidores centrales) en una máquina virtual descentralizada llamada Ethereum Virtual Machine (EVM).

Finalmente, para entender todo el enorme potencial que tienen los *smart contracts* debemos conocer la funcionalidad que ofrecen los denominados «oráculos», ya que estos permiten que un *smart contract* pueda interactuar con el mundo real.

Las aplicaciones *blockchain* y los contratos inteligentes desplegados en ellas no pueden obtener y acceder directamente a los datos que requieren: información relacionada con el clima, generación de números

```
Ethereum. Blockchain

Primer Smart Contract_Ismael hijo

Pragma solidity^0.4.0;

contract DamepasatapapaContract {
    string word ="Papá dame 50 euros que me voy a la feria";
    function getWord() constant returns(string) {
            return word;
    }
}
```

Primer contrato inteligente programado por mi hijo Ismael en Solidity y desarrollado en REMIX. ¿Adivinan para qué? Fuente: https://remix. ethereum.org/ y propio.

aleatorios, precios de activos financieros, etc. Esto hace que las cadenas de bloques estén completamente ajenas al resto del mundo, lo que hace que su interoperabilidad y escalabilidad sean muy limitadas.

Los oráculos surgieron para solucionar estos problemas, los cuales son una de las herramientas que emplea la tecnología *blockchain* para interactuar con el mundo físico, permitiendo crear un puente entre el mundo criptográfico y físico con el fin de crear utilidades que aprovechen al máximo la tecnología *blockchain* y todo lo que tiene que ofrecernos.

Los protocolos de las *blockchains* y los *smart contracts* están limitados a solo obtener información y acceder a datos que estén dentro de la misma red. Esta limitación ha llevado a los desarrolladores a crear los citados oráculos. Estos son, en pocas palabras, un servicio que envía y verifica información del mundo real que sea relevante para una *blockchain* o un *smart contract*. Todo esto en forma de datos electrónicos que pueden ser asimilados por las redes que los sostienen. En este sentido podemos decir que los oráculos son piezas de código que sirven de puente entre el mundo real y el representado por la *blockchain* y sus protocolos. Un puente que permite interactuar a las *blockchains* y los *smart contracts* con el mundo real. Los oráculos han permitido expandir, de modo exponencial, los casos de uso de las tecnologías de cadena de bloques.

Los oráculos recopilan y verifican la información desde varias páginas web para crear un consenso y dar un resultado preciso que no pueda ser manipulado. Entonces, los oráculos son un tipo de fuente de datos que le informan a la red de los sucesos que ocurrieron en el exterior. Esto permite que el *smart contract* pueda ser activado para liberar los fondos después de que se cumplan las condiciones predeterminadas en el acuerdo. Con esto, el potencial de los *smart contracts* se extiende hasta el mundo real.

En el contexto *blockchain*, un oráculo es una fuente de datos externa a la *blockchain* que puede contestar a preguntas formuladas por contratos inteligentes que se encuentran desplegados en una cadena de bloques. Dichas fuentes de información pueden ser seres humanos, *softwares* o *hardwares* (sensores IoT o internet de las cosas).

Es imprescindible que las fuentes de los datos sean fiables, lo que nos llevaría a asumir que los oráculos, los cuales son intermediarios entre los *smart contracts* y las fuentes de datos, también deberían ser fiables. Para poder confiar en estos sistemas, la solución pasa por implementar en los oráculos mecanismos de autenticación de los datos, como son las pruebas de autenticidad y los entornos de ejecución de confianza (TEE).

Por ejemplo, Chainlink es una plataforma que implementa una red de oráculos descentralizada altamente confiable, ya que provee un esquema para elegir su red independiente de nodos; de esta manera podemos conectar los datos del mundo real a la cadena de bloques y permitir que los contratos inteligentes alcancen su verdadero potencial.

48

¿TENEMOS DISPONIBLES DIFERENTES TIPOS DE *WALLETS*?

Para gestionar nuestros criptoactivos es fundamental contar con las denominadas *wallets* o «carteras digitales», ya que son los instrumentos que nos permiten enviar o recibir pagos en criptoactivos. Por eso es fundamental elegir la que mejor nos conviene (existen diversos tipos) y la que mejor se adecúa a nuestras necesidades.

Bitcoin, Ethereum y otros sistemas de criptomonedas son completamente descentralizados, ya que no existe la figura de una entidad u organismo que los controle. Es por ello por lo que las carteras digitales o *wallets* juegan un papel esencial en este criptoecosistema. Son una pieza de infraestructura básica que nos permiten operar con criptomonedas.

Las *wallets* emplean avanzadas técnicas de cifrado de las *blockchains* para otorgar y garantizar seguridad total a los usuarios. De esta forma, la *wallet* puede guardar, enviar y recibir criptomonedas sin mayor riesgo. En ellas podemos ver y consultar nuestros saldos, además de las operaciones realizadas y recibidas. También nos permiten operar nuestros fondos con absoluto control sobre ellos. No necesitamos el permiso o autorización de ningún tercero para realizar una operación.

El término *wallet* hace referencia a una cartera, billetera o monedero virtual en el que podemos gestionar nuestros activos criptográficos. Es un *software* o *hardware* diseñado exclusivamente para almacenar y gestionar las claves públicas y privadas de nuestras criptomonedas.

Se puede decir que las *wallets* son los medios que permiten a los usuarios interactuar con las cadenas de bloques, y son el puente entre los usuarios y las diferentes *blockchains*; por ello, es muy importante entender que un monedero digital o *wallet* no almacena criptomonedas ni otros criptoactivos, sino que solo contiene un par de claves (pública y privada). Los tokens y las criptomonedas son almacenados en la cadena de bloques mediante las transacciones que en ella se realizan.

Los criptoactivos son registros de transacciones contenidos dentro de una cadena de bloques o *blockchain* que opera mediante nodos interconectados entre sí alrededor de todo el mundo. Luego las criptomonedas no existen como tales monedas.

Una vez anclada esta idea, las claves públicas y, sobre todo, las claves privadas dentro de una *wallet* son las que nos dan la propiedad privada sobre los criptoactivos transferidos a una dirección en particular.

A continuación, describiremos lo que son y el funcionamiento tanto de la clave privada como de la clave pública.

La clave pública es similar a un número de cuenta bancaria. Podemos entregarla a cualquier persona para que nos envíe criptoactivos sin el riesgo de que pueda extraer nuestros fondos. A través de la clave pública se generan direcciones para recibir, consultar y ver el estado de nuestros fondos.

La clave privada funciona como una especie de llave, un PIN o contraseña que debemos guardar en secreto y no debemos revelar a nadie, ya que nos otorga el derecho a gastar los criptoactivos contenidos en una dirección. De esta manera, el propietario de la clave privada será el propietario de los fondos y tendrá total control sobre ellos.

En el momento de configurar una *wallet*, lo primero es crearse una clave privada mediante un algoritmo seguro con el propósito de proporcionar un elevado nivel de seguridad criptográfica, que hace que sea prácticamente imposible de adivinar.

Después de la generación de la clave privada se procede a la creación de la clave pública, la cual está relacionada matemáticamente con la primera. Y a partir de la clave pública se generan las direcciones donde podemos recibir criptoactivos. Es importante apuntar que, aunque la clave pública se genere y esté relacionada con la clave privada, no se puede hacer el proceso inverso. Es decir, no podemos deducir la clave privada partiendo de la clave pública, ya que el algoritmo empleado para la creación es unidireccional.

Existen varios tipos de *wallets* o carteras que atienden a diferentes requisitos de protección, seguridad, conveniencia y accesibilidad, entre los que destacan los siguientes:

- *Web wallet:* almacena nuestras llaves privadas en un servidor de una empresa que proporciona tales servicios. El servidor está constantemente en línea y es controlado por otra persona.
Al igual que las billeteras móviles, las billeteras electrónicas permiten a los usuarios acceder a sus fondos dondequiera que se encuentren desde cualquier dispositivo conectado a internet. Lo negativo es que las organizaciones que administran los servidores podrían tener acceso a nuestras claves privadas, de manera que consiguen así el control total de nuestros fondos.

- *Paper wallet:* es esencialmente un documento que contiene una dirección pública que se puede emplear para recibir bitcoins y una clave privada, lo que permite gastar o transferir bitcoins almacenados en esa dirección. Se puede generar una billetera de papel utilizando servicios como BitAddress o Bitcoin Paper Wallet, que permiten a los usuarios crear una dirección bitcoin completamente aleatoria y una llave privada para ella. Una vez que se crea la billetera, se puede imprimir el documento generado. La principal ventaja de un monedero de papel es que las claves no se almacenan digitalmente en ningún sitio, lo que las hace completamente inmunes a ataques informáticos, *software* malicioso, que puede registrar las pulsaciones de teclas del usuario, y básicamente cualquier forma de robo digital.

- *Hardware* escritorio: se descarga e instala en nuestro ordenador personal guardando nuestras llaves privadas en el disco duro. Por definición, son más seguras que las billeteras en línea y móviles, ya que no dependen de terceros para almacenar nuestros datos y son más difíciles de robar. Todavía están conectadas a internet, lo que las hace intrínsecamente inseguras. Sin embargo, las billeteras

Página web oficial de Ledger. Fuente: https://shop.ledger.com/es.

del escritorio son una gran solución para aquellos que negocian pequeñas cantidades de bitcoins desde sus ordenadores personales. Ejemplos serían Electrum y Exodus.

- *Hardware wallet:* es un tipo de billetera bitcoin bastante exclusivo que almacena las llaves privadas del usuario en un dispositivo de hardware seguro. Es la forma más segura de almacenar cualquier cantidad de bitcoins: no se han comunicado incidentes verificables de dinero robado de una billetera de *hardware.* A diferencia de las billeteras de papel, que se deben importar al *software* en algún momento, las billeteras de *hardware* se pueden usar de manera segura e interactiva. Además, son inmunes a los virus informáticos. Algunas billeteras de *hardware* incluso tienen pantallas que añaden otra capa de seguridad, ya que se pueden utilizar para verificar y mostrar los detalles importantes de la billetera. Ejemplos serían Ledger Nano S y Trezor One.

Respecto a Ledger Nano S, podemos decir que es un dispositivo que permite tanto guardar monedas virtuales como realizar pagos en criptomonedas. Algunas de sus principales características son su facilidad de uso, la rapidez de realización de las transferencias y los pagos y el alto nivel de seguridad que ofrece esta *wallet.* El principal inconveniente de este monedero es que tiene una capacidad de almacenaje relativamente limitada. Sin embargo, esto es un problema solo si invertimos en multitud de criptoactivos simultáneamente.

Sugerimos, para total seguridad, adquirir Ledger Nano S en su propia página web: https://shop.ledger.com/es.

49

¿Sabes descargarte la *wallet* MetaMask?

En 2016, los desarrolladores Dan Finlay y Aaron Davis establecieron las primeras bases del desarrollo del proyecto MetaMask, que resultó ser todo un reto técnico con un propósito muy simple: permitir a sus usuarios emplear su navegador web para interactuar fácilmente con sus aplicaciones descentralizadas (*DApps* favoritas) de manera segura y rápida. Concretamente, el 14 de julio de 2016, el equipo de MetaMask presentó su primera versión logrando su propósito de rapidez y seguridad. Esta extensión estuvo disponible para el navegador Chrome y posteriormente se ofrecería su versión para Firefox permitiendo el uso de dicha extensión en ese navegador.

El funcionamiento de MetaMask es gracias al uso de web3.js, una librería que forma parte del desarrollo oficial de Ethereum. Web3.js fue creada con el fin de permitir la creación de aplicaciones web que pudieran interactuar con la *blockchain* de Ethereum. Gracias a ella, páginas web y extensiones pueden aprovechar el poder de Ethereum y sus características. Fue destacable el empleo que se hizo en MetaMask tanto de la API web de Ethereum, web3.js, como de la interfaz. Web3.js es una librería oficial de Ethereum creada con el fin de permitir la creación de aplicaciones web que pudieran interactuar con la *blockchain* de Ethereum, de manera que fuera el pilar fundamental del mundo de posibilidades ofrecidas por MetaMask. Gracias a ella sería posible establecer un puente comunicacional (o *proxy*) entre los usuarios, MetaMask y las aplicaciones descentralizadas (*DApps*). En resumen, hace de puente entre las *DApps* y los navegadores web permitiendo el empleo y disfrute de estas.

Con soporte para Firefox, Chrome, Opera y Brave, MetaMask ha acercado el mundo de las *DApps* al público en general.

Respecto al funcionamiento de MetaMask, como decíamos, fue creado para ser un monedero para Ethereum y una herramienta para interactuar con aplicaciones descentralizadas (*DApps*). Para lograr ambos cometidos, MetaMask establece un canal de comunicaciones entre la extensión y la *DApp* en cuestión. Una vez que la aplicación reconoce que MetaMask está presente, se habilita y puede ser utilizado por el usuario.

MetaMask no solo genera un monedero de criptomonedas, sino que controla cada interacción del usuario con la *DApp* y realiza las operaciones necesarias para que dichas operaciones se lleven a cabo. Todo ello se lleva a cabo en un medio de comunicación seguro y con el empleo de una criptografía robusta.

A continuación, citamos las principales ventajas e inconvenientes que se encuentran actualmente en MetaMask:

- Inconvenientes:

  o MetaMask está limitado a interactuar solo con ciertos *DApps* y *smart contracts*.

  o Un punto de fallo en el esquema de seguridad es depender de redes externas para su funcionamiento.

  o MetaMask sigue siendo un monedero online con todas sus desventajas. Una vulnerabilidad en la extensión o el navegador puede poner en peligro todos sus fondos.

- Ventajas:

  o Desarrollado con la librería web3.js, lo que garantiza poder emplear toda la fuerza que aporta Ethereum.

o Permite a nuestro navegador la posibilidad de interactuar con la mayoría de *DApps*.

o Permite mantener cualquier token ERC-20 en el mismo monedero.

¿Cómo instalamos MetaMask?

No resulta complicada la instalación de MetaMask al ser una extensión segura y muy conocida. Puedes acceder a la extensión desde el sitio web oficial de MetaMask. Esta detectará tu navegador y te dirigirá al enlace correcto para la instalación de la extensión.

Paso 1
Instalar MetaMask entrando en el siguiente enlace: https://metamask.io. Una vez dentro de la web, hacer clic en el margen superior derecho, en el botón Download.

Paso 2

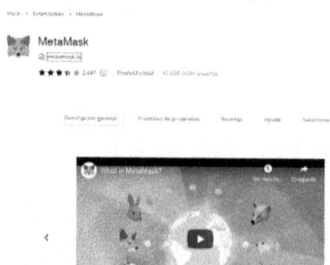

Página web oficial de MetaMask. Fuente: https://metamask.io.

Hacer clic en el botón Install MetaMask for Chrome, lo que nos lleva a Chrome Web Store y permite instalar MetaMask como extensión del navegador.

Paso 3

Página web oficial de MetaMask. Fuente: https://metamask.io.

Dentro de la Chrome Web Store, hacer clic en el botón Añadir a Chrome, situado en el margen superior derecho.

Ahora puedes ver que MetaMask fue agregado observando el pequeño ícono del zorro naranja en la esquina superior derecha. Nos aparecerá un cuadro con un mensaje: «¿Quieres instalar MetaMask?»; para ello debemos de hacer clic en Agregar extensión.

Paso 4
Una vez realizada la instalación del monedero MetaMask, aparecerá un mensaje de: «Bienvenido a MetaMask», y justamente debajo nos indicará el siguiente mensaje: «Conectándolo a Ethereum y a la Web Descentralizada». Hacemos clic en el botón Empezar.

Paso 6

Página web oficial de MetaMask. Fuente: https://metamask.io.

Crear cartera. Para ello te da dos opciones: Importar cartera o Crear una cartera. En la primera te pedirá que utilices la clave de respaldo para recuperar un viejo monedero MetaMask que hayas tenido. Este proceso te restaura ese monedero; para ello debes tener la *seed phrase* y la clave de ese monedero a mano. Con la segunda creará un nuevo monedero desde cero. Elegimos esta última.

Paso 7
Aceptar las condiciones de uso de MetaMask. Tenemos la opción de No aceptar o Aceptar; en ambos casos, podrás configurar la cartera sin problemas.

Paso 8

Página web oficial de MetaMask. Fuente: https://metamask.io.

Crear la contraseña de la cartera. Añadimos una contraseña nueva con un mínimo de ocho caracteres. Posteriormente, confirmamos la contraseña creada y señalamos estar de acuerdo con los términos de uso. Finalmente, hacemos clic en el botón Crear.

Paso 9

Página web oficial de MetaMask. Fuente: https://metamask.io.

Respaldar la frase semilla (*seed phrase*). Una vez creada nuestra contraseña, MetaMask empieza a generar nuestra frase semilla (*seed phrase*). Esta deberás copiarla según el orden que nos establezcan. Posteriormente, MetaMask nos pedirá Confirmar la frase de respaldo según su orden establecido para saber si ha sido correcta y ordenadamente copiada por nosotros.

Es muy importante que ambas las copiemos en un medio seguro, como en uno o varios papeles, ya que la *seed phrase* y la contraseña del monedero son tu dinero; si las pierdes, no podrás recuperarlo. Por eso hay que guardarlas (en formato papel, por ejemplo) en un lugar muy seguro.

Paso 10

Una vez confirmada la *seed phrase*, ya tendremos configurado MetaMask y podremos utilizarlo sin inconvenientes.

50

¿Dónde y cómo adquirir criptoactivos?

Coinbase es la mejor plataforma para principiantes que quieren invertir en criptoactivos de forma segura y simple. Nuestra intención es explicar cómo invertir, paso a paso, en criptomonedas empleando esta plataforma de intercambio. Pero primero conozcamos un poco de la historia de esta compañía, con sede en San Francisco (Estados Unidos) y líder actual en el criptomercado.

En junio de 2012, Brian Armstrong y Fred Ehrsam fundaron Coinbase, una empresa de servicios de intercambio de criptomonedas y monedas fiduciarias mediante plataforma. En octubre de ese mismo año, la empresa lanzó los servicios para comprar y vender bitcoins a través de transferencias bancarias.

En mayo de 2013, Coinbase recibió una inversión de la Serie A por valor de 5 millones de dólares de la entidad de capital de riesgo Union Square Ventures. En diciembre de 2013, la compañía captó capital por importe de 25 millones de dólares de las siguientes entidades de capital de riesgo: Andreessen Horowitz, Ribbit Capital y Union Square Ventures. El 14 de abril de 2021, Coinbase debutó, con éxito, en el parqué del Nasdaq de Wall Street.

Coinbase es una plataforma que permite a sus usuarios comprar y vender diferentes tipos de criptoactivos, donde la fuente de ingresos se consigue de las comisiones que se cobran por cada transacción.

Las principales ventajas que encontramos en Coinbase son las siguientes:

- Sencillez: es probablemente la plataforma más sencilla de todas para invertir en criptomonedas.

- Fiabilidad: es una empresa cotizada (NASDAQ: COIN), sometida al control de la SEC, lo que ofrece de primeras importantes garantías a los usuarios de esta plataforma. Además, Coinbase cuenta con cerca de 70 millones de usuarios y el volumen trimestral negociado es de más de 460 000 millones de dólares.

- Rapidez: se puede invertir tanto con una tarjeta de crédito como mediante una transferencia SEPA. En ambos casos se puede empezar a operar a los 1-2 días de haber abierto la cuenta, lo cual es mucho más rápido que muchas otras plataformas, las cuales tardan casi una semana o más.

- Incorpora cartera digital: esto abarata la inversión, pues no necesitas comprar un monedero aparte. Para mayor seguridad inclusive, recomendamos la adquisición de un dispositivo Ledger Nano.

Al igual que con otros sitios web, para comerciar en esta plataforma se requiere pasar por el proceso de registro y verificación. Comienza con completar un formulario de registro estándar en el que se deben registrar datos como: dirección de correo electrónico, acceso y clave. Si el usuario sigue el procedimiento correctamente, se le enviará un enlace de activación a la dirección de correo electrónico proporcionada. Al hacer clic en el enlace, se activará la cuenta y ya se puede comenzar a realizar transacciones.

Para una mayor y más detallada comprensión del proceso de adquisición en Coinbase procedemos a describir, paso a paso, la operativa para aprender cómo conseguir tus primeros criptoactivos, como puede ser bitcoin o *ether* (criptomoneda de la plataforma Ethereum), a tu elección.

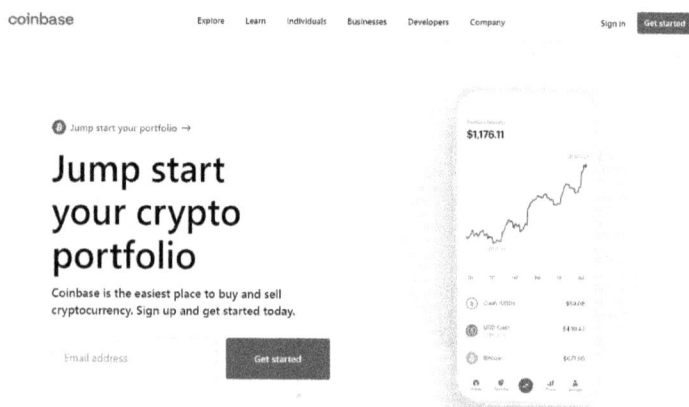

Página web oficial de Coinbase. Fuente: https://www.coinbase.com/.

Paso 1. Crear cuenta en Coinbase

Primero hay que crear una cuenta, lo que nos llevará escasos minutos. Para registrarte tendrás que dar tu nombre, *e-mail* y documento de identidad. Existe la posibilidad de que te pidan la verificación del número de teléfono, la cual es muy importante para tener la autenticación en dos etapas, lo que hace que tu cuenta de Coinbase sea aún más segura.

Paso 2. Elección del medio de pago

Tenemos que elegir la forma de pago para añadir fondos a nuestra cuenta de Coinbase.

La ventaja de las tarjetas de crédito frente a las transferencias bancarias es que los fondos aparecen en nuestra cuenta de Coinbase directamente en vez de tener que esperar un par de días. Por otro lado, la desventaja es que la cantidad que podemos depositar es normalmente inferior con una tarjeta de crédito (por supuesto, esto depende del límite de tu tarjeta) que mediante una transferencia y, además, las comisiones serán mayores.

Paso 3. Adquisición de criptoactivos

El tener ya fondos en nuestra cuenta de Coinbase nos permite empezar a invertir en numerosas criptomonedas y tokens criptográficos. Para ello vamos a la pestaña de compra e indicamos en nuestra moneda la cantidad que queremos invertir en la criptomoneda seleccionada. El precio y las comisiones de Coinbase aparecen claramente indicados en el momento de la orden de compra. Un inconveniente que tiene Coinbase respecto a otras plataformas es que sus comisiones son más elevadas. En estos momentos cobran el 1,5% de todas las operaciones, mientras que otras plataformas pueden cobrar alrededor del 0,5-1%.

Por ejemplo, si deseamos invertir en bitcoins 200 euros mediante tarjeta de crédito/débito, no tenemos más que seleccionar bitcoins e introducir los datos de nuestra tarjeta de crédito (el pago está totalmente protegido). Coinbase directamente nos indicará la cotización del bitcoin en el momento de la compra, la cantidad de bitcoins que podemos comprar con nuestros 200 euros y la comisión de Coinbase. Tan solo tenemos que pinchar en Comprar Bitcoin al instante y la transacción se llevará a cabo.

Cuando decidas cerrar tu posición, simplemente tienes que invertir el proceso vendiendo tus criptomonedas de la misma forma en la que las compraste.

Paso 4. Transferir los criptoactivos a una llave *offline* (opcional pero muy recomendable)

Coinbase es una compañía cotizada y reputada que respeta toda la legislación estadounidense en vigor. Esto la hace *a priori* una plataforma francamente segura. Esta compañía guarda el 98% de los fondos en criptoactivos de sus clientes en dispositivos físicos que no están conectados a internet y que se guardan en cajas fuertes alrededor del mundo.

Sin embargo, para estar completamente seguros de que nadie roba ni piratea nuestra cuenta de Coinbase recomendamos añadir una capa más de seguridad utilizando un monedero al que solo nosotros tendremos acceso, como puede ser el caso de un monedero Ledger Nano.

Existen varios tipos de carteras (online, en papel, en dispositivos USB, etc.), pero sin duda alguna las más seguras son las que tienen aspecto de llave USB, ya que, una vez que hemos transferido las criptomonedas a la cartera, desconectamos el dispositivo de nuestro ordenador y lo guardamos *offline* en un lugar seguro. Contiene una clave de seguridad, por lo que, si alguien se hace con nuestro dispositivo USB, no podrá emplearla, puesto que no conocerá nuestra clave de acceso.

En primer lugar, tendremos que configurar nuestro Ledger Nano para hacerlo lo más seguro posible. Para ello deberemos introducir un código de seguridad que protegerá el dispositivo en caso de robo físico. También deberemos apuntar unas palabras, en un papel, que nos permitirán acceder a nuestra cartera en caso de que perdamos nuestro dispositivo.

En segundo lugar, deberemos instalar las aplicaciones que correspondan a los criptoactivos en las que deseamos invertir. En la página de Ledger encontramos videotutoriales para hacerlo sin perderse.

Una vez instalado todo correctamente, ya podemos enviar nuestros criptoactivos desde Coinbase. De nuevo, en la página de Ledger encontramos todas las explicaciones necesarias para ello.

VI

LA TOKEN-ECONOMÍA HA VENIDO PARA QUEDARSE

51

¿BITCOIN COMO MONEDA DE CURSO LEGAL EN PAÍSES?

En la actualidad, encontramos dos países en el mundo que han reconocido el bitcoin como moneda de curso legal; nos referimos a El Salvador y la República Centroafricana.

El 7 de septiembre de 2021, El Salvador fue el primer país que reconoció el bitcoin como moneda de curso legal. Se trata del primer país del mundo que aceptó que sus ciudadanos pagasen a la administración pública con una criptomoneda y que obligaba a las empresas a que la aceptaran como pago.

El Fondo Monetario Internacional advirtió en su día a El Salvador contra el uso de BTC como moneda de curso legal.

El Salvador es un país de 6,3 millones de habitantes y tiene una renta per cápita de 4200 dólares. El dinero procedente de las remesas de los inmigrantes es una de las principales fuentes de riqueza del país.

El gran impulsor de la medida fue el presidente Nayib Bukele, el cual defendió que con esta medida se podrían facilitar los envíos de remesas por parte de sus compatriotas que vivían en Estados Unidos o Europa. El presidente salvadoreño cifró en 400 millones de dólares el ahorro en comisiones para todos aquellos que enviaran remesas a este país, que solo para el año 2020 suponía una cuarta parte de su PIB, unos 6000 millones de dólares.

Bukele defendió de manera reiterada la medida en cuestión por varios motivos, entre los que destacaban la reducción de costes en envíos de remesas para millones de salvadoreños que trabajaban en el extranjero y la oportunidad para protegerse de posibles impactos por la inflación.

Esta medida no perseguía reemplazar al dólar norteamericano como divisa oficial de El Salvador. La ley contemplaba además que este siguiera siendo utilizado como moneda de referencia para fines contables y dejaba a las fuerzas del mercado la libre determinación de su tipo de conversión con el bitcoin.

Adicionalmente, en aras de favorecer un uso extensivo del bitcoin en la economía nacional, la norma compelía al Estado a promover alternativas que facilitaran la realización de transacciones en la divisa virtual, así como su convertibilidad, automática e instantánea (en dólares), a voluntad de sus usuarios.

El funcionamiento del sistema se planificó de la siguiente manera:

- Cartera digital (*wallet*): el Gobierno de El Salvador creó una cartera digital denominada Chivo, sinónimo de «molón» en el país centroamericano, a través de la cual sería posible enviar o recibir remesas, hacer o recibir pagos y convertir bitcoins a dólares o al revés. Para favorecer el uso del bitcoin, dicha billetera no generaría comisiones ni por su descarga e instalación ni por las transacciones que realicen los usuarios (incluidos los comercios). Este monedero permitía operaciones instantáneas al operar sobre la red Lightning de Bitcoin. Todos los salvadoreños que se descargaron la cartera digital en su móvil u ordenador recibieron el equivalente a treinta dólares en bitcoins.

- Respaldo público: los salvadoreños podían utilizar los bitcoins para pagar en cualquier comercio. Los empresarios que se negaran a recibir los pagos en esa moneda virtual serían sancionados.

- Cajeros: el Ejecutivo de Bukele instaló una red de doscientos cajeros automáticos por todo el país para que cualquiera pudiera cambiar sus bitcoins por dólares sin coste alguno. Inicialmente, hubo cincuenta sucursales bancarias que ofrecerán este servicio.

- Impuestos: los contribuyentes podían abonar los tributos utilizando bitcoins. Igualmente, los proveedores y contratistas de la administración podrían cobrar en bitcoins.

Al aprobarse la ley bitcoin en El Salvador, este gobierno ofreció un incentivo de treinta dólares, el 0,7% del ingreso medio anual de los salvadoreños, a todos los ciudadanos que se descargasen Chivo Wallet, el monedero digital para pagar con bitcoins. El propio Bukele aseguró que tres millones de salvadoreños, lo que supone el 60% de la población adulta, descargó e instaló la app de criptomonedas.

Los números indican que este país debe seguir avanzando en su propósito. Parece ser que existen estudios que indican que la mayoría de usuarios dejó de usar Chivo Wallet una vez gastados esos treinta dólares. Un estudio elaborado por tres economistas estadounidenses señalaba que solo el 10% de los usuarios de la *app* siguieron usándola tras agotar el incentivo.

Además, una encuesta que elaboró la Cámara de Comercio e Industria de El Salvador mostraba que solo el 14% de las empresas salvadoreñas utilizó el bitcoin en sus primeros seis meses como moneda oficial.

También es importante mencionar que el presidente Bukele también anunció el lanzamiento de un bono a diez años para construir la Bitcoin City, un lugar donde no habrá impuestos y que empleará energía geotérmica para minar la criptomoneda y hacer funcionar su infraestructura, con cero emisiones de CO_2.

La localización de Bitcoin City será en el departamento La Unión, al este del país, donde se encuentra el volcán Conchagua, cuya energía geotérmica será empleada para abastecer el proyecto, que demandará recursos por 300000 BTC. Para su financiación, el Gobierno de El Salvador emitirá deuda por importe de 1000 millones de dólares a diez años y un cupón del 6,5%.

Por otra parte, la República Centroafricana, que es uno de los Estados más pobres del mundo y se encuentra en guerra civil desde 2012, adoptó en abril de 2022 el bitcoin como moneda oficial de curso legal junto con el franco centroafricano, respaldado por Francia, como moneda. La República Centroafricana se convierte así en el primer país de África en adoptar el bitcoin como moneda de referencia y en el segundo Estado del mundo en dar ese paso tras El Salvador.

La única moneda de curso legal en la República Centroafricana había sido el franco CFA de África Central, una moneda ligada históricamente al franco francés y posteriormente al euro. Por otra parte, es curiosa la clara competencia entre Francia y Rusia por la influencia sobre este rico país en recursos minerales.

A pesar de la pobreza en la que está sumida la población de este país, la República Centroafricana es rica en minerales como diamantes, oro y uranio.

Siguiendo el ejemplo de El Salvador, la Asamblea Nacional del país aprobó por unanimidad la ley «que rige las criptomonedas en la República Centroafricana» y su presidente promulgó la respectiva

Se podría decir que este experimento
financiero iniciado en El Salvador y
continuado en la República Centroafricana
podría derivar en una bitcoinización, lo que
en su día supuso la dolarización. Fuente:
imagen de Pete Linforth en Pixabay.

norma. La ley establece la obligatoriedad de aceptar pagos en criptomonedas.

Esta noticia chocó, de primeras, por dos razones principalmente:
este es uno de los países más pobres (o, mejor dicho, empobrecidos)
del mundo y la adopción de internet es muy baja. En 2019, solo el
4 % de los habitantes de la República Centroafricana tenía acceso
a la red, de acuerdo con la web WorldData. En la actualidad existe
un número aproximado de 355 000 usuarios de internet en todo el
territorio centroafricano. Esto equivale a menos del 8 % de toda la
población de la república, lo que significaría que más del 90 % de
sus habitantes no tendrían la posibilidad de utilizar bitcoin como
método de pago.

Esta nación lleva sumida en su última guerra civil nueve años y su
economía se basa en la exportación de minerales, pero el dinero de
esas ventas solo alcanza a la élite del país.

Por otra parte, Faustin-Archange Touadéra, presidente de la
República Centroafricana, presentó el 3 de julio de 2022 la criptomoneda Sango Coin.

Sango Coin se basará en los pilares fundamentales de la regulación
probitcoin y la relación entre el sector público y privado para desarrollos tecnológicos en la República Centroafricana. Los ciudadanos e
inversionistas podrán emplear esta criptomoneda para adquirir bienes
e inmuebles tokenizados, e incluso podrán participar en la gobernanza
de organizaciones autónomas descentralizadas (DAO).

El propósito principal de Sango Coin y el ecosistema que se construirá alrededor es atraer inversiones al país y proveer de infraestructura
«digital y física» para ello. El proyecto integral apunta principalmente al
sector de las criptomonedas y la tecnología, así como también estable-
cerá la creación de un Banco Digital de la Nación con reconocimiento oficial del Estado.

La implementación de este plan incluirá beneficios para los
inversionistas, como el registro de empresas a través de internet y la

posibilidad de acceder a la ciudadanía de ese país. Además, estarán eximidos de ciertas obligaciones impositivas, como el impuesto a la renta.

Otra idea del Gobierno centroafricano es crear una criptoisla, una versión centroafricana de la Bitcoin City proyectada por El Salvador. Paralelamente a esto, se crearía otra versión en el metaverso, donde se unirán el mundo de las propiedades y los bienes raíces con una representación digital.

52

¿EXISTE VALOR DISRUPTIVO EN EL TOKEN?

Hemos escuchado hasta la saciedad la manida frase: «*Blockchain* ha venido para quedarse», y los datos y las cifras corroboran que esto está siendo una realidad.

Según IDC, la inversión en *blockchain* en Europa va a incrementar de manera notable hasta el año 2023, pues pasa de los 800 millones de dólares invertidos en 2022 en la región hasta los 4900 millones de dólares que la consultora tiene previsto que se inviertan en 2023, lo que supone una tasa de crecimiento interanual del 65,1% en el periodo que va de 2018 a 2023.

Además, se está registrando en Europa un incremento en el conocimiento de la cadena de bloques en la empresa, desde las *start-ups* a las grandes corporaciones, debido a las oportunidades que ofrece esta tecnología criptográfica. Las organizaciones están empezando a ver *blockchain* no solo como un conjunto de posibilidades criptográficas, sino también como una herramienta de gestión que puede seguir el rastro a objetos, información y datos de clientes.

La percepción de *blockchain* no solo está cambiando en los mercados europeos, sino también en todo el mundo. Ya no se ve esta tecnología como algo ligado únicamente a las criptomonedas ni como una tecnología que solo tiene utilidad en el ámbito financiero. Además, se ha convertido en un factor fundamental en la transformación digital de la economía, que permite a las empresas mejorar su transparencia y eliminar intermediarios, por lo que rebaja costes y riesgos de comportamiento humano erróneo y fraudulento. También se utiliza cada vez más en Europa para la gestión de identidad, lo que está llevando a su implementación en seguros, banca, gobiernos, servicios personales y al consumidor.

Además, dado que los datos son considerados como uno de los recursos más valiosos que hay, las empresas tienen una necesidad cada vez mayor de contar con un sistema eficaz para almacenar, securizar y utilizar los datos personales de los consumidores. *Blockchain* les ofrece un sistema cifrado y descentralizado para ello, y se utiliza cada vez para más fines, entre los que ya se encuentran el voto electrónico y el emitido a través de internet, así como la gestión de propiedad intelectual.

A pesar del presente tan prometedor de *blockchain*, todavía hay algunos obstáculos que superar. Entre ellos está la falta de normas y regulaciones.

Por otra parte, según el Boston Consulting Group (BCG), una gran parte de la riqueza mundial está bloqueada en activos ilíquidos, entre los que se encuentran las acciones pre-OPI, los bienes inmuebles, la deuda privada, los ingresos de las pequeñas y medianas empresas, el arte físico, las bebidas exóticas, los fondos privados, los bonos al por mayor y muchos más.

El tamaño total de los activos ilíquidos tokenizados, incluidos los bienes inmuebles y los recursos naturales, podría alcanzar, en un escenario muy conservador, los 16,1 billones de dólares en 2030. Tal tokenización estaría compuesta en gran parte por activos financieros (como pólizas de seguros, pensiones e inversiones alternativas), el valor de la vivienda y otros activos tokenizables, como proyectos de infraestructura, flotas de automóviles y patentes.

Inclusive, para esta prestigiosa firma internacional, las previsiones dadas de 16,1 billones de dólares son hasta conservadoras, ya que en el mejor de los casos la tokenización de los activos ilíquidos mundiales podría alcanzar los 68 billones de dólares. Sin embargo, el potencial de tales activos tokenizados variaría según los países debido a los distintos marcos regulatorios y al tamaño de las distintas clases de activos.

Según este mismo informe, la tokenización de activos podría resolver este problema de liquidez, un mercado que superó los 2300 millones de dólares en 2021 y que se espera que alcance los 5600 millones de dólares en 2026. Los autores del informe añadieron que, en solo los dos últimos años, el volumen de comercio diario de activos digitales a nivel mundial se ha disparado de 30000 millones de euros en 2020 a 150000 millones de euros en 2022, y señalaron que «sigue siendo minúsculo en comparación con el potencial total de activos tokenizables ilíquidos en el mundo».

Ante este prometedor contexto, tendríamos que plantearnos en qué consiste la tokenización y cuál es el valor disruptivo de los tokens criptográficos.

Respecto a los tokens digitales criptográficos, estos significan tres cosas: la representación digital del valor, que el control del token lo determina la posesión de las claves criptográficas y que el registro de la propiedad del token radica en la cadena de bloques. La combinación de estas tres cosas da sentido a la tokenización, donde se concentra la capacidad de innovación disruptiva de *blockchain*.

La tokenización es inherente a la representación digital del valor, que es un proceso de conversión de los activos en tokens criptográficos que se pueden almacenar, registrar e intercambiar en un sistema *blockchain*, lo que convierte el valor almacenado de un activo tangible o intangible (una patente, una casa o un préstamo) en un token que puede manipularse a lo largo de dicho sistema de la cadena de bloques.

Cuando hablamos de tokenización, es inevitable hablar también de la economía del token o *tokenomics*, cuyo propósito es la creación de un ecosistema económico sostenido por los tokens y sus interacciones. De esta manera, el ecosistema está integrado exclusivamente por tokens que representan activos reales, ya sean materiales o inmateriales.

El verdadero poder de la economía del token es que nos permite trasladar cualquier tipo de valor desde el mundo real al universo digital, además de permitirnos descentralizar su control gracias a la tecnología *blockchain*. En resumen: pueden existir los tokens, pero sin la *blockchain* no hay economía del token.

A continuación, describiremos los elementos que son necesarios para una economía del token o *tokenomics*:

- Gobernanza: consiste en la existencia de reglas claras en el desarrollo y mantenimiento de la red. En este punto, tales reglas

Es indiscutible que la irrupción del internet de la información ha cambiado radicalmente nuestras vidas. Si internet supuso una revolución en el acceso y la difusión de la información, democratizándola, *blockchain* representa una revolución en la transmisión y el valor de datos en ese mismo internet, democratizando el valor y la confianza. Este internet del valor se articula principalmente a través de los procesos de tokenización. Fuente: imagen de Gerd Altmann en Pixabay.

de gobernanzas pueden ser diversas, con un mayor o menor nivel de descentralización.

- Comunidad: permite construir una masa crítica que le dé el sustento público necesario al proyecto del token. Esta cuestión conducirá al token a tener un desarrollo estable y creciente, ya que la relación entre desarrollo del token, productos y funciones asociadas con la comunidad es directa y proporcional. Mientras más se escuche a la comunidad, mayor será el empuje y la presencia del token. Al final, la comunidad con su esfuerzo es quien mantiene el funcionamiento y la evolución del token y su tecnología asociada.

- Distribución de tokens: con una comunidad interesada en el token, lo siguiente es impulsar su empleo entre dicha comunidad. Esto se conseguirá si se distribuyen dichos tokens entre dicha comunidad para que los usen. Esto tiene dos objetivos principales: en primer lugar, habilitar la red que mantiene dicho token y hacerla crecer y, en segundo lugar, dinamizar la economía del token. Ejemplos de esto serían la minería, las ofertas iniciales de monedas (ICO), *airdrops* u otros medios de distribución de tokens. El objetivo detrás de esta estrategia es lograr la mayor distribución y descentralización posible de los tokens.

- Proporcionar estabilidad en los precios: uno de los mayores retos de la economía del token es lograr la estabilidad en sus precios. La fluctuación de los precios se convierte en un serio problema cuando terceros inescrupulosos pueden explotarlos para obtener ganancias. Un proceso que lleva a que la red sea insostenible y deje de ser viable. Ante esto, otro de los puntos importantes para la creación viable de una economía del token es hallar un medio para estabilizar los precios del token.

- Economía del token: la dinámica pasa por dos puntos importantes: el flujo de los tokens y la política monetaria. El objetivo es claro: construir un ecosistema sostenible y estable a largo plazo, que logre estabilizar los precios del token para así incentivar el uso y la adopción de este y continuar con su desarrollo. Al final, la dinámica económica dictará si esta logra fidelizar al usuario dentro del ecosistema. Es precisamente esa fidelización lo que se busca, pues permitirá la evolución del token y lo mantendrá en todo su desarrollo. Para conseguirlo debe entrar en juego la escasez digital, ya que la generación de los tokens no puede ser infinita debido al riesgo de pérdida de valor por inflación.

53

¿UN EFECTO LEHMAN BROTHERS EN EL CRIPTOMERCADO?

Los bajos tipos de interés y las medidas de estímulo del Gobierno impulsaron la subida vertiginosa de los precios de las criptodivisas durante la pandemia, pero la decisión de la Reserva Federal de frenar el aumento de la inflación subiendo los tipos de interés golpeó desde entonces el sentimiento de los inversores, lo que provocó algunas de las mayores pérdidas de la historia del mercado de los criptoactivos. Tras alcanzar un valor récord de más de tres billones de dólares en noviembre de 2021, el mercado de criptomonedas registró su peor primer semestre, con una caída de más del 70% en julio y diciembre de 2022.

El temor a una recesión mundial y a la peor inflación en más de cuarenta años causaron estragos en 2022 en el incipiente mercado de las criptomonedas, y los inversores entraron en pánico. La agitación se cobró casi dos billones de dólares en valor de mercado, miles de millones de dólares en fondos congelados y miles de puestos de trabajo.

Ante este contexto económico, desde finales de noviembre de 2021 hasta abril de 2022 se produjo un tsunami de importantes dimensiones en el criptomercado que llevó a criptomonedas tan afianzadas como bitcoin o *ether* a caer más del 70% desde sus máximas cotizaciones. Hay que considerar que el criptomercado ha tardado años en recuperarse de caídas similares, como fue la creciente regulación que provocó el feroz criptoinvierno de 2017, cuando el bitcoin tardó más de mil días en alcanzar un nuevo máximo.

Podríamos hablar de tres marcadas fases en este tsunami. La primera comenzó a finales de noviembre de 2021 hasta abril de 2022, momento en que la corrección del criptomercado se debió a la situación financiera general existente, cuando los inversores, ante el nuevo escenario macro, se refugiaron claramente en la liquidez que proporcionaba el dólar (USD), lo que afectó negativamente a bitcoin y a la renta variable, más concretamente al Nasdaq, con lo que terminarían correlacionados en 2022.

Respecto a la segunda fase, se produjo en mayo de 2022 con la caída de terra luna, la cual llegó a ser una de las principales criptomonedas, con una capitalización de mercado de más de 40 000 millones de dólares y que llegó a perder prácticamente todo su valor en una semana, en mayo de 2022, debido principalmente a que su *stablecoin* TerraUSD (UST), un criptoactivo destinado a mantener la paridad 1:1 con el dólar, rompiera tal paridad debido al shock de oferta que se produjo y que terminó provocando la caída del precio de terra luna y desencadenando

Un invierno cripto es un periodo bajista prolongado en un contexto tan fluctuante como el de las criptomonedas. Al igual que la fase bajista de un mercado de valores, el mercado de los criptoactivos puede entrar en una espiral descendente. Fuente: imagen de Gerd Altmann en Pixabay.

el pánico en el criptomercado, que hizo el resto. De modo que, al caer ambas al mismo tiempo, no había incentivo de compra para ninguna y las cotizaciones de las dos descendieron con fuerza. A esto hay que sumarle el papel que jugó el protocolo Anchor cuando los depósitos comenzaron a menguar, ya que prometía retornos de un 20% anual en dólares a quienes depositaran sus UST en la plataforma. Recordemos que Anchor albergaba el 75% de todo el suministro circulante de UST; es decir, 14 000 millones de dólares sobre un suministro circulante total de 18 000 millones de dólares. En pocas palabras, el mercado demostró el deficiente diseño del algoritmo que permitía mantener la paridad con el dólar ya que nunca hubo interés real por UST más allá de las ganancias que se podían cosechar por tener los tokens en este protocolo, sin existir razones creíbles para que Anchor diera rendimientos del 20%, pero que para Terraform Labs fue una gran (y cara) campaña de *marketing*. Al no haber otra razón para quedarse en el protocolo, los capitales se fueron en busca de mejores rendimientos.

La caída de terra luna desencadenó el pánico inversor y un efecto dominó en el criptomercado, donde varias plataformas de intercambio de criptomonedas detuvieron sus operaciones y un puñado de empresas de criptomonedas simplemente colapsaron, como sucedió el 27 de junio de 2022, cuando Voyager emitió un aviso de impago al *hedge funds* de criptoactivos Three Arrows Capital (3AC), con sede en Singapur, por no haber realizado el pago de 675 millones de dólares en préstamos de bitcoins y *stablecoins*. 3AC llegó a gestionar unos 3000 millones de dólares, pero los reguladores financieros de Singapur condenaron a la empresa a finales de junio diciendo que había proporcionado información falsa y que solo tenía autoridad para gestionar hasta 250 millones de dólares. Además, los problemas de 3AC se vieron agravados por el impacto de la venta en sus inversiones de riesgo, que supuestamente incluían apuestas excesivamente apalancadas en Grayscale Bitcoin Trust y unos 200 millones de dólares en luna, que llegaron a perder casi todo el valor. El 29 de junio de 2022, un tribunal de las Islas Vírgenes Británicas ordenó a 3AC que liquidara sus activos, y la consideró insolvente; ese mismo día se declaró en bancarrota según el capítulo once de la ley de quiebras.

La caída de 3AC provocó que la propia Voyager se declarara en quiebra el 5 de julio de 2022, apenas cuatro días después de suspender su cotización. En una presentación judicial, la compañía reveló que tenía más de cien mil acreedores y hasta 10 000 millones de dólares en activos. La siguiente víctima fue Celsius, que se acogió al capítulo once de la ley de quiebras el 13 de julio de 2022. Esta firma enumeró activos de entre 1000 y 10 000 millones de dólares, pasivos en el mismo rango y docenas de préstamos por millones de dólares, cada uno de ellos de personas como Alameda Research, del excriptomillonario Sam Bankman-Fried, la correduría Covar.io y la firma de inversiones Invictus Capital.

La tercera fase es quizá tan grave como la primera o incluso más. En noviembre de 2022, la segunda plataforma de compraventa de criptoactivos (por volumen diario) llamada FTX, que llegó a estar valorada en 32 000 millones de dólares, se declaró en quiebra junto con su empresa hermana, el *hedge fund* Alameda Research, debido a problemas de insolvencia, que debían alrededor de 10 000 millones de dólares a más de un millón de usuarios. Esto provocó que otras empresas, como BlockFi, también se declararan en bancarrota pocas semanas después, y que empresas como Genesis se declararán posteriormente en quiebra, con más de 3000 millones de deuda.

Sam Bankman-Fried, fundador y ex director ejecutivo de FTX, pasó de ser el «genio de Silicon Valley» que fundó una de las mayores empresas de criptoactivos del mundo a convertirse en un hombre acusado de ocho delitos. Fue detenido en Bahamas y acusado por fiscales estadounidenses de múltiples delitos financieros en Estados Unidos. Se le acusó de conspiración para cometer fraude y lavado de dinero, y hasta violación de las leyes de financiación de campañas políticas (treinta y siete millones de dólares para la campaña presidencial de Biden). En paralelo, la Comisión de Bolsa y Valores de Estados Unidos presentó otra acusación contra el exmultimillonario de treinta años por defraudar a los inversores de la compañía utilizando fondos en su propio beneficio.

Probablemente, 2023 no será nada fácil para el sector de los criptoactivos. Como consecuencia de todo lo que ha ocurrido en el largo criptoinvierno de 2022, posiblemente los países pondrán el foco en la regulación de la inversión en estos activos digitales. Según Crypto.com, hay 295 millones de personas en todo el mundo usando criptomonedas, lo que representa el 3,68% de la población mundial.

El efecto Lehman Brothers que se produjo en el criptomercado demostró que los criptoactivos ya no eran un activo de riesgo aislado y que estaban respondiendo a los cambios que se producían en la política global. Todo el ecosistema de las criptodivisas se vio afectado en una tormenta perfecta donde se unía la importante inflación mundial, la agresiva subida de los tipos de interés de los bancos centrales y la implosión de proyectos y plataformas en el criptometcado que denotaban una falta de madurez y de sensata gestión financiera, y todo este colapso se inició con la caída del proyecto terra luna y la declaración de quiebra del *exchange* FTX, como acabamos de analizar en detalle. No descartamos todavía alguna caída importante de algún otro *exchange* o entidad representativa del entorno cripto e incluso lo que puede poner en más que en serios aprietos a todo el criptomercado, que sería la caída de Tether, que hoy en día supone el corazón y los pulmones que bombea la sangre del criptomercado, lo que podría provocar caídas aún más pronunciadas del bitcoin, que puede llevarle incluso por debajo de los 10 000 dólares la unidad. El tiempo dirá.

Recordemos que, para la CNBC, la caída del ecosistema criptográfico fue considerado el momento Lehman Brothers de las criptomonedas, sobre todo con la declaración de quiebra de FTX. Aclaremos que, el 15 de septiembre de 2008, Lehman Brothers se declaró en quiebra, lo que provocó un efecto dominó que generó una crisis financiera mundial.

54

¿HAY UNA APUESTA DECIDIDA POR LOS CBDC ENTRE LOS BANCOS CENTRALES?

Según la consultora internacional PWC, más del 80% de los bancos centrales de todo el mundo están considerando lanzar o ya tienen su moneda digital o CBDC (*Central Bank Digital Currency*, por sus siglas en inglés); así se desprende del estudio contenido en su índice global *Central Banks Digital Currencies 2022*, donde se analizan y añade un *ranking* con los principales proyectos de los bancos centrales.

Los proyectos en el ámbito de la banca *retail* que encabezan el *ranking* son el eNaria, liderado por el Banco Central de Nigeria (la primera CBDC de África y que espera incrementar los niveles de inclusión financiera en el país del 64% al 95%), y el Sand Dollar, emitido por el Banco

Central de las Bahamas como moneda de curso legal en octubre de 2020, de manera que se convirtió en el primer país en lanzar una moneda digital. China ha sido la primera gran economía en poner a prueba una CBDC, en 2020, con el yuan digital, y continúa llevando a cabo programas piloto en numerosas ciudades chinas, incluidas Pekín y Shanghái.

En el caso de la Unión Europea, el desarrollo de monedas digitales respaldadas por el BCE está todavía en una fase preliminar y, de hecho, en el informe de PWC, el banco emisor europeo ocupa la posición 36 del *ranking*. Para la Comisión Europea, un hipotético euro digital no estaría en marcha antes de 2025.

Un euro digital seguiría siendo un euro, sería una forma electrónica de dinero emitido por el Eurosistema (el BCE y los bancos centrales nacionales) para todos los ciudadanos y empresas. Este euro digital ofrecería otra opción más para hacer los pagos y los facilitaría, contribuyendo a la inclusión financiera junto con el efectivo.

Un euro digital sería un instrumento seguro que haría que los pagos diarios fueran rápidos y fáciles. Respaldaría la digitalización de la economía europea y fomentaría activamente la innovación en los pagos minoristas. El BCE y los bancos centrales nacionales de la zona del euro están estudiando sus ventajas y riesgos a fin de que el dinero siga dando un buen servicio a los europeos.

El BCE, por su parte, creó el llamado Market Advisory Group, integrado por treinta profesionales de la industria de los medios de pago para analizar la creación de una moneda digital, y se espera para finales de 2023 la decisión final para acometer el desarrollo y las pruebas técnicas para la puesta en marcha del euro digital.

El estudio de PWC concluye que los proyectos de monedas digitales concebidos para el uso de la ciudadanía están, en general, en un nivel de madurez y desarrollo mayor que aquellos destinados para las entidades financieras en sus relaciones con los bancos centrales, aunque el año pasado tuvieron lugar algunos pilotos interesantes.

Actualmente, se está dando una serie de circunstancias que podrían llegar a justificar la emisión de dinero digital de curso legal por parte de los bancos centrales.

La gran crisis financiera de 2009 sembró la desconfianza en el orden monetario global, generando bitcoins y otros criptoactivos que surgieron a partir de estos, como las *stablecoins*.

La amenaza al poder incomparable de los Estados y de los bancos centrales para controlar la creación de dinero está siendo tal que las monedas digitales respaldadas por los Estados ahora parecen inevitables.

Quizá el proyecto más relevante sea el yuan digital o DCEP. Esta CBDC china cumpliría dos de las cualidades más distintivas del efectivo: portabilidad y anonimato (aunque no sería perfecto, ya que las operaciones resultarían trazables para las autoridades), estaría respaldada al 100% por reservas y no devengaría intereses. Supondría, así, una versión mejorada del efectivo, ya que se constituiría como una opción más versátil y potenciaría la lucha contra el blanqueo de capitales y la persecución de actividades ilícitas.

Está previsto que sea el propio banco central de China el que mantenga el control absoluto sobre la infraestructura y esta CBDC. No obstante, la distribución entre el público se realizaría en dos etapas. En un primer escalón, el Banco Central de China llevaría a cabo la emisión y el reembolso de la CBDC a través de la banca comercial. En un segundo escalón, la banca comercial sería responsable de su distribución entre el público y las empresas interviniendo de modo similar al modelo actual. De este modo, el Banco Central de China podría llegar a sustituir el efectivo sin alterar los actuales canales de distribución minimizando el impacto de la CBDC en la estabilidad financiera y en la captación de depósitos por la banca comercial.

Es inevitable pensar que el rápido desarrollo de la moneda digital del Banco Central de China podría alterar el orden monetario global. Pekín quiere desafiar el dominio del dólar como moneda de referencia mundial. Un yuan digital aceleraría ese objetivo y evitaría las redes de pago transfronterizas rivales de Occidente, como Swift (sistema de pagos transfronterizo imperante en los mercados mundiales en la actualidad), que Estados Unidos utiliza para imponer las sanciones, como se ha visto con la invasión de Rusia a Ucrania.

Además del yuan chino, nos encontramos con que las criptomonedas y las *stablecoins* están generando cierta preocupación en los bancos centrales en la medida en que, eventualmente, los criptoactivos ganen aceptación y acaben desplazando al dinero de curso legal en el actual contexto de alto endeudamiento y de inflación elevada descontrolada. Si se diera el caso, los bancos centrales perderían cierto control sobre la transmisión de la política monetaria a la economía real, lo que podría acarrear graves consecuencias de cara a la estabilidad de precios.

Pero ¿qué es un CBDC? Una CBDC (*Central Bank Digital Currency*) o moneda digital de banco central es una forma de dinero fiduciario digital que es emitido por el banco central de un país y por tanto tiene valor de curso legal en dicha nación.

De acuerdo con la descripción dada por el Banco de Inglaterra, la CBDC es dinero electrónico emitido por algún banco central, que puede ser declarado a nivel de gobierno como dinero de curso legal.

Si nos centramos en las CBDC, podemos decir que los aspectos esenciales que los definen son dos: su carácter digital y la posibilidad de que el número de agentes económicos que tiene acceso al pasivo del banco central sea más amplio.

La CBDC constituiría una tercera forma de dinero de banco central junto con el efectivo (físico y no digital) y las reservas (digital, pero cuyo acceso está limitado a las entidades de crédito). Se podría decir que una CBDC tiene naturaleza dual, como activo financiero y como medio y sistema de pago. En las CBDC se asume normalmente que se emite un nuevo activo que viene acompañado de un propio mecanismo de pago.

Los bancos centrales emiten actualmente dos tipos principales de pasivo que pueden calificarse como «dinero»: las reservas bancarias y los billetes. Las reservas bancarias son los depósitos que en un conjunto relativamente reducido de entidades financieras (las entidades de crédito) mantienen en el banco central, bien por motivos regulatorios y de política monetaria (reservas requeridas) o bien para la gestión de liquidez (reservas excedentes).

Los billetes son activos no nominativos con soporte físico que pueden ser utilizados para hacer pagos de forma anónima por cualquier persona, sin necesidad ni siquiera de ser ciudadano de la circunscripción en la que dicha moneda tiene curso legal. Naturalmente, los billetes no están remunerados. Se trata, por tanto, de activos físicos, universales, anónimos y no remunerados.

Por su parte, la CBDC se concibe típicamente como un depósito en el banco central disponible para familias y empresas. Por lo tanto, la CBDC presenta características comunes con billetes y reservas bancarias.

De la misma manera, la CBDC puede ser remunerada o no, ya que también comparte características con el dinero digital privado, representado por las anotaciones contables en las cuentas corrientes de los agentes económicos que se pueden movilizar sin necesidad del empleo de billetes, como, por ejemplo, mediante transferencias bancarias o tarjetas de débito.

	Efectivo	Reservas	CBDC cash-like	CBDC wholesale	CBDC x-border
Formato digital	NO	SÍ	SÍ	SÍ	SÍ
Accesibilidad	Universal	Restringida a entidades de crédito	Universal	Restringida a entidades financieras	Posiblemente universal
Paridad (con la moneda local)	SÍ	SÍ	SÍ	SÍ	NO
Remuneración	NO	SÍ	NO	SÍ	Posiblemente NO
Anonimato	SÍ	NO	NO (pero podría conseguirse un cuasi anonimato en algunos casos)	NO	NO

Cuadro comparativo entre efectivo, reservas y los tres modelos de CBDC expuestos, donde se da el caso de que las iniciativas más avanzadas de CBDC suelen responder al primer modelo descrito como CDBC cash-like. Fuente: propio.

A continuación, se desarrollan los tres tipos de CBDC que podemos encontrar en la actualidad:

- *CBDC cash-like:* como complemento del efectivo en aquellos lugares en los que su uso esté en declive o para favorecer la inclusión financiera. Este tipo de CBDC sería lo más aproximado al efectivo actual, pero con un formato digital. Sería accesible de forma universal, aunque lo más probable es que el banco central se apoyase en entidades privadas para su distribución. No tendría remuneración y, aunque no es posible garantizar un anonimato perfecto en un sistema electrónico, podría implantarse con un alto grado de privacidad.

- *CBDC wholesale:* para mejorar los sistemas de pago mayoristas. En este caso, la CBDC sería un activo cuyo uso estaría restringido a entidades específicas, por lo que no se diferenciaría mucho de las reservas actuales, pero sería dinero de banco central tokenizado. Esto permitiría su uso en entornos distribuidos y su utilización como medio de pago en *smart contracts*. La utilización de dinero de banco central en estos entornos podría mejorar la eficiencia de ciertos procesos, como el *trade finance*.

- *CBDC x-border:* para mejorar los sistemas transfronterizos. En este caso, la CBDC posiblemente tendría una unidad de cuenta específica, podría ser emitida por varios bancos centrales u organismos internacionales y sería distribuida por las entidades financieras. Su objetivo fundamental sería facilitar las transferencias internacionales. El valor de la CBDC estaría probablemente respaldado por una cesta de activos de garantía.

55

¿Unas finanzas descentralizadas o DeFi?

El auge de la tecnología móvil, las redes sociales y las plataformas de mercado ha permitido conexiones más sólidas entre iguales (P2P) y entre compradores y vendedores. Junto con tecnologías de registros distribuidos como *blockchain* y contratos inteligentes, la descentralización de las finanzas ahora es posible.

Por lo general, el sistema financiero permite que los recursos pasen de donde hay excedentes a donde se necesitan, de manera que empareja a los ahorradores con los prestatarios y ofrece protección contra el riesgo. La confianza es parte integral de un sistema financiero en funcionamiento, ya que proporciona una garantía de que los bienes y el pago se cumplirán según lo acordado. Durante la mayor parte de la historia, un sistema financiero centralizado ha sido la mejor manera de generar y mantener la confianza. Los usuarios confían en los intermediarios para garantizar que los activos depositados en garantía estén protegidos.

Sin embargo, los avances tecnológicos están abriendo nuevas posibilidades para el sistema financiero. Las plataformas y la tecnología móvil han permitido conexiones entre iguales (P2P) significativamente mayores y más sólidas. La tecnología *blockchain* y el dinero programable proporcionan libros de contabilidad digitales que permiten establecer la confianza a través del consenso de múltiples usuarios que verifican las transacciones. Cuando estos desarrollos se aplican a los servicios financieros, comienza el cambio hacia las finanzas descentralizadas.

DeFi es un ecosistema online descentralizado basado en la tecnología *blockchain* que tiene como objetivo brindar a los usuarios un mayor control de sus datos. Por ejemplo, la Web 3.0 emplea el uso de redes informáticas descentralizadas, aplicaciones distribuidas y contratos inteligentes para reducir la dependencia de entidades de terceros que poseen los datos de los usuarios, lo que brinda a los usuarios más control sobre cómo y dónde se utilizan sus datos.

Si bien DeFi es anterior al término Web 3.0, el crecimiento de ambos ha estado estrechamente relacionado debido al uso de tecnologías similares. Por ejemplo, al aprovechar *blockchain* y contratos inteligentes, tanto DeFi como Web 3.0 emplean sistemas económicos descentralizados y estructuras de gobierno que se ejecutan a través de tokens criptográficos. A medida que continúa su desarrollo, es probable que DeFi continúe siendo un componente básico que impulse la creación y el crecimiento de las economías en la Web 3.0.

El concepto «finanzas descentralizadas» (también conocido por el acrónimo DeFi) hace referencia a la construcción de un sistema financiero de código abierto donde los productos y servicios financieros se ofrecen en redes públicas descentralizadas de *blockchain*, el cual será accesible para todo el mundo y operará sin ninguna autoridad central. Los usuarios mantendrían un control total sobre sus criptoactivos e interactuarían con dicho ecosistema a través de aplicaciones descentralizadas (*DApps*) de tipo entre iguales (P2P).

Si bien las entidades centralizadas brindan servicios como liquidez, gestión de activos y suscripción en las finanzas tradicionales, los cuerpos de código llamados «contratos inteligentes» gobiernan los sistemas y procesos financieros en DeFi. Las aplicaciones DeFi se esfuerzan por cumplir con los servicios de las finanzas tradicionales, pero sin permiso (cualquier persona con conexión a internet puede participar), automatizada (los resultados se ejecutan automáticamente al cumplir las condiciones) y de forma transparente (disponible públicamente).

La mayoría de las aplicaciones existentes y potenciales de las finanzas descentralizadas implican la creación y ejecución de contratos inteligentes. Mientras que un contrato habitual emplea terminología legal para especificar los términos de la relación entre las entidades que entran en el contrato, un contrato inteligente utiliza código de computación.

Dado que sus términos están escritos en código de computadora, los contratos inteligentes también tienen la capacidad única de hacer cumplir esos términos a través de código de ordenador. Esto permite la ejecución confiable y la automatización de una gran cantidad de procesos comerciales que actualmente requieren supervisión manual.

La utilización de contratos inteligentes es más rápido, más fácil y reduce el riesgo para ambas partes. Por otro lado, los contratos inteligentes también introducen nuevos tipos de riesgos. Como el código programado es propenso a tener errores y vulnerabilidades, el valor y la información confidencial bloqueada en los contratos inteligentes están en riesgo.

Arraigados en la tecnología *blockchain*, los protocolos DeFi se originaron en la red Ethereum, que adopta la capacidad de programación en su núcleo. La red permitió la autonomía a través de contratos inteligentes o códigos programados en la cadena de bloques, que pueden llevar a cabo, controlar y documentar acciones relevantes de acuerdo con términos y reglas predefinidos. Al escribir e implementar contratos inteligentes en cadena, cualquier desarrollador puede crear aplicaciones descentralizadas (*DApps*), donde las reglas y condiciones son propias, para proporcionar servicios financieros automatizados.

Actualmente, un gran inconveniente de la cadena de bloques de Ethereum son las altas tarifas de gas (coste para realizar operaciones en la red) debido a la gran demanda de transacciones en relación con su rendimiento limitado. Para aliviar esto y crear un entorno más adecuado para la adopción generalizada de DeFi han surgido redes alternativas de cadena de bloques de capa 1 (por ejemplo, Solana, Avalanche) y soluciones de capa 2 (por ejemplo, Arbitrum, Optimism) para permitir transacciones más rápidas y de menor coste.

A medida que las redes y soluciones alternativas ganen terreno, es probable que estas opciones se conviertan en nuevos terrenos de innovación para los servicios DeFi.

De las principales ventajas de DeFi destacamos las siguientes:

- La principal ventaja de DeFi es un fácil acceso a los servicios financieros, especialmente para aquellos sujetos que se encuentran aislados del sistema financiero actual. Debido a que el sistema financiero tradicional se apoya en intermediarios que buscan generar beneficios, tradicionalmente sus servicios no están disponibles en lugares con comunidades de bajos ingresos.

Sin embargo, con DeFi, los costes disminuyen de forma significativa, y los individuos de bajos ingresos pueden beneficiarse también de una amplia gama de servicios financieros.

- Mientras que las finanzas tradicionales dependen de instituciones intermediarias como los bancos, las aplicaciones de tipo DeFi no requieren intermediarios o árbitros. El código especifica la resolución de cualquier posible disputa, mientras que los usuarios mantienen el control de sus fondos en todo momento.

- El *framework* o entorno de trabajo modular sobre el que se levantan las aplicaciones de tipo DeFi de las *blockchains* públicas tienen el potencial para crear mercados, productos y servicios financieros completamente nuevos.

- Los servicios financieros se despliegan sobre *blockchains*, donde los puntos únicos de fallo son eliminados. Los datos se registran en la *blockchain* y se propagan a través de miles de nodos, lo que hace que la censura o el potencial cese del servicio resulte una tarea francamente difícil.

Los servicios actuales que ofrecen los protocolos DeFi se centran en gran medida en replicar las ofertas de servicios financieros existentes, tales como los siguientes:

- *Lending y borrowing:* permiten préstamos entre iguales (P2P) de forma automatizada y sin solicitar permiso de un intermediario.

Mientras que, en las finanzas tradicionales, los consumidores suelen pedir prestado a entidades centralizadas y reguladas, como instituciones financieras y Gobiernos, en DeFi, los préstamos se realizan de igual a igual (P2P) y se obtienen de un conjunto de fondos bloqueados en un contrato inteligente conocido como grupo de liquidez (*pool* de liquidez), el cual está financiado por proveedores de liquidez que depositan sus criptoactivos en tal grupo de liquidez para así conseguir intereses.

En DeFi, cualquiera puede actuar como proveedor de liquidez y las tasas de interés están impulsadas por el suministro de criptoactivos. Cuando la oferta de tales criptoactivos es alta, la tasa de interés es baja para atraer el endeudamiento y, a la inversa, cuando la oferta de criptoactivos es baja, la tasa es alta para atraer a los proveedores de liquidez a depositar más capital.

En la actualidad, la mayoría de los préstamos DeFi están garantizados en exceso, donde los depósitos se valoran más que los préstamos reales. Dado que los activos criptográficos son muy volátiles, este mecanismo se utiliza como una herramienta de mitigación de riesgos para evitar el incumplimiento de los préstamos.

Los prestatarios tienden a depositar activos más volátiles como bitcoin y *ether* como garantía para pedir prestados activos más estables como *stablecoins*.

Algunos ejemplos de protocolos de préstamos DeFi son Aave, MakerDAO y Compound. En particular, MakerDAO es una plataforma que a finales de 2021 tenía más de 17 000 millones de dólares bloqueados en su protocolo.

- *Trading*: sirve para habilitar las transacciones de criptoactivos entre pares (P2P) en intercambios descentralizados. Podría decirse que algunas de las aplicaciones de DeFi más cruciales son los *exchanges* descentralizados (DEX). Estas plataformas permiten a los usuarios tradear activos digitales sin la necesidad de un intermediario confiable (el *exchange*) para mantener tus fondos.

  La mayoría del comercio de criptomonedas en la actualidad tiene lugar en *exchanges* centralizados gobernados por un único intermediario (por ejemplo, Coinbase o Binance).

  Mientras que los intercambios centralizados suelen emplear un modelo de libro de pedidos para facilitar el comercio al hacer coincidir a los compradores interesados con los vendedores, los intercambios descentralizados (DEX) aprovechan un modelo diferente con creadores de mercado automatizados (AMM) en su núcleo. Un AMM utiliza fondos de liquidez para cumplir órdenes de manera instantánea y dinámica sin la necesidad de un intermediario para facilitar el comercio o abrir órdenes de compradores y vendedores activos.

  Los fondos de liquidez en DEX suelen estar financiados por proveedores de liquidez que depositan el valor equivalente de dos tokens en el fondo. A cambio, los comerciantes pagan una tarifa al grupo que luego se distribuye a los proveedores de liquidez en función de su participación en el grupo. El precio de los activos está determinado por la proporción de tokens disponibles en el grupo y el algoritmo subyacente, aunque a menudo se incluyen fuentes de precios externas (por ejemplo, oráculos).

  Algunos ejemplos de DEX son Uniswap, PancakeSwap y Curve. Por ejemplo, Uniswap es uno de los primeros AMM en utilizar fondos de liquidez para facilitar el comercio de criptomonedas, con más de 8000 millones de dólares en criptoactivos bloqueados a finales de 2021.

- Derivados: son contratos sintéticos cuyos valores se derivan del desempeño de otros activos. Los derivados de DeFi permiten a los usuarios interactuar con activos del mundo real (por ejemplo, monedas fiduciarias, bonos, materias primas, precios de acciones) y criptomonedas para cubrir los riesgos de precios y realizar inversiones especulativas. Synthetix es actualmente el protocolo de derivados más grande, con 1400 millones de dólares en criptoactivos bloqueados a finales de 2021.

* Seguros: proporciona cobertura para protegerse contra la pérdida de depósitos y fallas de contratos inteligentes. El seguro de DeFi, aunque aún se encuentra en etapas incipientes, tiene como objetivo brindar cobertura contra tales fallas aprovechando un enfoque de riesgo compartido. En lugar de que las compañías de seguros centralizadas brinden cobertura, los modelos de seguros DeFi distribuyen el riesgo entre los proveedores de cobertura, quienes obtienen un rendimiento sobre el capital que depositan en el grupo. Nexus Mutual es uno de los protocolos de seguros más grandes, con más de 560 millones de dólares en criptoactivos bloqueados a finales de 2021, que comenzó ofreciendo coberturas de contratos inteligentes y desde entonces se ha expandido para proporcionar seguros para explotaciones de intercambio centralizadas.

* *Stablecoins:* las monedas estables son monedas digitales basadas en cadenas de bloques que vinculan su valor a los activos subyacentes para mantener la estabilidad de precios. Con el objetivo de reducir la volatilidad de las criptomonedas, emplean diferentes mecanismos para mantener valores estables; muchos están respaldados por un activo subyacente (por ejemplo, dinero fiat, materia prima, criptomoneda), pero algunos pueden usar algoritmos y contratos inteligentes para luchar por la estabilidad. Por ejemplo, dai, una moneda estable descentralizada creada por MakerDAO, está respaldada por activos colaterales depositados en el protocolo Maker. Las *stablecoins* se utilizan cada vez más para pagos de remesas transfronterizos de bajo coste y nuevos casos de uso de pago.

56

¿LAS STABLECOINS O MONEDAS ESTABLES TIENEN FUTURO?

Criptomonedas como bitcoin y *ether* ofrecen numerosos beneficios, como la descentralización, las transacciones sin intermediarios y mucho más. Sin embargo, uno de los principales inconvenientes de las

Las monedas estables o *stablecoins* se presentan como una gran palanca de cambio debido a la estabilidad financiera que aportan, lo que permitirá una mayor adopción del ecosistema de cadena de bloques por parte del público en general. Fuente: propio.

criptomonedas es que son notoriamente volátiles. Esto significa que los precios son impredecibles y tienen fuertes fluctuaciones.

La volatilidad de los criptoactivos en el criptomercado supone un gran riesgo para el usuario final que quiera utilizarlas diariamente como medio de intercambio, ya que se puede perder un importante poder adquisitivo en cortos periodos de tiempo. El origen de las *stablecoins* surge de la necesidad de intentar controlar esta alta volatilidad que tienen las criptomonedas en el mercado, ya que supone un gran embudo en la adopción de las criptomonedas como medio de pago por parte de empresas y usuarios, pues no ven factible su uso en las transacciones diarias.

Se llaman *stablecoins* o monedas estables a los criptoactivos que guardan una relación de resguardo y que están respaldados por monedas fiat, materias primas u otros activos. Estas monedas estables tienen el propósito de que su valor permanezca estable en el tiempo, con un valor fijo en relación con el activo que las respalda (1:1).

La razón de ser de las *stablecoins* es proporcionar estabilidad a la vez que brindan los mismos beneficios que las criptomonedas (tarifas de transacción bajas, transacciones rápidas, seguridad) y proporcionan la estabilidad de la que carecen los activos criptográficos tradicionales.

Los usuarios preocupados por la alta volatilidad del mercado de criptoactivos pueden cambiar fácilmente sus criptomonedas sin respaldo (bitcoin, *ether*, etc.) por *stablecoins* eliminando así la necesidad de convertir los criptoactivos a dinero fiat. Además, dado que las conversiones entre las *stablecoins* y otros criptoactivos son conversiones de cripto a cripto, las transferencias siguen siendo bastante económicas, ya que no se aplican tarifas a terceros: procesadores de pagos, bancos, etc.

Encontramos una serie de ventajas e inconvenientes en las *stablecoins*:

Ventajas:

- Estabilidad: los precios de las *stablecoins* no son tan susceptibles como las grandes variaciones de precios que sufren el resto de criptoactivos en el criptomercado. Estas características son algo que aprecian mucho los inversores de este tipo de criptoactivos.

- Liquidez: ofrecen una gran liquidez gracias a la tokenización, sobre todo cuando las *stablecoins* basan su estabilidad en materias primas (oro, plata, etc.), ya que permiten una mayor liquidez facilitando una mejor formación de precios.

- Garantía: las *stablecoins* tienen respaldo económico en activos reales. Esto es especialmente cierto con las *stablecoins* basadas en moneda fiat y en las mencionadas materias primas. Gracias a esto, los propietarios de la *stablecoin* pueden recurrir a un activo que es real y que está respaldado por un valor real.

- Cobertura: las monedas estables ofrecen a los inversores la opción de proteger el valor y el poder adquisitivo de sus criptoactivos contra la incertidumbre gracias a la estabilidad que proporcionan las *stablecoins*. Incluso los ciudadanos en economías inflacionarias podrían plantearse la posibilidad de emplear estas monedas estables para preservar su riqueza.

- Sin bancos: no se requiere cuenta bancaria para tener *stablecoins*, y son fáciles y rápidas de transferir con comisiones de transacción bajas. Además, las *stablecoins* se pueden transferir rápidamente a nivel internacional, incluso a lugares donde el dólar estadounidense puede ser difícil de obtener o donde la moneda local es inestable.

- Recompensas: los *traders* e inversores pueden ganar intereses con las stablecoins a través de préstamos y *staking*. Cuando prestas *stablecoins*, puedes ganar pagos de intereses de los prestatarios. *Staking* es el proceso por el cual se verifican las transacciones de criptomonedas con la contraprestación de poder ganar recompensas.

- Servicios financieros descentralizados: en la actualidad, los acuerdos institucionales restringen el acceso a los mercados de capital, llegando a ocurrir malas asignaciones financieras. Ante esto, las empresas pequeñas se encuentran en desventaja ya que los mercados de capital tienden a dar prioridad a las empresas grandes y establecidas. Las *stablecoins* pueden resolver este problema permitiendo el acceso a financiación.

Inconvenientes:

- Centralización: el esquema de las stablecoins es altamente centralizado debido a la necesidad de que existan terceros; proveedores, custodios, auditores y el proyecto mismo dan muestra de esta centralización.

- Auditoría: los procedimientos de auditoría consumen mucho tiempo y son económicamente costosos debido a la complejidad de la que está dotado el sistema de funcionamiento de la stablecoin.

Para el mantenimiento del valor de las stablecoins se necesita de un respaldo físico, monetario o por otra criptomoneda. Las formas de respaldo para las monedas estables son las siguientes:

- Respaldo en monedas fiat: esta es la forma más habitual de respaldo para las *stablecoins*. Generalmente, el criptoactivo se respalda garantizando cada token de la red en igual proporción (1:1). Se emplean monedas fiat como el dólar estadounidense, el euro o el yen japonés. Esto significa que, por cada token, su valor estará garantizado por una unidad de moneda fiat. La compañía detrás de una *stablecoin* con garantía fiduciaria puede emitir tantas monedas estables como sea necesario, siempre que tengan las reservas de efectivo para respaldar dicha emisión. Para evitar que las compañías emisoras de *stablecoins* envíen más monedas estables al mercado que la cantidad de efectivo existente en reservas, se auditan los tokens en circulación. Algunos ejemplos de *stablecoins* con garantía fiduciaria incluyen *tether*, *USD coin* y *binance USD*.

- Respaldo en materias primas o *commodities*: este tipo de monedas estables funcionan respaldando el valor de la *stablecoin* empleando *commodities* (materias primas) de alto valor como el oro, la plata, los diamantes o el petróleo. La relación de respaldo puede ser tan sencilla como un valor 1:1 o puede depender de una determinada formulación matemática que la justifique. Las monedas estables respaldadas por *commodities* necesitan de terceros, como los proveedores, los custodios y el proyecto en sí, para garantizar el pleno funcionamiento del sistema. También requieren un alto nivel de confianza a través de auditorías para garantizar que los activos se mantengan para respaldar las monedas. Además, el riesgo de intervención del Gobierno en las *commodities* también es una preocupación para este tipo de monedas estables. Un ejemplo sería DigixGlobal. Digix es un proyecto que facilita la adquisición de oro mediante criptomonedas, de tal manera que los inversores no tengan necesidad de poseerlo físicamente ni de destinar espacio a su almacenamiento.

- Respaldo en otros criptoactivos: las *stablecoins* están colaterizadas (como garantía o aval) por criptomonedas en lugar de dinero fiduciario (euro, dólar, yen, etc.). Con esto se busca proteger el precio de la moneda estable con respecto a la variación del valor del criptoactivo de respaldo. Debido a que la volatilidad del mercado de las criptomonedas es mayor que la de las monedas fiat, esta clase de moneda estable generalmente requiere más que una proporción 1:1 de monedas de reservas. A esta situación se la denomina «sobrecolateralización». La solución planteada es otorgarle al token un respaldo doble por parte del otro criptoactivo, es decir, una relación 1:2 de tal modo que, aun con las variaciones de precio en el mercado que sufra la criptomoneda, el token pueda mantener la estabilidad deseada en el suyo. Como nota curiosa, la mayoría de las monedas estables que emplean este método son tokens del tipo ERC-20 (Ethereum). Un ejemplo destacado de una *stablecoin* criptolateralizada (criptoactivo como garantía o aval) es el dai de MakerDAO. Las *stablecoins* respaldadas por criptomonedas tienen que lidiar con la volatilidad de los activos criptográficos en su proceso de gestión de colaterales (avales y garantías), lo que, en casos extremos, podría conducir a que la moneda no mantenga su paridad.

- Tokens estables algorítmicos: estas *stablecoins* funcionan como bancos de reserva monitorizando la oferta y la demanda gracias a sus complejos algoritmos informáticos. Este tipo de monedas estables no tienen directamente respaldo ni garantía de ningún activo que los ayude a estabilizar su precio. Por otro lado, este sistema emplea contratos inteligentes para hacer la función de un banco central, con lo cual se permite, según la oferta y la demanda, incrementar o disminuir el aporte de dinero en la *blockchain*.

57

¿Tokenizar los flujos de caja de una empresa para financiar su crecimiento?

Grupo Solutia es una de las empresas con mayores expectativas de crecimiento en el sector TIC en España; tiene su sede social en España, aunque es una multinacional con sedes en diversos países del mundo tanto de África como de Asia y Latinoamérica.

En esta compañía desarrollamos un mecanismo pionero y novedoso para la financiación de su crecimiento orgánico mediante el empleo financiero de la tecnología *blockchain*. Previamente, Grupo Solutia nos pidió que el modelo de negocio de la economía del token a diseñar contara con las siguientes características diferenciadoras: que la empresa se financiara de manera ágil mediante un proceso de oferta inicial de moneda (ICO) mediante la emisión de un token criptográfico; que la inversión en dicho token resultara segura y atractiva para potenciales inversores, en términos de rentabilidad comparativa (renta fija, renta variable, materias primas, divisas, etc.); que evitara las enormes volatilidades que encontramos en el criptomercado en tokens de capitalización inferior a los 500 millones de euros, lo cual desincentiva este tipo de inversión; que se creara alrededor de este token la suficiente liquidez de mercado diario para evitar las numerosas situaciones de iliquidez que encontramos, por ejemplo, en empresas cotizadas en el mercado BME Growth, y algo que resultaba crucial, que la economía del token propuesta permitiera fijar el valor de la empresa sin la necesidad de que se diluyera la posición de los socios y dueños de Grupo Solutia, evitando, además, las costosas y engorrosas negociaciones tradicionales con ángeles inversores y entidades de capital riesgo en la captación de financiación (fijación de precio, porcentaje de dilución de los socios, *due dilligence, term sheets*, etc.).

Ante esta compleja situación planteada se llevó a cabo un *tokenomincs* basado en la elaboración de un elemento sintético, sin emplear apalancamiento, que estuviera siempre anclado en los flujos de caja libre o *free cash flow* generados por la empresa, que era la magnitud económica más idónea para desarrollar nuestro elemento sintético y sobre el que pivotar nuestro concepto de sobrerrespaldo, el cual detallaremos más adelante. Esta iniciativa planteada estaba entre mitad de camino de una *stablecoin*, sin serlo, ya que lo que se propone es una fórmula de sobrerrespaldo, y lo más parecido a invertir en una empresa real, pero sin contar con ningún tipo de derecho por parte de los tenedores del token, como es el caso de tener un porcentaje de propiedad como en el caso de adquirir acciones (con la dilución que supondría esto para los actuales socios del negocio), derechos a votar en la junta general de accionistas o percibir dividendos o derechos de suscripción preferente en ampliaciones de capital. En este último caso quizá lo más parecido que podemos encontrar en el criptomercado es Synthetix, pero, como comentábamos al principio, sin que nuestros elementos sintéticos cuenten con ningún apalancamiento, además de que los subyacentes son compañías no cotizadas.

La base de nuestra propuesta metodológica fue emplear el análisis dinámico como forma de valorar la empresa en función de sus expectativas, las cuales se cuantifican mediante la renta que esta puede generar en un determinado horizonte temporal. La dificultad aparece cuando se intenta estimar dicha renta futura. En la actualidad existen diversas opciones: beneficios, dividendos, *cash flow*, *cash flow* libre, entre otras. Los motivos de seleccionar la magnitud económica flujo de caja libre para generar nuestro elemento sintético sobrerrespaldado y sin apalancamiento son los siguientes:

- Respecto al beneficio neto consideramos que no es la variable válida para medir, con propiedad, la renta futura generada por la empresa, ya que es un concepto contable que está sometido a una alta carga de subjetividad y, además, no representa la liquidez potencial que puede obtener el accionista de su inversión.

- Aunque el dividendo se acerca más a la liquidez que espera alcanzar el inversor comparada con el beneficio neto, sigue representando una liquidez previsible que puede ser superior, inferior o coincidir con la liquidez potencialmente alcanzable por el inversor; es decir, la liquidez que queda libre en la empresa y que potencialmente puede recibir tal inversor.

- Referente al *cash flow* libre, es la variable indicativa de esa liquidez que potencialmente, y no previsiblemente, puede llegar a manos del accionista.

Por lo que respecta a nuestro concepto de sobrerrespaldo, este significa que una unidad monetaria real (en euros) de *cash flow* libre generada por la empresa equivale a un token de utilidad Grupo Solutia; para que esta igualdad se pueda mantener lo aconsejable es emitir una cantidad, a ser posible menor (que sirva como colchón) o igual de tokens que de flujos de caja libre para el accionista generados por la empresa para que se pueda mantener en el tiempo el elemento sintético y la equivalencia anclada de esta magnitud económica seleccionada: *free cash flows*.

Básicamente, el sobrerrespaldo responde principalmente a esto:

1 euro = 1 euro de *cash flow* libre generado por la empresa = 1 token sobrerrespaldado de la empresa.

Emisión de número de tokens de la empresa sobrerrespaldada <= Valoración financiera de la empresa por descuento de flujo de caja libre.

Ante estas premisas iniciales, la continuación lógica de nuestro procedimiento fue la valoración financiera de Grupo Solutia mediante la metodología de descuento de flujos de caja libre para el accionista, lo que nos permitió conocer el valor total de la economía del token, la cual ascendía a cien millones de euros, en número redondos. Nuestra metodología propuesta que aquí exponemos no tiene mucho sentido para empresas de crecimiento que no generen considerables montantes de flujos de caja libre reales (en euros) y que permitan unas valoraciones financieras iguales o superiores a los cien millones de euros.

El motivo de la metodología de valoración seleccionada fue elegir aquella que fuera la más representativa por el conjunto de analistas profesionales existentes a nivel mundial, la cual estaba circunscrita en el análisis dinámico y, más concretamente, por el análisis fundamental, ya que siempre cumple con dos premisas fundamentales:

- La empresa se debe valorar en función de sus expectativas futuras, medidas a través de la renta generada en un futuro más o menos previsible.

- El inversor o accionista debe prever la liquidez que potencialmente puede recibir de su inversión, en un horizonte de valoración más o menos prolongado.

El enfoque de flujos de caja libre descontados se erige como el modelo de análisis fundamental por excelencia. Dicho enfoque completa gran parte de las lagunas sufridas por las principales técnicas clásicas de valoración:

- Las expectativas de los títulos deben quedar penalizadas por un cierto coste de oportunidad, coste que no está claramente presente en los modelos tradicionales de valoración financiera.

- Los distintos modelos no asumen con claridad el concepto de riesgo y, sobre todo, los distintos niveles de este y su cuantificación.

- Y, principalmente, se utiliza una liquidez previsional y no la que realmente interesa, que es la «liquidez potencial».

Se entiende por *cash flow* libre desde el punto de vista del accionista el conjunto de fondos generados por la empresa y susceptibles de ser extraídos de ella sin cambiar su estructura óptima de capitales. Esto significa el conjunto de recursos generados y disponibles directamente por parte del empresario y que potencialmente, con el paso del tiempo, pueden llegar a manos de los accionistas. Con tal propósito, la renta generada por la empresa la debemos reducir en función de sus necesidades de inversión (tanto en activo fijo como en circulante) y aumentar por su capacidad de endeudamiento.

$$V = \sum_{t=1}^{n} \frac{FCD_t}{(1 + K)^t} + \frac{VC_n}{(1 + K)^n}$$

La necesidad de inversión debe estar financiada con recursos a largo plazo tanto ajenos (pasivos o deudas) como propios (capital social y reservas). De esta forma, para llegar a la liquidez que puede ser utilizada directamente por el empresario, y potencialmente por el accionista, debemos añadir la parte que va a ser financiada por recursos ajenos (capacidad de endeudamiento). La capacidad de endeudamiento se define como el conjunto de fondos, en términos netos (financiación nueva que le restamos a la devolución de la deuda, por ejemplo, el capital de los préstamos contraídos), que consigue la compañía procedente de la deuda.

Una vez obtenida la valoración financiera tanto en su horizonte previsional como no previsional, seleccionamos la primera y los datos obtenidos en esta (es decir, flujos de caja libre descontados obtenidos en el horizonte previsional) para planificar el lanzamiento de la venta privada de tokens y la respetiva oferta inicial de moneda (ICO) del token Grupo Solutia, donde se cumpla en todo momento los principios rectores de sobrerrespaldo vistos con anterioridad.

La rentabilidad estimada, de dos dígitos, a obtener por el inversionista del citado token estará en función del mecanismo de *bonding* y *staking* que se creó específicamente para Grupo Solutia. Además, para el buen desarrollo del proyecto aquí explicado, también se sugirió el diseño y el desarrollo de la arquitectura de una plataforma que permitiera a los inversores del token gestionar con transparencia y a tiempo real sus inversiones. Nos referimos a la existencia de una «zona del usuario» dentro de la propia plataforma que permita, gracias a *smart contracts* y a seguros y fiables oráculos, comprobar que los valores reales obtenidos de los flujos de caja libre de la empresa coinciden con los estimados, y con ello corroborar la valoración financiera que sirvió como base de la valoración de la economía del token de Grupo Solutia.

Consideramos que este nuevo mecanismo de mercado diseñado para Grupo Solutia puede resultar más eficiente y transparente que los tradicionales mercados organizados y que los denominados mercados OTC, donde la asimetría de la información existente en ambos siempre juega en contra del inversor minorista. Este es un ejemplo de cómo *blockchain* puede mejorar lo ya existente.

58

¿Se pueden tokenizar tratamientos de medicina de precisión contra el cáncer?

En 2022 tuve el placer de colaborar en la implementación de la tecnología *blockchain* en el modelo de negocio de la empresa biotecnológica KeyZell, orientada a la lucha contra el cáncer, de la mano de mi buen amigo el Dr. Manuel Ortigueira, uno de sus fundadores.

Según el estudio publicado por IQVIA Institute en 2022, «Global Oncology Trends 2021», se calcula que el mercado global en tratamientos contra el cáncer alcanzará los 269 billones de dólares para el año 2025. En el año 2020 murieron casi diez millones de personas por cáncer y cada año se suman más de diecinueve millones de nuevos casos en todo el mundo. Por desgracia, cada año se superan las previsiones de muertes y de incidencia según la International Agency for Research on Cancer, por lo que no es extraño que en poco tiempo a uno de cada tres varones y a una de cada cuatro mujeres le será diagnosticado un cáncer a lo largo de su vida. Además, la incidencia global va en aumento por el envejecimiento de la población y por el incremento de los factores de riesgo.

KeyZell está formado por un grupo multidisciplinar de profesionales de varios ámbitos, investigadores de centros reconocidos de alto prestigio como la Universidad de Sevilla (a la que pertenezco como

La biotecnológica española ha desarrollado KeyZell OPS, una herramienta basada en *machine learning* que selecciona el mejor tratamiento para cada paciente con base en sus características individuales. Fuente: https://www.territoriobitcoin.com/ y https://keyzell-k2z.com/.

profesor e investigador doctor), la Universidad de Málaga y el Imperial College de Londres.

La compañía también está respaldada por un equipo altamente cualificado de asesores, no solo en el área médica o científica, sino también en propiedad intelectual, legal, financiera o estratégica.

En el campo de la oncología urge el desarrollo de nuevas terapias que mejoren los tratamientos actuales. Hoy, los profesionales de la salud se ven obligados a tomar decisiones con un gran nivel de incertidumbre, ya que cada paciente puede tener una respuesta diferente a los tratamientos.

Además, los protocolos actuales contra el cáncer implican altos niveles de toxicidad, lo que incrementa el sufrimiento y los efectos secundarios de los afectados, por lo que es clave personalizar al máximo los tratamientos y conocer su nivel de eficacia en cada caso.

La medicina de precisión es clave a la hora de aumentar el éxito de los tratamientos, reducir la reincidencia, la sobremedicación y los costes, y mejorar la calidad de vida de los afectados.

Para ello, la biotecnológica KeyZell trabaja en varias líneas de investigación. Por un lado, un nuevo tratamiento de primera línea contra algunos tipos de tumores, pendiente de comenzar el ensayo clínico en fase I/IIa. Hablamos de un tratamiento en fase preclínica para prevenir la metástasis. El objetivo de esta biotecnológica es demostrar la eficacia del fármaco, el LZ-167, como tratamiento de primera línea contra el cáncer.

Por otro lado, la compañía ha desarrollado un innovador sistema de inteligencia artificial denominado KeyZell OPS (*Oncology Precision System*), del que se dispone su licencia industrial, y que pretende ser el futuro de la medicina de precisión en oncología.

Esta solución de inteligencia artificial es capaz de proponer la mejor combinación de tratamientos actualmente disponible contra el cáncer, personalizada para cada paciente, así como estimar la probabilidad de supervivencia a cinco años en cada caso. Estas predicciones se generan a través de un sistema de *machine learning* en continuo aprendizaje, gracias a miles de historias clínicas reales procedentes de hospitales. Esta solución está diseñada para facilitar a los profesionales médicos la definición y selección del tratamiento más adecuado para cada paciente.

La tecnología de OPS crea modelos de aprendizaje automático a partir de la experiencia médica recogida durante años. Estos modelos han sido desarrollados por el equipo de científicos de KeyZell, donde su OPS ha sido ya entrenada con más de cien mil historiales clínicos. Incluye reconocimiento de imágenes diagnóstico y considera más de treinta variables de datos clínicos, que van desde datos del tumor, órgano, estado, junto con la lectura de secuenciación con biomarcadores, lo que posibilita predecir cuál es el fármaco y la combinación con mayor porcentaje de éxito. Para ello, el OPS utilizará una base de datos descentralizada para almacenar toda la información empleando la potencia informática descentralizada que facilita la tecnología *blockchain*.

Ante estos avances, KeyZell se prepara para realizar un ensayo clínico en fase I/IIa con el objetivo de determinar la dosis máxima que se puede administrar de forma segura del fármaco LZ-167 sin causar efectos secundarios graves, además de analizar la farmacocinética y la eficacia en pacientes con tumores sólidos y líquidos avanzados. La realización de la fase clínica I/IIa es un hito importantísimo para cualquier empresa biotecnológica, ya que son muy pocas las empresas que llegan a esta fase. Este ensayo clínico no solo servirá para llevar a la fase de comercialización el citado fármaco, también para validar los datos de su sistema de inteligencia artificial para la predicción de tratamientos personalizados para los pacientes de cáncer.

A principios de septiembre de 2022, KeyZell llevó a cabo un novedoso proceso de financiación mediante un *Token Generation Event* (TGE) para el proyecto K2Z Utility Token. De esta manera, la empresa biotecnológica pretendía demostrar la eficacia de una nueva generación de fármacos de primera línea para el tratamiento del cáncer y, al mismo tiempo, cómo obtener una versión más avanzada de su solución de inteligencia artificial.

Este TGE consistía en la tokenización de la propiedad industrial de su sistema de inteligencia artificial mediante la emisión máxima de 2000 millones de tokens y de 20 000 NFT. Los usuarios obtuvieron un NFT por cada 100 000 tokens. El token se ejecutó de forma nativa en la cadena de bloques de la red, *Binance Smart Chain*, siguiendo el estándar BEP-20. Así, estos usuarios se beneficiaron de la capacidad que tiene esta propiedad industrial de generar nuevos tokens y participar en un *airdrop*.

Como afirmaba en su día José de Corral, CEO de KeyZell: «Con K2Z Utility Token buscamos realizar ensayos clínicos en humanos, en sus diferentes fases, para tener un tratamiento contra el cáncer de mama y pulmón, para posteriormente validar los datos en nuestra OPS, basada en inteligencia artificial».

A mi entender, la mayor aportación que hice en KeyZell fue en el diseño de la tokenización de la propiedad industrial, de su sistema de inteligencia artificial para medicina de precisión, mediante el empleo de una serie limitada de tokens no fungibles (NFT) únicos a los que denominamos IP-NFT.

Los IP-NFT representaban certificados de autenticidad y propiedad de una parte de la copia digital de la propiedad industrial de KeyZell, que los acreditaba como «versión única y original». Serían como almacenes digitales donde se guardaría toda la información relevante de la patente, en un único y seguro repositorio. Además, en KeyZell diseñamos un novedoso mecanismo para desarrollar IP-NFT mediante el empleo de *smart contracts* que representaban eficazmente la propiedad industrial e intelectual y sus capacidades, lo que fomentaba la creación de nuevas formas de interactuar con la propiedad intelectual, hoy en día inexistentes, posibilitando nuevas oportunidades a los propietarios de este tipo de intangibles, como la capacidad de hacerse líquidos en los diversos *marketplaces* establecidos en el mercado y los que se crearán especializadamente en un futuro, no muy lejano, como *exchanges* de patentes.

KeyZell, como creadora de los IP-NFT, es la entidad que realmente tiene los derechos como titular del *copyright* y derechos de autor, además de ser la única que puede difundir, modificar, publicar y reproducir las obras, a menos que le transmita todos los derechos patrimoniales a otra persona o empresa, y que, además, responde a las leyes de propiedad industrial propia de cada país. Es lo mismo que ocurre con la compra de una obra de arte física, un libro o un CD de música; el comprador pasa a ser propietario de estos artículos, pero no ejerce sobre ellos ninguno de los derechos de autor que la ley confiere a los creadores.

59

¿ORGANIZANDO LA TOKEN-ECONOMÍA MEDIANTE DAO?

En los últimos dos años, las industrias DeFi y NFT han experimentado niveles extraordinarios de crecimiento. En la convergencia de la Web3 y las NFT se encuentran muchas plataformas que buscan aprovechar la tecnología y la infraestructura para hacer que el ecosistema de las NFT sea más descentralizado, estructurado y dirigido por la comunidad.

El concepto de descentralización ha traído cambios revolucionarios al mundo. Al eliminar la necesidad de autoridades centralizadas, se ha puesto el poder en manos de la comunidad.

Una de las innovaciones importantes basadas en la descentralización son las DAO, que surgieron por primera vez en 2016 en la red *blockchain* de Ethereum y que se consideran una parte fundamental de la Web 3.0. Un nuevo internet que promete devolver la soberanía digital al usuario gracias al poder descentralizador de *blockchain*.

Las DAO son un gran invento que está desafiando los actuales sistemas de gobernanza. Utilizando las NFT, las DAO están cambiando nuestra perspectiva de cómo deben dirigirse las organizaciones y los sistemas, y elimina la necesidad de un liderazgo centralizado y da más credibilidad a la idea de que la forma óptima de gobierno no tiene que ver con las estructuras jerárquicas.

DAO es el acrónimo de «organización autónoma descentralizada». Hablamos de una entidad similar a una empresa, pero sin tener una autoridad de gobierno centralizada. Hablamos de una entidad nativa de internet basada en la tecnología de cadena de bloques a la que pertenece.

Una organización autónoma descentralizada hace referencia a un tipo de organización que es controlada en su totalidad por algoritmos computacionales. Estos algoritmos son conocidos como *smart contracts* y determinan las reglas de cómo deben cooperar las partes implicadas en la DAO, la cual está gobernada por un conjunto de personas que trabajan colectivamente en una misión compartida.

Los contratos inteligentes son transparentes e inmutables y son los que se encargan de establecer las reglas de la organización. De esta manera, todos sus integrantes conocen de antemano las reglas de la comunidad y que estas no pueden ser modificadas en el futuro al estar registrados en la *blockchain*.

Entre las reglas y detalles del contrato inteligente de una DAO encontramos: la lista de sus miembros, la cantidad invertida, quiénes son las partes interesadas mayoritarias, el flujo de trabajo y el mecanismo de recompensa. Es importante considerar que un contrato inteligente defectuoso pondría en riesgo el proyecto. Cualquier actualización necesitaría los votos de todos sus miembros, por lo que es importante hacerlo bien desde el principio.

Además, el contrato inteligente contiene un token, el cual es útil para asignar derechos e incentivos a los miembros de la organización.

Hay que resaltar que, en una organización autónoma descentralizada, cada individuo tiene la facultad de tener su voz en el proceso de toma de decisiones a diferencia de la organización o empresa convencional, donde un individuo (CEO) o un conjunto de personas (junta directiva) toman todas las decisiones. Hablamos de que todos los miembros de una DAO aportan valor y a todos se les atribuye ese valor que aportan. Una DAO funciona mediante la democratización de la conducta al tiempo que reemplaza el sistema de gestión de arriba hacia abajo, con una funcionalidad basada en *blockchain* codificada en los citados contratos inteligentes.

Esto garantiza mayor transparencia, la posibilidad de que cualquier persona pueda auditar el funcionamiento de esa organización y, al mismo tiempo, establecer procesos en los que haya un acuerdo en común sobre cómo llevar adelante las propuestas y las etapas de planificación, de campaña y de votación.

Respecto al funcionamiento de una DAO podemos decir que es similar a una especie de cooperativa criptográfica que permite que una gama más amplia de personas se apropie de una parte de la organización y participe en las decisiones de gestión mientras comparte una misión común.

Una DAO es una comunidad de personas
con capacidad de voto que puede gestionar
recursos como criptoactivos. Puede tomar
decisiones sobre cómo asignar esos recursos
o cómo decidir la aplicación de esos recursos.
Fuente: imagen de Gerd Altmann en Pixabay

La mayoría de las organizaciones autónomas descentralizadas suelen recaudar algunos fondos iniciales para comenzar las operaciones comercializando tokens de gobernanza que otorgarán a los titulares derechos de voto sobre las actividades de la DAO.

Los fondos recaudados a través de la venta de tokens de gobernanza se almacenan en una tesorería pública de *blockchain* que permite a cualquier usuario de la DAO auditar ingresos y gastos. Los fondos de la DAO se emplean a través de una propuesta típicamente escrita por un miembro de la DAO, la cual comienza a discutirse y debatirse entre los miembros de la comunidad para finalmente aprobarse o rechazarse. Finalmente se implementará mediante contratos inteligentes codificados y habilitados.

Como decíamos, a principios de 2016 fue desarrollada la primera aplicación de las DAO en la *blockchain* de Ethereum y que se denomina The DAO. Era un marco de código abierto centrado en el capitalismo de riesgo que consiguió recaudar más de 250 millones de dólares en *ethers* (en ese momento, un *ether* tenía un precio de veinte dólares). A mediados de ese mismo año terminó sufriendo un robo de más de 50 millones de dólares en el momento del ciberataque, al encontrarse una vulnerabilidad en el código de programación. De este incidente, The DAO no se recuperó. La enseñanza que nos dejó esta iniciativa es que el éxito de una DAO reside en la fortaleza y seguridad de su contrato inteligente. La resistencia a los hackeos es un problema fundamental que las DAO deberán superar para aumentar su adopción.

De las ventajas notables que encontramos en la utilización de una DAO destacamos las siguientes:

- La estructura autónoma de las DAO hace que estén abiertas a la transparencia. El concepto de descentralización ha fomentado la idea de la confianza. El medio que permite juzgar a los miembros de una DAO es el contrato inteligente, por lo que queda cada transacción registrada, de forma inmutable, en la cadena de bloques.

- Con las DAO, las innovaciones no necesitan pasar por diferentes jerarquías antes de llegar a quienes tienen la autoridad para tomar decisiones. Cualquiera puede hacer sugerencias.

- Las DAO resuelven el principal problema del juego de poder, ya que los miembros se consideran igualmente responsables del progreso de la organización. Todos son responsables de la dirección de la organización y, si hay que cambiar la trayectoria, tiene que venir con el consentimiento de todos a bordo.

Entre las desventajas de emplear una DAO encontramos las siguientes:

- Velocidad: a diferencia de las empresas tradicionales, donde un CEO toma todas las decisiones, una DAO requiere un periodo de tiempo mucho más largo para tomarlas.

- Educación: una DAO tiene la responsabilidad de educar a los miembros de su comunidad.

- Seguridad: una DAO se basa en la tecnología de cadena de bloques, la cual requiere una gran experiencia técnica para codificar los requisitos previos precisos para implementar las decisiones.

Según datos facilitados por la plataforma Coin98, en enero de 2022 existían más de cien DAO que controlaban casi 10000 millones de dólares en activos.

Las aplicaciones de las DAO son casi infinitas, ya que permiten organizar de forma descentralizada la cooperación entre partes que no se conocen. Para muchos expertos, si 2020 fue el año de las DeFi y 2021 el de los NFT y los juegos, 2023 podría ser el año definitivo para las DAO. Pero antes, su compleja estructura debería superar una serie de problemas clave para convertirse en una tecnología *blockchain* de referencia.

La gran barrera de las DAO es la ausencia de legislación, que impide la adopción generalizada de las tecnologías que rodean la *blockchain*. Esta ausencia regulatoria dificulta que las DAO puedan interactuar con entidades no relacionadas con el criptomercado. Sin embargo, la estructura institucional de las economías más avanzadas parece no estar todavía preparada para adaptar sus actuales legislaciones a la frenética evolución de la Web 3.0 y sus tecnologías descentralizadas.

Finalmente, las organizaciones autónomas descentralizadas no están limitadas por las jurisdicciones tradicionales ni tampoco están vinculadas a ninguna regulación o ley en particular debido a la naturaleza descentralizada donde se ejecuta el *smart contract* y es coordinada por la organización mediante las votaciones en la *blockchain*. Una DAO es, por definición, algo trasnacional, algo que rompe todas las fronteras, que opera con redes resistentes a la censura y que lo logra gracias a su nivel de descentralización.

60

¿Encontramos regulación en la tokenización?

A mediados de 2022, la Unión Europea y la Eurocámara llegaron a un acuerdo para regular los criptoactivos desde su autorización hasta su supervisión, así como temas esenciales como la transparencia y la claridad en la presentación de estos productos, o su impacto ambiental y la protección del consumidor.

Concretamente, la Comisión Europea avanzó en la regulación sobre los activos digitales dando luz verde a dos grandes iniciativas para fomentar el acceso a la financiación no bancaria de las pequeñas y medianas empresas.

Por un lado, nos encontramos con el reglamento del régimen piloto de las infraestructuras de mercado basadas en tecnología de registro descentralizado (DLT según sus siglas en inglés). Esta regulación es clave para que las distintas entidades de la Unión Europea puedan emitir instrumentos financieros como bonos, acciones, valores del mercado monetario y fondos utilizando la tecnología de registro descentralizado (DLT), lo que permitirá el desarrollo de los *security tokens* y la tokenización de los instrumentos financieros tradicionales, antes mencionados, en redes *blockchain* (un tipo de DLT).

Y, por otro lado, nos encontramos con la aprobación del reglamento MiCA (*Markets in Crypto Assets*), con el que se quiere regular el salvaje oeste en que se ha convertido el criptomercado, el cual no ha parado de sumar fraudes y escándalos. El objetivo del reglamento es la regulación del mercado de criptoactivos para poner límites a aquellos que operan con total impunidad a través de estos productos. El propósito de este reglamento es equiparar las garantías a los servicios financieros tradicionales.

Si nos centramos en el reglamento del régimen piloto de las infraestructuras de mercado basadas en tecnología de registro descentralizado (DLT), se abren nuevas oportunidades de financiación de una forma desintermediada en los mercados de capitales. Por ello, se están facilitando nuevas oportunidades a todos aquellos que estén interesados en financiarse en los mercados de capitales de una forma más sencilla y desintermediada.

Este reglamento contempla la creación de tres tipos de figuras: los sistemas multilaterales de negociación, a los que podrán inscribirse sociedades y agencias de valores, los sistemas de liquidación y los sistemas de negociación y liquidación. A estos dos últimos se podrán incluir operadores de mercados tradicionales.

Cuando nos referimos a estos tres tipos de figuras, nos referimos a tres tipos de plataformas o entidades. Por un lado, las empresas que admiten operar con instrumentos financieros, las DLT MTF (*DLT Multilateral Trading Facility*). Por otro, podrán existir plataformas que liquidan transacciones en instrumentos financieros, las DLT SS (*DLT Settlement System*), y también aquellas que lleven a cabo ambas funciones (transacciones y liquidación), las DLT TSS. Se espera que soliciten dichas autorizaciones tanto entidades tradicionales como plataformas digitales, aunque siempre tendrán que estar registradas como empresas de inversión autorizadas.

Desde un punto de vista práctico, con este programa piloto la Comisión Europea permite que, en el marco de la Unión Europea, se «tokenicen» títulos de compañías cuya capitalización sea inferior a los 500 millones de euros. Además, podrán emitirse bonos, o deuda titulizada, hasta 1000 millones de euros, o participaciones en fondos que tengan un valor de mercado inferior a 500 millones de euros. Además, se establece que cualquier nuevo *security token* emitido no podrá tener un valor de mercado superior a 6000 millones en el momento de la emisión, o a 9000 millones si se aprecia. Límites con los que se busca proteger la integridad del mercado y la estabilidad financiera.

Este reglamento permitirá desarrollar un banco de pruebas o *sandbox* europeo con el fin de poder utilizar la tecnología DLT en los mercados y que ciertos proyectos puedan beneficiarse de exenciones de normativas vigentes, como el no necesitar intermediarios, donde los usuarios finales sean los miembros del mercado, el no contar con un depositario central de valores y que la negociación y la liquidación se hagan de forma simultánea. También se asegurará que la tokenización de activos no comprometa la estabilidad financiera ni vulnere los derechos de los inversores.

El reglamento entrará en vigor en marzo de 2023 y la Autoridad Europea de Valores y Mercados (ESMA, por sus siglas en inglés) estará a cargo de su cumplimiento. El régimen piloto, que entrará en vigor en marzo de 2023, estará vigente durante tres años, prorrogable a otros tres, por debajo de los cinco años que se estableció inicialmente. En 2026, la ESMA deberá enviar un informe a la Comisión sobre el funcionamiento del régimen piloto. Será un primer test que servirá para analizar si se prorroga otros tres años.

Actualmente, se cuenta con antecedentes, como es el caso de la entidad financiera Société Générale, que colocó en marzo de 2021 una emisión de cien millones en bonos tokenizados.

Por último, nos centraremos en el reglamento MiCA, que pretende cubrir normativamente áreas como: la comercialización de criptoactivos, la privacidad, el blanqueo de capitales, la financiación de actividades ilegales e incluso riesgos para la estabilidad financiera en el caso de las monedas estables o *stablecoins* (criptoactivos vinculados al valor de materias primas valiosas, como el oro, o dinero fiat, como el dólar estadounidense).

Este reglamento regulará los requisitos de información que deben proporcionarse a los inversores y deben detallar el empleo que harán de sus fondos, los riesgos de realizar la inversión o sus obligaciones, algo que hasta la Circular 1/2022, de 10 de enero, de la Comisión Nacional del Mercado de Valores, relativa a la publicidad sobre criptoactivos, era algo inédito a efectos regulatorios.

Este nuevo marco legal tiene el claro propósito de apuntar la estabilidad financiera y la integridad del mercado al regular las ofertas públicas de criptoactivos. Por ello, MiCA cubrirá los criptoactivos que no están regulados por la legislación de servicios financieros existente.

MiCA será aplicable a toda persona física o jurídica que emita u ofrezca criptoactivos al público, los admita a negociación, y preste servicios de criptoactivos en general. Además, dieciocho meses después de que MiCA entre en vigor, la ESMA emitirá un documento para clarificar qué criptoactivos se considerarán instrumentos financieros y, consiguientemente, los que estarán fuera del ámbito de aplicación de la norma, como determinados NFT (los no emitidos en serie).

Estos productos, tal y como se ha visto, inciden de lleno en la comisión de delitos de blanqueo de capitales y financiación de terrorismo. Por ello, la Autoridad Europea de Valores y Mercados (ESMA) deberá instaurar un registro público para los proveedores que no cumplen y que prestan servicios en la Unión Europea sin autorización alguna.

También se considerará en este reglamento el empleo de *sandbox* financieros, donde los operadores y reguladores aprenderán sobre el funcionamiento de estos innovadores productos.

La regulación de MiCA impone a los proveedores de servicios de criptoactivos tener presencia física y recibir autorización previa de las autoridades nacionales para poder operar en el territorio de la Unión Europea.

Cabe decir que las criptodivisas tienen un gran impacto medioambiental, puesto que los mecanismos de validación de las transacciones necesitan de mucha energía y generan altas emisiones contaminantes. Es por ello por lo que el reglamento MiCA también recoge esta preocupación medioambiental, sobre todo en cuanto a la alta huella de carbono que generan las criptomonedas. Por ello, los principales operadores deberán informar de su consumo energético.

Asimismo, estos proveedores de servicios de criptoactivos deben poner a disposición del público, en un lugar destacado de su web, información sobre su impacto ambiental y climático, y estarán obligados a informar a la autoridad competente nacional, quien deberá informar a la ESMA.

Por otra parte, los tokens no fungibles (NFT) se quedan fuera del alcance de MiCA. Sin embargo, se prevé que puedan ser reclasificados como instrumentos financieros o como criptoactivos sujetos a MiCA en función de su evolución y desarrollo.

Para que entren en vigor estos acuerdos deberán ser ratificados formalmente por los Estados miembros y la Eurocámara, tras lo cual habría un periodo de transición hasta que las normas empiecen a aplicarse.

VII

LA REVOLUCIÓN DE LOS NFT
O TOKENS NO FUNGIBLES

61

¿CONOCES EL TÉRMINO NFT?

Los NFT son artículos coleccionables digitales únicos que son verificados y asegurados por *blockchain*, la misma tecnología empleada para criptomonedas como bitcoin y *ether*. Además, un token no fungible proporciona autenticidad de origen, propiedad y singularidad (en términos de escasez). Los coleccionismos digitales varían poco de sus homólogos físicos por el mero hecho de que ambos apelan al mismo deseo de querer tener algo que nadie más posee. Los NFT permiten la escasez digital y la propiedad demostrable de activos únicos.

Los tokens no fungibles se pueden utilizar para representar bienes tangibles o intangibles del mundo real en la *blockchain*, pero también pueden servir como coleccionables digitales. También se pueden emplear en los sectores de la identidad digital y el metaverso.

Los NFT se volvieron populares en la cultura general como una nueva forma de arte digital. Sin embargo, también ofrecen posibles usos en diferentes campos, como el de los videojuegos, la identidad digital, las licencias, los certificados o las bellas artes, e incluso permiten la propiedad fraccionada de artículos.

Analistas de la firma Grand View Research consideran que el mercado de NFT será un mercado multimillonario, de más de 200 000 millones de dólares, para la próxima década. Fuente: imagen de A. M. Hasan Nasim en Pixabay.

Pero ¿qué significa «fungible»? Si consultamos un diccionario, el término *fungible* hace referencia a la capacidad de ser reemplazado o intercambiado libremente. Por ejemplo, los euros son fungibles. Si te doy un billete de veinte euros y me devuelves dos billetes de diez o veinte monedas de un euro, por ejemplo, el valor del cambio es el mismo. El hecho es que el euro, al igual que el dólar, el yen y otras monedas fiat, son totalmente intercambiables. Del mismo modo, las criptomonedas son fungibles. Si me envías un *ether*, no me importa de qué *wallet* procede ese *ether*; un *ether* es un *ether*, igual que un euro es un euro.

Atendiendo a esta explicación y a la definición aportada, los artículos no fungibles no pueden intercambiarse libremente o sustituirse por artículos similares. Por ejemplo, un cuadro de Picasso no es fungible al igual que tampoco lo es un diamante (cada uno es único en claridad, color, corte, tamaño, etc.). Asimismo, cada token no fungible es único, no puede sustituirse libremente por otros NFT y no se puede cambiar.

Además, los NFT son mucho más seguros que poseer un activo físico, como un cromo de fútbol poco común. Podría haber un accidente, por ejemplo, como un incendio devastador que queme su casa y su colección de cromos. Tal vez un ladrón pueda enterarse de que dispone en su casa de una tarjeta única coleccionable por valor de 500 000 euros y termine por robársela. Con las NFT, esto no es un problema, ya que la propiedad se otorga en la *blockchain* y todos los ordenadores de la red pueden reconocer su propiedad. Este factor incrementa considerablemente el valor subjetivo de un NFT.

En resumen, los NFT permiten representar activos físicos o digitales en una *blockchain* o cadena de bloques. Consideramos que las principales propiedades de los NFT son las siguientes:

- Únicos: cada token no fungible contiene dentro de su código información que describe sus propiedades y lo hacen diferente a los demás. Por ejemplo, una obra de arte digital puede tener información codificada sobre píxeles individuales.

- Raros: la escasez es lo que hace a un NFT atractivo para un comprador. Esto garantizará que los activos sigan siendo deseables a largo plazo debido a que la oferta no supera la demanda.

- Rastreables: cada NFT tiene un registro de transacciones en la *blockchain*, desde que se creó e inclusivo cada vez que cambia de manos. Esto significa que cada NFT puede ser verificado y saber que no se trata de una falsificación.

- Programables: como todos los criptoactivos creados mediante contratos inteligentes y alojados estos en cadenas de bloques, los NFT son totalmente programables y tienen la ventaja de generar automatización. Cuando compras un token no fungible, las partes intervinientes en el *smart contract* no tienen que preocuparse por firmar extensos documentos, sino que la adquisición del NFT sustituye a esos contratos tradicionales que demandan tanto tiempo y papeleo.

- Indivisibles: la mayoría de los NFT no se pueden negociar como fracciones de un todo. Al igual que no se puede comprar la mitad de una entrada para un partido de fútbol o una tarjeta coleccionable, los NFT no se pueden dividir en denominaciones más pequeñas. Sin embargo, sí se pueden tener NFT que en su conjunto sean parte de un activo más grande, como por ejemplo financiar a través de diferentes NFT la adquisición de un inmueble u otros activos.

Por lo general, los NFT suelen utilizar el estándar ERC-721 en la *blockchain* de la red de Ethereum. El estándar fue diseñado con el objetivo de crear tokens intercambiables, pero con la particularidad de ser únicos y no fungibles. Es decir, cada token es único en toda su existencia y no puede deteriorarse o destruirse. El propósito es desarrollar tokens únicos, cuyo valor intrínseco venga dado por su singularidad y rareza. En definitiva y en palabras más sencillas, un token ERC-721 no es más que un token «coleccionable». Gracias a ello, podemos definir el valor de un token ERC-721 en función de la rareza y particularidad de sus propiedades, lo que permite construir un nuevo ecosistema de tokens sobre la *blockchain* Ethereum basado en el concepto de escasez digital, donde el valor de los objetos se mantiene y aumenta debido a la singularidad de sus propiedades.

La verdad es que el auge de los NFT ha atraído a grandes nombres al mercado de los criptoactivos. Marcas como Adidas, Nike, Gucci, Dolce&Gabbana y otras se han lanzado a este criptomercado. Incluso artistas y celebridades reconocidas como Shakira, Beeple, Snoop Dogg y Grimes, entre otros, han lanzado colecciones de NFT que se han agotado en poco tiempo. Además, las grandes multinacionales de productos de consumo, como Mars, Samsung, LG y muchas otras, también están empleando los tokens no fungibles para mejorar sus estrategias de *marketing* y sus ventas, pues ofrecen mayor fidelidad y utilidad a sus consumidores y usuarios.

Y si nos acercamos al ámbito deportivo, la National Basketball Association (NBA) y grandes equipos de fútbol, como el Paris Saint-Germain y el Barcelona, también están atrayendo a millones de aficionados al mundo de los NFT gracias a los *fan tokens*.

Para la firma Chainalysis, en 2021, el mercado de los NFT movió más de 26900 millones de dólares, aunque las condiciones particulares del mercado en 2022 (inflación, subidas de tipos de interés por los bancos centrales, guerra en Ucrania, crisis energética, etc.) ha hecho menguar el interés por los tokens no fungibles por parte de los inversores.

62

¿Te gustaría crear y acuñar NFT?

Las puertas al futuro del arte digital se han abierto gracias a la tecnología *blockchain*, que ha permitido que la propiedad de un objeto físico sea posiblemente menos segura que la propiedad de un NFT. Además, se ha reforzado el valor de este tipo de criptoactivos gracias a que aportan singularidad y escasez al mercado.

Actualmente, los artistas digitales tienen dos opciones a la hora de desarrollar sus colecciones digitales: una de ellas es la autoacuñación de obras digitales y la otra es enviar estas obras digitales pertinentes a plataformas para que sean acuñadas. Por ejemplo, en *marketplaces* de NFT como Mintable, Rarible y Opensea, un artista digital puede acuñar su propia colección para después venderla. En otras plataformas de tokens no fungibles como Nifty Gateway y Superrare, los artistas, en cambio, deben presentar una solicitud previa para que puedan ser seleccionados y así poder comercializar sus colecciones.

Ninguna opción de *marketplaces* de NFT se puede decir que es mejor que otra si el único objetivo es vender NFT. Un artista digital puede colocar cualquier tipo de arte que desee y simplemente comenzar a vender en lugares de mercado abierto como los mencionados.

Quizá exista entre los miembros que forman la comunidad de artistas digitales una mayor reputación de aquellas obras de arte digital que han tenido que ser aceptadas en un mercado NFT más exigente. Muchos artistas digitales suelen ser selectivos, como los curadores de museos, que están más dispuestos a aceptar ciertos estilos que buscan

Artistas y celebridades como Beeple, Gronkowski y 3Lau han generado importantes fortunas en este mercado de los tokens no fungibles o NFT. Fuente: imagen de Shakti Shekhawat en Pixabay.

llevar a su red. Si un artista digital ve que su visión artística se alinea con la de ellos o simplemente quiere probar suerte, puede solicitar acuñar sus NFT de esta manera.

A continuación, vamos a analizar las distintas fases que conlleva la creación/acuñación de una obra de arte empleando NFT. Para ello tomaremos como ejemplo explicativo OpenSea, una plataforma descentralizada para tokens no fungibles creada en enero de 2018. En el momento en que se escribió este libro era considerada la Amazon.com de los *marketplaces* de NFT, de ahí que hayamos optado por su elección como ejemplo principal en la creación de obras de arte mediante tokens no fungibles.

A finales de 2020, OpenSea experimentó cambios que permitían crear su propio arte digital mediante NFT en su *marketplace*. Con el antiguo OpenSea, los NFT se tenían que acuñar en otro lugar para que se cargara la colección en esta plataforma. Sin embargo, se agregó una nueva galería de colecciones que permitía una forma simple de acuñar y comercializar en este mercado de tokens no fungibles.

OpenSea permite crear diversos tipos de NFT, vídeo o audio, por lo que es una excelente introducción para cualquier artista digital que se interese en todas las formas de medios artísticos.

Pero, antes de todo, ¿cuánto cuesta acuñar un NFT? Cuando hablamos de acuñar NFT, debemos tener en consideración tanto las tarifas de gas (coste computacional en la red Ethereum por validar *smart contracts*) como las de transacción. Los NFT en OpenSea y muchos otros *marketplaces* operan en la *blockchain* de Ethereum y, con lo populares que se han vuelto los NFT y las aplicaciones descentralizadas, las tarifas de gas han aumentado y se han llegado a ver, en horas pico, unas tarifas que han llegado a más de cien dólares en la red de Ethereum.

Ante esta situación, lo primero que debemos plantearnos es ahorrarnos dinero con las tarifas de gas y para ello deberíamos elegir aquellos momentos de la semana en los que haya menos actividad; por ejemplo, las horas tempranas del fin de semana podrían ser el mejor momento para ahorrar en tarifas de gas. Debemos tener en consideración que la actividad de Ethereum alcanza niveles máximos durante las horas de Hong Kong, Singapur, Taiwán y China, ya que *blockchain* se ha vuelto ampliamente aceptado allí.

Otra forma de ahorrar en las tarifas de gas es utilizar las nuevas cadenas de bloques que están emergiendo, como es el caso del protocolo Zilliqa, cuya tecnología es más nueva que Ethereum. Por ejemplo, Mintable no solo tiene una opción para la cadena de bloques Ethereum, sino también Zilliqa. Las tarifas de gas administradas por Zilliqa son mucho más económicas. Sin embargo, el inconveniente de elegir opciones distintas a Ethereum es que los nuevos protocolos no se emplean tan ampliamente como este. Por lo tanto, tendrás menos compradores potenciales para tus obras digitales.

Si consideramos la plataforma OpenSea, nos cobraría las tarifas de gas una vez que se ha realizado la compra, mientras que en otros mercados nos cobrarán de inmediato.

Una vez que tenemos claro el aspecto de los costes por acuñar nuestro NFT, lo siguiente es crear una *wallet* compatible.

Para abrir una cuenta en muchos de los *marketplaces* de NFT existentes deberíamos utilizar una cartera digital MetaMask, sobre todo si somos principiantes, ya que es la forma más sencilla de comenzar a acuñar NFT en cualquier plataforma basada en la red Ethereum.

MetaMask es una buena opción para emplearla en varias aplicaciones descentralizadas, pero dejar nuestras ganancias obtenidas en esta *wallet* quizá no sea la mejor idea, ya que no es una de las billeteras digitales más seguras en cuanto a hackeos se trata. Recomendamos que transfieras tus ganancias a una *wallet* de *hardware*, donde la seguridad es muy superior.

Como recomendación inicial, para crear NFT debemos considerar *ethers* (ETH) por valor de 250 dólares, ya que los precios de gas pueden llegar a superar los 50 dólares incluso durante los periodos menos costosos.

Una vez que tenemos configurado nuestro MetaMask, ya podremos empezar a crear nuestra creación digital, para ello haremos clic en *Mi perfil* y conectaremos nuestro MetaMask con OpenSea. A continuación, podemos hacer clic para crear nuestra propia colección digital.

Una vez que hayamos configurado la página de nuestra colección, podremos elegir una imagen para esta, además de un nombre y una descripción. Podemos comenzar a crear elementos haciendo clic en *Agregar nuevo elemento*, lo que nos enviará a una página en la que podremos ir subiendo nuevos elementos a nuestra colección. Desde allí cargaremos una imagen, vídeo, audio o modelo 3D como nuestro NFT y así poder nombrarlo. Si además tenemos un enlace relacionado con la creación digital, también podemos proporcionar esa fuente. Esto permitirá dar una mejor idea a los compradores potenciales de lo que estamos vendiendo. También podemos agregar una descripción que se muestre cuando los compradores ofertan. Al otorgar propiedades a los NFT se crean definiciones categóricas sobre los elementos y las características que componen el NFT.

Además, los niveles y las estadísticas serán utilizados principalmente por aquellos que acuñen artículos coleccionables con diferentes características. Por último, podemos determinar la oferta o el número de copias que se acuñarán.

En OpenSea, los usuarios no pagarán por adelantado el crear elementos en su colección digital. Una vez que un usuario compra el NFT, pagará la obra en sí y las tarifas de gas asociadas.

Por último, describiremos cómo se vende un NFT en un *marketplace* como el de OpenSea.

Una vez que hayamos acuñado nuestra obra de arte digital, podemos establecer un precio fijo, subastarlo al mejor postor o como un paquete. Aunque Ethereum es la criptomoneda habitual para llevar a cabo pujas, también tenemos las opciones de pujar con *stablecoins* como dai o USDC. También podremos incluir al precio final el precio reducido con el tiempo a medida que se encuentra al comprador, la programación para un tiempo futuro para que el NFT se pueda adquirir en una fecha posterior y la privacidad que tiene la opción de una sola dirección para la compra. Y cuando se produce la compra del NFT puesto a la venta, OpenSea se queda con el 2,5% del recorte.

Otro aspecto importante a considerar es el establecimiento de las regalías en las obras digitales, lo que permitirá al propietario ganar un porcentaje del dinero cada vez se realice una venta en la plataforma. Para configurar esto, regresaríamos a nuestras colecciones. Deberíamos ver nuestra nueva colección y haríamos clic en el botón *Editar*. Desde allí nos desplazaríamos hacia abajo hasta encontrar el término *Comisión* y aquí estableceríamos nuestra tarifa. En OpenSea podemos establecer las regalías hasta un 10%. En otras plataformas, como Rarible, podemos establecer regalías de hasta en un 30%.

63

¿HAY CRECIMIENTO EN EL MERCADO DE LOS NFT?

Los tokens no fungibles, que son en realidad un contrato de propiedad sobre aquella obra de arte u objeto al que se vinculan, llegaron a alcanzar en no mucho tiempo ventas de decenas de miles de millones de euros debido, en gran medida, a *marketplaces* de NFT como OpenSea, donde existen más de dos millones de colecciones que engloban un total de ochenta millones de NFT y que llegaron a transaccionar más de ocho millones de tokens únicos.

La notoriedad alcanzada por este tipo de tokens se debe, en gran medida, a su eclosión en el mundo del arte y a la participación en las transacciones de las distinguidas casas de subastas Christie's y Sotheby's, las cuales se subieron al carro de los NFT vendiendo BoredApes, CryptoPunks y obras de Beeple por precios que van del millón a los sesenta millones de euros. Para estas instituciones, gracias a los NFT, los artistas han migrado a lo digital.

Para Sotheby's, los compradores de NFT han pasado de adquirirlos y atesorarlos a querer mejorar la manera en que estos se muestran, que van más allá de la pantalla del móvil. Para esta casa de subastas, los NFT «se pueden enseñar en múltiples lugares y dispositivos a la vez, por lo que es posible montar la misma exposición en cuarenta localizaciones».

Lo que está claro es que este sector de la criptografía tiene por delante numerosos retos que pasan por la regulación para prevenir el fraude, sus empleos en el metaverso o las mejoras a la hora de mostrarlos y evolucionarlos.

Los artistas han marcado el hito con los NFT de convertirse en uno de los primeros casos de uso de la *blockchain*. Pero estos tokens únicos como obras de arte han dejado de ser imágenes estáticas para incorporar audio y vídeo. Esta transformación de este tipo de tokens únicos se extrapola también a otros sectores que también han florecido al calor de los NFT, como es el caso de los videojuegos. Como el caso de Axie Infinity, que funciona con un tipo de modelo de negocio denominado *play to earn* («cobrar por jugar») en el que el jugador, además de entretenerse, es capaz de obtener rendimiento económico a sus horas de juego. A diferencia de los juegos tradicionales, los jugadores son propietarios de los avatares o personajes de cada juego, que tienen su representación en NFT.

Por otra parte, según estimaciones de Funcas a mediados de 2022, la industria de los NFT estaría valorada en unos 3000 millones de dólares. Algunas estimaciones optimistas apuntan a que el mercado de los NFT puede alcanzar una valoración de 13 600 millones de dólares en 2027.

Además, un informe desarrollado por la aseguradora Hiscox reveló que el 82 % de los compradores de NFT lo hace con fines especulativos; es decir, para obtener potenciales ganancias por una revalorización de los activos digitales adquiridos. Este mismo informe revela que los principales motivos para no participar en este mercado son la preferencia por el formato físico cuando se compran obras de arte (35 %), la escasa calidad de las obras digitales (27 %) y el temor de que pueda estar surgiendo una burbuja en dicho mercado (13 %).

El interés por los NFT ha crecido en los
últimos años y esto se explica en parte por
el impacto mediático y la participación de
influencers carismáticos en su publicidad y
comercialización, así como por el interés de
las comunidades de juegos por ellos. Fuente:
imagen de Riki32 en Pixabay.

Según Funcas, una de las actuales tendencias es la venta de los NFT
ligados al metaverso, como la compraventa de terrenos digitales. En
2021, este tipo de transacciones alcanzó los 514 millones de dólares.
Para esta entidad, la combinación de metaverso y NFT puede hacer
que el crecimiento sea exponencial en los próximos años.

Para esta misma entidad, el elevado crecimiento de la industria de
los NFT también estaba propiciando una burbuja. Además, el contexto
macroeconómico inflacionario y de elevada deuda mundial de ese
momento no ayudaba, lo que provocó un giro en las políticas monetarias mediante subidas de tipos que terminó ahuyentando del riesgo a
un gran número de inversores.

Finalmente, según el informe de la empresa de datos NFT
Nonfungible.com, las ventas de tokens no fungibles alcanzaron los
17 600 millones de dólares en el año 2021, lo que refleja un sorpren-
dente aumento del 21 000 % con respecto al total de 82 millones de
dólares de 2020. Este estudio fue desarrollado conjuntamente con la
firma de investigación L'Atelier, propiedad de la entidad bancaria BNP
Paribas.

El número de Nonfungible.com para el total de transacciones
NFT en 2021 es más bajo que algunas otras estimaciones, como la de
Chainalysis, que situaba la cifra en más de 40 000 millones de dólares.

Según la investigación de Nonfungible.com, más de 2,5 millones
de *wallets* pertenecían a personas que tenían o intercambiaban NFT en
2021, en comparación con solo 89,000 el año anterior. El número de
compradores aumentó de 75 000 a 2,3 millones.

Continuando con el estudio de Nonfungible.com, la gente también mejoró en ganar dinero con los NFT, donde los inversores generaron un total de 5,4 mil millones de dólares en ganancias por las ventas de NFT en el año 2021. Además de más de 470 carteras digitales lograron obtener ganancias superiores al millón de dólares.

La categoría más popular de NFT fue la de los coleccionables, que representaron ventas por un valor de 8400 millones de dólares. Los NFT para juegos como el citado Axie Infinity representaron la segunda categoría más grande, que acumuló 5200 millones de dólares en ventas.

En lo referente al metaverso, se produjeron ventas de terrenos digitales y otros proyectos en este espacio virtual que alcanzaron los 514 millones de dólares.

Por último, para Nonfungible.com no se espera en el futuro que el valor total de las transacciones de NFT aumente tan dramáticamente en 2022. Los volúmenes promediaron alrededor de 687 millones de dólares por semana en lo que iba de 2022, un poco más que un promedio de 620 millones de dólares por semana en el cuarto trimestre de 2021, pero la verdad es que en 2022 hubo menos ventas y compradores que en el año 2021.

64

¿Existe regulación para los NFT?

Los NFT o tokens no fungibles hacen referencia a piezas de código (imágenes, vídeos, piezas musicales o cualquier clase de archivo digital) que certifican la propiedad de un activo digital y que representan valores únicos y no fungibles. La adquisición de un NFT concede a su propietario, además de la propiedad de una obra digital, ser dueño del código público y único ligado a él. El valor de la obra se centra en la exclusividad y la confianza que genera el creador del NFT.

En lo referente a las implicaciones legales de los NFT, podemos decir que la naturaleza jurídica de los tokens no fungibles aún está por determinar con claridad. Se deben tener en cuenta las distintas implicaciones jurídicas en función del valor que estamos representando en el NFT. Por lo tanto, podrían verse implicadas cuestiones de materia de propiedad intelectual, derechos de imagen, etc.

Por lo que respecta a los derechos de autor, el creador de cada obra digital dispone de unos derechos ante cada uno de sus NFT. Esta

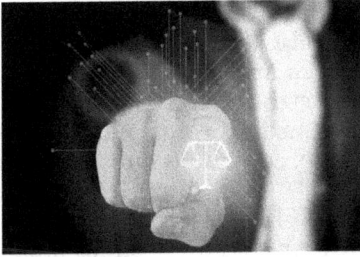

En resumen, hay una necesidad de establecer una normativa para el mercado de los criptoactivos, pero existen otros elementos clave a regular, entre ellos la seguridad, la privacidad y la propiedad intelectual. Fuente: imagen de Herbinisaac en Pixabay.

persona también es propietaria de los derechos de autor, salvo que exista un acuerdo donde cedan los derechos de autor a otro individuo. El autor de la creación digital tiene la palabra para autorizar o prohibir la interpretación o grabación de la obra en diferentes formatos o adaptaciones. En el caso de los derechos morales, se reconoce el derecho a reivindicar la «paternidad» de la obra y el derecho a oponerse a toda modificación que pueda perjudicar la reputación del creador.

Si nos centramos en la propiedad intelectual, el NFT puede también ser la representación de una obra original y para ello serían necesarios los derechos de propiedad intelectual. En caso de que no se haga de esta manera, el titular de la obra digital tiene derecho a actuar sobre el creador del token. Podemos decir que la comercialización de NFT es una nueva manera de explotación de la propiedad intelectual. Ante esto tenemos que atender a dos aspectos principales:

- Las condiciones de trasmisión del propietario.
- Las condiciones que estipule el titular del derecho en cuanto a derecho concedido.

También en el marco legal se debe tener en cuenta que la emisión y la comercialización de los NFT debe reunir las condiciones de seguridad y privacidad que se exige a cualquier activo virtual.

Actualmente, existe una propuesta de la Comisión Europea de reglamento del Parlamento Europeo y del Consejo relativo al mercado de criptoactivos, de 24 de septiembre de 2020 (reglamento MiCA), que regula la emisión de aquellos que no tengan la naturaleza de instrumento financiero. En este reglamento se hace una diferenciación entre los tokens:

- De servicios: ofrecen un acceso a bienes o servicios y no existe finalidad financiera.
- Referenciados a activos: sirven como medio de pago o depósito de valor.
- Dinero electrónico: se emplean como método de pago.

El carácter no fungible de los NFT hace que no encuentre fácil acomodo entre las definiciones mencionadas anteriormente en el reglamento MiCA. Esto coloca a los NFT en un terreno legal delicado. Es evidente que no encajan como concepto de instrumento financiero, pero existe la necesidad de tomar medidas contra el blanqueo de capitales y financiación del terrorismo, además de otros empleos indebidos.

La verdad es que los NFT han llamado la atención de los reguladores ya que consideran que comparten características con los títulos valores o *securities*. El borrador original, de junio de 2022, señalaba que la regulación MiCA no se aplicaría a los NFT no fungibles o intercambiables. Ahora, sin embargo, considera que los NFT lanzados como colecciones se pueden considerar fungibles, aunque tengan un identificador que los haga únicos. A efectos prácticos, esto quiere decir que el regulador quiere considerar a las típicas colecciones como BoresApes o CryptoPunks como *securities*, con todo lo que eso implica. No sería de extrañar que Estados Unidos hiciera lo propio y recoja estas colecciones bajo el paraguas del regulador de valores norteamericano SEC. La verdad es que los NFT que sí son realmente únicos y no fungibles se quedan fuera de MiCA.

A priori, los NFT quedan, al menos formalmente y como regla general, excluidos del ámbito de MiCA y de la Circular 1/2022 CNMV sobre la publicidad de los criptoactivos como inversión. Como no son fungibles y son individualizables e indivisibles, pueden parecer activos alejados de una oferta o comercialización generalizada como activos de inversión.

65

¿Conoces la historia de los NFT?

Aunque muchos consideran que estos activos digitales nacieron en Ethereum con proyectos como los CryptoKitties y los CryptoPunks, lo cierto es que fue Bitcoin la red donde surgieron los primeros tokens no fungibles de la industria. El inicio lo provocó las *colored coins*, un tipo de criptoactivo que servía para representar otras criptomonedas o activos de interés como tokens sobre *blockchain*. Las *colored coins* dieron origen a representaciones de la «rana Pepe», una rana antropomórfica verde con un cuerpo humanoide que supuso uno de los memes más populares de internet y la primera colección de NFT de la historia, creada por Matt Furie en la red de Bitcoin empleando la plataforma Counterparty.

Las ranas Pepe son una colección de treinta y seis series de NFT en la cadena de bloques de Bitcoin. No obstante, proyectos como Emblem Vault han servido de puente para llevar estos NFT de Bitcoin a los mercados de tokens no fungibles basados en Ethereum.

En la actualidad, las ranas Pepe con mayor valor son Pepe Satoshi, inspirado en Dorian Satoshi Nakamoto, MRTALPHA y Pepeimposer, que se ofertaron por 1000 ETH, 555 ETH y 420 ETH, respectivamente, en los *marketplaces* asegurados por Bitcoin, como Scarce City, y otros basados en Ethereum, como Rarible y LooksRare.

Cuando hablamos de la historia de los NFT, no nos podemos olvidar de los CryptoKitties, un juego desarrollado sobre la *blockchain* de Ethereum que fue desarrollado por Axiom Zeny y que permite a los jugadores comprar, recolectar, criar y vender gatos virtuales. Para los nacidos en los años noventa es algo similar a los populares tamagochis y pokémones.

CryptoKitties es uno de los primeros intentos de implementar la tecnología *blockchain* para el entretenimiento y el ocio. Fuente: https://www.cryptokitties.co/.

En diciembre de 2017, la popularidad de CryptoKitties fue de tal magnitud que terminó congestionando la red Ethereum, lo que hizo que alcanzara un número de transacciones máximas históricas y ralentizara de manera significativa la red de Ethereum. Se estima que un 25 % del tráfico de Ethereum en la fecha indicada estuvo relacionado con estos gatos coleccionables. Ante esto, en mayo de 2020, CryptoKitties anunció que se mudaba a su propia plataforma en la *blockchain* de Flow.

Por otra parte, en mayo de 2017 se lanzó Curio Cards, que consistía en cartas coleccionables basadas en la *blockchain* de Ethereum. Esta iniciativa fue liderada por Thomas Hunt y se basaba en crear una forma cómoda e innovadora de tener, intercambiar y comprar cartas coleccionables empleando la cadena de bloques de la plataforma Ethereum para alojarlas en la cartera electrónica y para comprarlas vía la página oficial de Curio Cards. Hunt llegó a asegurar que su propuesta sería el futuro de los coleccionables digitales.

Las cartas se vendían individualmente a un precio de 0,025 *ethers* (ETH) y se obtenían en máquinas expendedoras digitales, que transferían los ETH desde la cartera digital a la dirección de dichas máquinas. Las direcciones *blockchain* se hallaban en la página oficial de Curio Cards. Una vez que se realizara la transferencia y el pago se efectuara exitosamente, el usuario tendría las cartas almacenadas en su galería de Curio Cards, verificables en el portal web ingresando la dirección pública de Ethereum. Además, el sitio web también contaba con un *marketplace* donde se podían intercambiar las cartas con otros usuarios, como si se tratase de cualquier tipo de coleccionable de este estilo. Las tarjetas, además, tenían ediciones limitadas: treinta series únicas de tarjetas NFT de siete artistas diferentes.

En junio de 2017 se lanzó CryptoPunks de la mano de Larva Labs, con sede en Nueva York y fundada por Matt Hall y John Watkinson. El proyecto se puso en marcha como un experimento sobre el valor de los NFT y el arte, que ayudó a popularizar a la larga lo que hoy en día conocemos como criptoarte. Concretamente, hablamos de piezas coleccionables de criptoarte representadas mediante NFT en la red Ethereum. Los CryptoPunks inspirarían a muchos criptoartistas e, incluso, el desarrollo del estándar de token ERC-721 para coleccionables digitales.

Inicialmente, los Punks se ofrecerían y distribuirían de manera gratuita. Todo lo que había que hacer para obtener uno era pagar la comisión de transacción de Ethereum correspondiente. La popularidad de estas obras de arte se dispararía desde entonces, junto con la de los NFT en general. La casa de subastas Christie's ha llegado a subastar colecciones partiendo de estimaciones de varios millones de dólares.

Sin embargo, desde entonces, la popularidad de los NFT alcanzó mercados más amplios gracias a la adhesión de Eminem, Jimmy Fallon, Steph Curry, Post Malone y muchas otras celebridades que poseen un NFT de The Bored Ape Yacht Club.

Pero ¿qué son los The Bored Ape Yacht Club? Es una colección de diez mil fotos de perfil forjadas como NFT en la *blockchain* de Ethereum desarrolladas por Yuga Labs. Como su nombre indica, The Bored Ape Yacht Club se presenta como una organización social exclusiva, y poseer uno de los codiciados NFT desbloquea esa pertenencia. Por ejemplo, permite a los usuarios acceder a un exclusivo servidor de Discord en el que otros propietarios, incluidas celebridades, se reúnen y charlan. Y los simios tienden a reunirse en las redes sociales, donde los avatares, cada vez más familiares, han creado una especie de hermandad digital. Y lo que es más importante, poseer un NFT de Bored Ape te da acceso a coleccionables NFT adicionales que pueden revenderse por cantidades de dinero potencialmente considerables. Los NFT de The Bored Ape Yacht Club están disponibles a través de mercados secundarios, sobre todo en OpenSea.

Poco a poco, una lista cada vez mayor de personas prominentes ha adoptado el uso de NFT de The Bored Ape Yacht Club como sus avatares en las redes sociales. El tricampeón de la NBA Stephen Curry compró uno por valor de 180 000 dólares en Ethereum en agosto de 2021, por lo que se unió a una lista de atletas propietarios que incluye a sus compañeros de la NBA Josh Hart y Tyrese Haliburton, así como a los jugadores de la NFL Dez Bryant y Von Miller. Músicos como Eminem, Steve Aoki y Timbaland también son propietarios de Apes.

Cuando la popularidad de los NFT se disparó, se llegó a pagar una cifra récord de 69,3 millones de dólares por *Everydays: the First 5000 Days*, una obra de arte digital creada por Mike Winkelmann, conocido profesionalmente como Beeple. La obra es un *collage* de cinco mil imágenes digitales creadas por Winkelmann para su serie *Everydays*. Su token no fungible (NFT) asociado se vendió por 69,3 millones de dólares en Christie's en 2021, lo que lo coloca en el segundo lugar de la lista de tokens no fungibles más caros. Everydays fue comprado por el programador con sede en Singapur Vignesh Sundaresan, un inversor en criptomonedas y fundador del proyecto Metapurse NFT, también conocido por su seudónimo *online* MetaKovan.

Se podría decir que, hasta el momento, los casos de uso de NFT relacionados con el arte digital son los que han acaparado la mayor parte de la atención de las celebridades y los medios de comunicación predominantes. No obstante, se siguen descubriendo casos de uso para esta versátil clase de activos digitales, y es probable que los tokens no fungibles tengan aún muchas aplicaciones importantes por descubrirse y desarrollarse, como el empleo como créditos de carbono en mercados voluntarios de emisiones de CO_2 o una alternativa a las patentes y a la propiedad industrial en sectores como la salud y las telecomunicaciones.

66

¿INVERSIONES MILLONARIAS EN OBRAS NFT?

CoinGecko llevó a cabo un estudio en el que reunió los diez NFT más caros jamás comercializados en el mercado de tokens no fungibles hasta la mediados de 2022, aproximadamente. Esta lista está dominada por la colección CryptoPunk, que aparece varias veces en

Aunque el primer NFT se creó en 2014, su
popularidad no ha hecho más que crecer
en los últimos años. En enero de 2022, por
ejemplo, el término NFT casi superó a la
palabra bitcoin en las búsquedas de Google.
Fuente: imagen de Tumisu en Pixabay.

este top 10. Sin embargo, sus precios todavía están lejos de los NFT
que aparecen en la parte superior de este ranking, como el famoso
Everydays: the First 5000 Days del artista Beeple, que abrió las portadas
de los principales diarios de todo el mundo.

Para CoinGecko, el valor de un NFT está determinado por la oferta y la demanda, como cualquier otro activo en el mundo.

A continuación, pasamos a describir los cinco NFT más caros de
todos los tiempos de la lista creada por CoinGecko:

- *The Merge:* 91,8 millones de dólares.
  Es una obra de arte virtual diseñada por un artista desconoci-
  do apodado Pak. Se subastó el 6 de diciembre de 2021 por
  91,8 millones de dólares en el mercado de Nifty Gateway. Sin
  embargo, cabe especificar que *The Merge* se dividió en 312 686
  acciones para 28 983 inversores. Es decir, este NFT está compuesto por fragmentos.
  El NFT *The Merge* consta de tres grandes masas blancas que
  contienen un fondo negro. A medida que más inversores
  adquieren tal masa, más grande se vuelve. Además, la pieza
  tiene un mecanismo de escasez incorporado que asegura que
  su suministro de fichas disminuya con el tiempo. Cuando se
  transfiere, cada token de *The Merge* se fusiona con el token de
  la dirección del destinatario, lo que genera más masa y un solo
  token.

- *Everydays: the First 5000 Days:* 69,3 millones de dólares.
  Este es el segundo NFT más caro que se ha negociado hasta la
  fecha. Fue diseñado por Michael Winkelmann, un artista digital
  más conocido con el apodo de Beeple. La pieza fue vendida

en Christie's; su primera oferta rondaba los cien dólares, pero este valor aumentó rápidamente en las siguientes ofertas. Como Beeple gozaba del reconocimiento de los usuarios de criptoactivos, principalmente por sus grandes ventas como el caso de Crossroads, en tan solo unas horas este NFT ya estaba recibiendo ofertas superiores a 1 millón de dólares. El 21 de febrero de 2021, Beeple aceptó una oferta de 69,3 millones de dólares por la obra. MetaKovan, fundador y CEO de Metapurse, un fondo de inversión de NFT, fue el comprador.

- *Clock:* 52,7 millones de dólares.
Se trata de una creación del artista Pak, que pretendía recaudar fondos para la defensa de Julian Assange tras su controvertido arresto en 2019.
Assange todavía está en prisión acusado de espiar al Gobierno de Estados Unidos, principalmente en relación con el sitio web WikiLeaks que creó. La pieza es básicamente un reloj que muestra cuántos días lleva Assange en prisión.
En febrero de 2022, el reloj NFT se vendió por 52,7 millones de dólares a AssangeDAO, una organización autónoma descentralizada (DAO). Además de diseñar *Clock*, los creadores también permitieron que las personas desarrollaran una serie de NFT con mensajes censurados de forma gratuita. Las ganancias de esta colección se envían a organizaciones prolibertad elegidas por los creadores.

- *HUMAN ONE:* 28,9 millones de dólares.
Esta es la primera obra de arte del mundo real de Beeple: una escultura en movimiento en 3D con cuatro lienzos. El NFT HUMAN ONE revela la determinación artística del creador fuera del espacio digital. Muestra una película infinita de un astronauta explorando lugares en diferentes momentos. Se cree que la inspiración detrás de esto proviene de pruebas que fusionan múltiples televisores en varias formas y patrones.
La pieza recibió una oferta de 25 millones de dólares en la casa de subastas Christie's en noviembre de 2021, que se vendió por un total de 28,9 millones de dólares después de incluir las tarifas. También es importante indicar que esta pieza cambia con el tiempo. Aunque Beeple no posee los derechos de HUMAN ONE, accede a él de forma remota y lo actualiza periódicamente.

- *CryptoPunk #5822:* 23,7 millones de dólares.
Este es el CryptoPunk NFT más caro jamás vendido. Los CryptoPunks son una colección de 10 000 avatares creados

en 2017 por Larva Labs en Ethereum. Desde entonces se han convertido en el punto de referencia para otros proyectos de imágenes de perfil de NFT que alimenta todo un ecosistema, incluido el Bored Ape Yacht Club.

En febrero de 2022, Deepak Thapliyal, CEO de Chain, adquirió CryptoPunk #5822 por 23,7 millones de dólares. Este NFT se negoció por tal cantidad porque es parte de la edición más rara de la serie: solo nueve de cada 10 000 Punks tienen este estilo. Además, esta pieza es una de las únicas 333 con pañuelo.

67

¿Quieres comprar y vender NFT?

Para la compra y venta de tokens no fungibles nos centraremos en la operativa de uno de los *marketplaces* de NFT con mayor reconocimiento mundial en la actualidad, nos referimos a OpenSea. El mundo descentralizado cuenta con el importante apoyo de un *marketplace* como el mencionado, ya que tiene una nueva tecnología que permite comprar y vender obras digitales, además de contribuir al desarrollo del mundo del arte en general.

No es necesario que una casa de subastas de prestigio como Sotheby's disponga de su obra para formar parte de la comunidad de NFT debido, principalmente, a que la descentralización consiste en el control del propio usuario.

A continuación, describiremos los pasos para buscar, encontrar, adquirir y comercializar tokens no fungibles (NFT) en el *marketplace* OpenSea. Una de las peculiaridades que tiene esta plataforma respecto a otras es que no hay verificaciones «conoce a tu cliente» (KYC), lo que acelera la rapidez y la privacidad de su uso, ya que solo se necesita vincular una billetera personal para empezar a funcionar.

Lo primero que se requiere es vincular nuestro MetaMask a la plataforma de OpenSea. Si no has creado todavía tu wallet MetaMask, hazlo, primeramente. Lo siguiente será iniciar la sesión en la propia OpenSea; para ello tienes que escribir la URL https://opensea.io/. En la esquina superior derecha colocamos el cursor sobre el icono de usuario junto a la pestaña de creación y hacemos clic en *Mi perfil*. A continuación, nos pedirá que iniciemos la sesión en nuestro MetaMask Wallet, para ello introduciremos nuestra contraseña y así podemos empezar a actuar en esta plataforma.

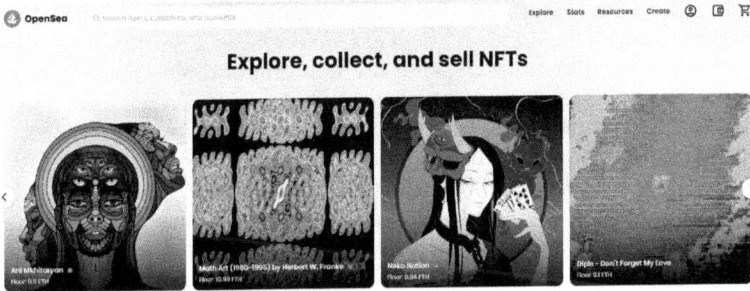

OpenSea es un *marketplace* descentralizado que se especializa en la comercialización de NFT fundado a finales de 2017 por Devin Finzer y Alex Atallah, con la idea, según explican, de que «se convirtiera en una suerte de Amazon del gremio». Fuente: https://opensea.io/.

Como decíamos, después de vincular nuestro MetaMask podremos buscar, encontrar compra y vender los NFT diversos disponibles en este selecto *marketplace* empleando la criptomoneda *ether* (ETH) en nuestro *wallet* para adquirir los NFT que estemos buscando.

En lo referente al uso de la interfaz resulta bastante simple, donde podemos buscar NFT mediante categorías y filtros o de manera directa por medio de un buscador. Estos cuentan con sus debidas descripciones y presentan la información sobre los creadores, las colecciones y las características del propio token no fungible (NFT).

Para encontrar NFT en OpenSea, la plataforma facilita la búsqueda de tokens no fungibles desde la página de inicio, en la opción Examinar, donde haremos clic y encontraremos ya varios NFT para elegir.

En el caso de que estuviéramos buscando alguna obra digital de un determinado artista, podremos ir a la pestaña de Búsqueda, en la parte superior de la página principal de OpenSea, y escribir el nombre del citado artista o de alguna de sus colecciones. Esto nos llevará a la página principal de la cuenta del artista o de su colección, donde haríamos clic en *Colecciones*, y seleccionaríamos la obra de arte digital que deseemos, donde podremos consultar las características de tal obra digital.

Si deseamos volver a la página del artista que nos interesa, haremos clic en el icono de tal artista en cuestión, presionando en *Ver colección*, donde encontraremos una descripción de sus obras de arte digitales.

Una vez que encontremos el NFT deseado, haremos clic en la miniatura que aparece en la plataforma y nos mostrará el diseño de la obra de arte digital por la que queremos pujar en la subasta. Aquí encontraremos además las características de dicha obra de arte digital en particular y también podremos consultar su historial de precios:

descripción de la obra en cuestión, biografía del artista, ofertas, listados, etc. Todas estas características pueden ayudar a decidir si se desea comprar un determinado NFT. El contenido desbloqueable estará disponible una vez que tengamos el NFT.

Cuando queramos adquirir cualquier NFT en Open Sea, debemos considerar lo siguiente: una vez encontrado el NFT deseado, haremos clic en *Comprar ahora*, donde marcaremos las casillas que correspondan y haremos clic en *Pagar*. Llegados a este punto, MetaMask nos pedirá que firmemos la transacción para finalizar y completar el intercambio. Este proceso puede durar algunos minutos hasta la confirmación de la transacción.

Si quisiéramos ver la propiedad privada del NFT adquirido, nos dirigiremos a la *blockchain* donde está situado nuestro NFT; para ello volveríamos a la extensión de nuestro MetaMask, donde haríamos clic en los tres círculos cercanos al nombre de nuestra cuenta en OpenSea. Para poder visualizarlo haríamos clic en *Etherscan*. En esta página verificaríamos nuestra transacción de OpenSea, donde encontraríamos el *hash* (huella dactilar digital) utilizado para encriptar tal transacción. Esto nos serviría de prueba irrefutable de la propiedad privada de esta obra de arte digital adquirida.

Por otra parte, si quisiéramos vender un NFT, debemos considerar también lo siguiente: para la configuración de la venta de un NFT de nuestra propiedad y para que sea subastado, lo primero que haríamos es regresar a nuestra colección en OpenSea, donde seleccionaríamos la obra de arte digital que deseemos comercializar, haciendo clic en el botón *Vender*, el cual está situado en la parte superior.

En nuestro proceso de venta podremos establecer un precio fijo de venta a nuestro NFT seleccionado, o llevar a cabo una subasta al mejor postor o en forma de paquete.

Recordemos que, aunque OpenSea está construida sobre la red de Ethereum, también soporta otras *blockchains* de manera cruzada con esta, como la red de Polygon y Klatyn. Con esto, OpenSea cuenta con más de ciento cincuenta tokens de pago disponibles, aunque las criptodivisas fundamentales para poder realizar pujas son: *ether* (ETH), WETH, USDC y dai.

Además, tenemos disponibles otras opciones a incluir en el precio final, como un precio reducido con base en el tiempo a medida que se encuentra al comprador, la programación para un momento futuro para que el NFT se pueda comprar en una fecha posterior y la opción de privacidad para comprar solo una dirección elegida. En el proceso de adquisición, OpenSea se lleva el 2,5 % del recorte.

Por último, hay que tener en cuenta al realizar compras de NFT en Open Sea que esta plataforma cobra una comisión o *gas fee* (coste computacional por la validación de *smart contracts* en la red de Ethereum) por cada transacción, la cual puede llegar a ser elevada, por lo que es recomendable tenerla en cuenta a la hora de efectuar cualquier oferta o compra.

68

¿LOS NFT REVOLUCIONARÁN EL *MARKETING* QUE CONOCEMOS?

Los tokens no fungibles o NFT son un activo digital único, no replicable e inmutable. Una pieza de código que funciona como un certificado digital de propiedad y autenticidad gracias a que utilizan la tecnología *blockchain*. En resumen, un token no fungible es esencialmente una unidad de datos única y no modificable almacenada en una cadena de bloques.

Para entenderlo mejor, un NFT sería como una obra de arte única; por ejemplo, *La Gioconda* de Leonardo da Vinci. Esta pieza es única y se encuentra expuesta en el Museo del Louvre de París. Si alguien quisiera tenerla, debería comprarla (si estuviese a la venta) o hacerse con una copia, aunque esto reduciría su valor, ya que no sería la obra original. Con los NFT sucede algo similar, se trata de un activo digital único que, aunque puede copiarse, quien posee el NFT posee el original, que funciona como una suerte de certificado de autenticidad y cuenta con los derechos que su adquisición lleve aparejados.

Blockchain permitirá que los usuarios tengan el control sobre sus datos y sepan en todo momento qué hacen las empresas con ellos. Gracias a la tecnología de la cadena de bloques, los datos no se podrán compartir con terceros sin el consentimiento expreso del cliente, con lo que los usuarios recuperarán de nuevo el poder de su privacidad.

La naturaleza transparente, pública e inmutable de la cadena de bloques dispone de una gran variedad de casos de uso para asegurar la cadena de suministro de las empresas, la trazabilidad del producto desde el origen y prevenir el fraude publicitario y la piratería que sufren la marcas. Por otra parte, gracias a esta transparencia, se podrían evitar escándalos con la gestión de datos, como los que acontecieron en Facebook y otras grandes empresas.

En este sentido, los datos de una cadena de bloques, una vez registrados, no se pueden manipular, además de que son públicos y todo el mundo puede acceder a ellos. Por tanto, los usuarios podrían acceder a todos los datos de una cadena de suministros y ver cada fase que un producto haya realizado, desde el aprovisionamiento de insumos y la cadena de producción hasta la distribución del producto al cliente. De esta forma, las marcas también podrían evitar falsificaciones.

Los beneficios que ofrece la tecnología *blockchain* a las empresas no solo los encontramos en la identidad de marca, sino en las posibilidades de crear nuevas estrategias de marketing digital, donde siempre se están buscando nuevas estrategias y tecnologías que permitan obtener ventajas competitivas y diferenciación con los competidores, y tanto la cadena de bloques como los NFT son dos instrumentos excelentes para estos fines.

Por otra parte, el *boom* del metaverso y de los NFT se ha expandido en casi todos los sectores. Ya sea la industria de los medios de comunicación, el sector inmobiliario, la moda, los deportes o el entretenimiento, podemos observar cómo las marcas se apresuran a embarcarse en la moda de los tokens no fungibles. Aun así, en lo referente a las industrias del deporte y de los videojuegos, la utilización de los NFT parece casi natural. Recordemos que los *e-games* o *e-sports* fueron los primeros en darle un uso importante a los NFT, ya que permiten a los jugadores ser propietarios de activos en el juego, mientras que, para los aficionados al deporte, los tokens serían una nueva forma de coleccionismo. Ahora, grandes marcas se han ido uniendo a esta moda.

La idea de generar y crear NFT por parte de las marcas puede convertirse en una nueva y poderosa herramienta para conectar con sus consumidores, fomentar su compromiso y aumentar su fidelidad y *engagement* (nivel de compromiso que tienen los consumidores y usuarios con una marca).

Con la pandemia, el comportamiento de los consumidores cambió para siempre. Las marcas se dieron cuenta de que no se puede dar por sentado que los clientes fueran fieles, cosa que les obligó a replantearse sus programas de fidelización para garantizar que los que se planteen volver tengan razones de peso para hacerlo.

Los consumidores actuales buscan cada vez más los NFT y las compañías son conscientes de ello y por eso están preparándose para impulsar sus programas de fidelización, con la creación de sus propios tokens no fungibles como recompensas. La idea final detrás de cada proyecto de NFT es crear una comunidad exclusiva y selecta que impulse los niveles de compromiso y valor entre la marca y el consumidor. Una comunidad donde el vínculo y el reconocimiento que se generan en quienes tienen acceso a ella sea una experiencia que supere el precio de cualquier NFT.

Además, las marcas pueden generar su propio token y regalarlo a su comunidad para que sirva como criptoactivo para adquirir los NFT que lance la marca. Esto realmente ha dado un interesante giro al desarrollo de comunidades (sobre todo en Twitter), ya que a cambio de tokens se pueden pedir acciones a esta comunidad para generar *engagement* (como compartir, mencionar a otros perfiles, dar me gusta, etc.) o fidelizar a los consumidores (regalando entradas para un concierto, acceso a contenidos o productos exclusivos y demás).

Los NFT se están convirtiendo en una nueva herramienta para dar a conocer el valor de una marca, fidelizar al consumidor y construir una comunidad sólida. Fuente: imagen de Muneebfarman en Pixabay.

Las tendencias del *marketing* digital para 2022 giraron en torno al desarrollo de contenidos personalizados para los usuarios con el fin de generar sentido de comunidad, por lo que es lógico entonces considerar incluir NFT en las estrategias de *branding* y posicionamiento estratégico, como lo demostraron los casos de Coca-Cola y McDonald's.

Coca-Cola se unió a los creadores de contenido 3D Tafi para llevar a cabo una subasta especial en Decentraland, en el marco del Día Internacional de la Amistad. Durante el evento en julio de 2021, los participantes hacían ofertas por la «caja de la amistad» en forma de la clásica *vending machine*. Al abrirse, se revelaban algunos NFT que incluían un *wearable* en forma de campera futurística, una carta de la amistad, un sonido de una Coca-Cola recién abierta y servida con hielo, entre otras cosas.

En noviembre de 2021, McDonald's anunció el lanzamiento de su primer NFT con forma de tarjeta de McRib. El NFT fue creado en el marco del cuarenta aniversario de su icónico producto (en Estados Unidos). Para ganarlo, sus fans en Twitter tenían que seguir a la cuenta y retuitearla.

En lo referente al metaverso, grandes marcas como Adidas y Nike adquirieron sus propias parcelas de terreno en el mundo virtual de The Sandbox, donde crearían sus propios espacios digitales y NFT. En este sentido, vemos que el metaverso ofrece a las marcas un lugar en el que construir cualquier cosa que imaginen para ofrecer un espacio virtual a sus fieles seguidores para disfrutar y compartir la fidelidad de marca.

Los NFT en el metaverso permiten promocionar una marca y sus tokens de manera simultánea. Cuanta más difusión reciba una marca, más aumentará el valor de sus NFT. Y cuanto más valor tengan estos, más relevancia tendrá la marca.

69

¿ES POSIBLE COMBINAR PATENTES Y NFT?

Cuando se busca la interacción entre la propiedad intelectual (IP) y los NFT, vemos que este último es empleado como un identificador de un archivo digital al que se le puede dar seguimiento desde su origen, ya que su valor radica en la trazabilidad como prueba de originalidad. Debemos tener en cuenta, y lo recalcamos, que los NFT no giran tanto en el valor de la obra como tal, sino en la exclusividad y confianza que genera el creador al darnos el archivo digital. La diferencia entre tener un JPG de una obra digital y tener un JPG junto con el NFT es que en este último caso tenemos la confianza de que el autor dará el máximo valor a nuestro NFT, por encima de cualquier otra versión de su obra.

Recordemos que el autor de la obra sigue siendo el creador original, la autoría no cambia; vender el NFT lo único que permite es que el comprador pueda realizar negocios con el archivo. El autor también es el propietario de los derechos de autor, salvo que exista un acuerdo donde se cedan los derechos de autor a otra persona o entidad. Tanto los derechos patrimoniales como los derechos morales siguen en manos del autor de la obra y la compra del NFT no transfiere ninguno de estos derechos. Por lo tanto, la compra de un NFT va asociada a un *smart contract*, donde sí se establezcan cláusulas concretas, entre ellas la cesión de algunos derechos.

Por lo que respecta a las regalías y al empleo de los NFT, encontramos un importante beneficio en esta relación, ya que los *royalties* suponen un porcentaje que se pueden llegar a quedar los autores sobre una venta posterior. Estas regalías quedan reflejadas en el *smart contract* que se realiza a la hora de vender el NFT y es una de las explicaciones de por qué hay inversores apostando por los NFT.

Por la propia construcción de los NFT, todas las reventas posteriores de este tipo de tokens quedan reflejadas en la cadena de bloques y la asignación de regalías se puede hacer de forma automatizada. Es decir, el autor original de la obra puede llegar a cobrar un porcentaje de cada venta posterior, pero no solo él. También el poseedor del NFT previo puede obtener regalías con cada venta posterior; todo esto debe quedar bien especificado y codificado en el *smart contract*.

Esto podría significar una nueva era donde se pueda ver, eventualmente, cada copia digital etiquetada con un número de serie para rastrear y perseguir la falsificación; o sea, el uso de *blockchain* en beneficio de los usuarios y por consiguiente en beneficio de la propiedad intelectual.

Otra alternativa es el empleo de los NFT para la protección y comercialización de las patentes debido a sus características de inalterabilidad y trazabilidad, lo que permitiría abrir mercados para poder ayudar a posicionar las patentes para que se comercialicen o moneticen más fácilmente, lo que aporta nueva liquidez a esta clase de activos para los inversores e innovadores a través de este tipo de criptoactivos. En ese sentido, es importante mencionar que la propiedad intelectual, por el momento, no se ha encargado de proteger de alguna manera a los NFT como tecnología debido a que se trata de piezas de código informático que únicamente contienen metadatos que reflejan la estructura que se relacionan con el archivo digital, por lo que el NFT puede convertirse en un similar del título de registro de una obra, el cual únicamente posee los datos relacionados con la obra, más no la obra en sí misma.

Como decíamos, los NFT son representaciones exactas de activos digitales que se codifican mediante un contrato inteligente en una plataforma digital basada en la tecnología de cadena de bloques. Por medio de este contrato inteligente, se puede transferir de manera inmediata la propiedad de un activo digital, y una de sus funciones consiste en realizar un registro de información en el que permite hacer el rastreo de las transacciones llevadas a cabo, de manera que crea un sistema confiable. Estos activos no se pueden dividir ni intercambiar, pero sí se pueden vender; es decir, con este sistema puede haber rastreo de los movimientos hechos con patentes otorgadas entre sus inventores, titulares y terceros interesados.

Aunque los NFT han tenido muchas aplicaciones hasta ahora, rara vez se han empleado para solicitar una patente o una marca comercial, proceso que lleva mucho tiempo y es costoso. Con la ayuda de las características únicas de la tecnología NFT es posible acelerar este proceso. La tokenización de patentes proporcionaría más transparencia, trazabilidad y rentabilidad en la comercialización debido a que cada transacción se registraría en una cadena de bloques, lo que hace mucho más fácil el rastreo de cambios en la propiedad de las patentes.

La finalidad de los NFT no es examinar u otorgar una patente, sino que esta tecnología busca dar la posibilidad de tokenizar una patente o cartera de patentes, y poder transferir el derecho de titularidad a un tercero sin tener que acudir a cada oficina de patentes donde ha sido concedida la invención. De este modo, se podría transferir este derecho de manera inmediata, lo que facilita su venta, comercialización y la transferencia de tecnología de modo que terceros interesados logren adquirir esta clase de activos digitales y cuenten, de manera segura, con la trazabilidad de quienes han sido titulares de esa patente.

Para que la tecnología de cadena de bloques pueda ser implementada y reconocida por cada oficina de patentes, cada jurisdicción debe reconocer y regular su legislación para su implementación. Las oficinas de patentes se verán en la necesidad de adoptar dicha tecnología ya que es un sistema ágil, confiable y lograría optimizar los trámites administrativos al realizar la transferencia de tecnología o el registro del cambio de titular de una patente de manera inmediata.

Las patentes basadas en NFT pueden facilitar el intercambio de información veraz entre oficinas y titulares de patentes de todo el mundo, lo que reduciría la carga de los evaluadores e inclusive aceleraría los esfuerzos para una armonización.

Los NFT administrados por esta tecnología son un atractivo no solo para las oficinas, sino también para los titulares de las patentes, como las industrias farmacéuticas y agroindustriales, entre otras, para tener el registro y la trazabilidad de sus patentes. A pesar de que es una tecnología que aún sigue desarrollándose, es un sistema que facilita información de la patente en cuanto a cuándo fue creada, por quién y su titularidad.

Los NFT pueden ofrecer protección de propiedad intelectual mientras el solicitante espera que el Gobierno le otorgue una protección más formal. Mediante el uso de criptografía *hash* y asimétrica, los propietarios de patentes o propiedad industrial pueden registrar un reclamo, como son los reclamos cifrados o *hash* en la red *blockchain*. Por ejemplo, el propietario de una patente podría probar su derecho de propiedad empleando el documento original y su *hash* o clave privada, sin la participación de terceros.

Como manifiesta Erich Spangenberg, director ejecutivo de la plataforma IPwe: «La tokenización debería ayudar a posicionar las patentes para que sean más fáciles de vender, intercambiar, comercializar o monetizar de otra manera y traer nueva liquidez a esta clase de activos para inversores e innovadores».

La plataforma IPwe, de la mano de IBM, trabajó para ayudar a proteger la información de propiedad intelectual (IP) con el fin de facilitar las transacciones y generar resultados para esta tecnología que tienen el potencial de transformar industrias enteras. La implementación de esta tecnología trae al mercado de patentes un sistema inmediato, con más garantías y con un clic dar acceso de manera sencilla a información que antes solo tenían en las oficinas de patentes, lo que aumenta su transparencia y promueve la innovación.

70

¿Qué es un POAP?

POAP es el acrónimo de «protocolo de prueba de asistencia» (*Proof of Attendance Protocol*) y son tokens ERC-721 distribuidos en la

Cada una de estas insignias NFT es
completamente única, lo que significa
que la única forma de obtener un POAP
determinado es asistiendo al evento en
cuestión. Las personas que posean estos
pueden documentar sus asistencias, eventos
y experiencias. Fuente: imagen de Gerd
Altmann en Pixabay y propio.

cadena lateral de Ethereum xDai, que representan un certificado digital único en formato NFT que sirve para demostrar la asistencia a un evento en el metaverso o en el mundo real.

Proof of Attendance Protocol (POAP) es un protocolo que crea insignias digitales coleccionables mediante el uso de tecnología *blockchain*. En otras palabras, son tokens ERC-721 creados para celebrar y registrar la asistencia a un evento. Una de las cosas más interesantes es que cada POAP es único y la única manera de conseguirlo es acudir a un evento específico, como citábamos antes.

Lo que se necesita para reclamar esas insignias únicas digitales o POAP es:

- Descargar la aplicación oficial de POAP Wallet en tu dispositivo móvil.

- Tener cartera de MetaMask ya sea web o en dispositivo móvil.

Como vemos, lo único que necesitamos para pedir un POAP es tener una *wallet* en Ethereum y asistir a un evento donde las repartan. Estos NFT se guardan para siempre en tu criptocartera y sirven, como decíamos, como certificado de que has acudido a un evento concreto. Por tanto, esta prueba digital sirve para diferenciar a quiénes han estado desde los inicios en una comunidad determinada.

Los POAP se acuñan como NFT a través de contratos inteligentes en la *blockchain* de Ethereum y las personas los obtienen cada vez que participan en un evento, presencial o virtual. También se necesita que tengan metadatos relacionados con una fecha y hora, incluso hasta un año; además, es necesario que cada uno tenga una imagen asociada. Funcionan como prueba verificable de que formaron parte de ese evento en el momento en que ocurrió.

Originalmente se acuñaron en octubre de 2020 en la red principal de Ethereum, pero se distribuyeron en la cadena lateral de Ethereum xDai debido a que esta última está diseñada para llevar a cabo transacciones rápidas y económicas; los emisores tienen la oportunidad de acuñar POAP por un precio bastante bajo, lo que es el motivo para que los POAP se distribuyan de forma gratuita.

Además, pagando la respectiva tarifa de gas, podemos enviar de xDai a Ethereum. El problema que nos encontramos son las tarifas demasiado costosas de Ethereum, lo que provoca que la mayoría de usuarios decidan dejar sus POAP en xDai, en donde también se pueden ver a través de una aplicación.

Los POAP abren infinitas posibilidades para la automatización de certificados digitales; por ejemplo, imaginemos un equipo de baloncesto que reparte POAP automáticamente mediante los carnés que tiene cada socio: por cada partido al que acude el dueño del citado carné se añadiría un POAP. Al final de temporada, cada socio tendría el certificado del número de partidos a los que ha acudido. De esta manera, el club premiaría la lealtad de cada socio atendiendo al número de partidos a los que haya asistido, además de las formas tradicionales de fidelización como la antigüedad de cada socio. También encontramos otro ejemplo en el sector musical, donde los fans que hayan seguido a un grupo desde sus inicios tendrían una forma simple de demostrar su apoyo a través de los POAP. Como premio, el grupo musical podría recompensarles, por ejemplo, con entradas para conciertos u otras ventajas.

Resumiendo, los POAP se podrían comparar con una colección de entradas de conciertos o eventos deportivos, con la diferencia de que son digitales y asegurados por la tecnología *blockchain*.

La principal función de los POAP es proporcionar a los organizadores de eventos una nueva forma de participar e interactuar con su comunidad. Los coleccionistas de POAP tienen la oportunidad de marcar sus experiencias de vida a través de ellos e incluso intercambiarlos por otros.

Otro ejemplo interesante de la utilización de POAP es el que realizan muchas comunidades *blockchain*, que las emplean para interactuar con sus miembros. Es el caso de las DAO SushiSwap y ShapeShift, que distribuyen automáticamente POAP a quienes asisten a las reuniones comunitarias semanales. También se les conceden a los votantes de las propuestas de gobernanza con el objetivo de aumentar la participación. Todos estos POAP esconden distintas ventajas para los usuarios que los adquieren.

También son muy interesantes las posibilidades que abrirían los POAP para los certificados universitarios. Por ejemplo, la Universidad Carlos III de Madrid, la de Alicante y la Pontificia de Comillas son algunas de las universidades españolas que emplean tecnología de cadena de bloques para emitir títulos universitarios, ya que supone una reducción considerable de burocracia (papeleo), además de aportar una veracidad, seguridad y transparencia irrefutables. Sin embargo, con los POAP la automatización y las ventajas podrían ser muy superiores. Un alumno podría identificarse desde que inicia la carrera con un código QR, incluido en su carné de estudiante, de forma que, cada vez que aprueba un examen, el certificado aparezca automáticamente como un POAP en su perfil de estudiante. El POAP más importante sería el que indica que ha terminado la carrera. A la hora de acceder al mercado laboral, el estudiante podría agregar un enlace en su CV con todos sus POAP educativos conseguidos, lo que elimina toda posibilidad de fraude.

Los POAP se suelen distribuir de la siguiente manera:

- URL/enlaces a los que se accede para reclamar el POAP.

- Enlaces por medio de imágenes (código QR).

- Dispensadores de POAP en metaversos.

VIII

PRINCIPALES MERCADOS GLOBALES DE NFT

71

¿BINANCE TAMBIÉN LIDERA EL MERCADO DE LOS NFT?

El 3 de julio de 2017 fue lanzada Binance por Changpeng Zhao, su fundador y CEO, coincidiendo también con su ICO, donde se puso a la venta un total de cien millones de tokens ERC20 de nombre BNB (*Binance coin*). La venta de los tokens duró apenas tres minutos y consiguió recaudar los quince millones de dólares previstos. El 14 de julio de 2017, tan solo once días después de lanzar la ICO, se puso a disposición de los usuarios la *exchange*, que tuvo un registro masivo de usuarios tras el lanzamiento.

Por lo que respecta a Changpeng Zhao, antes de desarrollar su propia plataforma ya era un experimentado y reconocido desarrollador de arquitectura de *software* de comercio online para Wall Street.

Actualmente, Binance es el principal ecosistema de cadenas de bloques del mundo y cuenta con una oferta de productos que incluye la plataforma de intercambio de activos digitales con mayor volumen y número de usuarios del mundo. Su misión es ser el proveedor de servicios de infraestructura del mundo de las criptomonedas, además de considerar que cualquier persona debería tener derecho a ganar, holdear, gastar, compartir y dar su dinero sin importar su identidad o su procedencia.

En junio de 2021, Binance lanzó su nuevo mercado de NFT para ayudar a los creativos a generar y vender sus obras de arte, y donde los coleccionistas también podían importar tokens de otros *exchanges* y revenderlos. Hablamos de un nuevo mercado que se creó para ser punto de reunión de artistas, creadores y aficionados de los criptoactivos de todo el mundo.

El mercado de NFT de Binance es una plataforma para creadores y coleccionistas que desean crear y hacer *trading* con NFT. La creación de NFT podrá ser tanto en Binance Smart Chain como en Ethereum, e incluso se podrán transferir entre ambas *blockchains*. Los coleccionistas pueden comprar NFT por un precio fijo o a través de subastas en el mercado que incorpora. Para Binance, gracias a este mercado todo el mundo podrá crear tokens no fungibles (NFT) y experimentar las ventajas que brindaban los derechos de propiedad digitales y únicos.

Antes de la aparición de los NFT, los creadores de contenido no disponían de ninguna vía sencilla para acreditar la propiedad y autenticidad de algo digital. Ahora, tanto los coleccionistas como los creativos pueden demostrar la autenticidad de sus tokens. Tanto si se trata de la primera edición de una canción o de una rara carta coleccionable deportiva, los NFT revolucionan la forma en que lidiamos con los objetos coleccionables.

Tanto los derechos como la propiedad han sido problemas difíciles de resolver en el ámbito del mundo digital. ¿Cómo se podía demostrar que algo era original cuando todo el mundo podía fácilmente copiar y pegar el contenido? Hasta la fecha no había mucho que los creadores pudieran hacer. La llegada de los NFT ofrecía una vía para demostrar la propiedad verificable de algo digital, pues se puede comprobar con exactitud quién posee un NFT, así como su historial de compras previas. Por primera vez, los artistas pueden vender sus obras de una forma puramente digital y con un elemento coleccionable.

Como decíamos, el mercado de NFT de Binance es una plataforma que permite hacer *trading* y crear tokens no fungibles cuyo funcionamiento sería el siguiente: cuando alguien vende un coleccionable en el mercado, su creador recibe el pago de un 1% en *royalties* (regalías). Binance también asigna estos *royalties* a creadores que han creado sus NFT en otras plataformas. Los depositantes, por su parte, reciben un royalty de un 1% cada vez que los usuarios compran alguno de los NFT que depositaron.

Este mercado fue creado por Binance no solo para ofrecer creaciones de los usuarios, sino también de grandes artistas. Por ejemplo, si alguien se plantea vender o subastar sus NFT, es fácil conectar con la amplia base de usuarios de Binance y obtener con ello el mejor precio y valor por una obra de arte. Además, esta base de usuarios preexistente resulta también magnífica en términos de liquidez y visibilidad para los NFT que se ofertan.

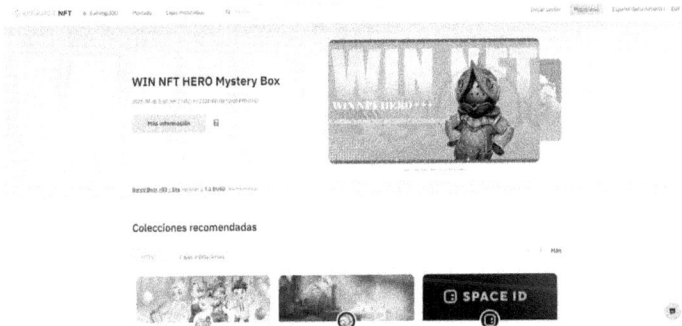

Ante esta situación se nos plantean dos cuestiones. La primera es: ¿por qué la necesidad crear NFT?

Si eres artista, creador de contenidos o músico, los NFT te permiten vender tus obras en un formato digital y limitado. A diferencia de un simple MP3 o JPEG, un NFT es único e imposible de duplicar. A pesar de que tus NFT presentan un archivo asociado que la gente sí puede copiar, el NFT tiene que ver más con la representación de la propiedad. Poseer una pintura original tiene mucho más valor que una impresión idéntica. Los NFT simplemente te permiten replicar dicho concepto en un formato digital.

Por otra parte, existe un enorme y creciente mercado de NFT, lo que los convierte en un excelente método para vender creaciones. En general, los NFT ofrecen un mayor acceso a la creación, la compra y el empleo compartido de los coleccionables. Tras pagar una comisión de creación (*minting fee*) bastante pequeña, el activo en cuestión quedará a disposición de todo el mundo para que lo exploren y adquieran.

La segunda cuestión que se nos puede plantear es: ¿por qué la gente colecciona NFT?

El principal motivo del enorme interés en poseer NFT se encuentra en su elemento coleccionable. Como ocurre con los sellos, las cartas coleccionables y los discos de vinilo, la naturaleza limitada de los tokens no fungibles los hace atractivos para los coleccionistas. Músicos, artistas, deportistas y grandes marcas están emitiendo NFT. Estos tokens incorporan una dimensión digital al coleccionismo por parte de los fans.

A los coleccionistas también les interesa el potencial valor de los NFT. Ciertos compradores han gastado millones de dólares en NFT excepcionales. Estos precios alimentan el interés de especuladores de todo el mundo que tratan de sacar provecho del próximo coleccionable de éxito. Algunos NFT también otorgan beneficios a sus titulares. Un NFT de BakerySwap, por ejemplo, puede ayudarte a mejorar los retornos que recibes por *staking*. Por ejemplo, PancakeSwap tiene NFT que pueden ser intercambiados por el token CAKE o, incluso, utilizados como billetes de lotería.

72

¿OpenSea es considerado como el Amazon de los NFT?

En 2017, Devin Finzer y Alex Atallah fundaron OpenSea, con sede en la ciudad de Nueva York. Hablamos de un mercado NFT, programado sobre la *blockchain* de la red Ethereum, que permite la venta directa de este tipo de tokens a un precio fijo o a través de subasta.

En febrero de 2021, los ingresos de la empresa llegaron a los 95 millones de dólares y a los 2750 millones de dólares en septiembre de ese año. Para enero de 2022, la empresa había sido valorada en 13,3 mil millones de dólares y se consideraba el referente en el mercado de los tokens no fungibles.

El *marketplace* de OpenSea cuenta con una serie de potentes *smart contracts* que hacen posible el correcto desarrollo y funcionamiento de la plataforma, ya que son los encargados de realizar las operaciones de creación de NFT dentro de OpenSea, así como la interacción entre los usuarios para realizar la compraventa directa de dichos tokens, incluyendo la subasta.

Además, se expandió a otras cadenas de bloques como Polygon (solución de escalado de capa 2) y Solana, lo que significa que OpenSea también tiene los *smart contracts* sobre estas redes. Adicionalmente, OpenSea puede usar NFT bajo los estándares ERC-721 y ERC-1155, y sus contrapartes en redes como Polygon y Solana.

A su vez, todo el sistema de interacción con la plataforma recae sobre la tecnología Web3 disponible en Ethereum, Polygon y Solana.

La interfaz de este *marketplace* es muy fácil de utilizar, pues permite buscar a través de categorías, filtros o del buscador, de forma muy similar a como se haría en cualquier buscador o *marketplace* que disponga de imágenes. OpenSea se ha transformado en una plataforma de más de quinientos mil usuarios y se estima que hay alojados en ella aproximadamente veinticuatro millones de obras digitales, además de contar con más de doscientas categorías.

En cada ficha de NFT de OpenSea podremos encontrar información sobre los creadores, las colecciones y las características del NFT.
Fuente: https://opensea.io/es.

En lo referente a las categorías por las que se puede filtrar, son las siguientes:

- *Auctions:* todos aquellos que estén bajo sistema de subasta.

- *Has Bounty:* son todos aquellos NFT que tienen recompensas. Sería similar al sistema de afiliados de Amazon.

- *On Sale:* NFT en oferta.

- *Pre-Sale:* preventa, habitual en desarrolladores y programadores de juegos que lanzan de forma anticipada estos NFT.

- *Has Offers:* los que han recibido alguna oferta por parte de algún usuario.

Añadido a esto, OpenSea facilita la creación de NFT e incluso colecciones completas por medio de una potente API que permite emplear todo el potencial de OpenSea para crear colecciones únicas utilizando NFT.

Respecto al funcionamiento de OpenSea, todos los usuarios deben tener una cuenta cuáles son las *wallets* que son admitidas en OpenSea; MetaMask es la más recomendada. Posteriormente, debes enlazar tu cartera digital con tu cuenta de OpenSea.

Las carteras digitales son instrumentos fundamentales para el empleo de la plataforma OpenSea, ya que no solo funcionan para almacenar criptoactivos, sino también para manejar tu identidad y credenciales.

En el caso de OpenSea, las *wallets* permiten a tu navegador interactuar con la *blockchain* y la plataforma las emplea para crear un sistema para intercambiar (comprar y vender) los NFT.

Una vez que se tenga la *wallet* enlazada y comprobada, ya se podrá navegar por OpenSea y comprar, vender o intercambiar cualquier NTF. La interfaz de OpenSea es bastante amigable y fácil de utilizar.

Básicamente, OpenSea funciona como una *DApp* (aplicación descentralizada) a la que puedes conectarte con un monedero compatible (por ejemplo, MetaMask). Así, por medio de este puedes crear una cuenta propia para interactuar con la *DApp* y acceder a todo lo que ofrece la plataforma. Esto, por supuesto, también abre las puertas para que puedas realizar o recibir pagos usando tokens como ETH, MATIC o SOL, que te da la libertad para hacer lo que desees en esta plataforma.

Por otra parte, OpenSea tiene implementado un sistema de comisiones y regalías con el que las tasas se pagan cada vez que se vende un activo digital a través de la plataforma. Las comisiones en este *marketplace* de tokens no fungibles equivalen al 2,5% del total del precio del NFT. En lo referente a la publicación de NFT, esta es totalmente gratis.

Además, OpenSea da soporte a regalías, donde los creadores pueden establecer una comisión en cuanto al cobro de hasta el 10%. Esto significa que los creadores pueden obtener ingresos cada vez que su NFT se venda empleando OpenSea. El creador puede modificar este porcentaje de comisión en cualquier momento.

Sin embargo, encontramos una importante debilidad en este mercado líder de NFT y es que su descentralización no es completa. OpenSea funciona gracias a dos interfaces: una *on-chain* y otra *off-chain*. La interfaz *on-chain* está descentralizada y está basada en *smart contracts*, como comentábamos, pero la interfaz *off-chain* está centralizada en lo que respecta a la web y todo el sistema que permite interactuar fácilmente con los *smart contracts*, lo que permite censurar el acceso a la plataforma a muchos usuarios.

Para superar este obstáculo, OpenSea desarrolló el proyecto Seaport, considerado como el camino a la descentralización total, y que tiene el propósito de crear un protocolo completamente descentralizado con soporte completo a los estándares actuales demandados por los NFT.

El código de Seaport está disponible en GitHub, bajo licencia MIT, lo que permite al conjunto de la comunidad de *software* libre mejorar el protocolo para incrementar sus funcionalidades.

73

¿VeVe es una plataforma destacada de NFT?

VeVe es una aplicación móvil disponible en App Store y Google Play que vende solo imágenes NFT en 3D de las principales marcas. VeVe permite a sus usuarios coleccionar cómics de edición limitada y esculturas en 3D de héroes, personajes e iconos conocidos en formato digital *premium*. VeVe ofrece coleccionables digitales de marcas favoritas, incluidas Ghostbusters, Batman, Back to the Future, Jurassic Park, Marvel, Batman, Adventure Time, Monster Hunter, DC Collectibles, Star Trek, Fast and the Furious, Ultraman, Superman, entre otros. Los coleccionistas exhiben sus coleccionables en VeVe mediante *showrooms* virtuales. Uno puede crear y personalizar salas de exposición virtuales para exhibir sus coleccionables digitales y así compartir esta experiencia con otros coleccionistas de VeVe de todo el mundo.

Un usuario puede manipular el tamaño y el ángulo de las imágenes 3D de los NFT y colocarlas en otras aplicaciones, agregarlas a las fotos y compartirlas en las redes sociales.

VeVe permite que cualquier persona con un smartphone o una tableta ingrese al mundo del coleccionismo digital.

VeVe ofrece a los fanáticos y coleccionistas tres tipos de coleccionables digitales:

- Estático: como una estatua de Batman Black & White.

- Animado: piensa en un monstruo de Monster Hunter haciendo su movimiento de muerte.

- Interactivo: controlable, como si condujeras tu coleccionable digital DeLorean, en realidad aumentada, como si fuera un coche de radiocontrol.

Los coleccionables digitales ofrecen una experiencia coleccionable a la que estamos acostumbrados, solo que en una nueva forma. Digamos que somos el afortunado propietario de un coleccionable digital Batman Black & White #90. Al igual que la versión física, nuestro coleccionable digital es de edición limitada, es de nuestra propiedad, podemos venderlo, fotografiarlo, interactuar con él, compartirlo en redes sociales y colocarlos en salas de exhibición virtuales.

En cualquier momento, podemos ver nuestros coleccionables digitales en visualización 3D completa, desde cualquier ángulo. También podemos agregar objetos y actualizaciones, cambiar fondos y ubicarlos en el mundo real con realidad aumentada, entre otras opciones.

Las salas de exposición digitales VeVe son espacios en el mundo digital que creamos y personalizamos para poder colocar coleccionables digitales.

Un coleccionable no sería coleccionable si no pudiéramos venderlo, con suerte por más de lo que pagamos por él. A través de VeVe Market, los compradores y vendedores de todo el mundo pueden comprar, vender u ofertar instantáneamente coleccionables digitales.

Por otra parte, se llevó a cabo el programa VeVe Artist, que fue básico en la experiencia de coleccionables digitales de VeVe. Posteriormente, se lanzó un vertical dentro de la plataforma dedicado a las obras de arte, lo que permitió traer a VeVe Collector tanto a artistas consagrados como emergentes, además de obras de arte coleccionables con licencia NFT de edición extremadamente limitada.

Las obras de arte que están disponibles en la aplicación web de VeVe son piezas con ediciones increíblemente limitadas (estamos hablando de 1 de 1 a 1 de 5) y, en algunos casos, el primer propietario de una obra de arte digital también recibirá la contraparte física firmada u otra posible utilidad. Nuevas subastas de obras de arte de VeVe están disponibles semanalmente.

Por supuesto, adquirir una de estas piezas exclusivas será un poco diferente de las entregas habituales de VeVe. Junto con el lanzamiento de este producto, también introducen subastas silenciosas en la aplicación web de VeVe.

En una subasta silenciosa, harás una oferta por tu obra de arte coleccionable digital favorita (en gemas) con lo que personalmente estés dispuesto a gastar en la pieza. El valor de tu oferta está oculto para otros participantes de la subasta, del mismo modo que no podrás ver lo que han ofertado otros, y cuando el temporizador de la subasta expire, el mejor postor gana. Para participar en las entregas coleccionables de VeVe, incluidas las obras de arte, requieres un KYC obligatorio.

En relación con las pujas por una obra de arte, antes de que se abra una subasta de obras de arte podrás ver la pieza en 2D y 3D a través de la

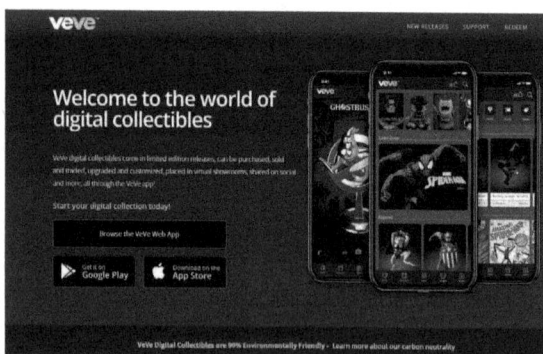

Al igual que una estatua física de Batman, los coleccionables digitales de VeVe son esculturas en 3D de edición limitada que se pueden ver a través del teléfono o tableta. Estos increíbles coleccionables digitales de edición limitada están esculpidos digitalmente por artistas de renombre mundial, incluidos Jim Lee, Todd McFarlane y Scott Snyder, y ahora están disponibles para coleccionar en formato digital premium 3D. Fuente: https://www.veve.me/.

aplicación web (de la misma manera que puedes obtener una vista previa de un coleccionable en la aplicación móvil), así como los metadatos asociados, como la descripción, exclusividad, serie, etc.

Con la apertura de la subasta se tendrán cuatro días para hacer una oferta para ganar la obra de arte y, dado que se trata de una subasta completamente silenciosa, no sabrás qué han ofertado otros coleccionistas de VeVe en sus esfuerzos por ganar la subasta.

Solo podemos tener una oferta activa a la vez por obra de arte. Esto significa que, si hay varias ediciones, solo podremos ofertar por una de ellas y se nos pedirá que confirmemos la cantidad cuando esta sea colocada. Además, para poder participar tendremos que aceptar los términos de la subasta.

Se puede actualizar, editar o retirar la oferta en cualquier momento dentro de ese periodo de cuatro días; sin embargo, solo podemos cambiar nuestra oferta una vez cada tres horas. Un temporizador estará visible en la pantalla y nos permite saber cuánto tiempo queda hasta que podamos modificar nuestra oferta.

Las ofertas no se pueden modificar dentro de la hora de vencimiento de la subasta. Las ofertas que no se retiren antes de ese momento serán definitivas.

Si somos el afortunado ganador de la subasta, se nos notificará en la aplicación web de VeVe y por correo electrónico, y tenemos doce horas para proceder al pago. La falta de pago resultará en restricciones de cuenta. También se notificará en la aplicación web si no ganamos la subasta.

A diferencia de una subasta estándar, en la aplicación de VeVe, si el ganador no paga después de ganar una subasta silenciosa, la pieza se ofrecerá al segundo mejor postor, y se notificará por correo electrónico y en la aplicación web de VeVe si se tiene la suerte de ganar desde el segundo puesto en la subasta.

El lanzamiento de obras de arte coleccionables digitales en la aplicación web de VeVe presenta piezas de edición extremadamente limitadas a la comunidad VeVe Collector, con obras únicas, hasta un tamaño máximo de edición de cinco.

Si participamos en una subasta de obras de arte que tiene varias ediciones, podremos seleccionar el número de edición por el que deseamos ofertar (n.° 1/5, n.° 2/5, n.° 3/5, etc.) en el momento de la oferta.

En esta plataforma de NFT encontramos las siguientes ventajas e inconvenientes:

Ventajas:

- Archivos digitales 3D de alta calidad.

- No requiere criptomonedas para comprar NFT.

- NFT de algunas marcas conocidas.

Inconvenientes:

- La interfaz de usuario no es usable.
- No puedes vender NFT de VeVe; solo puedes cambiarlos por otros NFT.
- No puedes transferir tus NFT fuera de la aplicación VeVe.

74

¿Rarible te posibilita crear y exponer tus NFT?

En 2019, Alexander Salnikov, Alexei Falin e Ilya Komolkin crearon Rarible, aunque presentaron la primera edición del mercado de esta plataforma en mayo de 2020, después de meses de intenso trabajo. La sede de la compañía se encuentra en Wilmington, Delaware (Estados Unidos).

Rarible es un proyecto creado por Alexander Salnikov y Alexei Falin a principios del año 2020, momento en el cual el ecosistema NFT comenzaba a despegar. En ese momento, Rarible comenzó su plataforma centrada en ofrecer un servicio de compraventa y *minting* (creación) de NFT fácil y rápido de usar. La principal diferencia de Rarible frente a OpenSea en ese entonces era que esta plataforma estaba más pensada para arte, música y vídeos, así como los coleccionables NFT, a diferencia de OpenSea, más centrada entonces en los coleccionables NFT y *blockchain games* NFT.

Rarible es un *marketplace* NFT construido sobre la *blockchain* Ethereum que conecta a los creadores de contenido y los compradores de tokens no fungibles (NFT) sin requerir que los usuarios tengan conocimientos previos de programación. Además, Rarible desea crear un entorno de gran liquidez para todos los NFT mediante un sólido protocolo con soporte para múltiples cadenas de bloques (Ethereum, Polygon, Tezos y Solana).

Rarible ofrece una selección diversa de NFT en categorías, que incluyen arte, música, nombres de dominio, etc. También es una plataforma donde no solo se pueden comprar y vender NFT, además se pueden crear, sin conocimientos previos de codificación, con un par de clics con la finalidad de llevar las propias creaciones de cualquier usuario a este ecosistema.

También se cuenta con el token RARI, que abrió la puerta para una gobernanza descentralizada del protocolo y permitió al equipo de desarrollo obtener financiación suficiente para asegurar el desarrollo futuro de la plataforma.

**Community-centric
NFT marketplace**

Spotlight. Projects you'll love

Aunque en Rarible se emplea el token RARI, también admite tokens
exclusivamente de *blockchain* Ethereum (ETH) como MATIC, MANA y
XTZ (Tezos). Fuente: https://rarible.com/

En julio de 2020, la plataforma de Rarible anunció el lanzamiento
del token de gobernanza RARI con el propósito de que los propietarios
del token RARI controlen el mercado de Rarible. El lanzamiento de
RARI permitió no solo crear una DAO para el protocolo, sino también
generar un nuevo sistema de generación de valor empleando los NFT,
conocido como «minería de liquidez del mercado NFT». Este esquema
de recompensas de minería de liquidez está pensado para recompensar a
los compradores y vendedores de NFT dentro de la plataforma. La idea
es incentivar no solo la utilización del *marketplace*, sino también recompensar a los usuarios de la plataforma y mantener una comunidad activa
alrededor de ella.

Los creadores que deseen utilizar el *marketplace* de NFT de Rarible
lo primero que tienen que hacer es convertir su trabajo a un NFT
empleando la plataforma disponible para posteriormente poder co-
mercializarlo. Cuando un creador de contenido carga una obra de
arte, como una imagen o un archivo de audio, la plataforma genera un
token NFT para representarlo. Para ello, Rarible asienta todo su funcionamiento en una serie de potentes *smart contracts* para realizar todas
sus tareas en la cadena de bloques, además de ofrecer soporte a estándares como ERC-721 y ERC-1155 y sus derivados en las cadenas de
bloques soportadas. Finalmente, también se cuenta con una serie de
servicios adicionales y API que permiten la integración con servicios
de terceros que desean emplear el potencial de la plataforma Rarible.

Rarible actualmente es compatible con una variedad de tecnologías
blockchains, incluida Binance Smart Chain. Cuando un comprador adquiere contenido, la plataforma envía el NFT al monedero digital del
comprador y registra la transacción en la *blockchain* Ethereum. El token
nativo RARI gobierna la plataforma, lo que permite a los usuarios de
Rarible opinar sobre cómo se desarrolla el *marketplace*.

A continuación, vamos a describir las ventajas y los inconvenientes que encontramos en el mercado de NFT:

Ventajas:

- Este *marketplace* es fácil de usar y no requiere conocimientos de programación.

- Los usuarios pueden pagar con su tarjeta de crédito, tarjeta de débito o Google Pay en Rarible.

- Permite a los usuarios de la plataforma crear NFT sin pagar tarifas de gas por adelantado.

- Los *holders* de tokens RARI pueden votar sobre propuestas que afecten a la plataforma.

- La plataforma recompensa con tokens RARI a vendedores y compradores de NFT en la red.

Inconvenientes:

- RARI no tiene una hoja de ruta oficial o un *whitepaper*.

- La plataforma cobra una tarifa del 2,5% tanto al vendedor como al comprador.

Los pasos para acuñar NFT en Rarible son los siguientes:

1. Vincula tu monedero MetaMask u otra *wallet* compatible. Para comenzar deberás conectar MetaMask a Rarible (si empleas MetaMask con Ethereum, entonces debes usar la red Ethereum para crear el NFT). Para hacerlo selecciona el botón *Crear una cuenta*. Posteriormente, inicia sesión con tu monedero preferido. Después de aceptar los términos de servicio de Rarible, haz clic en el botón *Continuar*. Al conectar el monedero o *wallet*, estamos preparados para continuar.

2. Hacer clic en el botón *Crear* en la plataforma Rarible.

3. Selecciona tokens «muchos» o «únicos» desde allí. Te pedirá que cargues un archivo que contenga tu trabajo. Si eliges producir varios tokens, debes indicar la cantidad deseada de estos.

4. Decidir cómo venderás tu NFT. Puedes establecer un precio fijo, realizar una subasta cronometrada o dejarlo en manos de varias ofertas.

5. Incluye el precio al que deseas vender tu creación, así como el nombre y la descripción de este. Puedes establecer un porcentaje de regalías de hasta el 50% sobre la venta de tus creaciones

digitales. De esta manera, recibirás una compensación cada vez que se venda tu obra de arte.

6. Carga tu creación digital, introduce toda la información necesaria sobre ella y haz clic en *Crear elemento* para empezar a acuñar. Una vez completada la operación, deberás pagar las tarifas aplicables y aprobar la transacción.

7. Una vez que se acuña el token, la plataforma lo incluye a la venta en el mercado de Rarible. Los fondos se transfieren inmediatamente a tu *wallet* de criptomonedas cuando se confirma una transacción y se completa la venta.

75

¿NBA TOP SHOT ES LÍDER EN EL SEGMENTO DE BALONCESTO DE LOS NFT?

NBA Top Shot es un mercado NFT creado por Dapper Labs, el mismo creador de CryptoKitties, donde se comercializa una serie de tarjetas coleccionables emitidas como tokens no fungibles o NFT que representan, cada una, un «momento» icónico de la historia de la NBA en forma de vídeo. La idea de esta plataforma es que los coleccionistas compren NFT que representan específicamente los denominados *Moments* de la NBA, vídeos NFT que representan momentos históricos de la NBA de los últimos dos años, aunque también hay de otras épocas. Cada *Moment* es único y está construido sobre la *blockchain* Flow, una cadena de bloques creada específicamente para los proyectos de Dapper Labs y que utiliza la prueba de participación como mecanismo de validación.

Los Top Shot de la NBA son el mayor ejemplo de tarjetas coleccionables digitales. Se puede pensar en ellas como si fueran tarjetas de intercambio que se guardan en una cadena de bloques en lugar de estar impresas en una tarjeta. Los usuarios también pueden ver detalles sobre el juego, la puntuación de los jugadores y sus promedios de temporada, similar a lo que verían los coleccionistas de tarjetas deportivas en el reverso de estas.

Además, se pueden guardar en una *wallet* o monedero digital para poder enviarlas a otras personas o venderlas en mercados *online* de NFT. Cada Top Shot es un NFT que representa un momento de la historia del baloncesto en forma de un videoclip de corta duración.

Las colecciones de tarjetas se lanzan en paquetes de varios tamaños, y los más pequeños aumentan la rareza de las cartas. Los coleccionables

En el mercado NFT NBA Top Shot, la serie For The Win tiene diez momentos específicos, desde uno de los tiros de Spencer Dinwiddie hasta un punto triple de Nemanja Bjelica, y todas estas tarjetas coleccionables son consideradas como raras. Fuente: https://nbatopshot.com/.

más comunes vienen en paquetes de 10 000 tarjetas o más; los coleccionables más raros, de 150-4999 tarjetas, y el nivel legendario los limita a 25-499 tarjetas. Dentro de cada paquete, cada tarjeta tiene su propio número de serie.

Si alguien está interesado en el funcionamiento de esta plataforma, lo primero que hay que hacer es registrarse en Dapper haciendo clic en *Sign up* (Inscribirse) en el sitio web de Top Shot. La creación de una cuenta en Dapper te proporciona una cartera que almacena fondos y te permite comprar criptoactivos.

El proceso es bastante sencillo ya que permite el registro a través de Google o del correo electrónico. Posteriormente tendrás que facilitar tu número de teléfono y terminar con la verificación. A continuación, Dapper te proporciona un código que debes guardar en un lugar seguro por si pierdes el acceso a través del dispositivo desde el que te estás registrando. Es importante que lo anotes en algún sitio y lo guardes en un lugar seguro, ya que controla el acceso a tu cuenta.

Una vez que te hayas registrado en Dapper, puedes ir directamente a NBA Top Shot y utilizar tu cuenta para iniciar sesión.

La primera vez que te registres te recibirán con un par de vídeos introductorios a la plataforma. A continuación, podrás seleccionar el equipo al que apoyas.

Cuando ya estás dentro, podrás ver tu nombre de usuario generado aleatoriamente. Se puede cambiar fácilmente haciendo clic en *Change username* (Cambiar nombre de usuario), en tu perfil de Dapper Labs y eligiendo el que prefieras.

A continuación, ya se pueden explorar los coleccionables que ofrece el *marketplace* de NBA Top Shot y el mercado donde se pueden adquirir tarjetas de segunda mano. Pero para comprar cualquier NFT tendrás que poner algunos fondos en tu cuenta de Dapper.

Para ello tendrás que irte a *Payment and payouts* (Pagos y abonos) en el sitio web. Aquí tendrás que elegir cuánto quieres ingresar en tu cuenta y tendrás que aceptar también los términos y condiciones de Dapper. Posteriormente, se puede pagar con tarjeta de crédito introduciendo tus datos o con criptoactivos. Dapper acepta bitcoin, *ether, bitcoin cash* y dos *stablecoins*: dai y USDC.

Una vez ingresados los fondos en tu cuenta, es posible que tengas que esperar a que lleguen a tu *wallet* (los criptoactivos pueden resultar un poco lentos) antes de que estén listos para emplearse. También tendrás que pagar las tarifas de la red cuando realices una transacción de criptoactivo.

En este mercado NFT encontramos miles de tarjetas Top Shot, pero se pueden acotar las búsquedas seleccionando momentos por equipos o jugadores específicos, además de poder clasificar las tarjetas por precio. Si quieres adquirir una tarjeta, tendrás que buscar el momento que te guste y seleccionar el número de serie de la tarjeta. A continuación, haz clic en Comprar y podrás pagar con los fondos de tu cuenta Dapper.

Una vez que tengamos en nuestro poder la tarjeta seleccionada y comprada, la podemos guardar y ver los momentos, en formato de vídeo corto, cuando queramos. Posteriormente, las puedes poner a la venta o regalárselas a un amigo. Lo que no puedes hacer es usar las imágenes del Top Shot tú mismo ni modificarlas sin permiso; de hecho, los abogados de la NBA han elaborado una lista de prohibiciones que restringen lo que puedes hacer con su costosa propiedad intelectual.

A continuación, enumeramos las ventajas y los inconvenientes en el mercado de NFT de NBA Top Shot:

Ventajas:

- *Marketplace* respetuoso con el medio ambiente.

- Se pueden adquirir NFT con tarjeta de crédito o débito.

- Dispone de impresionantes NFT de vídeos de la NBA.

Inconvenientes:

- La retirada de fondos puede llevar semanas.

- Los NFT no son transferibles a la cadena de bloques de Ethereum.

- El mercado se inunda con NFT debido al lanzamiento regular de nuevos paquetes de tarjetas coleccionables.

76

¿Un exitoso *MARKETPLACE* de NFT de Axies?

Axie Marketplace es la tienda *online* del conocido videojuego P2E (*play to earn*) de Axie Infinity. Los Axies son criaturas míticas que se pueden comprar, vender, entrenar y luego enfrentar a los Axies de otros jugadores para ganar recompensas. Miles de personas hacen transacciones a diario en Axie Marketplace comprando nuevos Axies, tierras virtuales o NFT para utilizarlos dentro del juego. Esta plataforma permite diferentes alternativas y funciones con las cuales el jugador o usuario puede llegar a entender el desarrollo del videojuego mucho mejor, y ser cada vez un mejor jugador o inversionista en esta plataforma.

Axie Infinity se ha convertido en uno de los principales videojuegos de tipo NFT en todo el mundo, y ha demostrado un crecimiento exponencial en comparación con el resto de plataformas de juegos para ganar dinero o *play to earn*. Este videojuego funciona a través de ítems del juego coleccionables llamados NFT. Para poder comercializar estos ítems e intercambiarlos con otros jugadores existe el citado *marketplace*.

La plataforma de *marketplace* del videojuego NFT Axie Infinity está relacionada con la red de Ethereum, donde acepta pagos en ethers (ETH). El *marketplace* de Axie Infinity también trabaja con otras aplicaciones y plataformas, como son MetaMask y Binance. De esta manera, para realizar o proceder a cada transacción se debe utilizar MetaMask y el *exchange* de Binance, en tal grado que la única forma de cambiar el criptoactivo producido por el juego, el SLP, a otro criptoactivo es mediante el *exchange* de Binance.

En el *marketplace* de Axie Infinity se pueden visualizar y apreciar los diferentes tipos y elementos de tokens no fungibles (NFT) que dispone el juego para todos los usuarios o jugadores. Donde, como usuarios, podemos buscar cualquier clase de NFT, en este caso, Axies, y valorar sus aspectos en profundidad. Esto es posible debido a que la plataforma permite visualizar las características y estadísticas que hacen único a dicho NFT, y en consecuencia el jugador o usuario interesado puede estudiar y comparar diferentes alternativas NFT o Axies para en consecuencia montar el mejor equipo posible o la inversión más acertada.

Una particularidad del *marketplace* de Axie Infinity es que todas las transacciones que se realizan en este son entre el jugador que vende un NFT con el jugador que procede o está interesado en adquirir ese NFT. Hablamos de que las transacciones no cuentan con intermediarios, las realizan directamente el jugador que compra y el jugador que vende. El principal uso de Axie Marketplace es comprar y vender Axies con los que se puede mejorar el equipo de juego. También se pueden comprar otros elementos del juego, como tierras. Existen formas distintas de participar en el mercado de Axie Infinity. Si, por ejemplo, un jugador ya cuenta con un equipo fuerte de Axies, puede decidir venderlos en el *marketplace* para obtener tokens a cambio. En lo referente a cómo podemos participar en este mercado de NFT y vender Axies, por ejemplo, de lo primero que debemos asegurarnos es que nuestra *wallet* esté conectada con nuestra cuenta de Axie Infinity. Cuando nuestra cartera digital ya esté conectada, es el momento de definir los Axies que queremos vender. Recordemos que, para la venta, existen dos modalidades distintas: con precio fijo o con subasta. En cualquiera de los casos, se debe establecer el montante por el que se ofrecerá el NFT a la venta o el montante mínimo para iniciar la subasta. En cualquier momento se puede dejar de ofrecer los NFT a la venta y cancelar la operación.

Esta plataforma se caracteriza por actualizarse segundo a segundo, en vista de que realiza cambios en cada momento con su comunidad de millones de usuarios y jugadores, además de brindar una enorme cantidad de herramientas que permiten a los usuarios disfrutar y visualizar del *marketplace* de la mejor manera.

Dentro de dichas herramientas del *marketplace* sobresale sin duda alguna su impresionante buscador personalizable, donde el usuario o jugador interesado puede realizar la búsqueda de un Axie o NFT específico. Este buscador permite al usuario especificar cuáles características, estadísticas o atributos desea en el Axie que está buscando y ser dirigido únicamente a los NFT o Axies que le puedan interesar, sin la necesidad de buscar entre miles de Axies disponibles.

Respecto a las comisiones de Axie Infinity en su respectivo *marketplace* podemos decir que esta plataforma cobra una comisión del 4,25% del valor o precio de cada NFT que se venda. Por ejemplo, si se realiza una transacción por un Axie de precio en 100 SLP, el vendedor en consecuencia recibirá un total de 95,75 SLP por la venta de su Axie o NFT. Las comisiones que cobra el juego Axie Infinity se destinan a la tesorería de la comunidad del videojuego NFT con el propósito de ser empleadas posteriormente en las recompensas a los mil mejores jugadores del videojuego en AXS.

Por otra parte, cabe destacar que la criptomoneda AXS de Axie Infinity es diferente a la criptomoneda SLP, pues la primera es una criptomoneda que permite valorar el crecimiento del videojuego NFT y se utiliza para ofrecer recompensas a los mejores mil jugadores en el modo clasificatorio del PVP o modo arena, mientras que la segunda criptomoneda es la generada en el videojuego al jugar de forma continua, ya sea en el modo arena, el modo aventura o el *quest diaria*.

Además de las comisiones cobradas por el juego al vendedor, existen algunas comisiones del *marketplace* de Axie Infinity para los compradores

Para empezar a jugar Axie Infinity se deben comprar Axies, los cuales son los personajes protagonistas del videojuego y funcionan como un NFT coleccionable. Dependiendo del nivel al que puedan llegar y las características que estos Axies tengan, varía su precio. En el *marketplace* de Axie es donde estos criptoactivos se pueden comprar, vender y cambiar por otros tokens del videojuego. Fuente: https://app.axieinfinity.com/marketplace/.

conocidas popularmente como tarifas de gas. Estas tarifas de gas consisten en comisiones emitidas hacia el comprador que varían unas de otras de acuerdo con la velocidad de la compra que implemente el comprador.

De esta forma, se establecen las dos diferentes comisiones que genera el videojuego Axie Infinity a sus diferentes usuarios o jugadores. Tanto la comisión de venta, que equivale al 4,25 % del valor o precio del NFT o Axie vendido, como las diferentes tarifas de gas, que varían entre 0,0099 ETH y 0,0123 ETH de acuerdo con la velocidad de la compra.

77

¿Un *marketplace* de NFT basado en la *blockchain* WAX?

AtomicHub es un mercado de NFT en la cadena de bloques EOS y WAX que permite a los usuarios listar NFT con estándares AtomicAssets. La plataforma permite a los usuarios explorar, comprar, vender y enumerar NFT. También les permite crear NFT sin ningún conocimiento técnico.

AtomicHub se basa en la cadena de bloques WAX, totalmente independiente de la cadena de bloques Ethereum (ETH). WAX no es tan popular como *ether*, pero las tarifas de transacción de WAX son mínimas en comparación con las tarifas de gas *ether*. Además, WAX utiliza el modelo de consenso *proof of stake*, más sostenible medioambientalmente que la prueba de trabajo (*proof of work*).

AtomicAssets es desarrollado por Pink Network, un grupo de entusiastas de *blockchain* activos en WAX y Proton Blockchain. AtomicAssets se lanzó por primera vez en febrero de 2020 y AtomicHub Marketplace para NFT se lanzó en junio de 2020. El 30 de marzo de 2021, AtomicHub afirmaba que se habían creado más de 9,2 millones de NFT en la plataforma *blockchain* de WAX.

El *marketplace* de AtomicHub permite que cualquier obra de arte original y creada de forma única se incluya en su plataforma. En el momento de la inclusión, el portal busca una prueba de originalidad del artista, ya sea incluyendo pruebas originales con descripciones detalladas de cómo se creó la obra de arte u otros archivos probatorios.

Cada obra de arte tiene una identificación única. El artista tiene que definir varios parámetros, como el nombre del activo, de la colección y del esquema. El artista también tiene que incluir las propiedades del criptoactivo, como la transferibilidad o la opción de quemar el criptoactivo.

Entre las más notables desventajas encontramos la dificultad de creación de los NFT y que estos tokens únicos no son transferibles a la cadena de bloques de Ethereum.

El trabajo de la plataforma se divide principalmente en cuatro secciones:

- Explorador: buscar todos los NFT existentes.
- Mercado: comprar, vender y listar activos.
- Comercio: verificar el inventario e intercambiar activos simples NFT a AtomicAsset.
- *NFT Creator*: crear NFT estándar de activos atómicos.

AtomicHub es compatible con las cadenas de bloques EOS y WAX. Podemos seleccionar cualquier red e iniciar sesión en nuestra cuenta. La plataforma puede proporcionarte diferentes opciones de billetera para conectarse a una red de cadena de bloques diferente.

Para utilizar la plataforma, los usuarios deben conectar sus *wallets* con la cadena de bloques WAX. Esta cadena de bloques funciona con diferentes *wallets*, pero la más conocida es WAX Cloud Wallet, la cual nos deja visualizar no solo los criptoactivos de WAX, sino la mayoría de los tokens que funcionan en esta *blockchain*. Además de contar con un convenio con MetaMask, que permite también visualizar algunos tokens que están dentro de la cadena de Ethereum (ERC-20).

Una vez que hayas conectado tu cartera digital e iniciado sesión en el portal AtomicHub, observarás la página de inicio de la plataforma, que ofrece varias opciones/características para que los usuarios las utilicen.

Por lo que respecta al *Explorador*, este enumera todos los NFT creados con el estándar del activo Atomic. La página está dividida en varias secciones que nos permiten filtrar y mostrar diferentes colecciones, NFT y plantillas.

Podemos seleccionar cualquier colección o NFT y obtener información más detallada (gráfico de tendencias, estadísticas, activos totales en esa colección, plantilla, etc.) de estos.

Por lo que respecta a la pestaña *Mercado*, se muestran todos aquellos NFT que están disponibles en el mercado para la venta. Además, nosotros también podemos listar nuestros propios NFT y comercializarlos aquí también.

Ten en cuenta que la plataforma AtomicHub notifica a los usuarios sobre el estado de verificación de los NFT. Los usuarios que planean comprar un NFT pueden verificar si el token no fungible está verificado o no. Para comprobar el estado simplemente desplaza el cursor sobre la marca de verificación (√) y así obtendrías el estado de verificación completo.

En la sección *Mercado* encontraremos dos pestañas: *Ventas* y *Subastas*.

La pestaña *Ventas* se encuentra en la página *Ventas* cuando seleccionamos la pestaña *Mercado*. Aquí podremos ver todos los NFT que se han puesto a la venta. Los usuarios pueden poner varios filtros en las colecciones, como el precio máximo y mínimo, entre otros.

En cuanto a la pestaña *Subasta*, nos enumera los NFT que actualmente se encuentran en proceso de subasta. El propietario del NFT establece un periodo de tiempo durante el cual otros usuarios pueden hacer una oferta. Además, se puede consultar el tiempo restante y pujar por el NFT.

Si deseamos realizar una oferta, simplemente hacemos clic en el botón *Realizar oferta*, tras lo que aparecerá una página donde podemos poner el precio al que deseamos comprar. Los propietarios generalmente establecen el valor más bajo para el NFT; los usuarios que deseen comprar deben poner un valor superior a este valor.

Desde la pestaña de *Historial* también podemos consultar los detalles de nuestras ventas o subastas.

Para comprar seleccionamos primero el NFT y posteriormente hacemos clic en el botón *Comprar*, mostrando conformidad con el proceso aprobando la transacción.

Por otra parte, los usuarios también pueden hacer una oferta si no están satisfechos con el precio cotizado del NFT. Para realizar una oferta haremos clic en el botón *Hacer oferta*. Una vez hecho esto, completamos la cantidad por la que deseamos comprar. También podemos verificar el precio sugerido y el valor de cotización de mercado más bajo para esta plantilla en la parte inferior de la página web en cuestión.

Nuestra oferta de compra será enviada al propietario, el cual la aceptará o rechazará.

La página *Comercio* nos ofrece varios métodos mediante los cuales podemos intercambiar o transferir nuestros NFT a cualquier cadena de bloques.

En *Mi inventario* están todos los NFT que un usuario tiene en su cuenta.

La plataforma cuenta con un AtomicBridge que permite a los usuarios convertir sus SimpleAsset NFT al estándar AtomicAssets. El SimpleAsset NFT original se mantiene en la cuenta de AtomicBridge en lugar de quemarse. Y, por lo tanto, los usuarios pueden devolver las tarjetas AtomicAssets para recuperar sus SimpleAssets originales en cualquier momento.

La pestaña *Mi listado* muestra la lista de todos los NFT que el titular de la cuenta pone a la venta. Los usuarios pueden cancelar el listado o editar el precio del listado yendo a la pestaña de *Edición*.

Por último, cuando realizamos una transacción en el mercado de AtomicHub, nos cobran una comisión, que suele ser un porcentaje del montante de la venta en la operación correspondiente. AtomicHub Marketplace solo cobra el 2,00% del precio de venta total como comisión de la plataforma, que se deduce automáticamente mediante contratos inteligentes en el momento de la venta. También pueden aplicarse tarifas adicionales como regalías o tarifas de *blockchain*. Sin embargo, esto se deducirá directamente del precio de venta en lugar de imponerse como un cargo adicional al precio de venta.

AtomicHub Marketplace no admite tarjetas de crédito ni PayPal, sino que los tokens WAX serán los únicos tokens admitidos. Como alternativa, los usuarios pueden cotizar sus activos en dólares, pero en el momento de la liquidación se pagarían con tokens WAX, convertidos a las tasas que estuvieran vigentes en ese momento.

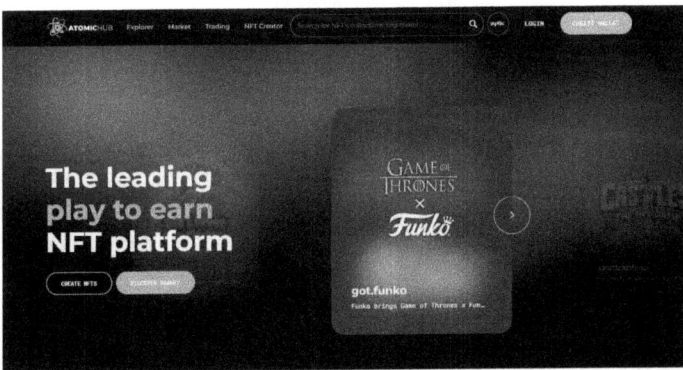

AtomicHub es una plataforma reconocida por vender paquetes de NFT que funcionan como un paquete de cromos de fútbol, donde no sabes lo que te vas a encontrar en el interior. Fuente: https://wax.atomichub.io/

78

¿Es innovador el *marketplace* SuperRare?

SuperRare fue fundada en 2017 por John Crain, Charles Crain y Johnathan Perkins, que son los directores ejecutivo, de tecnología y de producto de este novedoso mercado de NFT, respectivamente. Estas mismas personas también fundaron Pixura, que es la empresa que creó la tecnología de criptocolecciones que opera SuperRare. En Pixura puedes crear, rastrear, cambiar criptos y construir desde cero un mercado en minutos.

SuperRare es un mercado de NFT único, construido sobre el protocolo Ethereum, que tiene una relación más estrecha con las galerías de arte que con espacios de NFT como OpenSea o Rarible. De hecho, la plataforma se describe a sí misma como una mezcla elegante entre Instagram y Christie's; esta última es una galería conocida internacionalmente por sus prestigiosas subastas y ventas privadas.

En SuperRare se pueden coleccionar e intercambiar tokens no fungibles (NFT); específicamente, lienzos artísticos digitales únicos y de edición limitada. En este exclusivo mercado de NFT solo venden tokens no fungibles de arte digital, los cuales no están disponibles para su compra en ningún otro lugar, además de vender solo creaciones digitales de edición única (1 de 1).

En este *marketplace* se exige que cada obra de arte digital haya sido creada únicamente por un artista de la red y que se haya autenticado como coleccionable digital. Por ejemplo, una de las contribuyentes más destacables a este proyecto fue la rapera Rico Nasty, quien lanzó su primer coleccionable el 22 de marzo de 2021.

Además, SuperRare ha creado una comunidad sólida y también rastrea a los principales coleccionistas y artistas de moda. Al igual que Nifty Gateway, SuperRare tiene un diseño elegante. Además, una sección editorial de su sitio web presenta algunos artículos relacionados con el arte digital todos los días, similar a una refinada revista de arte.

A comienzos de 2020, el volumen de ventas de esta plataforma alcanzó los 344 000 dólares para llegar a los 1,6 millones de dólares de volumen de comercio acumulado en agosto del mismo año.

En 2021, obtuvo financiación por un importe de nueve millones de dólares de los siguientes inversores: Velvet Sea Ventures, 1confirmation, Mark Cuban, Samsung Next, Ashton Kutcher, Guy Oseary's Sound Ventures, Marc Benioff, Naval Ravikant, entre otros. Estos recursos financieros captados se destinaron a acelerar el crecimiento de SuperRare, en el que destacaron los siguientes aspectos clave:

- Impulsó la sostenibilidad a largo plazo de las obras de arte y la propiedad mediante la implementación de soluciones de escala de capa 2.

- Aumentó las características centrales de SuperRare en elementos sociales más escalables como *feeds* y chats personalizados.

- Continuó ampliando los límites en lo que respecta a la mecánica del mercado y la funcionalidad de subasta, así como la extensión de los formatos de obras de arte compatibles con la realidad virtual y los medios programables.

Por lo que respecta al empleo de esta plataforma, se considera de muy fácil uso e intuitiva tanto para los creadores/artistas como para los coleccionistas.

En relación con el funcionamiento del mercado de NFT de SuperRare, podemos decir que los artistas pueden firmar digitalmente su trabajo en la plataforma mediante un certificado tokenizado antes de incluirlo en una subasta *online*. Posteriormente, los coleccionistas pueden comprar y revender las obras en mercados secundarios.

También hay que decir que actualmente solo se ha incorporado un reducido número de creadores/artistas, ya que para vender NFT en este *marketplace* se requiere realizar previamente una solicitud.

Además, hay que tener muy presente que a creadores/artistas se les cobrará una comisión por cada creación digital vendida; las ventas primarias tienen una tarifa del 15% (el 85% restante se lo queda el creador).

En lo que respecta a las ventas secundarias, la tasa de regalías es del 10%. Es decir, cada vez que alguien revenda tu creación digital, serás tú quien reciba un 10% de comisión. Esto es posible gracias a la tecnología *blockchain* y a los contratos inteligentes que respaldan los NFT. También, al ser un *marketplace* basado en la cadena de bloques de Ethereum, se pueden llegar a tener elevados precios de gas para la validación de las transacciones.

Por último, en lo referente al funcionamiento de la plataforma para los coleccionistas, estos solo deben registrarte con su correo electrónico para generar una cuenta. Posteriormente, deben conectarse con una *wallet* de Ethereum para después poder filtrar las búsquedas por creador, precio de reserva o una oferta abierta.

Los coleccionistas deben tener en cuenta que todas las transacciones se realizan con *ethers* y que todas las ventas tienen una tasa de transacción del 3% que paga el comprador.

Además, fuera de la compra y la venta, SuperRare, con su interfaz gráfica de usuario sencilla y elegante, permite a sus usuarios:

- Disfrutar de noticias relacionadas con SuperRare en la pestaña de *Actividades*.

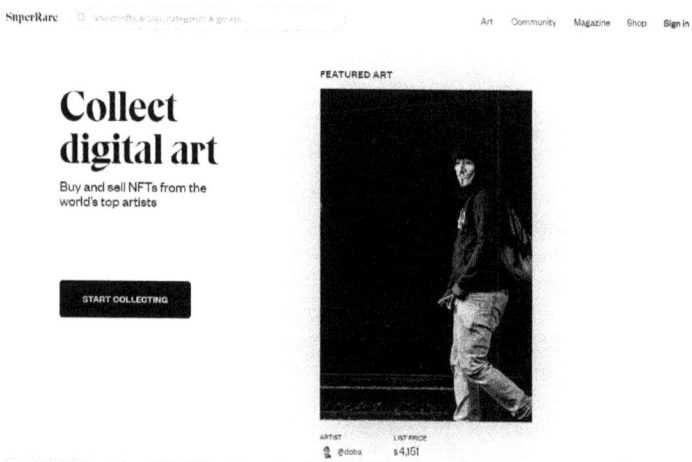

SuperRare se considera a sí misma como una red social (los usuarios pueden seguir, dar me gusta e interactuar con sus creadores y coleccionistas favoritos de NFT) y un mercado P2P (entre iguales) de arte digital tokenizado, y se define como una nueva forma de interactuar con el arte, la cultura y el coleccionismo en internet. Fuente: https://superrare.com/

- Integrar al usuario en la comunidad en su pestaña *Comunidad*, a través de la cual se le dará acceso a sus redes sociales, su blog y su editorial, donde podrá encontrar más información de NFT disponibles.

79

¿Es destacable la plataforma Foundation?

Foundation es una plataforma descentralizada que busca crear una amplia comunidad descentralizada centrada en los NFT de obras de arte digitales de artistas. Para ello utiliza la cadena de bloques y los contratos inteligentes de Ethereum.

La plataforma lleva en funcionamiento desde febrero de 2021 y desde entonces se ha transformando en uno de los espacios NFT más importantes del mundo. Con sus más de trescientos mil usuarios y doscientos mil NFT listados, Foundation ha sido capaz de superar los 150 millones de dólares en ventas, y se ha posicionado entre los grandes mercados NFT del mundo.

El funcionamiento de Foundation es bastante sencillo: te conectas a su *DApp* usando una *wallet* como MetaMask y desde ese preciso momento ya se puede crear contenido en la *app*.

Además, es una aplicación que permite comprar, vender e intercambiar productos de edición limitada que sirve de puente entre la criptografía y artistas, creadores y coleccionistas.

Es sencilla y fácil de utilizar, ya que puedes convertirte en comprador o coleccionista inmediatamente después de registrarte. De este modo, optimiza la experiencia del usuario para pujar por arte digital. Diversos artistas han hecho uso de ella y han tenido buenos resultados. Un ejemplo de ello es el artista Beeple.

Una vez dentro de la plataforma, puedes crear, explorar, comprar y vender NFT de forma completamente descentralizada. El proceso de compra o venta funciona gracias a un sistema de subastas descentralizado donde la criptomoneda empleada es el ETH. Foundation es un espacio reconocido por la calidad de las obras digitales que podemos encontrar en ella.

Para poder entender el funcionamiento de Foundation debemos entender la aportación que hacen sus cuatro agentes principales:

- La comunidad: en Foundation, la comunidad está conformada por cualquier persona que quiera unirse a la cultura digital de esta plataforma descentralizada a través de redes sociales como Discord, Instagram o Twitter.
  Periódicamente, la comunidad proporciona una serie de iniciativas y eventos dirigidos en los que los usuarios pueden conectar, participar y crear nuevos grupos en torno a sus intereses. También pueden decidir qué artistas nuevos pueden vender sus obras.

- Los desarrolladores: así como da espacios para artistas, grandes y pequeños coleccionistas y la comunidad, también le abre una oportunidad a los desarrolladores.
  Por medio de su API (interfaz de programación de aplicaciones en español), Foundation propone a los desarrolladores que creen nuevas funciones a partir de otras que pueden ser mejorables. Para ello pueden modificar distintos aspectos, como perfiles, precios de reserva, hora de finalización, entre otras.
  Estas funciones son llamadas FND Subgraph. Consisten en una interfaz de usuario que los desarrolladores crean utilizando los datos de Foundation. Hay distintos «subgrafos» para los datos de Foundation en la red principal de Ethereum y la red de prueba Goerli.
  Estos Subgraph son construidos usando The Graph, el cual usa el lenguaje de consulta de datos GraphQL. Uno de los subgrafos utilizados por Foundation es el de Mainnet, que contiene toda la información que se puede encontrar en Foundation.

- El artista digital: para vender arte a través de Foundation tienes que ser invitado por algún usuario de Foundation que te conozca o debes ser votado por la comunidad.

Una vez que hayas recibido la invitación o hayas sido elegido, tendrás que configurar una *wallet* con ETH para crear tu perfil y acuñar un NFT.

El proceso de acuñación de NFT hace referencia a que la pieza que pongas en venta será representada por un token. Es útil para simbolizar la posesión de los derechos de autor y, por tanto, su autenticidad.

Para que este proceso se pueda completar debes pagar una tarifa de gas, que es el coste de interacción con la *blockchain* de Ethereum.

Seguidamente, tendrás tu propia página de perfil, donde se muestran todas tus obras y el historial de pujas de cada pieza. Además, muestra una pequeña biografía y enlace a tus redes sociales.

Posteriormente, puedes comenzar a ponerle el precio en ETH a tus obras de arte para desarrollar una subasta.

Cada subasta se activa en cuanto alguien comienza a pujar por ella. Si nadie puja por ella, puedes cambiar el precio de cotización inicial.

Ten en cuenta que del 100% del precio de venta final, el 85% es para el artista y el 15% es para Foundation y las tarifas de gas.

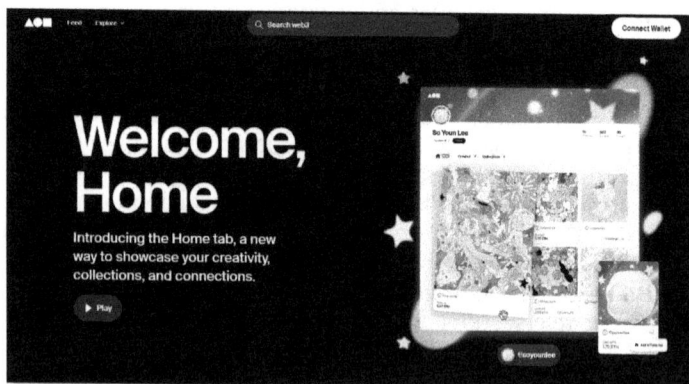

Entre las obras expuestas en esta plataforma destaca el NFT Stay Free de Edward Snowden, que logró venderse por 2224 ETH y es uno de los NFT más valiosos de la plataforma. También destacan los NFT creados por shvembldr, un creador asociado a TBOA.CLUB, un proyecto de generación de arte sobre *blockchain* que ha logrado acumular un total de más de 1555 ETH durante toda su historia dentro de Foundation. Fuente: https://foundation.app/.

Además, cada vez que el usuario que la adquirió revende la obra, el creador gana una tarifa del 10%. En otras palabras, gana dinero en un mercado secundario por intercambiar su trabajo.

- Los coleccionistas: en Foundation, cualquiera puede crear un perfil para comenzar a coleccionar NFT. Los únicos requisitos son tener una *wallet* 3.0 (por ejemplo, MetaMask) y ETH, el token que se utiliza para pagar todas las transacciones de Ethereum.

Es importante mencionar que el proceso de subasta es bastante transparente, ya que te facilita ver cuándo se creó la pieza, quién la creó y te permite visualizar un historial completo de quién la ha poseído.

Después de tu búsqueda, lo primero que encontrarás es un precio de reserva del creador. Una vez que se hace la primera puja, comienza una cuenta atrás de veinticuatro horas de subasta. Si se realiza una puja en los últimos quince minutos de las veinticuatro horas, la subasta se prolonga otros quince minutos. Finalmente, si decides pujar y ganas la subasta, puedes reclamar el NFT.

Llegados a este punto, la obra de arte se transfiere a tu *wallet* y aparece en tu perfil de coleccionista. Los usos que le puedes dar a la obra digital que adquiriste son: venderla en un mercado secundario como OpenSea, compartirla en redes sociales y exponerla en tu galería virtual.

80

¿NIFTY GATEWAY ES UN *MARKETPLACE* COMPETITIVO?

En 2018, Nifty Gateway fue fundada por los hermanos gemelos Duncan Cock Foster y Griffin Cock Foster. La misión de esta plataforma es llevar los NFT a mil millones de personas potenciando a los creadores y simplificando la forma en que los clientes compran, venden, crean y mantienen los NFT. Además, están comprometidos con hacer que los NFT sean accesibles y que la compra sea más fluida que nunca.

En el mercado de NFT Nifty Gateway, los tokens no fungibles se denominan *nifties*. El mercado solo vende tales *nifties* de artistas, celebridades y marcas digitales consagradas y establecidas, como fue el caso de los lanzamientos de Paris Hilton, Beeple, Deadmau5 y Eminem. Además, la plataforma facilita actualmente compras de *nifties* para algunos de los criptojuegos y aplicaciones más populares de la actualidad, como CryptoKitties y Gods Unchained.

Además, Nifty Gateway tiene acuerdos con las principales marcas y artistas para que algunas colecciones solo se puedan encontrar en esta plataforma. Esto asegura la exclusividad de NFT y agrega singularidad a la marca Nifty Gateway. A cambio, los artistas se benefician de poder vender su obra de arte digital en un reconocido mercado de NFT. Todos los aspectos técnicos de las ventas y transacciones son manejados por Nifty Gateway, por lo que los artistas solo necesitan concentrarse en su oficio de artistas.

Para que nos hagamos una idea sobre la dimensión de Nifty Gateway, entre mayo de 2020 y abril de 2021 alcanzó unas ventas totales de 303,8 millones de dólares en sus mercados primario y secundario. Esta plataforma lanzó 2960 nuevos NFT de 263 artistas durante ese mismo periodo. En 2019, Nifty Gateway terminó siendo adquirido por Gemini, una plataforma de intercambio de criptoactivos (*exchange*) que permite operar con activos digitales como *bitcoin, ether, bitcoin cash, litecoin* o *zcash*, entre otros, y facilita la compra, la venta y el intercambio de estos criptoactivos. Además, cuenta con una moneda estable o *stablecoin* denominada *gemini dollar*.

En 2020, Nifty Gateway lanzó funciones adicionales para los usuarios de la plataforma. Esto incluía una tabla de precios para que los recolectores evaluaran el desempeño histórico del precio de un activo digital. Los usuarios también podían ver una página de clasificación para obtener una descripción general rápida de las principales NFT negociadas en términos de ventas en el mercado secundario.

Nifty Gateway se presenta a sí mismo como un mercado de alta gama, con la disponibilidad de una galería de arte exclusiva. Por esto, los creadores que desean exponer en este *marketplace* tan exclusivo deben presentar una solicitud y pasar por un extenso proceso de selección para poder comercializar sus obras en Nifty Gateway.

Nifty Gateway es uno de los escasos mercados, fáciles de utilizar (muy intuitivo), donde se pueden adquirir NFT con una tarjeta de crédito o débito, lo que abre las puertas a los coleccionistas que no están familiarizados con los criptoactivos.

En comparación con otros mercados NFT, encontramos inconvenientes destacables como la necesidad de crearse una cuenta en la entidad Gemini para cobrar como vendedor de NFT, unas altas tasas de venta que alcanzan el 15 % y los altos precios que puede alcanzar el gas para las validaciones de las transacciones, ya que la plataforma está basada en Ethereum.

Un elemento que diferencia a Nifty Gateway de otras plataformas de NFT es que es un mercado de tokens no fungibles centralizado. Esta fue una decisión deliberada del equipo de gestión de esta plataforma para posicionarla como un mercado exclusivo de arte de alta calidad. Por lo tanto, la acuñación y la emisión de NFT están controladas por una autoridad central.

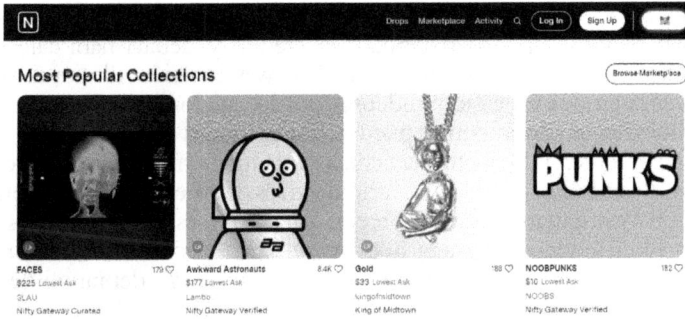

Most Popular Collections

FACES — 179 — 8225 Lowest Ask — 3LAU — Nifty Gateway Curated
Awkward Astronauts — 8.4K — $177 Lowest Ask — Lambo — Nifty Gateway Verified
Gold — '88 — $33 Lowest Ask — KingofMidtown — King of Midtown
NOOBPUNKS — 192 — $10 Lowest Ask — NOOBS — Nifty Gateway Verified

En Nifty Gateway, los artistas deben pasar por un proceso de solicitud y entrevista antes de que se les permita acuñar y emitir NFT. Esto asegura que todas las colecciones de arte sean de la más alta calidad y ayuda a mantener la excelente reputación de la plataforma. Fuente: https://www.niftygateway.com/.

Por lo que respecta al funcionamiento del mercado de NFT Nifty Gateway, comenzar es un proceso relativamente simplificado gracias a la estrecha integración de Nifty Gateway con Gemini. En primer lugar, deberás registrarte en el sitio y cargar en tu cuenta algunos fondos, ya sea vinculando una tarjeta de crédito o enviando *ethers* a una dirección de depósito. Una vez realizado esto, ya se podrán adquirir NFT en el *marketplace*.

Por otra parte, como decíamos, Nifty Gateway colabora con artistas y marcas reconocidas para crear colecciones de arte digital de edición limitada exclusivas para esta plataforma, por lo que asume un alto grado de responsabilidad en la selección de los tokens no fungibles que se emiten en la plataforma.

Respecto a la retribución de los artistas, estos obtienen un porcentaje de las ganancias cada vez que sus obras de arte se venden en Nifty Gateway. Esta función solo es posible en los mercados de NFT y es un punto de venta importante para muchos artistas. Nifty Gateway permite que cada artista elija su porcentaje de regalías.

Se genera una importante expectación en el mercado con aquellas colecciones limitadas de arte digital que son expuestas en el *marketplace* a través de «lanzamientos» programados y solo estando disponibles en cortos periodos de tiempo. Para proporcionar actualizaciones sobre los próximos lanzamientos de NFT, Nifty Gateway publica su propio boletín digital. Para los lanzamientos de artistas conocidos, los coleccionistas pueden optar por preinscribirse porque los NFT populares generalmente se agotan cuando se lanzan.

Como ya comentábamos, a diferencia de muchos otros mercados NFT, Nifty Gateway no necesita que los usuarios tengan criptomonedas como Ethereum (ETH) para realizar una transacción. Las compras se pueden llevar a cabo con tarjetas de crédito y débito habituales. Un aspecto que considerar es que Nifty Gateway también admite moneda fiduciaria en dólares estadounidenses, por lo que los usuarios con cuentas bancarias estadounidenses pueden retirar fondos directamente. Finalmente, Nifty Gateway actualizó las funciones comúnmente disponibles en bolsas de valores y criptoactivos. Con ello, los coleccionistas pueden configurar alertas de precios para NFT específicos en los que estén interesados, de manera que reciben la respectiva notificación tan pronto como el precio del NFT se encuentre dentro del rango de precios deseado y les solicitan que realicen la compra.

IX

NON FUNGIBLE TALENT (NFT): VIDEOJUEGOS PLAY TO EARN Y FAN TOKEN

81

¿SABES LO QUE ES UN FAN TOKEN?

Los *fan tokens* son un tipo de criptoactivo creado por equipos deportivos, cantantes y bandas musicales que otorgan determinados privilegios especiales a sus titulares, como acceso a eventos exclusivos, coleccionables NFT y recompensas económicas. También son una manera de hacer partícipes de ciertas decisiones a los seguidores y aficionados en el seno de tales equipos deportivos, cantantes y bandas musicales que han emitido *fan tokens*. Además, los *fan tokens* ofrecen una nueva forma de participar en un emocionante sistema de votaciones y recompensas.

Este tipo de criptoactivos son diferentes de los tokens no fungibles o NFT; estos últimos son objetos de colección únicos que no se pueden duplicar. Si bien equipo deportivo con su propio *fan token* también puede acuñar NFT, un *fan token* es en realidad un criptoactivo fungible, lo que significa que es intercambiable por cualquier otro criptoactivo. Piensa en ello como un billete de cinco euros, que se puede intercambiar por cualquier otro billete de cinco euros o incluso cinco monedas de un euro; no hay diferencia en el intercambio. Entonces, un *fan token* es un token fungible que lo podemos intercambiar por acceso a eventos especiales, *merchandising*, NFT y otros beneficios. El valor de estos se lo aportan los seguidores y aficionados que los adquieren, los cuales realizan una valoración subjetiva por la posibilidad de participar activamente dentro de los equipos deportivos, cantantes y bandas musicales que admiran y apoyan.

A los poseedores de *fan tokens* se les proporciona determinados derechos de gobierno limitados y ciertas ventajas, como el acceso a contenidos exclusivos, premios, experiencias y el derecho a votar en ciertas decisiones que atañen a aquellos equipos deportivos, cantantes y bandas musicales objeto de los *fan tokens*. Por ejemplo, el club de fútbol PSG permite a los titulares de sus *fan tokens* acceder a experiencias VIP exclusivas y votar la portada de la edición para aficionados del juego de fútbol FIFA 22.

Desde la aparición de los *fan tokens* han sido muchos los clubes interesados en este tipo de criptoactivos por todas las oportunidades y beneficios que ofrece a equipos, aficionados y seguidores. Desde prestigiosos equipos de fútbol como el FC Barcelona, AT Madrid, PSG, Juventus o el Manchester City, hasta equipos de Fórmula 1 como Alpine, grandes equipos de baloncesto como Los Angeles Lakers, Sacramento Kings, Orlando Magic y Charlotte Hornets, artes marciales mixtas como la UFC y equipos de *gaming* como Natus Vincere y Alliance.

El funcionamiento de los *fan tokens* parte de la idea básica de que una organización, como, por ejemplo, un equipo deportivo, acuñe muchos tokens fungibles (en contraposición a los tokens no fungibles o NFT) y luego los venda o distribuya entre los aficionados e inversores. Además, estos tokens suelen venderse en mercados secundarios, al igual que las criptomonedas como bitcoin o *ethereum*.

Los aficionados y seguidores pueden comprar los *fan tokens* y operar con ellos como con cualquier otra criptomoneda. El precio inicial de

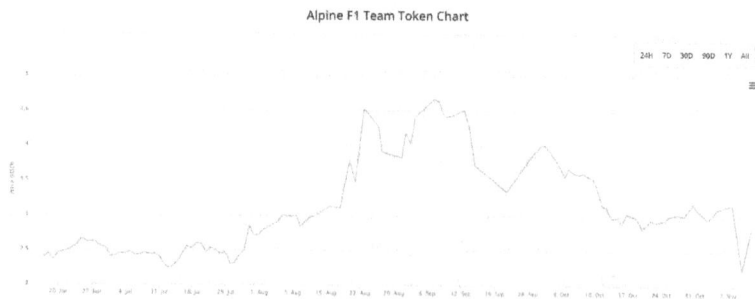

Evolución de la cotización del *fan token* del equipo Alpine de Fórmula 1 en el año 2022. Fuente: https://cryptoslam.io/.

los *fan tokens* suele ser fijado por el vendedor de los criptoactivos, pero, una vez cotizados en el mercado secundario, tales *fan tokens* estarán sujetos a cambios según el movimiento de la oferta y la demanda del criptomercado, con una clara incidencia de la popularidad que tenga ese token en ese momento en la cotización.

Los *fan tokens* se pueden comprar y vender libremente como el resto de criptoactivos del criptomercado. Esta operativa permite a sus aficionados y seguidores obtener recompensas económicas y al mismo tiempo les concede el derecho a votar en una serie de asuntos relacionados con el equipo deportivo, cantante o banda musical, como exponemos a continuación:

- Ubicación de los partidos o los conciertos.
- Diseño del autobús de la gira o del equipo deportivo.
- Color de los vestuarios del club deportivo.
- Asuntos relacionados con la venta de entradas.
- Visitas guiadas al estadio del club deportivo.
- Diseño del *merchandising*.

Estas ventajas mencionadas permiten que los seguidores y aficionados de un club deportivo, cantante o banda musical se sientan más involucrados emocionalmente con estos, además de añadir un nivel adicional de compromiso, prestigio y orgullo, ya que sus *fan tokens* probablemente aumenten de valor a medida que el equipo deportivo, cantante o banda musical crezcan en reputación e imagen de marca con el tiempo.

La idea que se pretende transmitir con este tipo de criptoactivo es que, cuantos más *fan tokens* posea alguien, probablemente mayor será también la cercanía e influencia que se tenga sobre el club deportivo, cantante o banda musical, por lo que aumenta con ello la lealtad y el *engagement* mostrado por el propietario del token a estos.

Respecto a una de las plataformas más conocidas para fan tokens destacamos a Chiliz, donde han generado un ecosistema orientado a obtener el máximo rendimiento de estos. Además, Chiliz es la plataforma líder en la generación de *fan tokens* con más de ciento veinte de este tipo de criptoactivos.

Por otra parte, según Be[In]Crypto Research, los *fan tokens* experimentaron un aumento interanual del 46% desde marzo de 2021; de hecho, las ventas globales de este tipo de criptoactivos en marzo de 2021 fueron de aproximadamente 2300 millones de dólares. Ya en mayo de 2021, durante el pico del mercado, cuando Ethereum alcanzó un máximo histórico, los *fan tokens* también alcanzaron nuevos hitos con un volumen de ventas que estuvo en la región de 9400 millones de dólares. Debido a una perspectiva bajista del mercado en el tercer y cuarto trimestre de 2021, las ventas globales de *fan tokens* cayeron a aproximadamente 8400 millones de dólares en agosto de 2021 y a 2200 millones de dólares en diciembre de 2021.

Siguiendo con el análisis de *fan tokens* de Be[In]Crypto Research, ya en el periodo de 2022, el máximo de ventas de un solo día en enero fue de 62 millones de dólares el 11 de enero. En enero de 2022, los *fan tokens* pasaron más días generando ventas en el rango de 30 millones de dólares a 40 millones de dólares. El máximo de ventas de un solo día en febrero fue de 234 millones de dólares el 28 de febrero. En el segundo mes de 2022, los *fan tokens* pasaron muchos días generando ventas en el rango de 40 millones de dólares a 85 millones de dólares. El máximo de ventas de un solo día en marzo de 2022 estuvo en la región de 387 millones de dólares el 13 de marzo. En el tercer mes de 2022, los *fan tokens* pasaron solo dos días generando ventas en el rango de 40 millones de dólares a 50 millones de dólares. Muchos días se dedicaron a generar ventas por encima de los 50 millones de dólares, y algunos días generaron ventas por encima de los 100 millones de dólares. Hubo dos días en que la generación de ventas superó los 200 millones de dólares y un día en que las ventas superaron los 300 millones de dólares. En general, en marzo de 2022, las ventas globales de *fan tokens* alcanzaron los 3500 millones de dólares. El máximo de un día de marzo de 2022 fue un 65% más alto que el de febrero de 2022, un 516% por encima de enero de 2022 y un aumento del 23% en el máximo de un solo día de marzo de 2021.

En lo referente a dónde guardar los *fan tokens*, es necesario tener configurada una *wallet*. La operativa de todas las *wallets* es similar y las interfaces de usuario suelen ser bastante intuitivas. Para interactuar en las plataformas en las que se opera con *fan tokens* se necesitan monederos digitales como MetaMask, Trust Wallet, Phantom o Coinbase Wallet, las cuales permiten su uso en cadenas de bloques de segunda generación como Ethereum, o en cadenas de bloques como Binance Smart Chain (BSC), RSK y Polygon (Matic), principalmente.

82

¿CONOCES EL MODELO DE NEGOCIO DE CHILIZ?

Chiliz (CHZ) es un proyecto *blockchain* que busca convertirse en un referente para todos los aficionados deportivos cuyo token, en 2018, era del tipo ERC-20 dentro de la red Ethereum. Sin embargo, el mayor problema para la expansión de la plataforma fue el elevado coste de transacción en Ethereum. Ante esta circunstancia, el equipo de desarrollo de Chiliz empezó a trabajar en una cadena de bloques propia para dar solución a este problema. Así nació la red Chiliz, una red Ethereum compatible basada en el protocolo de consenso *proof of authority* (PoA).

La idea de Chiliz fue impulsada por Socios.com, una popular plataforma de participación para aficionados al deporte, y HX Entertainment Limited, una entidad especializada en la organización de eventos deportivos y de entretenimiento, con el objeto de convertir a Chiliz en el núcleo de todas sus actuaciones; para conseguirlo se pretende posicionar su criptoactivo para la adquisición de productos y servicios asociados a su plataforma. Esto va desde la compra de *merchandising*, *fan tokens*, NFT, apuestas deportivas, soluciones de pago, entre otros productos y servicios. De hecho, Chiliz definió el mercado de los *fan tokens* mediante Socios.com, la primera plataforma de administración de aficionados y seguidores de marcas y equipos deportivos del mundo, que fue diseñada para ayudar a los clubes a conectarse con sus aficionados y darles voz. Además, Socios.com utiliza *fan tokens* para otorgarles a los aficionados propietarios de los criptoactivos derechos de voto, acceso a recompensas, diseño de *merchandising*, experiencias y contenidos exclusivos.

Chiliz está cambiando la forma en que el sector del entretenimiento y las marcas y clubes deportivos interactúan con sus seguidores y aficionados. Con Chiliz, los equipos deportivos y las marcas pueden aprovechar el poder de la cadena de bloques para crear nuevas e innovadoras experiencias para sus seguidores y aficionados.

Para avanzar en esta misión se lanzó Chiliz Chain 2.0, una *blockchain* de segunda generación para permitir que otras marcas deportivas y de entretenimiento construyan todo tipo de aplicaciones potenciales en la Web3 junto con Socios.com, desde NFT hasta juegos, aplicaciones DeFi y más. Con Chiliz Chain 2.0, la empresa dejó de utilizar su primera cadena de bloques y pasó a utilizar una nueva basada en la tecnología de BNB Chain, conocida como Binance Smart Chain. La nueva plataforma funciona con el token CHZ, que se emplea para impulsar transacciones e interacciones en la red.

Atendiendo a las nuevas posibilidades que ofrece la nueva plataforma, Socios.com seguirá trabajando directamente con los equipos deportivos para lanzar tokens en Chiliz Chain 2.0, pero las marcas y los titulares de la propiedad intelectual también podrán optar por crear sus propias aplicaciones y servicios.

Chiliz Chain 2.0 fue diseñada para ser altamente escalable y eficiente con el objetivo de brindar una experiencia de usuario perfecta. Con esta plataforma, los aficionados tendrán una nueva forma de conectarse con sus equipos y deportistas favoritos, además de participar en este ecosistema de diversas formas, para lo que se crearán nuevas oportunidades para que los seguidores y aficionados muestren su apoyo y se relacionen con sus marcas y clubes favoritos, de una manera completamente nueva. Además, es una plataforma que permitirá a las empresas deportivas y de entretenimiento acuñar coleccionables NFT, desplegar juegos *play to earn* o incluso lanzar sus propias iniciativas de *fan tokens*, independientemente de Socios.com. También podrían desarrollar aplicaciones DeFi y programas de fidelización, entre otros. Todo ello se construirá en torno al token CHZ existente, que se conectará a esta nueva cadena de bloques. Dar a ese token una utilidad real es una de las razones clave por las que Chiliz está construyendo esta plataforma. Actualmente, CHZ es una moneda de juego que se utiliza principalmente para comprar *fan tokens*.

El plan de expansión de Chiliz pasa por la creación de un ecosistema de criptomonedas más amplio que permita a los titulares de derechos de propiedad intelectual y otros constructores aprovecharse de una plataforma más amplia impulsada por el token CHZ. La empresa ha demostrado que el *fan token* ha sido una prueba de concepto lo suficientemente grande y escalable para unos planes más amplios de crear una plataforma en la que se basen las empresas deportivas y de entretenimiento.

Según el director técnico de Chiliz, Thibaut Pelletier, hasta marzo de 2022, Socios.com adquirió casi 1,5 millones de *wallets* únicas en su plataforma de *fan tokens*. Este tipo de criptoactivo, como ya hemos dicho, ofrece a los equipos deportivos una forma de conectar con los

Chiliz aspira a ser una criptomoneda de alcance global, con un amplio abanico de empleos ligados al mundo deportivo y del entretenimiento para convertirse en todo un referente en estos sectores. De hecho, Chiliz fue el token de la Copa Mundial de la FIFA 2022.

aficionados, ya que puede proporcionar beneficios a los titulares, como votos de los aficionados en las decisiones del equipo, eventos, regalos exclusivos y mucho más. Pero en la *blockchain* Chiliz 2.0, el token CHZ puede alimentar una amplia gama de aplicaciones deportivas y de entretenimiento, e incentivar a los titulares con características como el *staking* de tokens. La cadena BNB es compatible con la máquina virtual de Ethereum (EVM), pero ofrece tasas de transacción significativamente más bajas que Ethereum y un mayor rendimiento de las transacciones. Eso podría desbloquear una mayor variedad de aplicaciones y experiencias, ya que los constructores aprovechan el ecosistema de Chiliz sin las elevadas comisiones y las lentas confirmaciones de las transacciones en Ethereum. Chiliz no tenía ninguna necesidad real de construir su cadena de bloques desde cero, ya que la tecnología de BNB Chain en última instancia cumplía con los requisitos establecidos y más con las funcionalidades aportadas por la infraestructura Web3 Ankr.

En última instancia, el gancho para que las empresas deportivas y de entretenimiento elijan Chiliz Chain 2.0 no es la tecnología única o a medida, sino la capacidad de construir junto con Chiliz un ecosistema de criptoactivos y unas soluciones Web3 customizadas de primer nivel para los sectores implicados y sus marcas. Para ello, Chiliz quiere asegurarse de que los creadores de la plataforma están verificados y sean dignos de confianza para que no haya ninguna tokenización estafadora, y para ello Chiliz Chain 2.0. contará con un proceso de listas blancas por el que las marcas y los titulares de la propiedad intelectual podrán pasar para que se les apruebe el acceso. A partir de ahí serán libres de crear lo que quieran. Los validadores de la red votarán sobre qué partes son aprobadas para construir en Chiliz Chain 2.0.

Por último, respecto al token Chiliz (CHZ), hay que decir tiene una emisión máxima de 8 888 888 888 CHZ y alimenta exclusivamente a Socios.com, ya que se requieren estos tokens (CHZ) para participar en las ofertas de *fan tokens* (FTO). Por otra parte, al momento de la redacción de esta pregunta, se encuentran en circulación unos 6,08 mil millones de tokens en el ecosistema.

83

¿ENCONTRAMOS *FAN TOKENS* EN EL ÁMBITO DEPORTIVO?

Blockchain y fútbol se estructuran sobre la idea de comunidades fuertes, y es la tokenización del deporte mediante el empleo de la cadena de bloques uno de los grandes cambios que están sucediendo en la industria deportiva. El poder de la imagen de los jugadores de fútbol dentro de la *blockchain* abre las puertas hacia nuevas oportunidades de negocio, ya que los jugadores y los equipos de fútbol han visto una oportunidad única de acercarse todavía más a sus aficionados más fieles.

Los tokens NFT, los líderes de la tokenización para coleccionables, tienen la capacidad de representar a los jugadores de los equipos de fútbol de forma única. Y hasta pueden hacer que su rendimiento real en el campo de juego se refleje en sus representaciones en *blockchain*, lo que da un nuevo concepto al llamado «fútbol de fantasía».

Los *fan tokens* nacieron con la idea de acercar más a los aficionados a su equipo de fútbol favorito al permitirles participar en ciertas decisiones del club deportivo. Los *fan tokens* son activos digitales construidos sobre tecnología *blockchain* que permiten a sus propietarios participar en algunas iniciativas del club y recibir recompensas.

La mayoría de *fan tokens* han sido desarrollados por Socios.com, colaborador global de LaLiga española, entre otras. La compañía utiliza la *blockchain* de Ethereum para desarrollar sus tokens. Equipos como el FC Barcelona, el Atlético de Madrid o el PSG forman parte de esta plataforma. Según declaraciones de Alexandre Dreyfus, consejero delegado de Socios.com, cada uno de estos activos digitales podría llegar a valer diez mil dólares en unos años. Pero, hoy en día, la mayoría de *fan tokens* tiene un precio medio de cinco dólares.

Un *fan token* es un activo digital creado en una *blockchain* (cadena de bloques) que otorga a su propietario acceso a un servicio que las entidades deportivas prestan a sus aficionados a través de una *app* como Socios.com. Tal *fan token* supone una llave de acceso a una versión moderna de los tradicionales programas de simpatizantes, que no requiere suscripción ni renovación (solo pagas una vez) y que, por primera vez, da a los aficionados la posibilidad de participar en decisiones del club deportivo votando en encuestas a través de, por ejemplo, la *app* Socios.com.

El proceso más simple para adquirir *fan tokens* es bajándonos la *app* de Socios.com en nuestro móvil. Esta aplicación está disponible para Android y Apple y se descarga como cualquier otra *app*. Una vez en la *app*, lo primero que debemos hacer es introducir nuestro número de teléfono e insertar el código que nos llegue en forma de SMS. A continuación, debemos rellenar un formulario con algunos datos básicos, como el nombre de usuario y el correo electrónico, y ya podremos comenzar a utilizar la *app*.

Tal como nos indica la *app* en nuestra pantalla de inicio, únicamente hay que seguir tres pasos para comenzar a votar: comprar token Chiliz, comprar token de tu equipo y votar. Es importante destacar que para comprar cualquier *fan token* de un equipo lo primero que hay que hacer es comprar el token de la plataforma Chillz. De hecho, el precio de los *fan tokens* de cada equipo aparecen en su equivalencia en tokens Chiliz (CHZ).

Socios.com es una plataforma internacional, no española, de venta de *fan tokens*, una suerte de fichas digitales basadas en *blockchain* que permiten a sus propietarios tener un cierto poder de decisión sobre su club deportivo. Esta plataforma trabaja con más de ciento sesenta organizaciones punteras de diez modalidades deportivas diferentes, desde los grandes clubes del fútbol europeo hasta las principales ligas profesionales estadounidense pasando por escuderías de Fórmula 1, clubes de *e-sports* y muchas más. Socios.com cuenta con más de 1,5 millones de usuarios en 167 países distintos.

Los *fan tokens* pueden servir para potenciar los programas de fidelización. Por ejemplo, si tenemos un *fan token* del FC Barcelona, por ejemplo, podremos votar para decidir sobre distintos aspectos del equipo de fútbol y recibir recompensas por ello. A diferencia de los NFT, los *fan tokens* son fungibles; es decir, pueden fraccionarse o intercambiarse por productos y por otros tokens, lo que los convierte en negociables. Esta característica los hace especialmente atractivos para los clubes deportivos, que los utilizan para potenciar la interacción de los aficionados e impulsar nuevas vías de negocio.

Se trata, por tanto, de un producto que entraría dentro de los sistemas de fidelización e incentivos. Pero los *fan tokens* ofrecen una ventaja frente a otros sistemas tradicionales de fidelización, ya que aumentan el *engagement* entre el aficionado y su club deportivo. En los *fan tokens*, al estar representados por criptoactivos digitales gestionados mediante tecnología de cadena de bloques, no es posible falsificar su propiedad y es muy sencillo su intercambio con otras personas sin que exista confianza entre ellas, normalmente a través de un *exchange*.

Si los clubes de fútbol han tenido históricamente accionistas cuya cantidad de acciones les podía permitir votar sobre ciertas decisiones o por candidatos a la presidencia, los *fan tokens* siguen una estructura muy parecida, pero a pequeña escala, utilizando la *blockchain* para la toma de decisiones de carácter inferior. Además, un importante número de equipos de fútbol españoles como el Valencia, el FC Barcelona o

Las características de los *fan tokens* lo han hecho un instrumento perfecto para que los clubs deportivos fomenten la participación de sus aficionados. Fuente: imagen de Tumisu en Pixabay.

el Atlético de Madrid ya tienen sus propios *fan tokens*. Fuera del país, estos activos también han causado furor entre clubes de fútbol europeos como el Paris Saint-Germain, la Juventus, el Manchester City, el Inter de Milán, el Lazio o la Roma.

Por otra parte, imaginemos que un usuario posee *fan tokens* de un club del que es muy aficionado, pues, bien, este podría votar en encuestas sobre los contenidos que el club publicará en redes sociales, el mural que adornará los vestuarios u otras cuestiones menores, así como participar en sorteos, conocer a los jugadores o acudir a visitas guiadas por el estadio del equipo de fútbol, solo para propietarios de este tipo de tokens. El FC Barcelona fue uno de los pioneros en adoptar *fan tokens*. El Atlético de Madrid, también con su *fan token*, hizo una encuesta para que sus usuarios votasen por el diseño de la mascarilla del club que se pondría a la venta en las tiendas oficiales; también los poseedores de estos tokens pueden participar en la elección del mensaje de la bufanda del club.

Es digno de mención el impacto que tuvo en el *fan token* del PSG la contratación de Messi, en el verano de 2021, por este club de fútbol parisino. El PSG emitió un comunicado donde indicaba que el futbolista argentino recibió una gran cantidad de *fan tokens* del PSG. Todo esto tuvo su impacto ya que, en apenas una semana, el token del PSG pasó de una cotización mínima de 21,93 dólares a una máxima de 61,23 dólares. El fichaje del astro argentino por el Paris Saint-Germain no pasó desapercibido en el criptomercado. Cuando todo parecía indicar que Messi iba a renovar por el FC Barcelona, el precio del token del PSG rondó los 22 dólares. Dos días después de que se rompieran las negociaciones entre el FC Barcelona y el futbolista argentino, cuando los rumores sobre su fichaje por el PSG comenzaron a crecer, provocó que el precio del token alcanzara una cotización, el 7 de agosto de 2021, de 38 dólares. El 10 de agosto, al mediodía, cuando todo indicaba que finalmente ficharía por el equipo parisino, el precio del token alcanzó un máximo de 61,23 dólares. Sin embargo, tras el anuncio oficial de su fichaje su cotización bajó hasta mantenerse en los 45 dólares. La causa del descenso estaba relacionada con que algunos inversores aprovecharon la punta de cotización para realizar beneficios.

Por otra parte, al margen de las utilidades hacia el club deportivo, los *fan tokens* también pueden funcionar como productos de inversión, ya que su valor fluctúa. Este tipo de criptoactivos, además de una emisión limitada (no se pueden emitir nuevos tokens indefinidamente), tienen un valor económico, un precio al que comprarlos o venderlos. Y ese precio fluctúa en función de la oferta y la demanda, como una acción bursátil u otra criptomoneda, así que también pueden comprarse con la intención de especular con ellos, independientemente de si uno es aficionado o no del club de fútbol en cuestión.

84

¿PUEDES GANAR DINERO CON LOS VIDEOJUEGOS *PLAY TO EARN*?

A este modelo también se le denomina *gaming* 3.0, según el cual los jugadores pueden ganar dinero en forma de criptomonedas o también tokens criptográficos y NFT cuando juegan. No solo no tendrán que pagar por jugar, sino que las empresas les pagarán por hacerlo.
La evolución de este último modelo de *gaming* se inició no hace mucho, cuando imperaba lo que podríamos calificar como el *gaming* 1.0, donde los jugadores jugaban por jugar y por el mero placer de disfrutar jugando. Posteriormente continuamos con el *gaming* 2.0, donde imperaba el fenómeno de los juegos *freemium*, donde los jugadores podían descargarse y jugar a un videojuego de forma totalmente gratuita, aunque si estos querían disfrutar de todas las funcionalidades que ofrecía el videojuego (objetos, indumentaria y armas) o querían avanzar más rápido tenían que pagar por ello y comprar más objetos digitales en ese videojuego. Son el también denominado modelo *pay to win*, que es el modelo imperante actualmente y que ha permitido que los videojuegos logren extraordinarios ingresos. Un buen ejemplo de esas mecánicas sería el famoso videojuego Fortnite.
Cuando hablamos de *gaming* 3.0 o modelo *play to earn,* lo hacemos del sector de los videojuegos descentralizados, los cuales están creciendo a gran velocidad a medida que el mundo descubre más formas de sacar provecho a la tecnología *blockchain*. Esta última tendencia de *gaming* nos introduce en una criptoeconomía dirigida por los usuarios y que ha sido diseñada, principalmente, para los entusiastas de los videojuegos.
Podemos decir que existen notables diferencias entre el modelo *play to earn* y el modelo actual y tradicional de videojuegos. La mejor forma de entenderlo es con un ejemplo: imaginemos que invertimos miles de horas jugando a un videojuego como Fortnite teniendo que invertir dinero para equipar a nuestro personaje con armas, nuevas habilidades o indumentaria adecuada. ¿Qué pasaría si el videojuego en cuestión desapareciera porque así lo decidiera la empresa propietaria del videojuego? Pues que toda esta colección de objetos digitales y habilidades se perderían porque no son transferibles. Esto lo que nos indica es que nosotros, como jugadores, estamos a merced de las decisiones que tomen la empresa propietaria, los desarrolladores y los distribuidores del citado videojuego. A diferencia de estos modelos tradicionales, están los videojuegos (*gaming* 3.0) *play to earn*, donde el jugador está en el centro de su motor criptoeconómico, ya que los

jugadores son propietarios de esos objetos digitales y pueden coleccionarlos, especular con su valor, cambiarlos por otros criptoactivos, por dinero fiat o por otros objetos digitales.

Para Alexis Ohanian, cofundador de Reddit, en los próximos cinco años las empresas de videojuegos pagarán a sus usuarios por jugar y no al revés, ya que estos valorarán el tiempo que dedican sus usuarios a jugar. En palabras de Ohanian: «Dentro de cinco años, en lugar de servir de cosecha para los anuncios, o de ser desplumado y gastar muchos dólares para comprar estúpidos martillos que no tienes, estarás jugando a algún juego equivalente en la cadena de bloques que será igual de divertido, pero realmente ganarás valor y serás el que obtengas ingresos».

Respecto al funcionamiento del *gaming* 3.0, encontramos dos métodos para generar liquidez: comprando y vendiendo NFT internos del videojuego o jugando para ganar los criptoactivos propios del videojuego. En el primer caso, los jugadores crean y venden en un determinado *marketplace* objetos NFT internos del juego a otros jugadores a cambio de criptoactivos o dinero fiat. Axie Infinity (AXS) es un ejemplo excelente de un videojuego *online* basado en NFT, en el que los jugadores pueden criar o comprar Axies para pelear contra otros jugadores y ganar recompensas. Cada Axie es a su vez un NFT único, lo que significa que no existen dos Axies iguales, y su propiedad puede ser rastreada de forma individual en la *blockchain*. Los jugadores también pueden vender sus Axies NFT en el criptomercado y recibir todos los beneficios. En el segundo caso, los jugadores son recompensados mediante criptoactivos propios del juego, que pueden ser utilizados para adquirir más contenidos internos del videojuego o intercambiados por dinero fiat u otros criptoactivos. Plataformas de juegos como MOBOX (MBOX) recompensan a sus jugadores mediante tokens criptográficos a través de sus juegos gratuitos.

El modelo *play to earn* permite a los jugadores poseer sus activos e incrementar su valor a través de las típicas actividades internas del videojuego, como, por ejemplo, adquirir capacidades, criar criaturas y comprar objetos, entre otras. Participando en la criptoeconomía interna del juego, los jugadores crean valor tanto para la comunidad como para los desarrolladores. Además, el sistema de recompensas de las actividades *play to earn* es sencillo, que abarca recompensas financieras en forma de criptoactivos y activos tokenizables que pueden ser vendidos como tokens no fungibles (NFT) y activos internos del juego, como, por ejemplo, herramientas y armas. Además, los videojuegos del modelo *play to earn* representan una apasionante aplicación de la tecnología NFT que permite a los jugadores disfrutar de la propiedad total de sus activos NFT internos del juego. Igual que sucede con los videojuegos convencionales, los usuarios pueden emplear sus objetos digitales internos del videojuego para aumentar de nivel, criar nuevas criaturas y conseguir de esta manera una ventaja en los combates entre

Los jugadores de los videojuegos *play to earn* también pueden hacer trading en *exchanges* con los tokens que han obtenido jugando, como forma de recompensa, para así ganar todavía más dinero especulando. Entre los juegos basados en NFT que disponen de su propio criptoactivo nativo figuran The Sandbox (SAND) y MOBOX (MBOX), entre otros. Fuente: imagen de Gerd Altmann en Pixabay.

dichas criaturas. Sin embargo, a diferencia de los videojuegos tradicionales, a medida que los jugadores mejoran su personaje, también pueden vender y negociar en mercados los activos internos del juego como NFT. Cuanto más únicos y poderosos sean nuestros personajes, más ganancias podremos obtener con ellos.

Los videojuegos de tipo *play to earn* permiten crear una economía abierta y descentralizada que permite garantizar la obtención de las debidas recompensas internas a los jugadores que aportan valor al videojuego, como es el caso de criptoactivos. A medida que aumenta la popularidad de los juegos basados en NFT, el precio de los personajes y los objetos digitales propios del videojuego basados en NFT también incrementará, lo que incentiva a los jugadores para que participen activamente en el videojuego a cambio de incentivos más atractivos.

También encontramos otra importante ventaja en los videojuegos basados en *blockchain*, nos referimos a la descentralización, que debería hacer que incluso los jugadores puedan acabar teniendo poder de decisión a la hora de perfilar el futuro de esos videojuegos. Al final se trata de un nuevo modelo en el que la distribución de los ingresos está teóricamente mucho más distribuida, ya que el videojuego nos premia por el tiempo y la atención que le dediquemos, lo que supone implicaciones interesantes. Por ejemplo, Greg Isenberg, analista y consejero en Reddit, criticó el acuerdo multimillonario que se alcanzó entre

Microsoft y Activision Blizzard, donde 70000 millones de dólares pasaron de una compañía a otra sin que los usuarios vieran beneficio alguno, ya que, al fin y al cabo, Activision Blizzard no estaría donde está sin sus usuarios.

Este argumento puede resultarnos válido, en cierta medida, pero también nos plantea un futuro en el que jugar podría acabar convirtiéndose en un trabajo. Esto nos plantearía una nueva situación donde el mero hecho de jugar ya no se haría solo para disfrutar, sino también perseguiríamos con ello un objetivo económico, como sucede cuando tenemos un empleo.

85

¿Existen casos de salir del hambre gracias a videojuegos *play to earn*?

En 2021, videojuegos como Axie Infinity y Decentraland consiguieron una importante popularidad entre la gente joven, en parte gracias a la gran aceptación que han tenido los criptoactivos en la sociedad. Los videojuegos *play to earn* poseen criptoactivos propios que pueden intercambiarse entre jugadores. Y que suelen ganar valor en función de su uso. De tal manera que aquellos activos que más fluyen dentro de los metaversos son los más cotizados. Es decir, son los propios jugadores los que aportan valor al token cuando los consideran valiosos. Además, el precio también está fijado por los propios usuarios, ya que los compran y venden al precio que ellos consideran oportuno en función de su funcionalidad en el juego. Cuantos más jugadores se sumen al metaverso, mayor será el valor de los activos digitales del juego y, si nadie juega, el activo digital se devalúa

Como en cualquier inversión, los criptojuegos representan riesgos. Tal y como explican los expertos, ganar dinero depende en gran medida de la popularidad que tome el juego, así como de la demanda de los tokens. Incluso la posibilidad de ganar dinero también depende en gran parte de la cantidad de tiempo que se le dedique al juego. Es decir, aquellos que jueguen más tendrán más posibilidades de rentabilizar su inversión inicial.

El caso más paradigmático donde los criptoactivos han jugado un papel protagonista a la hora de sacar de la pobreza es una población de Filipinas. Este país tiene una población de 111 millones de personas, en el que las consecuencias económicas del coronavirus dejaron a gran parte de la población en la pobreza. Sin embargo, en la pequeña

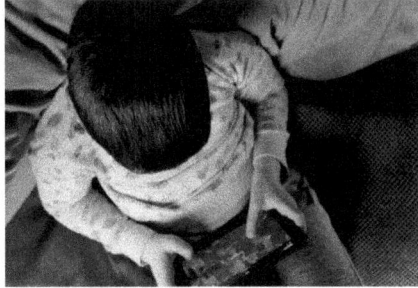

El funcionamiento del videojuego *play to earn* Axie Infinity es sencillo: al jugar se obtienen tokens denominados Small Love Potion (SLP), los cuales se pueden vender por criptomonedas. Fuente: imagen de Bianca Van Dijk en Pixabay.

provincia rural del norte de Manila, Cabanatúan, consiguieron pagar sus deudas, comprar alimentos y adquirir medicinas gracias al videojuego Axie Infinity, basado en la tecnología *blockchain* de Ethereum. En este videojuego, los usuarios crían, luchan y comercian con unas mascotas digitales llamadas Axies. Lo verdaderamente interesante de este videojuego es que, al jugar, se pueden conseguir tokens que se pueden intercambiar por otros criptoactivos y convertirlos en dinero fiat.

Independientemente de la dificultad de hacer dinero de esta forma y aprender a convertir estos criptoactivos en efectivo de curso legal, en poco tiempo se unieron más de cien personas de la localidad filipina de Cabanatúan. Es más, para muchos se volvió un trabajo a tiempo completo, ya que, jugando veinticuatro horas al día, conseguían unos ingresos de entre trescientos y cuatrocientos dólares a la semana.

Jeffrey Zirhin, *head of growth* de Axie Infinity, explicó que el gran crecimiento del videojuego en Filipinas se debió a una respuesta a la pandemia. Con el descenso de trabajos físicos derivados del confinamiento, muchas personas se vieron sin empleo y con tiempo libre, lo que las llevó a probar nuevas fuentes atípicas de generación de ingresos.

Otro de los países donde existe una gran cantidad destacable de usuarios del videojuego Axie Infinity es Venezuela. Así lo detalló la firma Chainalysis en su más reciente informe publicado por esta, una firma internacional especializada en análisis de *blockchain*, en el que se detalla que, por concepto de criptoactivos, este país ingresó un total de 37,4 millardos de dólares en 2022. Según los datos recopilados por la firma, el empleo masivo de criptomonedas se puede ver en las transacciones diarias en Venezuela, ya que según sus cálculos el 34 % de todo el volumen de transacciones minoristas se llevaron a cabo empleando *stablecoins*, es decir, criptoactivos respaldados, por ejemplo, al dólar estadounidense. Explican que uno de los motivos de este uso masivo de estas monedas digitales es que son empleadas como reserva de valor ante la constante devaluación del bolívar.

Si nos volvemos a centrar en el videojuego *play to earn* Axie Infinity, el citado informe hace mención a lo siguiente: «Esta precariedad económica también ayuda a explicar la afinidad de los venezolanos por los juegos de *blockchain play to earn* (jugar para ganar). Como resultado, Venezuela tiene la segunda mayor cantidad de jugadores de Axie Infinity de todos los países este año, justo por detrás de Filipinas, que ocupó el segundo lugar en el índice de adopción de este año».

Por otra parte, este informe apunta que Latinoamérica representa el séptimo mercado en términos de adopción de criptomonedas con el 9,3% del volumen total de transacciones mundiales. En términos prácticos, estas cifras se traducen en que, entre los meses de julio de 2021 y junio de 2022, la región movió un total de 562 millardos de dólares, lo que significa un crecimiento del 40% en comparación con el año previo.

Asimismo, Latinoamérica alberga cinco de los treinta países que movieron el mayor volumen de dinero, que son: Brasil (7), Argentina (13), Colombia (15), Ecuador (18) y México (28).

Según Chainalysis, este comportamiento del mercado latinoamericano se explica al tener en cuenta que las criptomonedas son empleadas en la región principalmente como un depósito de valor, una forma para enviar remesas y para generar ingresos. Además, en 2022, Latinoamérica ha recibido remesas por valor de 150 millardos de dólares.

86

¿El modelo de negocio de Enjin es realmente competitivo?

Enjin nace en Singapur en 2009 cuando Maxim Blagov (CEO) y Witek Radomski (CTO) decidieron lanzar la Enjin Network, una plataforma de juegos comunitarios que logró reunir a más de veinte millones de usuarios en todo el mundo. Coincidiendo con el *boom* de las criptomonedas y las ICO en 2017, Enjin decidió encaminarse hacia el universo *blockchain* con un propósito claro: crear ecosistemas únicos uniendo la tecnología de cadena de bloques y el mundo de los videojuegos para conseguir que los mundos virtuales pudieran tener una representación económica más real.

El 21 de agosto de 2018, Enjin decidió iniciar una ICO (oferta inicial de monedas) con la que consiguió recaudar 18,9 millones de dólares. El 28 de agosto de 2018 fue el lanzamiento inicial de su token ERC-20, Enjin Coin (ENJ). Posteriormente, destaca el lanzamiento de Enjin Platform, una plataforma pensada para que los videojuegos pudieran crear tokens fungibles y no fungibles en sus respectivos mundos con una representación en la *blockchain* de Ethereum. La base de esta plataforma era el token ERC-1155, del cual Enjin presentó un EIP (Ethereum Improvements Proposals) que fue aprobado por la comunidad y los desarrolladores de Ethereum. Hablamos de un tipo de token altamente flexible que reúne lo mejor de los tokens ERC-20 y ERC-721 dentro de un mismo contrato inteligente.

Desde entonces, Enjin ha trabajado arduamente para ser un referente tecnológico del mundo *blockchain* en el campo de los videojuegos, y hoy es una compañía que está dedicada a llevar el mundo de la *blockchain* y los NFT a los videojuegos; para ello se ha dedicado desde sus inicios a la creación de comunidades, servicios y herramientas para los desarrolladores de juegos a través de la tecnología de cadena de bloques. Enjin ha desarrollado herramientas basadas en Ethereum (ETH).

Por otra parte, la Enjin Wallet es el segundo elemento más importante de la propuesta de la compañía Enjin. Esta cartera digital permite que todas las interacciones entre el videojuego y la *blockchain* puedan llevarse a cabo gracias a que cada Enjin Wallet vincula directamente una dirección de Ethereum a una identidad de usuario de la plataforma de Enjin; así, cada elemento almacenado en un juego usando Enjin Network es rápidamente transformado en un token ERC-1155 (fungible o no fungible), lo que permite al usuario poder verificar en su *wallet* que efectivamente sus criptoactivos están bajo su control. Además, cada interacción con la cadena de bloques requiere un pequeño pago de comisiones en el que necesitamos gastar tokens Enjin Coin (ENJ). De esa forma, cada interacción genera una economía real dentro del videojuego. De esta manera, Enjin consigue la monetización de los videojuegos, cosa que es un problema con los videojuegos actuales, y permite dar soluciones como los micropagos y generar valor aprovechable para los desarrolladores y también para su comunidad.

Entre los inconvenientes que encontramos en Enjin está el problema de escalabilidad que sufre Ethereum, la cual es tan baja que enfrentar una masificación de la tecnología de Enjin en los juegos no es operativo y posible porque las comisiones en la red Ethereum son demasiado altas. El modelo de Enjin depende de que el pago de las comisiones por interactuar con la *blockchain* sea bajo. De esta forma, los usuarios no deben gastar enormes cantidades de dinero para poder jugar. Para dar con una solución, Enjin empezó a desarrollar una solución de escalado de Ethereum denominada Efinity. Esta tecnología se empleará dentro de la plataforma Enjin con el propósito de hacer mucho más económicas las transacciones dentro de la Enjin Network, sin la necesidad de abandonar el ecosistema Ethereum. Además, Enjin desarrolló una solución de pagos *cross-chain* denominada JumpNet, la cual es una solución activa dentro del ecosistema de Enjin Network, aunque Efinity es todavía un proyecto en desarrollo en el que se ha dispuesto un fondo de cien millones de dólares para construir un metaverso descentralizado. Finalmente, Efinity será construida sobre

NFTs que puedes
utilizar para hacer
crecer su negocio

Entre sus más variadas alianzas, la compañía Enjin se asoció con
Atari para integrar la icónica marca en los juegos de *blockchain*
en todo el ecosistema ENJ. También es destacable su asociación
con BMW para permitir a los usuarios de la aplicación BMW
Vantage convertir sus puntos de recompensa BMW Coin en
Enjin Coin. Fuente: https://es.enjin.io/.

Polkadot como una *parachain* dentro de esa red. Con Efinity, Enjin
pretende convertirse en un ecosistema para los tokens no fungibles
dentro de Polkadot, lo que significa que Efinity será una *sidechain* de
altísima velocidad y rendimiento, con costes por transacción que pueden ser inferiores a 0,000001 dólares, con la posibilidad de procesar
entre setecientas y mil transacciones por segundo (TPS).

Por lo que respecta al token Enjin Coin, tiene una oferta total
de 1 000 000 000 de tokens ENJ, con una emisión controlada. Para
almacenar estos tokens, la *wallet* principal es la *wallet* oficial Enjin.
Recordemos que el criptoactivo ENJ es un token ERC-20, por lo
que todas las operaciones se desarrollan en la *blockchain* de Ethereum.
Por tanto, está vinculada a su tecnología y comisiones. Por otro lado, al
ser un token ERC-20, no es posible minar o hacer *staking* de dichos
tokens de forma directa. Así que, para ello, depende de plataformas
DeFi como Uniswap, AAVE o Bancor.

87

¿AXIE INFINITY ES UN LÍDER *PLAY TO EARN*?

Axie Infinity es un videojuego y ecosistema de tokens no fungibles
(NFT) creado en la cadena de bloques de Ethereum. Sus criptoactivos

nativos son los tokens ERC-20 Axie Infinity Shard (AXS) y Smooth Love Potion (SLP), que pueden ser intercambiados por otros criptoactivos.

Axie Infinity Shard (AXS) es el token gobernanza y del ecosistema Axie Infinity, que se lanzó en noviembre de 2020. AXS también está disponible como token BEP-20 en Binance Smart Chain (BSC). Smooth Love Potion (SLP) es un token que se utiliza para criar nuevos Axies, por lo que este criptoactivo es un elemento popular del movimiento *play to earn*, ya que son la fuente principal de ingresos para los jugadores. El token tiene un suministro ilimitado y puede ganarse completando misiones diarias y luchando contra otros jugadores. Los tokens SLP son quemados en cuanto se utilizan para criar Axies, y hay una cantidad máxima que puede recolectarse por día. Además de estos tokens fungibles, nos encontramos los activos digitales del propio videojuego (nuestros Axies) en forma de tokens ERC-721.

Al jugar a Axie Infinity, los jugadores pueden ganar tokens AXS y SLP. Estos tokens pueden ser intercambiados por otros criptoactivos. Ya hay muchos jugadores que ganan dinero jugando a Axie Infinity.

En el año 2018, la *start-up* tecnológica vietnamita Sky Mavis desarrolló inicialmente Axie Infinity como un proyecto de *hobby* de la mano de Trung Nguyen (actual CEO), Aleksander Leonard Larsen (actual COO) y Jeffrey Zirlin (actual GL), personas muy interesadas en el emergente mercado de los NFT sobre Ethereum; de hecho, cada personaje estaba representado por un token no fungible (NFT) sobre Ethereum que podía ser mejorado y comercializado en una mecánica similar a los conocidos CryptoKitties, pero dando un paso más allá al

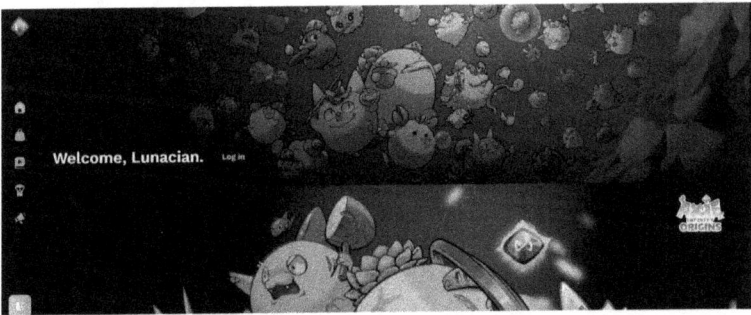

Los jugadores de Axie Infinity han ganado miles de dólares en criptoactivos a través de numerosos torneos organizados. Además, este se ha convertido en un videojuego con un claro acercamiento de red social de alcance global, donde cientos de miles de jugadores se comunican y organizan para hacer de Axie Infinity un lugar divertido en todo momento. Fuente: https://app.axieinfinity.com/.

permitir mejorar los personajes incluyendo mecánicas de combate y, en general, al aplicar un diseño mejor elaborado.

El resultado inicial de Axie Infinity fue un éxito excepcional en Vietnam y Corea del Sur, donde logró fuertes comunidades. Sin embargo, en Occidente el éxito fue más modesto, aunque ha ido en aumento gracias a las mejoras continuas del videojuego y al impulso que el token AXS tuvo a inicios de 2021, lo que atrajo a más usuarios e hizo incrementar el precio del token.

Axie Infinity cuenta con una dinámica de juego simple, ya que cada jugador debe reunir los mejores Axies para crear equipos de batalla con los que enfrentarse a otros jugadores o llevar a cabo distintas misiones. En tal sentido, mientras mejor sea el equipo de Axies que el jugador pueda formar, mayores son sus opciones de ganar y recibir recompensas dentro del videojuego. Posteriormente, estas recompensas pueden ser empleadas para mejorar los personajes y adquirir otros nuevos. Además, con cada pelea ganada, los Axies van adquiriendo experiencia, lo que les hacen más fuertes para batallas futuras.

En el ecosistema Axie Infinity, los personajes del juego son llamados Axies. Se trata de tokens no fungibles (NFT) que tenemos y controlamos y que se pueden guardar en nuestra *wallet* de criptoactivos, transferirlos a otra dirección de Ethereum o intercambiarlos con otros jugadores empleando un *marketplace* basado en la cadena de bloques. Además de Axies, el juego también dispone de objetos digitales y tierras virtuales que también son tokens ERC-721.

Dentro del videojuego, los jugadores pueden utilizar equipos de Axies en la modalidad Arena (PvP: jugador contra jugador) para luchar contra otros entrenadores de Axies del mundo real. También podemos elegir el modo Aventura (PvE: jugador contra entorno) para pelear contra monstruos en el reino de Axie Infinity. Si conseguimos ganar, conseguimos un activo digital llamado Smooth Love Potion (SLP), que se emplea para criar Axies. Hablamos de que SLP es también un token ERC-20 y puede intercambiarse en los *exchanges*. Además, los nuevos jugadores pueden encontrarse con una barrera de entrada que suelen ser los precios relativamente altos de los Axies y, ocasionalmente, el elevado precio de gas en Ethereum. Para ayudar reducir este problema contamos con una *sidechain* de Ethereum denominada Ronin.

El mecanismo de mejora de los Axies está basado en «genética digital», muy similar a los CryptoKitties. Básicamente, si apareas a dos Axies de buen nivel, su hijo podrá heredar las mejores cualidades de sus padres y así lograr resultados parecidos a los de estos. Además, este mecanismo también se encarga de generar resultados únicos para ese nuevo Axie, por lo que difícilmente puedas encontrar dos Axies idénticos, lo que hace que estos puedan ser más o menos valiosos dependiendo de sus características. Esta dinámica de crianza es lo que da origen al enorme mercado de Axies y muchos usuarios del juego se dedican especialmente a criar, emparejar y generar nuevos Axies para luego ser vendidos. Además, hay jugadores que adquieren nuevos Axies para mejorar y reestructurar sus equipos, para hacerlos más competitivos, vendiendo de paso sus viejos Axies para continuar batallando. Con todo esto, podemos observar una completa economía circular en la que jugadores nuevos y con experiencia se benefician.

Por otra parte, cada criatura Axie presenta una clase distinta y está constituida por diversas partes del cuerpo, estadísticas y otros atributos. Para jugar necesitarás un equipo de Axies que deberás adquirir en el *marketplace* del videojuego o bien que te los proporcione otro jugador. Por otra parte, puedes guardar tus tokens y NFT en una cartera (o *wallet*) de Ethereum o de Ronin. La *sidechain* Ronin permite que los jugadores intercambien tokens y Axies sin usar la *blockchain* Ethereum, con transacciones casi instantáneas, lo que reduce considerablemente los costes de transacción. Ronin es una cartera de criptoactivos que opera en la *sidechain* Ronin de Ethereum. Se trata de una extensión de navegador que te permite interactuar con la aplicación descentralizada (*DApp*) de Axie Infinity. Dado que Ethereum puede experimentar un elevado tráfico y comisiones, la cadena de Ronin hace que resulte mucho más económico jugar a Axie Infinity e interactuar con sus contratos inteligentes. La cartera Ronin también es compatible con otros juegos que utilizan la *blockchain* Ronin. Además, también podemos emplear Ronin Bridge para enviar tokens de una *wallet* de Ethereum a otra de Ronin. El Ronin Bridge te permite transferir tokens desde la *blockchain* Ethereum a la *sidechain* Ronin. El ETH enviado a la *blockchain* puede ser utilizado para adquirir criaturas Axie, SLP y otros activos digitales.

En agosto de 2021, Axie Infinity alcanzó un millón de jugadores activos diarios. Dos meses más tarde, el número se acercó a la cifra de los dos millones. Si el juego logra reunir una base de jugadores todavía más grande, sin duda agregará más valor al ecosistema. Como mencionamos anteriormente, la *sidechain* Ronin fue implementada con la intención de provocar un crecimiento todavía mayor.

88

¿MOBOX CUENTA CON UN INNOVADOR MODELO DE NEGOCIO?

GameFi es una fusión de las palabras *juego* (*game*) y *finanzas* (*finance*). Se refiere a los videojuegos en *blockchain* con modalidad *play to earn* que ofrecen incentivos económicos a los jugadores. El ecosistema de GameFi utiliza criptoactivos, tokens no fungibles (NFT) y tecnología de cadena de bloques para crear un entorno de juego virtual. Por lo general, los jugadores pueden ganar recompensas en tokens criptográficos y NFT completando tareas, luchando contra otros jugadores y progresando a través de los diferentes niveles del videojuego. Los NFT o tokens no fungibles son coleccionables digitales únicos de una *blockchain*. Esta característica hace que sean ideales para ser empleados en videojuegos como representaciones de personajes, consumibles y otros objetos intercambiables.

A diferencia de los videojuegos tradicionales, la mayoría de los videojuegos en *blockchain* permiten a los jugadores transferir los objetos digitales del videojuego fuera del mundo virtual del propio videojuego. De esta manera se pueden transferir estos activos digitales fuera del videojuego, bien para intercambiar estos artículos digitales en *marketplaces* de NFT o para especular haciendo *trading* en *exchanges* de criptoactivos.

Pues bien, MOBOX es una plataforma de juegos gratuitos para ganar dinero que se lanzó en abril de 2021 y que está impulsada por su propia comunidad, que utiliza el concepto GameFi (*game finance*) y que está programada sobre Binance Smart Chain, donde se combinan características de finanzas descentralizadas (DeFi), tokens no fungibles (NFT) y juegos de *blockchain* para crear un ecosistema *free to play* y *play to earn* (juego gratuito para ganar dinero).

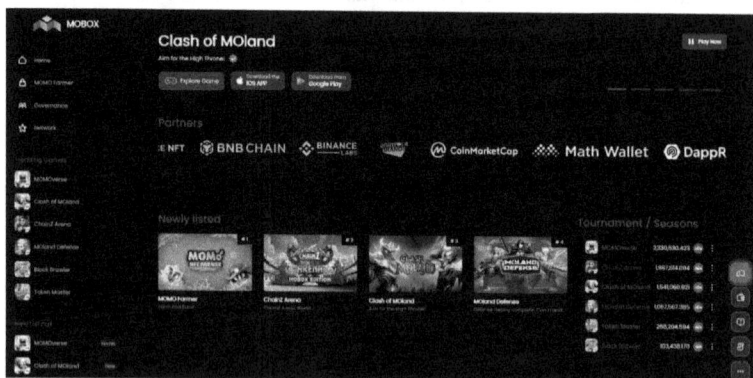

MBOX es el token nativo de la plataforma MOBOX y sirve para procesar transacciones dentro del juego, hacer *staking* para obtener recompensas y realizar votos de gobernanza. El suministro total de tokens será de mil millones, donde el 51 % de estos serán acuñados por la comunidad, el 21 % será enviado a los que contribuyan con el ecosistema, el 8 % será para socios estratégicos y el 20 % será para el equipo desarrollador.
Fuente: https://www.mobox.io/#/

El objetivo principal del protocolo de MOBOX es que la gente juegue libremente a los juegos NFT y también gane dinero por jugar. Los tokens MBOX se utilizan para el procesamiento de las transacciones, el *staking* y la gobernanza para determinar la asignación de recursos en la red del protocolo MOBOX. Además, se está trabajando en un creador de juegos y de NFT. Los desarrolladores pueden utilizar esta plataforma para lanzar sus propios juegos y NFT.

MOBOX tiene tres juegos: Block Brawler, Momo Token Master y ChainZ Arena. Por lo que respecta a Momo Token Master, tiene una jugabilidad muy parecida a Axie Infinity, pero, a diferencia de Axies, aquí se necesitan Momos para poder jugar. Los Momos, que son los personajes de los NFT, luchan entre sí y al final de cada combate ganan tokens y experiencia. A diferencia de lo que ocurre en los *play to earn* clásicos, en MOBOX no necesitas invertir dinero para poder comprar criaturas u objetos que te permitan hacer *farming* con tokens. Y es que este modelo *free to play* y *play to earn* (juego gratuito para ganar dinero) funciona como una cuenta de ahorro en la que, cuanto más ahorras, más recursos ganas y más héroes puedes convocar para conseguir mayores recompensas.

Los usuarios pueden jugar al juego directamente en MOBOX. El funcionamiento de MOBOX se basa en apostar tokens de la propia plataforma (MBOX) u otros criptoactivos para ganar tokens KEY que permitan desbloquear los NFT para poder jugar, aunque los mejores personajes sí que cuestan dinero. Es necesario vincular una *wallet* de criptoactivos para poder realizar las transacciones en MOBOX.

El *marketplace* MOBOX NFT es un *exchange* descentralizado donde los usuarios pueden comprar y vender Momo NFT. Hablamos de un mercado descentralizado donde los usuarios pueden intercambiar, prestar y alquilar NFT en el metaverso de MOBOX. Respecto a la propia operativa del *marketplace*, hay que decir que, en cada venta que se produce en este *marketplace*, el proyecto se queda un 5% y que, de ese 5%, el 20% lo toman como ganancias y el 80% restante lo destinan a la recompra y a la quema de tokens.

El token de MOBOX (MBOX) tiene seis usos. Estos son:

- Es necesario tenerlo para poder realizar transacciones dentro del *marketplace*.

- Es la criptomoneda que se emplea para adquirir Momo NFT.

- Es el token con el que se recompensa a los jugadores dentro del juego.

- Es el token de gobernanza de MOBOX Games, por lo que su posesión da derecho a realizar y votar propuestas para determinar el futuro del proyecto.

- Es el token que se necesita para hacer *staking* y *yield farming* y, por tanto, para obtener ingresos pasivos.

- Es el token que la plataforma recompra y quema para garantizar la economía deflacionaria del proyecto.

Para adquirir el token MBOX debemos acudir a un *exchange* centralizado como Binance o Kucoin, o bien a un *exchange* descentralizado en el que esté listado MOBOX Crypto. En el caso de que dispongas de criptomonedas como bitcoin o *ether* y las quieras intercambiar por MBOX, deberás disponer de una *wallet* digital como MetaMask, Wallet Direct o Trust Wallet con fondos. Posteriormente, bastará con acudir a un *exchange* descentralizado como PancakeSwap o PooCoin, sincronizar la cartera digital con la Binance Smart Chain e indicar la cantidad de tokens de tu cartera que deseas intercambiar por MBOX.

89

¿La economía de Star Atlas resulta atractiva?

Star Atlas es un videojuego que se encuentra ambientado en una sociedad futura, precisamente en el año 2620, con sofisticadas naves espaciales que retan a la imaginación y personajes cuyas características son propias de una película *Star Trek*, donde el universo ha sido colonizado y la civilización se encuentra dividida en tres facciones distintas que se disputan el control y que representan los grupos a los que los usuarios podrán unirse y defender sus intereses. Se trata de los siguientes:

- Humanos, que controlan el territorio MUD.

- Extraterrestres, desplegados en la región ONI.

- Robots sensibles, que se encuentran en el sector Ustur.

Los ciudadanos de Star Atlas pueden realizar sus actividades comerciales, así como obtener y crear NFT (tokens no fungibles) dentro del metaverso de Star Atlas. De esta forma, los jugadores de Star Atlas podrán disfrutar de una economía que refleja la tangibilidad, la propiedad y el valor de los activos del mundo real.

Los tres grupos citados tienen un objetivo en común que los lleva a enfrentarse por hacerse con la victoria total y definitiva. Estas facciones luchan en el juego por alcanzar la dominación completa del metaverso de Star Atlas. Los jugadores de Star Atlas tratarán de generar las mejores estrategias políticas, de exploración y de guerra para avanzar hacia el objetivo de alcanzar la anhelada dominación del metaverso. Las batallas entre naves espaciales son espectaculares gracias a los maravillosos gráficos, para ello se emplearon algunos de los avances tecnológicos más recientes para crear videojuegos. Una de esas tecnologías es Nanite, de Unreal Engine, uno de los mayores motores gráficos para videojuegos.

Star Atlas es un metaverso multijugador masivo *online* de estrategias montado sobre la *blockchain* de Solana y enfocado a la exploración espacial mediante la estrategia. Está basado en esta cadena de bloques ya que pretende ofrecer velocidades de transacción más rápidas y tasas más baratas que la popular cadena de bloques de Ethereum. En lo referente al videojuego, se encuentra caracterizado bajo la calificación AAA, la cual se utiliza para definir a videojuegos multijugador masivos y *online*; también se define por sus siglas en inglés, MMOG. La clasificación AAA comenzó englobando a videojuegos producidos y comercializados por distribuidoras o editoras de videojuegos importantes, dotadas de un alto presupuesto destinado al *marketing*, con el objetivo de obtener grandes retornos. Además, el desarrollo de las gráficas de este metaverso está potenciado por la tecnología brindada por Nanite, de Unreal Engine. Se trata del motor que permite crear videojuegos con experiencias visuales de calidad cinematográfica y texturas e iluminaciones extremadamente realistas. Mencionadas las particularidades que tiene este videojuego, es lógico que los desarrolladores de Star Atlas hayan elegido la cadena de bloques de Solana para dar soporte a la gran cantidad participantes que, de forma simultánea, se darán cita en este metaverso.

En Star Atlas se busca ofrecer incentivos para que los jugadores se animen a adentrarse en esta aventura espacial futurista. Los elementos NFT buscan crear una ventaja competitiva y brindar un sentido real de propiedad sobre los objetos del videojuego. Es decir, uno de los puntos de gran atracción de Star Atlas es que puede ser un medio para entretenerse a la vez que se pueden obtener ganancias a medida que las habilidades del jugador aumentan en las experiencias que el videojuego ofrece.

Como ya se mencionó, Star Atlas se basa en la *blockchain* de Solana y, por lo tanto, se beneficia del alto rendimiento transaccional de la red, que admite 50 000 TPS (transacciones por segundo) y con un promedio de 0,00025 dólares por transacción. Esta red ha sido considerada como una de las más rápidas y seguras, además de con características abiertas a la creación de aplicaciones descentralizadas.

El propósito de la economía de Star Atlas es alinear mejor la producción de bienes a escala con un sentido de progresión a largo plazo y de entretenimiento a corto plazo para los jugadores, de manera que su colaboración sea cada vez más beneficiosa para sus compañeros de equipo y su facción. Además, en el desarrollo de este metaverso se ha considerado mantener curvas de recompensas que incentiven a los jugadores a permanecer en el juego mediante un enfoque de árbol de habilidades que permita a los jugadores dedicar tiempo y recursos a la realización de actividades no repetitivas con el propósito de desbloquear ventajas y obtener bonificaciones que permitirán a los usuarios adquirir los recursos necesarios para crecer en el juego tanto a nivel individual como colectivo, lo que minimiza a su vez el nivel de cansancio del jugador.

Para empezar a jugar a Star Atlas no necesitas registrarte de forma tradicional aportando tu nombre y dirección de correo electrónico. En su lugar, solo necesitas conectarte con una *wallet* de criptoactivos. Aunque ya tengas una cartera MetaMask, necesitas crear una cartera digital basada en Solana para Star Atlas, como, por ejemplo, Phantom.

Posteriormente, para entrar en Star Atlas existen dos posibilidades que explicaremos a continuación:

- Adquiriendo tokens Atlas o Polis: se pueden comprar algunos de los tokens del videojuego, que son Atlas y Polis. Atlas es el token propiamente dicho del juego y será empleado para pagar los insumos que se puedan consumir en el juego (combustible, impuestos, servicios). Mientras que el token Polis se empleará para la DAO del juego, como token de gobernanza. Además, te permitirá influir en las tomas de decisiones que se realicen dentro del desarrollo del juego. También debes pertenecer a una de las facciones disponibles. De momento son tres facciones (los humanos MUD, los extraterrestres ONI y los androides Ustur), pero, como el juego se plantea una evolución acorde con las actividades desarrolladas por los propios jugadores, no se descarta la aparición de otras facciones de importancia dentro del metaverso.

- Adquiriendo naves y otros objetos en el *marketplace*: la segunda forma de entrar al juego es mediante la adquisición de naves espaciales. Los interesados en adquirir naves espaciales se pueden dirigir al *marketplace* del videojuego y adquirir una de estas. También el combustible y otros consumibles para estas naves están disponibles en el *marketplace* de Star Atlas.

Por último, el token ATLAS es el token nativo del videojuego y es este token el encargado de impulsar la economía del metaverso de Star Atlas. Es mediante este token que los jugadores podrán adquirir los consumibles del juego (naves, tripulación, edificios y demás objetos). Como decíamos, estos objetos podrán adquirirse en el *marketplace* del videojuego, pero también se podrán negociar en otros sitios que soporten Solana.

90

¿CONSIDERAMOS DIFERENTE EL MODELO DE NEGOCIO DE ILLUVIUM?

Los juegos de *blockchain* han sido bastante populares entre los entusiastas de los criptoactivos durante mucho tiempo porque emplean los tokens criptográficos como herramienta dentro del juego, ya que la tecnología de cadena de bloques se emplea para asegurar la propiedad absoluta de los objetos del juego, representados por dichos tokens. Por ejemplo, si compramos un token no fungible (NFT) dentro del videojuego, un jugador puede estar seguro de que tiene en propiedad un objeto digital único que puede ser almacenado y controlado fuera del videojuego.

Aunque los criptojuegos todavía están lejos de los videojuegos heredados por ordenador o consola, ya se están produciendo algunos avances. Por ejemplo, la multinacional del videojuego Ubisoft anunció planes para integrar la tecnología *blockchain* y los tokens no fungibles en sus videojuegos.

En lo referente a Illuvium, hay que decir que es un videojuego de rol (RPG) que tiene lugar en un mundo abierto y que está desarrollado sobre la cadena de bloques de Ethereum. Este promete traer una experiencia de juego *blockchain* de primer nivel que explora el metaverso y los modelos *play to earn*. El videojuego se reduce a recoger objetos de NFT y luego intercambiarlos por determinados tokens; a medida que se completan las misiones y se ganan batallas contra otros jugadores, los Illuvials del jugador se vuelven más poderosos. Es recalcable que el combate del videojuego requiere que los jugadores piensen y elaboren estrategias para no terminar derrotados en cuestión de segundos. Cabe destacar que el equipo de Illuvium se centró en el *marketing* y la promoción del videojuego.

Illuvium es un videojuego completamente en 3D que pretende unificar un juego NFT y un juego RPG bien diseñado con una mecánica bien pensada, donde todos los detalles del mundo del videojuego están muy bien estudiados por el equipo del proyecto. El principal punto fuerte que encontramos en este videojuego es sin duda su trama, que es fundamental para cualquier RPG y que lo diferencia del resto de criptojuegos existentes. Además, también destacamos el mecanismo de escalado del juego, que supuestamente permite albergar a cientos de miles de jugadores en todo el mundo. En un juego de rol corriente, los usuarios juegan en diferentes servidores para evitar la congestión, que provoca retrasos en el juego. En Illuvium, los desarrolladores emplean un modelo de escalado que incorpora recursos de almacenamiento en la nube.

Un problema específico de los juegos de Ethereum son la sobrecarga, que hacía de jugar algo muy cansado en los momentos clave. Ante este problema, el equipo de desarrollo de Illuvium lo resolvió integrando el protocolo de capa 2 de Immutable X. Esta red mejora enormemente el rendimiento de los proyectos basados en Ethereum. Con Immutable X, el proyecto garantiza que los jugadores puedan vender sus tokens NFT con cero comisiones y con transacciones instantáneas. Los activos NFT se almacenan en el protocolo IMX. Además, desde el punto de vista visual, Illuvium, impulsado por el motor Unreal, puede compararse con grandes videojuegos como The Outer Worlds o Borderlands.

En Illuvium, el videojuego comienza en una nave de transporte accidentada en una flota intergaláctica en un planeta moribundo. Debido al accidente, el jugador no puede salir del planeta, por lo que descubre unas misteriosas criaturas, los Illuvials, que pueden ser capturados en fragmentos de cristal.

En lo que se refiere a cómo se juega a este videojuego, se comienza con el jugador personalizando un personaje y eligiendo un asistente robótico. La elección de las armas disponibles depende del personaje, y estas pueden recibir potencia adicional con la ayuda de minerales raros. Por ejemplo, una buena armadura también puede decidir el resultado de la batalla y puede forjarse a partir de objetos encontrados en la superficie del planeta o comprados en IlluviDEX.

En la superficie del planeta, el jugador se encontrará con criaturas con las que podrá librar batallas. En primer lugar, los jugadores pueden utilizar herramientas gratuitas que pueden domar a algunos Illuvials débiles. Tras unas cuantas victorias, los Illuvials se vuelven más poderosos y pueden fortalecerse con objetos especiales.

Aunque ya se han desarrollado muchos Illuvials, los desarrolladores del videojuego Illuvium pretenden ampliar su número y sus propiedades. Se pretenden lanzar nuevos Illuvials a medida que aumente la rareza de estos. Fuente: imagen de Victoria Model en Pixabay.

En Illuvium, los jugadores recolectan criaturas llamadas Illuvials, cada una con una clase y afinidad específicas. Cada Illuvial tiene sus propias propiedades y las criaturas se dividen en clases y tienen habilidades especiales. En este videojuego encontramos cinco clases diferentes de criaturas: Luchador, Guardián, Empático, Bribón y Psiónico. Al crear un equipo, se deben tener en cuenta las sinergias de clase y afinidad, especialmente al crear clases híbridas Elevadas. Por ejemplo, un Asesino proviene de fusionar un Illuvial Luchador con un Illuvial Bribón. También puedes combinar dos de la misma clase para hacer un Illuvial que tenga habilidades particularmente fuertes de esa clase. Algunos Illuvials son más comunes que otros. Existe un mecanismo de mezcla en el que pueden fusionarse en formas poderosas más raras o convertirse en variaciones más raras. Las criaturas se presentan en forma de NFT que pueden ganarse en el juego o comprarse en el IlluviDEX del juego y en otros exchange externos.

Por lo que respecta a las cinco afinidades que encontramos en Illuvium, son las siguientes: Aire, Naturaleza, Fuego, Agua y Tierra. Cada Illuvial causa y recibe daño según su tipo de afinidad. Por ejemplo, un Illuvial de Agua causará más daño a un Illuvial de Fuego, pero será débil ante uno de Tierra. Puedes hacer una mezcla de las cinco afinidades en los Illuvials Elevados para crear una combinación de afinidad, como Polvo (Aire y Tierra) o Hielo (Aire y Agua).

El videojuego Illuvium cuenta con dos tokens basados en el protocolo ERC-20 en Ethereum: ILV (Illuvium) y sILV, además de tokens no fungibles (NFT) que representan criaturas, mejoras cosméticas y elementos funcionales. ILV (Illuvium) es el token nativo del videojuego, el cual puede adquirirse en Binance, KuCoin, Poloniex, Gate. io y otros *exchanges*. Además, permite a los propietarios de este token participar en el desarrollo de la red y tener derecho de voto. El 100% de los ingresos del juego y de las ventas se distribuirá por defecto entre los miembros de la comunidad ILV. Según datos proporcionados por CoinMarketCap, ILV salió a la venta a principios de 2021 a 53 dólares por token, y llegó a cotizar a 1846 dólares el 1 de diciembre de 2021. Los *holders* de estos tokens pueden utilizar incluso ILV para minar liquidez, participar en la gobernanza y ganar recompensas. Hay un periodo de inmovilización de las recompensas de ILV, pero sILV se puede emplear inmediatamente en el videojuego. Por su parte, como decíamos, el videojuego contará con funciones *play to earn*, lo que permitirá recompensar a los jugadores con tokens ILV por completar desafíos, misiones y batallas.

Como token ERC-20 que son ILV (Illuvium) y sILV, los usuarios que dispongan de tales tokens tendrán que pagar comisiones de gas de Ethereum. Como a veces estas comisiones pueden ser elevadas, todavía queda por comprobar cómo se implementarán exitosamente las transacciones ERC-20 en el videojuego.

X

EL FUTURO DE LOS NFT SE LLAMA «METAVERSO»

91

¿ALGUIEN SE ACUERDA DE SECOND LIFE?

Second Life nació de una idea de Phillip Rosedale, el cual fue fundador de Linden Lab, compañía fundada en 1999. Linden Lab se inició como una compañía de *hardware* involucrada en el desarrollo de tecnología háptica, y para probar sus productos se hizo necesaria una aplicación de *software*. De esa manera, se creó Linden World en 2001. Los usuarios podían socializar, participar en juegos basados en objetivos e interactuar con el mundo virtual que les rodeaba.

El enfoque de la compañía cambió más adelante, pues dejó de lado la plataforma de prueba para desarrollar un mundo virtual. Como resultado, en 2002, Linden World entró en una fase beta y pasó a denominarse Second Life, y en junio de 2003 fue su lanzamiento oficial. Un año después de su fundación, el número de usuarios aumentó a unos quince mil. En 2007 ya tenía alrededor de un millón de usuarios activos mensuales. En marzo de 2008, Second Life contaba con unos trece millones de cuentas. En enero de 2010 ya tenía registrados más de dieciocho millones de cuentas, y superó los veinte millones en agosto de ese mismo año.

Este espacio virtual se convirtió rápidamente en un lugar con derechos de propiedad y con su propia moneda, el linden dólar (L$), que

Second Life es un enorme mundo virtual
generado en 3D y una plataforma llena
de contenido creado por los usuarios o
residentes de Second Life, donde estos pueden
interactuar en tiempo real e incluso se dispone
de una próspera economía mundial. Fuente:
imagen de S. Hermann y F. Richter en
Pixabay.

era y es usada por los residentes para comprar y vender los artículos y servicios creados dentro de este mundo virtual. A mediados de 2007, el número de negocios en Second Life con flujo de caja positivo superó los cuarenta mil y más de cuarenta y cinco multinacionales tenían presencia en el mundo virtual. Para que nos hagamos una idea, en el momento en que se escribe este libro, un dólar estadounidense equivale a unos trescientos veinte dólares linden en el mundo virtual de Second Life.

Second Life es una comunidad virtual a la que se puede acceder gratuitamente desde internet. Sus usuarios pueden acceder a este mundo digital mediante el empleo de uno de los múltiples programas de interfaz llamados «visores», los cuales les permiten interactuar entre ellos mediante un avatar. Los usuarios pueden así explorar el mundo virtual, interactuar con otros residentes, establecer relaciones sociales, participar en diversas actividades tanto individuales como en grupo y crear y comerciar con propiedad virtual. Para acceder a este, un requisito es crear una cuenta, la cual da acceso al mundo virtual y a un avatar individual. Los avatares son caracteres tridimensionales personalizables, lo que les da a los usuarios la capacidad de convertirse en el personaje que deseen y disfrutar de una segunda vida.

Los residentes de Second Life no tienen un objetivo designado y no existen reglas ni mecánicas de juego tradicionales, pues la plataforma se esfuerza por centrarse en la interacción social, el contenido generado por el usuario y su libertad para recorrer el mundo virtual. De esa forma, el mundo virtual está mucho más relacionado con las

redes sociales que con la industria de los videojuegos. Aun así, Second Life ha sido frecuentemente considerada como una red social, ya que precede a muchas de las principales plataformas sociales.

Al igual que en un videojuego de rol de ordenador (CRPG) o un videojuego multijugador masivo en línea (MMO), los usuarios de Second Life se representan a sí mismos con avatares, que son altamente personalizables.

Sin embargo, el aspecto más innovador de Second Life fue que los residentes pueden hacer casi cualquier actividad que la gente haga en la vida real: ir a conciertos, quedar con amigos, ver películas, escuchar música, jugar, ir a fiestas, comprar o vender cosas y crear contenido nuevo para el mundo, ya sean artículos o incluso edificios. De hecho, la mayor parte del contenido, los lugares emblemáticos e incluso las animaciones del mundo son creados por residentes. Además, la actividad económica en la que puedes participar no se limita a la compra y venta de artículos, sino también la de propiedades. Los residentes habituales de Second Life suelen adquirir terrenos y casas para residir allí.

En 2021, el total de ventas y transacciones en este mundo virtual fue de 650 millones de dólares. Solo en 2015, Second Life tenía un PIB estimado de 500 millones de dólares. Actualmente se mantiene en un modelo de suscriptores con cerca de setenta millones de registrados y un promedio de alrededor de doscientos mil usuarios activos diarios. Cuenta con una membresía básica gratuita y otra *premium*, que cuesta 99 dólares al año o 11,99 por mes.

92

¿CONOCES LA DEFINICIÓN DE METAVERSO?

Las increíbles mejoras que la conectividad ha experimentado en las últimas dos décadas han logrado que navegar por internet y consumir contenido resulte tan fácil y rápido como encender la televisión y poner nuestro canal favorito. Sin embargo, la promesa del metaverso, con sus exigencias de inmediatez y calidad de experiencia, podría provocar que los últimos *millenials* y los *centenialls* vivan su propia versión de los principios de internet. Lo que sí es seguro es que la conectividad va a evolucionar todo lo que sea necesario para conseguir una conexión a internet tan robusta que elimine la latencia al máximo y permita velocidades de descarga y *streaming* a las que aún no estamos acostumbrados.

Antes de hablar del concepto de metaverso debemos saber lo que son los mundos virtuales, pues existe una gran cantidad de ellos, sobre todo en el sector de los videojuegos. Un mundo virtual es un entorno simulado por ordenador donde múltiples usuarios pueden crear su propio avatar y, de manera simultánea e independiente, explorar un mundo virtual mediante el empleo de bienes y objetos digitales, además de participar en las actividades que plantea tal mundo virtual y posibilitar la comunicación con otros avatares o personajes. La finalidad más habitual de los mundos virtuales es el entretenimiento. Sin embargo, el metaverso busca ser una especie de realidad alternativa en la que podremos hacer las mismas cosas que hacemos hoy en día fuera de casa, pero sin movernos de nuestra habitación.

El metaverso es un entorno multiusuario que fusiona la realidad física con la virtualidad digital y que se basa en la convergencia de tecnologías como la realidad virtual y la realidad aumentada, que permite interacciones multisensoriales con entornos virtuales, objetos digitales y otras personas.

Recordemos la definición de los conceptos de realidad virtual y realidad aumentada. Respecto a la realidad virtual, hablamos de un entorno de escenas y objetos simulados de apariencia real y generados informáticamente, que crean en el usuario la sensación de estar inmerso en él. El usuario contempla dicho entorno mediante un dispositivo conocido como gafas o casco de realidad virtual, que puede ir acompañado de guantes o trajes hápticos, que permiten una mayor interacción con el entorno, así como la percepción de diferentes estímulos que aumentan la sensación de realidad. Con la realidad aumentada hacemos referencia a un conjunto de tecnologías que permiten al usuario visualizar parte del mundo real a través de un dispositivo tecnológico con información gráfica añadida por este. De esta forma, los elementos virtuales se combinan con los tangibles, lo que crea una realidad aumentada en tiempo real.

Volviendo al metaverso, este está compuesto generalmente por múltiples espacios virtuales tridimensionales, compartidos y persistentes, vinculados a un universo virtual, donde los humanos interactúan e intercambian experiencias virtuales mediante el empleo de avatares, a través de un soporte lógico en un ciberespacio, el cual actúa como una metáfora del mundo real, pero sin tener necesariamente sus limitaciones. Este metaverso, por lo tanto, significa un mundo virtual en el que podemos interactuar, y que ha sido desarrollado para parecerse a una realidad externa.

El término *metaverso* surge en la novela de Neal Stephenson de 1992 llamada *Snow Crash*, y es un concepto que se ha asentado para describir visiones de espacios de trabajo tridimensionales o virtuales. La novela no solo aporta los elementos conceptuales que permiten comprender las múltiples dimensiones del concepto de metaverso, sino que propone un modelo de implantación práctica, aplicable al mundo real. Otro de los aspectos que destacan de la obra de Stephenson es la anticipación anacrónica, ya que la escribió antes de que se pudiera poner en práctica en el ciberespacio. Podría decirse que la obra de

Stephenson define, de forma prospectiva, los mecanismos y requisitos necesarios para la implantación y consolidación de los metaversos.

Otra de las principales ideas del metaverso es que tengamos total libertad de creación tanto para hacer nuestro avatar parecido a nuestra persona física como para darle un aspecto diferente, y también para crear el entorno, nuestros negocios y hogares a nuestro gusto.

Si nos paramos a pensar cómo es internet en la actualidad, vemos que está lleno de comunidades virtuales y de redes sociales a las que accedemos desde diversos dispositivos. Interactuamos con más personas de forma virtual que de forma física. Pues bien, el metaverso sería dar un paso más para estrechar el mundo físico y el virtual, mezclándolos en un universo nuevo administrado por la corporación que consiga imponer su metaverso o bien que sea descentralizado gracias a las diversas funcionalidades que nos ofrece la tecnología de cadena de bloques.

Son precisamente los atributos que podemos ver en la siguiente tabla los que diferencian al metaverso de otro concepto mucho más cotidiano y menos ambicioso que denominamos «mundo virtual».

Atributos	Metaverso (abierto)	Mundo virtual (cerrado)
Estructura	Descentralizada	Centralizada
Derechos de propiedad	Aplicada criptográficamente	Según términos del servicio
Código	*Open source*	Solo para iniciados
Datos	Transparentes	Opacos
Acceso	Sin permiso	Limitado y autorizado
Propiedad	Comunidad	Empresa
Identidad	Controlada por el usuario y desagregada	Proveedores de identidad centralizados
Política de contenidos	Elección del usuario	Elección de la plataforma
Acumulación de valor	Usuarios y red	Propiedad de la plataforma
Adquisición de usuarios	Incentivos sobre la base de usuarios	Anuncios y publicidad
Social	Directa	Mediada
Sistemas de visualización	Diversa	*Hardware* propietario
Dirección del producto	De abajo hacia arriba	De arriba hacia abajo

Ante lo último expuesto, nosotros concebimos el concepto de metaverso como una plataforma descentralizada, sin ningún tipo de términos de servicio o equivalente, en la que cualquiera podría crear su propia presencia apoyada en un estándar criptográfico, y cuyas normas surjan de la propia comunidad de usuarios organizada de una manera democrática en forma de organización autónoma distribuida. Este metaverso nos plantea muchos de los elementos del futuro de internet, con una web mucho más descentralizada, donde nosotros mismos administramos nuestros datos y nuestra identidad en un entorno completamente abierto y open source.

93

¿EL METAVERSO TIENE DISTINTAS TIPOLOGÍAS?

La idea de los metaversos no es nueva, ya se habló mucho de ellos en su tiempo gracias a mundos virtuales como Second Life, pero de nuevo ha vuelto a la actualidad de la mano de la estrategia, veremos si suicida, de Meta (antigua Facebook), y sobre todo de las diferentes aplicaciones de la tecnología de cadena de bloques, como los NFT o las DAO, que han elevado el concepto de metaverso a otra dimensión totalmente distinta.

Existen diversos tipos de metaversos, con diferencias significativas entre cada uno de ellos. Cuando no hay *blockchain* de por medio, el metaverso se refiere a todo tipo de mundos virtuales. Desde los que son totalmente centralizados, como los famosos mundialmente Sims y Grand Theft Auto, hasta videojuegos como Minecraft o la plataforma Roblox.

Grand Theft Auto es un videojuego alto en violencia que cuenta la historia de distintos criminales y que, aunque sean varios, por una razón se van relacionando y envolviendo en problemas a más personajes conforme va pasando el tiempo. Generalmente, los protagonistas son antihéroes. Este videojuego permite establecer relaciones con otros jugadores de manera virtual en un mundo abierto que replica el mundo real. Por ejemplo, un estilo de juego que se ha hecho muy popular es el roleplay, donde el avatar del jugador tiene un oficio que replica exactamente al mundo real. Normalmente se comienza con un empleo de perfil bajo, pero, en función del dinero y la experiencia que el usuario va ganando en el videojuego, se va ascendiendo en la escala social de este mundo virtual.

Por su parte, Minecraft es un videojuego de construcción de tipo mundo abierto que no tiene un fin claramente definido. Esto permite una gran libertad en cuanto a la elección de su forma de jugar. A pesar de ello, el juego posee un sistema que otorga logros por completar ciertas acciones.

En lo referente a Roblox, hablamos de una plataforma de videojuegos *online* donde los usuarios pueden crear sus propios mundos virtuales con el sistema de creación de juegos llamado Roblox Studio, desarrollado por Roblox Corporation y disponible en ordenadores, teléfonos móviles y consolas. Pese a que todavía no está construido sobre tecnología *blockchain*, muchos desarrolladores de videojuegos en Roblox lo ven como la evolución natural de la plataforma. De hecho, dentro de Roblox ya se ha lanzado una prueba piloto de un mundo virtual *blockchain* conocido como PlayDapp Town.

Por el contrario, cuando en el metaverso hay *blockchain* de por medio, hablaríamos de metaversos *blockchain*, donde la tecnología de cadena de bloques permite transformar la concepción de los metaversos, ya que multiplica sus posibilidades y conecta el mundo real con el virtual. Los metaversos *blockchain* son lugares donde se desarrolla una economía paralela a la real, que es enteramente digital, y donde los usuarios pueden monetizar su talento, adquirir tierras, armas, arte, ropa, habilidades, etc., donde tecnologías como los NFT y las DAO desempeñan un papel crítico. Probablemente, como sucedió con internet, todas las empresas abrirán una sede en el metaverso en un futuro cercano.

Respecto a los NFT o tokens no fungibles, hablamos de activos únicos, diseñados para tener propiedades únicas y digitalmente verificables. Tales NFT se utilizan para la representación digital de un activo físico o digital en *blockchain*, y sirven para conectar el mundo real con el virtual permitiendo la creación de economías virtuales.

Por su parte, una organización autónoma descentralizada (DAO) es una organización controlada por contratos inteligentes, los cuales son transparentes e inmutables, además de encargarse de establecer las reglas de algunos metaversos de forma descentralizada. De esta manera, todos los integrantes del metaverso conocen de antemano las reglas de la comunidad y saben que estas no pueden ser modificadas en el futuro al estar registrados en la cadena de bloques. Asimismo, los poseedores de los tokens de estos metaversos (tokens de gobernanza) tienen derecho a votar sobre la administración de tales DAO.

Ante estas dos realidades aquí expuestas, encontramos diferencias entre los denominados «metaversos tradicionales» (como los presentados anteriormente) y los basados en *blockchain*. Estos últimos integran micropagos con criptoactivos y se emplean NFT para representar los objetos virtuales del videojuego, por lo que se puede decir que los metaversos *blockchain* gozan de una economía virtual propia, donde el control de este tipo de economía virtual dependerá del grado de descentralización de cada uno en cuestión, de ahí la importancia clave que tienen las DAO, antes mencionadas. Además de lo dicho, los metaversos *blockchain*

321

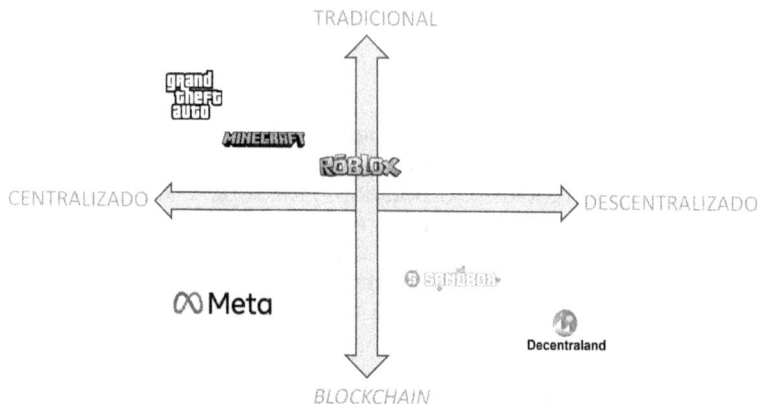

En los metaversos descentralizados, la soberanía se adquiere a partir de la propiedad, mientras que en los centralizados, como Facebook, la corporación dueña del metaverso es la soberana absoluta. Fuente: Observatorio Blockchain y propia.

han propiciado el modelo de videojuegos *play to earn* (jugar para ganar, en español), a través del cual un usuario puede ganar dinero en forma de criptomonedas, tokens y NFT mientras está jugando.

Por otra parte, en los metaversos *blockchain* diferenciamos entre los centralizados y descentralizados. La principal diferencia entre estos dos tipos de metaversos reside en el control del mundo virtual. Quizá el metaverso *blockchain* centralizado más paradigmático sea el que pretende lanzar Meta, antigua Facebook, donde todo el control está en manos de una única compañía. En estos metaversos, la corporación central es la única que decide sobre el futuro del metaverso y, además, tiene en su poder todos los datos de los usuarios.

Referente a Meta, el enfoque del gigante de las redes sociales se ha centrado cada vez más en conectar los mundos digital y físico a través de la realidad aumentada, cuya apuesta asciende a 100 000 millones de dólares. Inicialmente, está resultando un fiasco, ya que, por más dinero que aporten Meta y Mark Zuckerberg en el metaverso, no hay forma de que este mundo virtual avance. Según *The Wall Street Journal*, en octubre de 2022, Horizon Worlds no está cumpliendo con las expectativas de rendimiento interno. Y es un gran fiasco. Los cálculos de Meta pasaban por conseguir medio millón de usuarios activos mensuales en Horizon Worlds antes de que finalizara 2022. El problema es que no consiguieron aglutinar ni 200 000 avatares según el *The Wall Street Journal*. Es decir, menos de la mitad de la previsión y, además, bajando el número de usuarios base. Por si esto fuera poco, la mayoría de los usuarios no volvieron a los espacios virtuales de Horizon Worlds después del primer mes en la plataforma. En este sentido, solo el 9% de los mundos creados son visitados por al menos cincuenta personas, y la mayoría no son visitados nunca. Estos pobres números han hecho que Meta esté por detrás de la competencia, como Second Life, que está teniendo alrededor de 350 000 cuentas nuevas cada mes. Uno de los factores que está matando el metaverso es que es necesario usar las gafas de realidad virtual, un dispositivo que poca gente tiene y que deberían comprarse si quieren ser partícipes del metaverso. Sabiendo que nadie está en estos mundos virtuales, quizá no valga la pena. Además, los informes internos a los que tuvo acceso *The Wall Street Journal* indicaban que la mitad de los Meta Quest, que se utilizaron para sumergirse en Horizon Worlds, se dejaron de emplear al cabo de seis meses.

Por su parte, los metaversos *blockchain* descentralizados suelen funcionar mediante el empleo de una DAO y poseen una economía virtual totalmente autónoma controlada por los usuarios. Destacamos los ejemplos de Decentraland y The Sandbox, cuyas DAO permitirá que sus metaversos sean controlados íntegramente por sus usuarios.

Decentraland es una plataforma de realidad virtual descentralizada 3D que consiste en 90 601 parcelas de tierra digitales donde la propiedad virtual son los NFT, que se pueden comprar por medio del token MANA, basado en la blockchain de Ethereum.

The Sandbox es un mundo virtual en el que puedes crear tus propios personajes, mejorarlos e interactuar con un amplio mundo virtual al puro estilo *Minecraft*, pero que, al mismo tiempo, se apoya en la tecnología *blockchain* para crear una experiencia única mediante la utilización de tokens NFT y SAND, el token nativo de la plataforma, que te permite monetizar tu juego y obtener beneficios por ello. Además, The Sandbox se centra en ayudar a los creadores a desarrollar sus marcas, y da a los creadores el 95 % de los ingresos generados por los artículos que venden en la plataforma y el 50 % de todos los ingresos de SAND, que se reinvierten en la Sandbox Foundation.

94

¿DECENTRALAND ES UN GRAN NEGOCIO INMOBILIARIO VIRTUAL?

El mundo de los videojuegos se ha convertido en una industria multimillonaria con más de dos mil millones de usuarios en todo el mundo y con crecimientos cada año. Esta situación ha motivado que los diseñadores de videojuegos desarrollen sistemas cada vez más complejos, hasta el punto de crear metaversos donde millones de personas juegan e interactúan.

En el año 2015, los desarrolladores Esteban Ordano y Ariel Meilich idearon Decentraland, un espacio *online* que combina la realidad virtual con la tecnología *blockchain*. La plataforma se desarrolló desde un experimento 2D básico hasta un consistente mundo 3D, donde los usuarios desarrollan y poseen terrenos, activos digitales diversos y tokens no fungibles (NFT). Además, los miembros de esta comunidad también pueden participar en la organización autónoma descentralizada (DAO) de este videojuego en 3D. Los tokens no fungibles (NFT) representan objetos digitales coleccionables del videojuego, que incluyen ropa, artículos diversos y el espacio virtual del videojuego, LAND. Los usuarios almacenan estos tokens en sus *wallets* y las venden a otros usuarios en Decentraland Marketplace.

En agosto de 2017 realizaron una oferta inicial de monedas (ICO), en la que captaron veintiséis millones de dólares en *ethers*. Los fondos obtenidos fueron manejados por la Fundación Decentraland, constituida con el propósito de impulsar el desarrollo de la plataforma de realidad virtual. Además, se puso en marcha la organización autónoma descentralizada (DAO) para entregar la administración del proyecto a sus usuarios, ya que había una firme intención de que la plataforma funcionase de forma autónoma en el futuro.

Decentraland es un universo virtual totalmente envolvente parecido a otros juegos *online* como Fallout o Skyrim, pero donde los

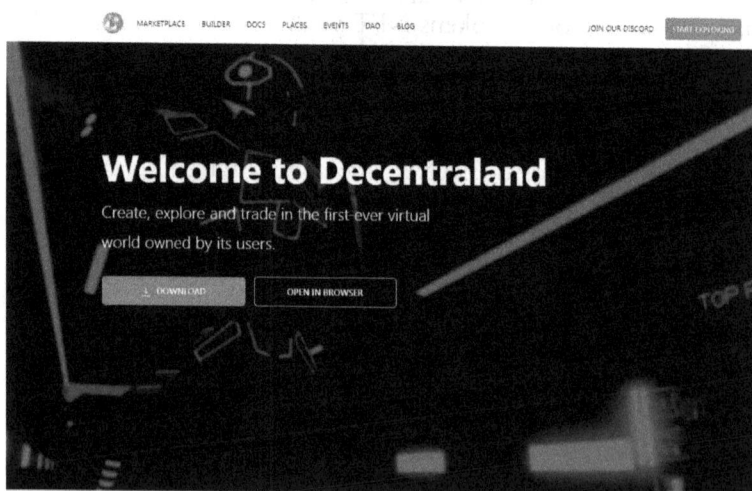

Decentraland permite a sus usuarios una exploración por su mundo virtual de forma totalmente gratuita. Fuente: https://decentraland.org/.

jugadores participan en un mundo tridimensional. La mayor diferencia que encontramos entre las plataformas de realidad virtual existentes y Decentraland es la propiedad, donde los usuarios son los dueños de este espacio virtual 3D en lugar de ser una empresa central. El equipo detrás de la plataforma estima que los mundos virtuales públicos deben ser gobernados con estándares abiertos, por lo que ninguna corporación central impone su agenda.

A diferencia de la mayoría de los juegos en línea, los jugadores tienen control directo sobre las reglas de este mundo virtual. DAO permite a los *holders* de tokens votar directamente sobre las políticas organizativas y del juego. Tal DAO se ejecuta en la solución *software* de DAO, en Aragon, que emplea un agente que puede interactuar con los contratos inteligentes de Ethereum.

La DAO de Decentraland proporciona a su comunidad la posibilidad de participar en la gobernanza del proyecto, para ello se dispone de un criptoactivo nativo denominado MANA, que es un token ERC-20. Todos los activos digitales del videojuego se encuentran en la *blockchain* Ethereum.

MANA se puede adquirir en varios *exchanges*, ya sea mediante dinero fiat o criptoactivos. Los tokens no fungibles ERC-721 representan los activos únicos de Decentraland, incluyendo LAND (terreno) y otros artículos digitales coleccionables.

Para participar en la gobernanza de DAO, los usuarios convierten su MANA en MANA *wrapped* (wMANA) y lo bloquean en la DAO. Cada wMANA representa un voto en las propuestas de gobernanza. Puedes obtener MANA en *exchanges* o vendiendo artículos coleccionables en Decentraland Marketplace.

Respecto al segundo token, LAND, consiste en un token no fungible que sigue el estándar ERC-721, como decíamos. La idea es que cada token LAND identifique de forma única las propiedades de una parcela de tierra que es propiedad de un jugador de Decentraland. Así, por ejemplo, cada lote de terreno tiene sus características únicas y, por tanto, cada token LAND representa todas esas propiedades.

Para adquirir tokens LAND, el usuario deberá intercambiar sus tokens MANA a tokens LAND, una acción que quema los tokens MANA, lo que hace que este se haga más escaso y valioso. Además, LAND no necesita estar bloqueado en la DAO y proporciona dos mil votos por cada token. Debido a la relación que guarda LAND con MANA, la existencia de LAND también es limitada, ya que su creación responde a los contratos inteligentes que participan en el intercambio interno de MANA por LAND. Además, cuando tienes en tu poder dos tokens LAND juntos (dos parcelas adyacentes), puedes tener en tu poder un token Estate, ya que este tipo de token es importante al también poder ser usado para la gobernanza de Decentraland, al igual que MANA y LAND.

Necesitaremos una *wallet* que se integre a nuestro navegador para poder interactuar con Decentraland, y quizá la más recomendable para almacenar tus tokens MANA (ERC-20) y LAND (ERC-721) es MetaMask. Para entender el correcto funcionamiento de Decentraland es necesario conocer su estructura dividida en tres partes:

- Capa de interacción: permite, en tiempo real, la interacción de los usuarios dentro de la plataforma.

- Capa de consenso: tiene la responsabilidad de rastrear todas las operaciones de propiedad del videojuego, ya que en esta capa se crearán los debidos registros en la *blockchain* en relación con todas las acciones que se desarrollen en el videojuego; por ejemplo, la identidad de un determinado usuario que ha comprado una parcela virtual dentro de Decentraland.

- Capa de contenido: almacena la información que se empleará para la renderización del contenido en el mundo virtual con la idea de que cada usuario tenga en su poder una pequeña parte (o la totalidad) de los datos a ser renderizados, de manera que mantiene al sistema lo más eficiente posible.

95

¿El modelo de negocio de The Sandbox es innovador?

El 15 de mayo de 2012, Pixowl lanzó por primera vez The Sandbox, que comenzó siendo una plataforma de videojuegos para móviles centrada en iOS y Android. El sucesor de este fue Sandbox Evolution, que apareció en 2016. En agosto de 2018, Animoca se hizo cargo de Pixowl por 4875 millones de dólares. El interés mostrado por los desarrolladores de Animoca en el potencial de la tecnología de la cadena de bloques, sobre todo en lo referente a los tokens no fungibles (NFT) y la posibilidad de crear juegos únicos, llevó a esta empresa a investigar y desarrollar tecnología en este sentido, lo que derivó en una versión 3D de The Sandbox similar a *Minecraft*, donde los usuarios podían intercambiar objetos digitales en el juego (con la moneda SAND o LAND en forma de tokens no fungibles, ERC-721) a través de *blockchain*. En esta misma fecha, los desarrolladores Arthur Madrid y Sébastien Borget decidieron explorar y construir una experiencia diferente en un metaverso 3D sobre la *blockchain* de Ethereum, donde

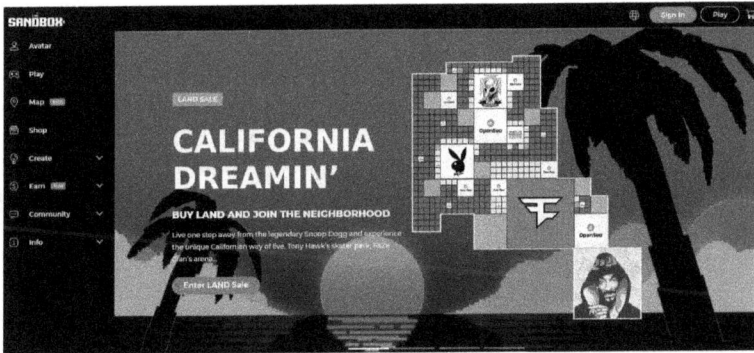

The Sandbox es un proyecto que tiene el objetivo de transferir el
poder y el control de los creadores de juegos a los artistas, amantes del
criptomercado y usuarios que quieran participar en el metaverso. Fuente:
https://www.sandbox.game/en/.

los usuarios podían ser dueños de sus propias creaciones a través de los
NFT y obtenían recompensas mientras interactuaban en el ecosistema.
Esta versión de The Sandbox se descargó más de cuarenta millones de
veces y consiguió más de un millón de usuarios activos por mes. En
2019, Animoca presentó la versión de The Sandbox y abrió la primera preventa de LAND, la cual fue un éxito arrollador. En noviembre
de 2021, The Sandbox recaudó noventa y tres millones de dólares en
fondos, una ronda liderada por el conglomerado japonés SoftBank. El
videojuego también atrajo a la famosa compañía de juegos Atari y a
la estrella de hiphop Snoop Dogg, entre otros. Para junio de 2020, se
había vendido un millón de dólares en tierras virtuales.

The Sandbox es un videojuego *play to earn* en 3D que combina
tecnología *blockchain*, NFT y DeFi en un mundo virtual en el que los
jugadores pueden crear sus personajes, mejorarlos e interactuar con un
amplio mundo virtual al puro estilo Minecraft. A diferencia de otros juegos *play to earn*, The Sandbox no tiene un mundo predeterminado, sino
que pueden crearse y personalizarse sus juegos, avatares y otros activos
digitales a través de las herramientas de diseño gratuitas que ofrece esta
plataforma, que se apoya en la tecnología *blockchain* de Ethereum, ya que
el videojuego lo hace posible gracias a los *smart contracts* de Ethereum.
The Sandbox dispone de tres productos integrados que permiten que
la experiencia de contenido generado por el usuario (UGC, según sus
siglas en inglés) sea más fluida:

- VoxEdit, para crear NFT: es un programa informático completo que contiene un modelador, un animador y un creador de
  NFT, lo que lo convierte en una herramienta profesional que
  seguramente tendrá una amplia presencia en el sector de los

videojuegos. Este *software* permite a los usuarios crear, modificar y animar sus propios NFT basados en *voxels*. Los *voxels* son píxeles en 3D que parecen bloques de lego que se pueden modelar con las distintas funciones de la plataforma. Entre los diferentes elementos que aquí se pueden crear se incluyen equipos, ropas o armas para los avatares, animales, vegetación y bienes raíces. Cualquier activo creado en VoxEdit se puede minar y transformar en un NFT para luego venderse en el mercado por SAND, el token oficial de la plataforma. Desde su creación, se han agregado miles de funciones que lo hacen una plataforma amigable para los nuevos miembros de la comunidad y del criptomercado en general.

- The Sandbox Game Maker, para crear juegos: aquí los usuarios pueden crear y probar sus juegos 3D de forma gratuita. Para esto pueden usar cualquier elemento creado con VoxEdit, como terrenos, avatares, edificios, además de otros activos de la biblioteca desarrollada por la comunidad. Su interfaz es sencilla y no requiere conocimientos de programación gracias a las herramientas de secuencias de comandos visuales.

- Mercado NFT, para comercializar activos digitales: este *marketplace* se unió al *boom* de los NFT en 2021 para hacer todavía más interactiva la experiencia en The Sandbox. Aquí los jugadores pueden cargar, publicar y vender sus NFT. Los activos se cargan primero en una red IPFS para garantizar un almacenamiento descentralizado y luego se registran en la *blockchain* para demostrar su propiedad. Y una vez registrados se puede entrar a participar en el mercado.

Los activos digitales que los diferentes usuarios utilizan para interactuar con la plataforma de The Sandbox y garantizar su economía circular son los siguientes:

LAND

Es el activo digital alrededor del cual gira todo este ecosistema. Una unidad de LAND (tierra) es una pieza digital de bienes raíces en el metaverso de The Sandbox que los jugadores compran para crear experiencias interactivas. Cada LAND es un token único (no fungible) que se encuentra en la cadena de bloques pública de Ethereum (ERC-721). Entre los terreros están disponibles dos tipos de parcelas:

- LAND: es la unidad básica del mapa. Cada tierra tiene un área de 96 x 96 metros en el mundo del juego, espacio suficiente para crear cualquier tipo de experiencias en este.

- ESTATE: es la combinación de múltiples LAND. Es aquí donde los usuarios pueden crear experiencias mayores y envolventes.

Estas LAND permiten a los jugadores monetizar las experiencias de juego de varias maneras. Pueden cobrar a otros (en SAND) por visitar sus tierras, jugar sus juegos o vender su terreno para obtener una ganancia adicional.

SAND

Es un token de utilidad creado en la *blockchain* de Ethereum que sirve como medio de intercambio para las transacciones dentro de The Sandbox. Además, tiene los siguientes usos:

- Acceso a la plataforma: los jugadores usan SAND para comprar activos, personalizar sus avatares, adquirir tierras, entre otros elementos. También se necesitan para subir NFT en el mercado oficial del metaverso.

- Gobernanza: permite a los titulares de SAND participar en las decisiones de gobierno de la plataforma mediante una estructura DAO (organización autónoma descentralizada). Pueden ejercer derechos de voto sobre elementos clave, como la atribución de fondos a creadores de contenido, o sobre la hoja de ruta de la plataforma.

ASSETS

Un ASSET (activo) es el nombre de un token que se refiere a los activos de *voxels* que se encuentran en el mercado. Una vez que esos activos se registran en el mercado a través de la cadena de bloques, se convierten automáticamente en NFT basados en el contrato inteligente ERC-1155. Cualquier entidad que quiera agregar elementos de diseño en el Game Maker o equipos para un avatar cuenta como un ASSET. Los activos se pueden usar para experiencias en el juego, para agregar a una tierra, para crear experiencias de juego o para comercializar.
Los activos se pueden clasificar en tres categorías:

- Entidad: puede ser un activo ambiental, como un árbol, un edificio o un dragón gigante volando sobre una tierra.

- Equipo: cualquier cosa que se pueda adjuntar a un avatar.

- *Block:* además de los bloques básicos que estarán disponibles en el Game Maker, los jugadores podrán crear nuevos bloques que se pueden utilizar para crear experiencias únicas.

96

¿TE GUSTARÍA ACCEDER A DECENTRALAND Y CREAR TU PROPIO AVATAR?

Decentraland es una plataforma de realidad virtual desarrollada en la red de Ethereum. En este mundo virtual, los usuarios pueden adquirir parcelas de tierra, edificar sobre ellas y monetizarlas. Se puede decir que es la primera plataforma digital que es íntegramente propiedad de sus usuarios.

Al ser Decentraland un videojuego 3D de concepto abierto, es fundamental disponer de una buena conexión a internet para que los usuarios puedan jugar de forma más fluida. Es por ello por lo que sugerimos, antes de adentrarnos en este mundo virtual, cumplir con los siguientes requisitos:

- Buena conexión a internet.

- Disponer de una cuenta de MetaMask y configurarla.

- Vincular Polygon a MetaMask.

- Tener Decentraland instalado en nuestro ordenador personal de preferencia en los navegadores Google Chrome o Firefox.

Cuando entremos en la web de Decentraland, haremos clic en *Get Started* y en la siguiente pantalla decidiremos entre las dos posibilidades para poder entrar en este metaverso, ya sea como *Invitado*, donde podremos explorar pero no interactuar (comprar o personalizar nuestro avatar de manera permanente), o con la opción *Wallet*.

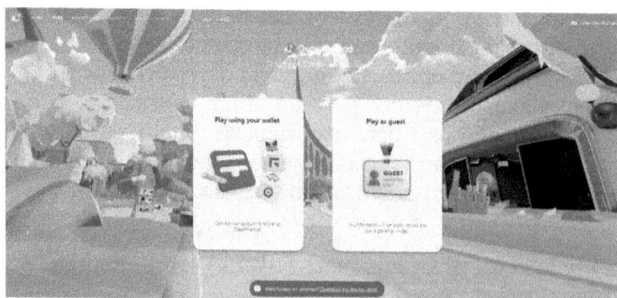

Fuente: https://decentraland.org/.

Entrar en Decentraland como visitante nos permitirá crear nuestro avatar, disfrutar del mundo virtual y conversar con otros jugadores, pero no recibiríamos ninguna recompensa al jugar. Para ello lo haremos con nuestra cartera digital, con la que crearemos una cuenta personal dentro de este videojuego 3D, que estará unida a nuestra *wallet* MetaMask. Para ello aceptaremos la interacción con nuestra *wallet* para conectarnos.

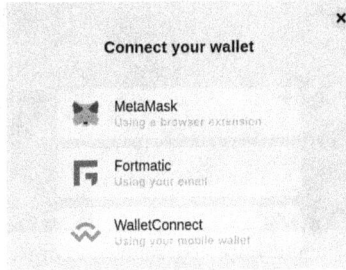

Fuente: https://decentraland.org/.

Posteriormente se desplegará el menú para seleccionar las características de nuestro avatar, ya sea color del cabello, ojos o prendas de vestir. Ya que nuestro avatar es nuestra representación dentro de Decentraland, lo personalizaremos a nuestro gusto.

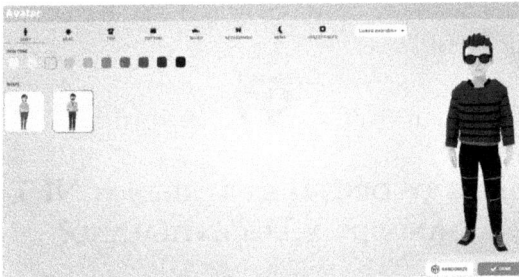

Fuente: https://decentraland.org/.

A continuación, crearíamos la identidad de nuestro avatar asignándole un nombre y un correo electrónico.

Fuente: https://decentraland.org/.

Posteriormente, haremos clic en el botón Play para iniciarnos en el metaverso de Decentraland.

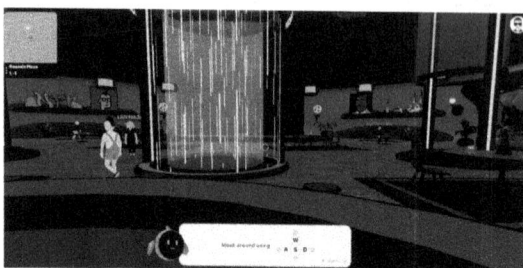

Fuente: https://decentraland.org/.

Es importante informar de que entrar en este metaverso es gratuito, donde podremos acceder a varios de sus espacios de forma completamente gratuita. Conllevaría un coste asociado hacer los registros pertinentes, las adquisiciones de NFT, como parcelas, o la personalización de nuestras propias creaciones para nuestro avatar. Y recuerda que la plaza Genesis es el primer lugar donde se empieza la aventura en este metaverso.

97

¿Invertirías tu dinero en terrenos NFT de The Sandbox y Decentraland?

Comprar inmuebles en el metaverso promete formar parte de la normalidad en los próximos años. De hecho, se ha tenido constancia de inversiones en terrenos y edificios virtuales superiores a los cien millones de dólares, más de ochenta y ocho millones de euros solo en diciembre de 2021 según de DappRadar.

La actividad inmobiliaria en el metaverso también incluye contratos formalizados a través de *blockchain* y disfruta de las garantías jurídicas de los NFT (tokens no fungibles). Las propiedades digitales serán únicas, dispondrán de un dueño acreditado en ciberescrituras y serán objeto de transacciones sujetas a acuerdos entre las partes gracias a los *smart contracts*. Todo apunta a que proliferarán las empresas especializadas en este tipo de negocios y se crearán nuevos registros de la propiedad específicos para el medio.

La adquisición de parcelas en The Sandbox o Decentraland, además de permitir una presencia en dichos metaversos, puede ser un buen escaparate para mostrar las habilidades de uno en el modelado 3D, ya que puedes desarrollar espacios con detalles arquitectónicos en dichos terrenos. Además, centros de reunión, espacios de diversión o alquilar dichos espacios virtuales para mostrar publicidad o para que otros puedan utilizarlos por un tiempo determinado. En definitiva, la compra de terrenos en estos metaversos abre una serie de oportunidades con el fin de hallar la que mejor se ajuste a tus necesidades.

También es importante recalcar que una inversión en una parcela de terreno virtual en el metaverso es una acción arriesgada, ya que la adquisición puede revalorizarse o hundirse, tal y como sucede en el criptomercado. Muchos proyectos de metaversos están desarrollándose, sin finalizar, en progreso, algunos incompletos y otros todavía no están del todo definidos o siguen en la fase de diseño.

Asumiendo el riesgo que tiene este tipo de inversión exótica que representa la compra de un terreno en el metaverso, así como las oportunidades o amenazas que puede suponer, podemos seguir los siguientes pasos para llevarla a cabo:

- Identifica el metaverso que te interese: existe una gran variedad de metaversos, algunos están pensados para crear comunidades de juego, otros para crear comunidades y negocios, etc.

- Conoce la red en la que está desplegado el metaverso: los metaversos *blockchain* funcionan gracias a los *smart contracts*, que dependen de una red específica, como es el caso de Ethereum o Polygon.

- Configura la *wallet* a utilizar: al ser los metaversos construcciones Web3, el monedero MetaMask (https://metamask. io/) es más que suficiente para permitirnos interactuar con él, indiferentemente de la red en la que esté desplegado, siempre y cuando configuremos el monedero para emplear dicha red.

- Recarga tu *wallet* con saldo: podemos recargar nuestro monedero MetaMask comprando *ether* y MANA (el token nativo de Decentraland) empleando los servicios de un *exchange* como Binance. Cada metaverso tiene su moneda nativa. The Sandbox tiene el token nativo SAND, el cual se necesitará para poder realizar acciones dentro de ese metaverso.

- Date de alta en el metaverso e interactúa: darnos de alta en el metaverso e interactuar, en nuestro caso en Decentraland o The Sandbox.

- Ir al *marketplace* oficial del metaverso elegido y adquirir una parcela de terreno virtual.

Las reglas del mercado inmobiliario del mundo real se trasladan a este metaverso, lo que te indica rápidamente que aquellos espacios con mayor actividad, como la plaza Genesis, son mucho más costosos que los que están más alejados. Fuente: imagen de Reto Scheiwiller en Pixabay.

Si nos centramos en The Sandbox, comprar LAND es bastante sencillo y basta con ir a la web principal de este metaverso y hacer clic en *Buy Land*. Esto te llevará a OpenSea, donde podrás analizar todos los terrenos que están en venta en The Sandbox y podrás adquirirlos empleando este *marketplace* de NFT.

Por lo que respecta a Decentraland, para adquirir terrenos o LAND debemos irnos al *marketplace* de Decentraland y crearnos una cuenta empleando nuestra *wallet*. Una vez en nuestra cuenta, debemos ir a la sección *LAND* del *marketplace* para empezar con el proceso de compra de LAND dentro de este metaverso. En este punto, tenemos dos opciones de compra: parcelas de cien metros cuadrados (los lotes de terreno más pequeños en Decentraland) y los Estados o Estates, que son dos o más parcelas continuas que han sido unidas y pertenecen al mismo dueño.

98

¿Meta y otras grandes empresas en el metaverso?

En otoño de 2021, Mark Zuckerberg, CEO de Facebook, anunció de manera oficial que los metaversos serían parte fundamental de la visión de su compañía, al punto que decidió cambiar el nombre del corporativo de Facebook a Meta. El anuncio anticipó que, en los próximos diez años, Meta dedicaría buena parte de sus recursos a la creación de un metaverso abierto e interoperable con otras plataformas ya existentes.

Desde que Zuckerberg decidió dejar de lado las redes sociales típicas de la Web 2.0 como Facebook y apostarlo todo al metaverso con su propia plataforma inmersiva Horizon Worlds, no hay sector económico que se precie que no haya empezado a investigarlo e indagarlo. Respeto a Horizon Worlds (anteriormente Facebook Horizon), es un videojuego en línea gratuito de realidad virtual con un sistema integrado de creación de videojuegos desarrollado y publicado por Meta Platforms. En esta plataforma virtual multijugador, los usuarios se mueven e interactúan entre sí en varios mundos que albergan eventos, juegos y actividades sociales.

Según Meta, los usuarios pueden crear su propio avatar, con una cara y un atuendo personalizados, para representarse a sí mismos en el mundo virtual. Todos los jugadores comienzan en un lugar denominado *plaza*, donde pueden tomar portales a diferentes mundos creados por otros usuarios. Dispone de un sistema integrado de creación de juegos que permite a los usuarios crear nuevos mundos. Además, los usuarios también pueden crear su propio espacio personal, que es un mundo privado solo para ellos. El juego se lanzó originalmente el 9 de diciembre de 2021 para los auriculares Oculus Rift S y Oculus Quest 2.

En febrero de 2022, Meta informó que Horizon Worlds tenía aproximadamente trescientos mil usuarios; sin embargo, para octubre de 2022, *The Wall Street Journal* informaba que había menos de doscientos mil usuarios mensuales.

Según un informe de McKinsey, solo en los cinco primeros meses de 2022, las inversiones en esta tecnología superaron los 120 000 millones de dólares a nivel mundial, que casi llegó a triplicar los 57 000 millones de dólares que se invirtieron en todo 2021. Esta enorme inyección de capital ha permitido que el número de entornos y proyectos del metaverso no haga más que aumentar y cada vez con mejores prestaciones.

La verdad es que el metaverso es uno de los grandes temas de conversación en el sector tecnológico en la actualidad, y lo es sobre todo porque Mark Zuckerberg sigue empeñado en hablar de él, no porque esta nueva frontera de internet esté ya desarrollada o esté claro que vaya a funcionar. Tal es el ruido que ya está salpicando a otras compañías que, en principio, se están tomando el tema con mucha más prudencia, como es el caso de Alphabet (matriz de Google) con YouTube, para que funcione tanto en entornos de realidad virtual como de realidad aumentada, o las mejoras para Google Lens. Parece que el enfoque de esta corporación en el corto plazo está centrado en la realidad aumentada, aunque aún no ha encontrado una salida satisfactoria a la realidad virtual como negocio y más después del último fracaso con las gafas

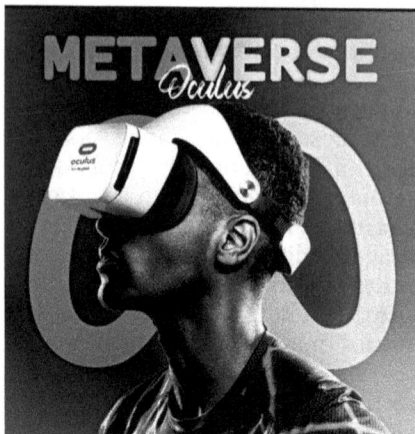

Podemos decir, con toda probabilidad, que las cosas no saldrán exactamente como se esperaban inicialmente; sin embargo, podemos hacer suposiciones. Un buen comienzo sería seguir muy de cerca la evolución de las ventas de las lentes de realidad virtual para estimar el impacto de un metaverso centralizado. El comienzo nos puede revelar muchas cosas sobre el final. Fuente: imagen de Achin bm en Pixabay.

Cardboard y su plataforma Daydream View VR. Esto no quiere decir que Alphabet se olvide de la realidad virtual y su posible incursión en el metaverso, pero sus fracasos anteriores pesan mucho todavía, como el estrepitoso fracaso de Google Glass hace unos años, aunque ahora les está dando una segunda oportunidad. Con la tecnología de realidad virtual, todo indica que el camino que seguirá será el mismo, sin olvidarla ni arriesgar en exceso.

Embarcarse en proyectos de I+D de tecnología innovadora es un camino sumamente arriesgado en el que, si la apuesta sale bien, los beneficios que se conseguirían serían mucho más cuantiosos que los que obtendríamos por apostar por lo ya conocido. Aunque, si se fracasa, las pérdidas serían dramáticas, que se lo digan a Meta y a su inversión, entre otras, en el superordenador para inteligencia artificial más potente del mundo, con cinco exaFLOPS de cálculo de precisión mixta para potenciar el metaverso, hablamos del Research SuperCluster (RSC). Lo cierto es que Meta no está sola en este mundo de los ordenadores de alto rendimiento para el desarrollo de la inteligencia artificial. Microsoft, en colaboración con OpenAI, puso en marcha en 2020 uno de los cinco principales superordenadores en este campo.

Por lo que respecta a Microsoft, en 2019 aparecieron las lentes HoloLens 2, un dispositivo holográfico autónomo ergonómico con aplicaciones preparadas para la empresa, para aumentar la precisión y la producción del usuario. En 2021 presentó Mesh, una de sus primeras aplicaciones para el metaverso que consiste en una herramienta de comunicación de realidad mixta que permite a usuarios en diferentes partes del mundo unirse en un espacio virtual. A comienzos de 2022 cerró también la adquisición de Activision Blizzard, una de las grandes creadoras de videojuegos a nivel mundial, entre los que se encuentra el mítico World of Warcraft. También, en este

2022, ha lanzado su apuesta por el metaverso industrial aliándose con multinacionales como Kawasaki, Boeing y Heinz, en el cual lleva las aplicaciones de realidad aumentada y sus diferentes tecnologías a los espacios de trabajo, que ayudan a facilitar procesos mediante aplicaciones virtuales en el ámbito industrial. La apuesta de Microsoft en el campo del metaverso industrial pasa por facilitar las tareas a los operarios creando un gemelo digital de su espacio de trabajo a partir del cual podrán optimizar diferentes procesos. Así, los operarios podrían analizar cuáles son las mejores opciones para resolver un problema analizando la situación desde el punto de vista de una simulación del problema al que se enfrentan.

Entre las *big tech*, la apuesta está en el *hardware*, que será una de las piezas clave del rompecabezas que supone actualmente el metaverso, ya que en realidad lo que se quiere iniciar es una nueva revolución aún mayor que la de los teléfonos inteligentes. En dieciocho meses, desde 2021, se han vendido más de diez millones del Meta Quest 2 (visor de realidad virtual de Meta) y Microsoft está comercializando sus HoloLens 2. Como respuesta, pronto tendremos las propuestas de Apple y Google.

La verdad es que las *big tech* están invirtiendo muchísimo dinero en el metaverso y no tenemos la manera de saber cuáles serán los mejores proyectos en el futuro, pero podemos asumir que los de mayor crecimiento hoy tendrán las mayores oportunidades mañana.

99

¿Encontramos marcas de lujo y de renombre en el metaverso?

En enero de 2022, Warner Music anunció el lanzamiento de un sitio virtual en The Sandbox, un metaverso basado en la *blockchain* de Ethereum. Allí, la firma de discos ha adquirido un terreno virtual en el que creará una combinación de parque temático musical y un recinto para conciertos. The Sandbox es una de las grandes plataformas del mundo virtual donde han invertido diversas multinacionales: Adidas, Atari, Gucci, incluso Carrefour o PwC. Nike, la firma de ropa deportiva, ha creado Nikeland en el metaverso de Roblox, donde los usuarios socializan y participan en promociones de esta marca. En esta misma plataforma virtual, la marca de lujo Gucci creó en 2021 un espacio digital temporal de su exposición centenaria, e incluso la empresa de automoción Hyundai lanzó la Hyundai Mobility Adventure, un espacio donde se presentaron los productos más nuevos de la firma y las futuras soluciones de movilidad.

Podemos decir que el metaverso es una evolución de internet que se ha desarrollado gracias a mecanismos basados en la criptografía y la cadena de bloques. Su objetivo es devolver el poder a los usuarios, que durante años han monopolizado las *big tech*, dotando a la web de mecanismos mucho más transparentes y fiables gracias a la tecnología *blockchain*. Además, el modelo económico que se generará es un entorno digital completamente descentralizado en el que los usuarios pueden ser los que custodien su propia identidad, su información y sus actuaciones, sin que tengan forzosamente que confiar en grandes compañías tecnológicas. Para avanzar en esta senda se permitirá que las empresas evolucionen hacia organizaciones descentralizadas y autónomas (DAO, por sus siglas en inglés) que vinculen a sus trabajadores, proveedores y clientes mediante los llamados *smart contracts* y otras funcionalidades que permita la cadena de bloques. Gracias a esto, en el metaverso podrás hacer cosas con las que no te podrán engañar, porque la capacidad de engañar caerá víctima de la impenetrabilidad de los contratos inteligentes y de la criptografía.

Si hablamos de *blockchain*, ineludiblemente debemos hablar de los NFT o tokens no fungibles, los cuales irrumpieron en el mundo en 2021 con colecciones como Bored Ape Yacht Club y CryptoPunks, que generaron miles de millones de dólares en ventas. El revuelo en torno a los coleccionables digitales acabó llamando la atención de las grandes marcas, que empezaron a experimentar con la tecnología para conectar mejor con sus clientes. Según una encuesta realizada a mediados de 2022 por el agregador de mercados CoinGecko, los encuestados estimaron que el mercado de los NFT podría valer más de 800 000 millones de dólares en los próximos dos años. Para el medio *Cointelegraph*, estudios más convencionales sitúan el valor del mercado mundial de los NFT en unos 230 000 millones de dólares para el final de la década.

Según Dune Analytics, marcas líderes como Nike, Gucci, Dolce&Gabbana, Adidas y Tiffany acumularon un valor combinado de 260 millones de dólares en ventas gracias a los NFT. Por ejemplo, los tokens no fungibles de Nike acumularon 185,3 millones de dólares en ingresos, con volúmenes en los mercados secundarios que se acercaron a los 1300 millones de dólares. Dolce&Gabbana generó 25,6 millones de dólares en ingresos mediante ventas de NFT. Tiffany lanzó en 2022 su token NFT, que permitía a los titulares de CryptoPunk acuñar colgantes personalizados, lo que acumuló 12,6 millones de dólares en ventas relacionadas con tokens no fungibles. Además, los ingresos totales por NFT de Gucci y Adidas fueron de 11,6 y 10,9 millones de dólares, respectivamente.

Por otra parte, para la consultora tecnológica Baufest, el 70% de las grandes marcas tendrán presencia en el metaverso en cinco años, con un fuerte impacto en el sector del *retail*. Se trata de un nuevo canal de *marketing* que desafía los cánones clásicos de la publicidad y propicia una manera diferente de conectar con el consumidor.

Algunos publicistas afirman que, para tener éxito en esta nueva coyuntura, se debe considerar el metaverso como un reino virtual en el que el individuo se adentra para evadirse del mundo real. Eso significa que las marcas no deberán crear nada que se parezca a la publicidad tal y como la conocemos, sino que tendrán que comprender un universo complejo, compuesto por varios metaversos.

La verdad es que los usuarios ya no quieren más publicidad intensiva; los viejos formatos desaparecen y las marcas y sus campañas deben integrarse de forma natural en el espacio para pasar a ser parte del ecosistema inmersivo e interactivo. Ya no es de extrañar este interés, ya que las tecnologías que lo hacen posible, como la realidad virtual y la aumentada, los NFT o el 5G, han experimentado un gran desarrollo en el último año. Las marcas deberán poner el avatar en el centro y ampliar el abanico de la personalización introduciendo objetos y habilidades exclusivas. Deben generar todo un entorno inmersivo donde los usuarios quieran pasar tiempo a través de esas distintas experiencias. Y, por supuesto, recuperar el concepto de comunidad, que tanto se ha diluido en el *social media*, permitiendo al usuario que se sienta parte de ella y en la cual sienta la libertad de aportar y cocrear.

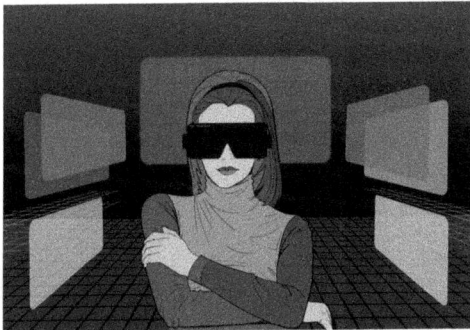

Está previsto que el mercado de gafas virtuales pase de vender veinticinco millones de unidades al año a cincuenta millones en el periodo 2022-2023. La incorporación del modelo de Apple y las nuevas versiones de Google y Sony estarían detrás de este incremento. Fuente: imagen de Gerd Altmann en Pixabay.

100

¿Hablamos de un gran mercado potencial para el metaverso?

El metaverso representa la trascendencia del mundo físico al virtual, con un nivel de interoperabilidad entre ambos mundos completamente transparente, de manera que uno pueda interactuar con objetos reales del mundo real a la vez que interactúa con objetos de información del mundo virtual.

Las ventas de terreno en el metaverso superaron los cien millones de dólares en una sola semana en diciembre de 2021 y se espera que el valor del mercado de tierras del metaverso continúe aumentando a un ritmo exponencial con un crecimiento de las ventas de más de cinco mil millones de dólares para 2026 según un estudio de mercado mundial realizado por Technavio. Además, Facebook cambió su nombre y ahora se llama Meta y Oculus, su modelo de gafas de realidad virtual, ha superado en 2021 en número de ventas a la consola Xbox. Es más, empresas como Nike, Reebok, Inditex, Disney, Balenciaga o Vodafone han creado departamentos internos dedicados enteramente a crear contenidos para el metaverso.

Según un informe de Bloomberg Intelligence, el metaverso supone actualmente una oportunidad de negocio de 500 000 millones de dólares, cifra que ascenderá a los 800 000 millones en 2024 y a los 2,5 billones en 2030. De acuerdo con otro informe de la consultora PwC, el sector de la realidad virtual y la realidad aumentada repercutirá en la creación de veinticuatro millones de puestos de trabajo a nivel mundial de aquí a 2030.

Grayscale estima que la oportunidad de mercado para que el metaverso sea adoptado generalmente puede estar valorada en más de un billón de dólares en los próximos años.

Según McKinsey & Company, el valor del metaverso podría alcanzar los 5 billones de dólares para 2030, donde el comercio electrónico será la principal fuente de ingresos del metaverso, representando aproximadamente el 50% del valor total para 2030 (2,6 billones de dólares) por delante del aprendizaje virtual (270 mil millones), la publicidad (206 mil millones) y los juegos (125 mil millones). Según el estudio de esta consultora, el 95% de los líderes empresariales prevén que el metaverso tendrá un impacto positivo en sus sectores en un periodo de entre cinco y diez años, y el 31% asegura que el metaverso cambiará radicalmente la forma comprender y desarrollar la actividad laboral. Los continuos avances tecnológicos en la infraestructura necesaria para impulsar el metaverso han propiciado que esta nueva convergencia entre el mundo físico y el digital se haya convertido en una de las grandes apuestas por el futuro. De hecho, la inversión total de los primeros meses de 2022 ha superado los 120 000 millones de dólares, dejando atrás los 57 000 millones que se destinaron a esta realidad alternativa a lo largo de todo 2021.

Para Analysis Group, si la adopción y el impacto del metaverso evolucionan de manera similar a la tecnología móvil, podría contribuir en un 2,8 % al producto interno bruto (PIB) global en el décimo año después de que comience su adopción. Es decir, si comenzara en 2022, la adopción del metaverso en los próximos diez años podría significar una contribución de 3 billones de dólares al PIB mundial en 2031. Al igual que la tecnología móvil, se espera que el metaverso tenga aplicaciones de gran alcance, con el potencial de transformar una amplia gama de sectores económicos, como educación, atención de la salud, manufactura, capacitación laboral, comunicaciones, entretenimiento y comercio minorista.

Por lo que respecta al mercado de la realidad virtual, por el momento prácticamente restringido a la venta de visores, apunta a un fuerte dominio de Meta con sus dispositivos Oculus, lo que permitiría que la compañía capitalizase su adquisición de marzo de 2014 de no ser por que todo indica que lo que está haciendo es financiar el crecimiento del mercado vendiendo los dispositivos sensiblemente por debajo de su coste. La estrategia, sin embargo, ha permitido a Meta monopolizar por el momento un 90 % del mercado de estos dispositivos, con un crecimiento de un 241,6 % durante el primer trimestre de 2022 según un estudio de IDC. Además de Meta, estaría Pico, propiedad de ByteDance, con un 4,5 %, y otras compañías como DPVR, HTC o iQIYI con un 4 % entre todas ellas. Otras, como Sony, están presentando nuevos dispositivos, mientras que la gran incógnita, Apple, parece estar preparándose, según analistas especializados, para lanzar pronto el que podría ser su dispositivo con un precio alto y unas prestaciones para disputarle el mercado a los Oculus de Meta. En todo el año 2021 se vendieron en torno a unos seis millones de dispositivos para configurar una base instalada de alrededor de 16,44 millones. Las previsiones apuntan a un fuerte crecimiento, pero la disputa del mercado se prevé dura: por el momento, Meta, que intenta moverse rápido para tratar de aprovechar la ventaja del pionero, ha conseguido atraer a unas trescientas mil personas a su plataforma Horizon, aunque se desconocen los detalles sobre nivel de uso y fidelidad. En la plataforma de Meta, como en sus dispositivos, es necesario entrar con una cuenta de Facebook, lo que la separa sensiblemente del concepto de metaverso y la encuadra más en el ámbito de los llamados «mundos virtuales», más similares a un videojuego o a lo que en su momento pudo ser Second Life.

Otras compañías, como Niantic, Snap o incluso la propia Linden Labs, creadora de Second Life, tratan de disputarse con Meta el mercado actual de la realidad virtual y ampliarlo al de la realidad aumentada, mientras que Meta sigue lanzando nuevos dispositivos. Por el momento, la gran mayoría de los usuarios tanto individuales como corporativos están simplemente explorando o siendo presas de la presión social sin que hayan surgido aún verdaderas aplicaciones interesantes más allá de reunirse en forma de avatares en una habitación virtual mientras los participantes en la reunión están en una misma habitación con unas pesadas gafas puestas. El crecimiento de ese mercado es una incógnita debido a la llegada de nuevos competidores y de aplicaciones con nuevas funcionalidades.

Por otra parte, actualmente hay numerosas plataformas o videojuegos que ofrecen experiencias tipo metaverso. En 2020, el rapero Travis Scott cantó en Fortnite a través de su avatar para doce millones de jugadores. En agosto de 2021, la cantante Ariana Grande hizo lo mismo. En 2021, el coleccionista español Pablo Rodríguez-Fraile, un terrateniente de Decentraland, vendió el primer NFT (token no fungible) millonario (5,5 millones de euros) de la historia por un vídeo de diez segundos del célebre artista digital Beeple.

De nada servirá toda esta tecnología que se quiere desarrollar en el metaverso si no hay un contenido que les interese a los usuarios. Este tendrá que superar el reto crítico de proveer una experiencia nueva de algún tipo, que sea mejor que todo lo otro que compite por la atención de las personas.

GLOSARIO DE PRIMEROS AUXILIOS

Airdrop: reparto gratuito de criptoactivos entre aquellos usuarios que cumplan con varios requisitos.

Algoritmo: conjunto de pasos y métodos lógicos que, en una red informática, sus participantes deben seguir para ejecutar un comando o resolver un problema. En el ámbito *blockchain* se refiere a los métodos empleados por la minería para verificar transacciones. Algunos de ellos son SHA-256, CryptoNight y Scrypy.

Altcoin: se emplea para referirse a cualquier criptomoneda que no es el bitcoin. Este nombre surge de la unión de los términos *alternative* y *coin.*

Altura del bloque: cantidad de bloques que preceden a otro en una plataforma *blockchain.*

ASIC: el circuito integrado de aplicación específica (ASIC) es un chip diseñado para cumplir una tarea determinada. En el mundo del bitcoin y las criptomonedas, es utilizado para resolver problemas de *hashing* y así generar nuevas criptomonedas, lo que se conoce como «minería de criptomonedas».

Ataque de 51%: en teoría, un ataque informático que puede ser perpetrado por una entidad o grupo de minería que posee la mayoría del procesamiento de transacciones de la red *blockchain* (51% o más) para prevenir que nuevas transacciones se confirmen.

Atomic swaps: intercambios atómicos. Se refiere al protocolo transaccional que permite cambiar una moneda por otra sin usar un servicio centralizado, como una casa de cambio.

Bitcoin (con B mayúscula): se utiliza para describir el concepto de Bitcoin, la totalidad de la red *blockchain* que sustenta a la criptomoneda y el protocolo que se ejecuta sobre ella.

bitcoin (con b minúscula): se refiere a la unidad de la criptomoneda basada en la red *blockchain* homónima. Se puede usar en singular y en plural (bitcoin y bitcoins). Se abrevia como BTC y a veces como XBT, aunque esta última sigla ha entrado en desuso progresivamente.

Bloque de transacciones: unidad de almacenamiento de una red *blockchain* donde se recoge una cantidad determinada de transacciones válidas, la cual es distribuida a todos sus nodos y que, una vez enlazada con los bloques anteriores, queda registrada de manera inmutable en la cadena de bloques.

Bloque génesis: nombre dado al primer bloque creado y verificado de la *blockchain* de una criptomoneda.

Bloque huérfano: bloque que señala como bloque anterior a una dirección desconocida, lo que imposibilita su validación.

Bloque recompensa: beneficio que obtiene un minero por resolver con éxito un acertijo *hash* y crear un bloque. La red Bitcoin actualmente otorga 12,5 bitcoins por cada bloque minado. Esta recompensa se reduce a la mitad cuando se ha extraído un cierto número de bloques. En el caso de Bitcoin, el cambio se produce cada 210 000 bloques.

BTC: abreviatura para referirse a las unidades de bitcoins.

Cabecera de bloque: componente de un bloque donde se incluye la siguiente información: versión del *software* de Bitcoin, dirección *hash* del bloque anterior, árbol Merkle, hora o marca de tiempo, objetivo de dificultad y número *nonce.*

Casper: protocolo consensuado en el que los nodos depositan una cantidad de criptoactivos garantes de su participación en el consenso y el procesamiento de bloques de una red. Si un nodo validador intenta aprobar algún bloque no aceptado por Casper, el depósito y la autorización para participar le son retirados al nodo.

Coinbase: entrada de las transacciones de generación de criptomonedas en los bloques de la *blockchain* que puede contener texto arbitrario y que es realizada por el minero creador del último bloque. Coinbase también es el nombre de una conocida casa de cambio de criptoactivos.

Confirmación: verificación por parte de los nodos de la red de un bloque que contiene únicamente transacciones válidas realizadas con criptomonedas que nunca habían sido usadas. El tiempo de confirmación en la red Bitcoin varía de diez a sesenta minutos, generalmente.

Consenso: acuerdo alcanzado por la mayoría de nodos participantes de una red en cuanto al estado de esta y su protocolo.

Criptografía: conjunto de técnicas y métodos matemáticos que protegen la información de los datos registrados en la *blockchain* dotándolos de seguridad y garantizando su inmutabilidad.

DAO: es un organismo autónomo independiente. Son sistemas de código abierto y descentralizados que no necesitan un operador o intermediación humana. Pueden funcionar de forma independiente de sus desarrolladores y terceras personas una vez que se cumplan unos requisitos previamente consensuados y reflejados en un contrato inteligente o *smart contract.*

DDoS (ataque): ataque informático que consiste en realizar peticiones sencillas a un servidor hasta saturarlo y afectar su disponibilidad. Las siglas significan «denegación de servicio distribuido».

DeFi: es un ecosistema de *smart contracts* y aplicaciones descentralizadas que tiene el propósito de diseñar una serie de servicios financieros apoyados sobre la tecnología *blockchain,* que es permite ser completamente descentralizados, seguros y globales.

Deflación: reducción de los precios en una economía durante un periodo de tiempo determinado.

Dificultad: número que determina la complejidad del acertijo *hash* a resolver en cada bloque. Varía en función de la potencia de cálculo de los mineros en la red y se ajusta automáticamente cada cierta cantidad de bloques minados. En el caso de Bitcoin, se ajusta cada 2016 bloques.

Dirección: secuencia de caracteres alfanuméricos que señala la ubicación de una cartera a la que puede enviarse la cantidad deseada de criptomonedas.

Doble gasto: acto de realizar dos pagos con una misma criptomoneda. Supone una operación fraudulenta y, aunque es difícil de hacer en la red Bitcoin, se evita esperando al menos una confirmación de la red antes de dar por finalizada la transacción.

Escalabilidad: propiedad de la tecnología *blockchain* en su conjunto que señala su habilidad para adaptarse a los nuevos retos y evolucionar de manera fluida.

Fíat (dinero): es una forma de dinero sin valor intrínseco, por lo que se entiende como una especie de dinero fiduciario cuya principal característica es el respaldo legal. Su valor se basa en su declaración como dinero por el Estado. El fíat es el tipo de moneda del dólar, el euro, el yen y las principales monedas de curso internacional.

Fiduciario (dinero): se basa en la fe o confianza de la comunidad; es decir, que no se respalda por metales preciosos ni nada distinto a una promesa de pago por parte de la entidad emisora.

Firma digital: proceso matemático que permite verificar la autenticidad del remitente de bitcoins. Al *hashear* en conjunto la clave pública y la clave privada del emisor, el receptor puede comprobar que el pago fue realizado por ese remitente y que, además, no fue alterado por nadie más.

Gigahashes/sec.: número de intentos de *hash* posibles en un segundo dado, medido en miles de millones de *hashes* (miles de *megahashes*).

Halving: término referente al evento en que se reduce por la mitad la recompensa recibida por los mineros cuando completan un bloque en una cadena distribuida que funcione con prueba de trabajo (conocido en inglés como *proof of work*). En Bitcoin, sucede cada 210 000 bloques minados.

Hash de firma: en Bitcoin, se refiere a un *hash* que indica qué partes de la transacción son firmadas y, por tanto, inmodificables. Por defecto, se etiqueta una transacción con la señal SIGHASH ALL.

Hash: función algorítmica que emite una dirección alfanumérica que resume y protege la información insertada a través de una entrada. Sirve también para garantizar la inmutabilidad de una unidad de información, ocultar una contraseña o servir como firma digital.

Inflación: elevación notable del nivel de precios y, por tanto, disminución del poder adquisitivo del dinero.

Lightning network: es un sistema descentralizado para micropagos instantáneos y de alto volumen que elimina el riesgo de delegar la custodia de fondos a terceros de confianza.

Liquidity mining: o minería de liquidez, es una estrategia que se centra en incentivar la inyección de liquidez en un protocolo a cambio de distribuir entre los usuarios una serie de tokens que dan acceso a la gobernanza del proyecto y que también pueden ser intercambiados por mejores recompensas o por otros criptoactivos.

Metaverso: es un universo posrealidad, un entorno multiusuario perpetuo y persistente que fusiona la realidad física con la virtualidad digital.

NFT: token no fungible que representa algo único y que no es intercambiable de forma idéntica.

Nodo: es un ordenador conectado a la red Bitcoin que transmite transacciones a otros.

Nonce (number used only once): es un número que solo puede ser usado una vez. En las cadenas de bloques con sistemas de prueba de trabajo son usados para variar la entrada a la función de *hash* criptográfico y obtener un *hash* único en el próximo bloque minado. El minero que consiga este número dentro del rango de dificultad de la red y cumpla con las condiciones de *hashing* de esta será el minero —o grupo de mineros— recompensado con bitcoin por el trabajo realizado.

Oráculo: dispositivo computacional que puede tomar datos fidedignos e inalterables del mundo real, fuera de un entorno informático, para ejecutar algún protocolo interno de *blockchain*. Son sumamente útiles para la ejecución de contratos inteligentes en dispositivos del internet de las cosas, por lo que algunas empresas ya comienzan a utilizarlos.

P2P: hace referencia a una red *peer to peer* o entre iguales; es decir, una red descentralizada donde todas las partes interactúan entre sí.

Pool de minería: es la agrupación de dos o más mineros que juntan su poder de cómputo para elevar las posibilidades de resolver un bloque y obtener una recompensa. En los *pools* de minería, la recompensa se divide internamente en función de la cantidad de *hashes* aportados por cada uno de sus integrantes.

Protocolo: reglas consensuadas y oficiales bajo las que los participantes de una red descentralizada interactúan, se conectan entre sí y comparten diversa información sobre la red.

Recompensa por bloque: beneficio en criptomonedas que obtiene un minero por resolver con éxito un acertijo *hash* y confirmar un bloque de transacciones. La recompensa se recibe en la unidad nativa de la red en la que los mineros trabajan; así, en Bitcoin se paga en bitcoins y en Ethereum en *ethers*. La red Bitcoin inicialmente otorgaba una recompensa de cincuenta BTC que se reduce cada cuatro años.

Satoshi: es la subdivisión más pequeña que se puede obtener de un bitcoin; a saber: 0,00000001 BTC.

SHA-256: es la función criptográfica utilizada como base para la prueba de trabajo que permite minar bitcoins y otras criptomonedas.

Smart contract: es un tipo especial de instrucciones que es almacenado en la *blockchain*, y que además tiene la capacidad de autoejecutar acciones de acuerdo con una serie de parámetros ya programados. Todo esto de forma inmutable, transparente y completamente segura.

Tasa de hash (hash rate): es la unidad de potencia de procesamiento de la red Bitcoin que se relaciona con el número de valores *hash* que se pueden realizar en un periodo de tiempo dado. También se conoce como velocidad *hash*.

Teoría de juegos: es una rama de las matemáticas que tiene una gran importancia en el campo de la conducta y de toma de decisiones y que tiene una gran presencia en la tecnología *blockchain*.

Titulización: es una técnica financiera que consiste en la transferencia de activos financieros que proporcionan derechos de crédito (como, por ejemplo, facturas emitidas y no saldadas o préstamos en vigor) hacia un inversor, que transforma esos derechos de crédito, mediante el paso a través de una sociedad *ad hoc*, en títulos financieros emitidos en los mercados de capitales.

Tokenización: es la transformación y representación de un activo u objeto dentro de una *blockchain*.

Unidades de cuenta: se refieren a la capacidad de cada bitcoin de dividirse hasta en ocho decimales y permitir una flexibilidad económica sin precedentes.

Wallet: software que permite almacenar y hacer transacciones con las criptomonedas sin permiso ni mediación de nadie.

Yield farming: o agricultura de rendimiento, consiste en una estrategia de inversión donde los inversores buscan establecer la mejor forma de invertir sus criptoactivos para maximizar sus ganancias apalancando sus posiciones mientras emplean diversas plataformas DeFi en sus operaciones.

BIBLIOGRAFÍA

AGHION, P., ANTONIN, C. y BUNEL, S. (2021). *El poder de la destrucción creativa: ¿qué impulsa el crecimiento económico?* Deusto.

BROOKING, A. (1997). *El capital intelectual: el principal activo de las empresas del tercer milenio.* Paidós Empresa.

CHEN, A. (2021). *The Cold Start Problem: Using Network Effects to Scale Your Product.* Random House Business.

DIAMANDIS, P. y KOTLER, S. (2021). *El futuro va más rápido de lo que crees: cómo la convergencia tecnológica está transformando las empresas, la economía y nuestras vidas.* Deusto.

EDVINSSON, l. y MALONE, M. S. (1997). *El capital intelectual.* Gestión 2000.

FORTNOW, M. y TERRY, Q. H. (2021). *The NFT Handbook: How to Create, Sell and Buy Non-Fungible Tokens.*

FUNDACIÓN COTEC (2021). *La economía intangible en Italia, Portugal y España.* Fundación Cotec.

— (2017). *La economía intangible en España. Evolución y distribución por territorios y sectores (1995-2016)*. Fundación Cotec.

Jiménez, F. y De la Torre, A. (2017). *Valoración de empresas y análisis bursátil*. Segunda edición. Pirámide.

Kaplan, R. y Norton, D. (2016). *El cuadro de mando integral: The balanced scorecard*. Gestión 2000.

Lev, B. (2001). *Intangibles: Management, Measurement, and Reporting*. Brookings Institution Press.

Saint-Onge, H. y Armstrong, C. (2004). *The Conductive Organization: Building Beyond Sustainability*. Elsevier.

Santiago, I. (2021). *Introducción al blockchain y las criptomonedas en 100 preguntas*. Segunda edición. Ediciones Nowtilus.

— (2019). *La nueva economía blockchain y criptomonedas en 100 preguntas*. Tercera edición. Ediciones Nowtilus.

— (2015). *Propuesta metodológica para la valoración del sector biotecnológico y sus intangibles*. Universidad de Sevilla.

Smith, G.V. (1996). *Trademark Valuation*. John Wiley & Sons.

Sveiby, K. E. (1997). *The New Organizational Wealth: Managing and Measuring Knowledge-Based Assets*. Berret-Koehler Publishers.

Bibliografía recomendada

Mougayar, W. (2018). *La tecnología blockchain en los negocios: perspectivas, práctica y aplicación en internet.* Anaya Multimedia.
Este libro trata con detalle el concepto de la cadena de bloques y su impacto en la actividad económica. Para el autor, *blockchain* es una nueva capa tecnológica que reconfigura los protocolos sobre internet y amenaza con sortear las antiguas estructuras heredadas y las empresas que funcionan de forma centralizada. En esencia, la cadena de bloques inyecta confianza en la red y deja a un lado a algunos intermediarios que realizaban esa función y altera de manera creativa su funcionamiento. Es una obra que ofrece un plan innovador que cubre el qué, el porqué y el cómo de la tecnología *blockchain*.

Santiago, I. (2019). *La nueva economía blockchain y criptomonedas en 100 preguntas.* Tercera edición. Ediciones Nowtilus.
El autor de este libro plantea todas las claves fundamentales de la tecnología y economía *blockchain:* criptografía, *cypherpunks* y Satoshi Nakamoto, taxonomía de los criptoactivos, modelos de negocio de las criptomonedas, fundamentos tecnológicos de *blockchain*, impacto de *blockchain* en diversos sectores económicos, las nuevas B-finanzas y su regulación, cómo invertir con éxito en el criptomercado, la cuarta revolución industrial y el futuro de la economía y la sociedad en el contexto de la nueva economía *blockchain*.

SANTIAGO, I. (2021). *Introducción al blockchain y las criptomonedas en 100 preguntas*. Ediciones Nowtilus.
Cien preguntas para descubrir sin tecnicismos todos los aspectos fundamentales de las criptomonedas, la tecnología *blockchain* que llevan implícita y las posibilidades enormes que guarda esta innovación disruptiva y exponencial para dotar de liquidez, eficiencia en los costes de transacción y nuevos modelos de negocio a nuestra economía, como las finanzas descentralizadas o DeFi, además de la reacción de los bancos centrales de los distintos países a este fenómeno imparable mediante sus proyectos de monedas digitales emitidos por tales bancos centrales o CBDC. Con un lenguaje comprensible para cualquier nivel formativo del lector y 100% divulgativo para cualquier tipo de público, que explica los conceptos esenciales, apoyados con numerosas ilustraciones, esquemas y ejemplos reales de éxito, y que evita las aburridas clasificaciones y el empleo excesivo de tecnicismos.